MISOGYNY
浪漫爱情与厌女

源自中世纪的悖论

[美]霍华德·布洛赫 著　张鹏瀚 徐梓贤 译校

浙江大学出版社
·杭州·

图书在版编目（CIP）数据

浪漫爱情与厌女：源自中世纪的悖论 ／（美）霍华德·布洛赫著；张鹏瀚译. -- 杭州：浙江大学出版社，2025. 1. -- ISBN 978-7-308-25467-0

Ⅰ. C913.68

中国国家版本馆CIP数据核字第2024PW5264号

©1991 by The University of Chicago. All rights reserved.
MEDIEVAL MISOGYNY AND THE INVENTION OF WESTERN ROMANTIC LOVE By R. Howard Bloch
浙江省版权局著作权合同登记图字：11-2024-438号

浪漫爱情与厌女：源自中世纪的悖论

（美）霍华德·布洛赫　著　张鹏瀚　译

责任编辑	谢　焕
责任校对	张培洁
装帧设计	云水文化
出版发行	浙江大学出版社
	（杭州天目山路148号　邮政编码 310007）
	（网址：http://www.zjupress.com）
排　　版	浙江大千时代文化传媒有限公司
印　　刷	杭州钱江彩色印务有限公司
开　　本	880mm×1230mm　1/32
印　　张	12.125
字　　数	310千
版 印 次	2025年1月第1版　2025年1月第1次印刷
书　　号	ISBN 978-7-308-25467-0
定　　价	78.00元

版权所有　侵权必究　印装差错　负责调换
浙江大学出版社市场运营中心联系方式：（0571）88925591；http://zjdxcbs.tmall.com

目录

001　导论

020　**第一章　婚姻之苦与耶典版创世**
025　女性即纷乱（Riot）
033　《创世记》与耶典版创世（Yahwist Version of Creation）
042　感官的领域

071　**第二章　早期基督教与性别审美化**
073　妆扮神学（Cosmetic Theology）
083　厌女与文学：阅读的问题
092　拉丁讽刺诗人与自相矛盾的修辞
097　浪漫派和象征派的过往（The Romantic and Symbolist Past）

121　**第三章　"魔鬼的门径"与"基督的新娘"**
122　平等的悖论
125　何时？

126　来自何处?
133　如何？为何？
140　禁欲主义的生命政治

166　**第四章　贞洁诗学**
167　亚瑟王滑稽故事（Fabliau）
171　贞洁
177　《医生的故事》

204　**第五章　古法语莱歌与男性的百般轻率**
206　《韦尔吉的女城主》
218　无知乃是至福：《伊格纳赫莱歌》（"Le Lai d'Ignauré"）
228　法兰西的玛丽的《莱歌集》与《圣母的奇迹》
　　　（Miracles de Notre Dame）

255　**第六章　爱情抒情诗与完美悖论**
255　旺塔杜尔的贝尔纳（Bernart de Ventadorn）
274　威廉九世与安德里亚斯·卡佩拉努斯

299　**第七章　女继承人与遗孀贵妇：妇女的处置权**
300　作为束缚的婚姻
316　阿布里瑟尔的罗贝尔（Robert d'Arbrissel）与丰特夫罗（Fontevrault）
324　婚姻与同意
327　母名、继承与陪嫁
337　理想化与占有

366　**参考文献**

导论

本书还未付梓就引发了一些争议。许多论者所关注的都是我最初发表在《表征》（*Representations*）上的一篇文章，他们的想法富有建设性，也确实对我后来所呈现的内容产生了决定性的影响。[1] 可当我想到有些学者的讲话口吻和坚定态度，就只能认为他们表达出了对该话题的不赞成，只能认为他们觉得该话题在道德上是不被容许的。这着实令我始料未及，因为首先我其实从一开始就是把这篇文章当作一个女性主义研究计划来加以构思的；其次，女性主义分析的规定性预设之一，就是厌女态度在我们的文化中是无所不在的；最后，他们的这种不赞成无疑预设了写作有关厌女的文章就会自动构成对厌女的背书。这与我的意图相去甚远。世上最不讲逻辑的事情，莫过于认为只要你选择了一个主题加以批判性考察，就意味着你在倡导它。把反女性主义指定为一个正当的研究主题，并不意味着是在暗中拥捧它那些明显让人无法接受的主张与说辞，就像社会学家研究贫困问题，并不代表着他们在为落魄的境遇辩护，历史学家研究纳粹的往事，并不代表着他们在呼唤威权主义，而医学研究者考察癌症，并不代表着他们欢迎疾病。

如果说我把反女性主义呈现为了一个论题，那是因为我认为它是一种常常被人们视作理所当然的思考模式；即便人们承认该模式的存在，也往往只会对它进行流于表面的分析，哪怕是在人类学和精神分析学的论述中，也倾向于把它自然化，而不是对它加以抑制；最后，这种模式一旦被掩盖，就会以最隐蔽的方式发挥作用。换句话说，单单认定它已经存在，或是单单抱有美好的道德意图，是无法将其涤荡一净的。恰恰相反，对该主题置之不理的做法，反倒可能成为厌女的来源，因为这为各种无意识的共谋敞开了大门，而我们每个人都无法免于受其影响。正如弗朗西丝·弗格森（Frances Ferguson）和我在先前的一本书中所写到的那样："厌女象征着一个由表征带来的难题，即'我们所感知者'与'我们所赞同者'之间的对立。在这个意义上，厌女这一主题带来了一次机遇，让我们得以讨论理想主义的限制，或者说讨论读者与作者的冲突，因为读者与作者的冲突就堪比厌女者与女性的冲突，厌女者以种种错误的形象来表征女性，这些形象广为流布、罔顾事实，却又常常不被识破。"[2] 有些人会把表征与他们自以为看到的政治意图进行简单的对应，本书就是要更深入地考察此类做法所造成的问题。

由于许多当代的女性主义思想都会假定各式各样的西方文化形式从一开始就是厌女的，又由于有些女性主义者对于我对厌女话题的认知报以不赞成的态度，所以我也只好揣测，这里的矛盾必然牵涉到一个"谁在讲话"的问题，也即"声音"的问题。的确，那些读过我先前著作，或者听过我关于该主题讲座的人，往往会以这样或那样的方式提出同一个问题："你如何处理自己与该主题的关系？"对此，我只能回答说：我的自我性别认同为男性，我无法因为深深敬重各种女性主义而为一种女性主义发声；更重要的是，我也无法出于尊重女性为自身发声的能力而采用女性的声音来发声，或者借用乔纳森·卡勒[3]那广为人知的说法，我无法"像女性那样阅读"，像女性那样发声。因为无论男性女性都越发清晰地意识到，在一度蒙羞的崇高又重新熠熠生辉的时刻，以腹语术来模仿别人的声音，可能不过是诱骗此人的策略，抑或是篡夺此人权力的伎俩。此外，若从"像女性那样发声"快进到认为"只有女性才能谈论女性"，再快进到一种关于女人即真理的本质化见解——这不过是又一种版本的"永恒的女性"（这是我在第七章的结论部分讨论的问题）——那么这一快进过程就会把模仿女性声音的腹语行为牢牢置入一股强大的西方厌女潮流。该潮流至少可以上至柏拉图，下达尼采。因此，"像女性那样发声"的急切冲动最终会在政治上剥夺女性的权利，而我也找不到其他的路径来避免这一结果。可是，要处理一个对许多女性来说往往过于痛苦、无法直面的主题，我所采用的角度也不一定就那么糟糕。作为一个男性，或许，我所强烈意识到的与其说是身为厌女受害者的感受，不如说是众多的言语诡计。即使是最热衷于女性主义、在性别问题上最"正确"的男性也会使用这些诡计，以便将男性一直以来的所作所为延续下去。[在《新法国女性主义》（New French Feminisms）中，吉塞勒·阿利米（Gisèle Halimi）在讨论她所谓的"门垫—神坛策略"（Doormat-Pedestal tactics）时，引用萨卡·圭特瑞（Sacha Guitry）的话，说自己"愿意承认女性优于男性，只要她们不为自己寻求平等就行"。][4]

我切入这个话题的进路源于自己早先的一个发现：自教父时期开始，厌女者在谈论女性的时候必定会重复某些一成不变的说法，在近两千年的时间中几乎都没有什么变化。这并非我个人的创见，15世纪初的克里斯蒂娜·德·皮桑（Christine de Pizan）第一个坚持不懈地尝试驳斥厌女造成的恶果。在《玫瑰传奇》之争中，这位女性的辩护者写道："从所有哲学家和诗人的论著，以及所有演说家的言辞来看……他们似乎都在用同一张嘴说话。"[5] 但更重要的是，不光基督教最初几个世纪所确立的传统厌女观念一成不变地存续到了当代，我还发现先前关于厌女问题的大多数历史书写，在内容上似乎都是对这种重复的简单总结或排演；而这样的策略导致了一个常见的错误——那就是把话语的统一性等同于它的不可避免性[6]。例如，在描述《玫瑰传奇》之争时，布兰奇·道（Blanche Dow）倾向于

003

假定广泛存在的东西是永恒的,而永恒的东西是自然的:"这是一场反复上演的争论,它不过是自然主义与古典主义这两股势力间永恒争斗的一种表现,是两相对立的艺术定义、两种彼此冲突的道德概念之间的永恒争斗,是始终存在于人类思想和社会秩序中的不同因素之间的争斗……这场'《玫瑰传奇》之争'涉及一场普遍的、无关年代的争论。"[7] 玛丽—泰雷兹·阿尔维尼(Marie-Thérèse d'Alverny)写过一本研究中世纪神学家和哲学家的厌女问题的杰出著作,面对为数众多、内容单调的材料,她也同样表现出了听之任之的态度:"那么,我们只好顺从实际,姑且作粗略阐述,因为我们能够引为例证的文本缺乏多样性,只揭示出这些男性真实态度的大致面貌。"[8] 相较之下,凯瑟琳·罗杰斯(Katherine Rogers)的书更像一本关于厌女问题的文学通史,她也意识到了对普遍性的认定是多么容易造成盲点,进而将问题自然化:"女性不如男性,所以应该从属于男性——这一观点本身并不是厌女的,因为在进入现代之前,这几乎是一种人们普遍持有的观点。"[9]

所有这些让我从一开始就清楚地认识到,任何抵抗反女性主义的有效战略都必须是双重战略。

第一,对于这一具有社会性权威的话语,我们在考察其中的种种陷阱和悖论时,单单再次铺陈侵权的历史、历数一桩桩悲苦是不够的。由于反女性主义传统论题(topoi)横亘古今,所以从历史上看,道德公义和相反事例——无论是中世纪的还是现代的——从来都是不够的,甚至从来都不甚奏效。我们必须把反女性主义的陈词滥调推到极限,从而揭示其内部的不融贯性——简而言之,对于任何不会因为揭露和不满就自行消失的东西,我们必须对其加以解构。我们的文化仍在一种特定的反女性主义表述之下艰难前行,为了达成以上目标,你眼前的这部作品试图向所有那些对这种表述负有责任的人讲话——德尔图良、哲罗姆、约翰一世、安波罗修、奥古斯丁、尼撒的格列高利、诺瓦蒂安、美多德、罗马的克肋孟、亚历山大的克莱门,以及他们在 19 世纪知识界和文学界的后辈。本书要告诉他们:"你们不单错了,而且自相矛盾。"

这就是为什么在处理厌女问题时,区分语言与行动、语词与行迹是如此重要。在这里,克里斯蒂娜·德·皮桑再次充当了我们的最佳向导。她在强调厌女者言论的重复性时,也确认了处理反女性主义时语言问题的重要性。厌女就是表达一种负面见解。面对或许是中世纪晚期恶意最盛的反婚姻之作——耶罕·勒·费弗尔(Jehan Le Fèvre)所译的《马特卢奥斯的哀歌》(*Lamentations de Matheolus*),克里斯蒂娜坦言:"单是看到这本书……就让我想知道,怎么会有这么多不同的男性——其中还有颇具学问的人——在言谈中,在他们的论著和文字中,都这么倾向于表达出这么多关于女性的恶劣看法。"[10] 也就是说,如果暂且不计反女性主义那无从知晓的情动因素,不谈妇女在特定时刻的实际社会地位,那么按照她的说法,厌女就是一种谈论女性的方式。这有别于针对女性的行动,虽然言语也可以是行动的一种形式,甚至可以是社会实践的一种形式,或者至少是其意识形态的构件。要对两性关系现象形成辩证的、有史可依的、政治性的理解,语词与行迹的区分就是必不可少的前提,否则理解活动就会无可救药地陷入一种字面主义的错误意识形态中。这种字面主义的风险在于,它可能会把性别差异而非某一性别所行使的权力压迫,当作社会不公正的真正历史原因。因此,我在本书中一直小心翼翼地进行区分,尽量让我对自认厌女者的异化言语行为的引用,区别于我对他们的所作所为作出的界定。我在使用"女人/女性是……"这一句式的时候,都会加以限定,比如"根据中世纪的厌女话语……"。因为只有作出这样的区分,人们才能逐渐做到不仅识别出明显的厌女形式,而且还能识别出其宏大主题中的那些更为微妙、更难发现的表现形式,其有些表现形式甚至看起来像是反女性主义的对立面（见第六章）。

第二，在先前关于厌女的各种现代历史书写（其中有些同它们所描述的现象有着无意识的共谋关系）与当前尝试消除厌女的努力之间，还存在一个重要差别。克里斯蒂娜认识到"有这么多不同的男性"说出了"这么多关于女性的恶劣看法"，而我的结论拓展了她的认知，把负面论断和正面论断的异化效果都包括在内。不论是好是坏，是赞美还是贬低，在我们的文化中，由于历史上真实存在着两性在所有权方面的不对等，所以把"女人"（Woman）还原成一个范畴就意味着对女性的占有，而当同样的一般化描述被用来形容男人或男人们时，就不存在这种占有。因此，我要给厌女下一个定义，把厌女界定为一种言语行为，其中女人充当句子的主语，而谓语则是一个更一般性的词；或者，把厌女界定为对于**女人**或**女人们**（*Woman* or *Women*）这些实词的使用，其中的 W 是大写。甚至连"所有女人都是不同的"这句话也符合上述定义，因为女人之间，就像男人之间一样，存在着一些相似之处，正是这些相似之处让"所有女人都是不同的"这一说法沦为一个适得其反的一般化描述，使其类似于另一个从未成为过去时的主张，即"女人是不可定义的"，是一个问题或一个谜（参见第七章）。[11]"我们谈论'妇女们'或'妇女们的选举权'，"19 世纪英国女性主义者米利森特·福西特（Millicent Fawcett）说道，"我们不谈论带着大写 W 的女人。我们把这个话题留给我们的敌人。"[12] 近年来，朱迪斯·巴特勒设法对这项关于**女人**（*Woman*）的用词禁令加以延伸，把**女人们**/**妇女们**（*Women*）也包括在内。[13]

这意味着厌女的反面既不是针锋相对地对男性进行负面的一般化描述（这在文化上并不会产生同样的效果），也不是对所有女性的爱（这不过是披上伪装的另一种厌女形式），厌女的反面更接近于把女性作为诸多个体来加以认知，或者避免一般性的说法，比如"女人是……"或"女人们是……"。[14] 女人充当句子的主语,谓语是一个更一般性的词,这类言语行为所采取的用词方式会产生最基本的思想要素,而思想则会为行动授权,所以这类言语行为的效果就是把女性打造为一个本质,而本质则会被清除出世界历史的舞台。这就是为什么厌女话语看上去如此重复,在文化上如此恒定,似乎缺少内部历史。它的目的——把个体女性清除出事件的领域——有赖于把女性转变为一个一般性的范畴,看上去永远不会发生变化,至少不会发生内部变化。

说厌女话语似乎没有内部历史,不是指这种说话的方式没有历史,因而不是指相应的思考和行动方式没有历史,不是指厌女话语"只是文本"——教父传统中的厌女者、中世纪的厌女者,以及他们在现代的同道中人就坚持这种看法,也不是指它没有真实的影响。这种说法并不意味着,厌女作为服务于社会实践的意识形态,它被接受、理解、吸纳或压制的方式从未发生过变化。这种说法并不是指厌女在别的文化中不曾有过其他面貌,也不是指厌女在基督教时代不曾被人以不同的方式加以使用(尽管在这里,人们可以指出一个相当单一的目的,那就是征服)。这里的意思是指,首先,任何对女性的本质主义定义,无论是正面的还是负面的,无论是男人给出的还是女人给出的,从根本上讲都是厌女的定义。这句话的意思是指,对性别的这类本质主义定义是危险的,不仅因为它们是错误的、不加区分的,而且——再重复一遍——因为它们在历史上起到了把相关主体清除出历史的作用。希拉·瑞安·约翰森(Sheila Ryan Johansson)写道:"'女人'作为一个集体名词,它提供了多少便利,就布满了多少陷阱……""随着时间的推移,男人们一次又一次地改变他们关于谁是'女人'、什么是'女人'的看法……最常见的情况是,那些敌视女性的人,也正是落笔书写'女人'、书写她们不变的真正本质的人。对于永恒的女性的各种描述和分析,通常都出自那些为了延续各式各样的社会约束和法律约束而急于作出辩解的人之手。"[15]因此，使用永恒化、本质化的实词"女人"（Woman），或者在普遍化的命题中使用女人或女人们，就意味着反女性主义缺少某种内部历史，而这种内部历史的缺乏则与其所造成的社会后果密切相关。

这让我们再一次认识到，我们所需要的不是压制厌女话题，而是对它进行批判，这种分析工作要能够销毁其历史力量，而非认可其历史力量。我再重复一遍，任何的尝试，如果止步于追溯反女性主义的历史，而不对其进行解构——不暴露其内在的张力和矛盾——那么无论它摆出多少的道德律令都无济于事，它只会把自己的谴责对象自然化。与此相对，我所提出的定义表明，那些反女性主义的传统论题所具有的坚韧性和统一性本身就意义重大。事实上，正是这些特性为我们提供了批判它的最有力方式之一，因为对厌女进行定义时所面临的难题，跟它的无处不在不无关系，或者说跟对女性的本质化定义不无关系，而这些本质化定义在几乎所有以这种方式处理女性特质问题的写作中都是显而易见的，从早期教父到乔叟无一例外。

中世纪的厌女话语经久不衰，它那高度统一的用语和措辞构成了一条线索，连接起那个时期与当下，也让这个话题更具吸引力，因为正如我们将会看到的，这些用语和措辞仍然（有意或无意地）支配着人们设想女性问题的方式——这里的"人们"既包括女人，也包括男人。这一点绝非显而易见，为了对它加以说明，我就不仅要涉及那些堪称典范的中世纪反女性主义者，还要涉及他们在精神上的后继者——19世纪的哲学家、小说家、医学专家、社会科学家和批评家，在这些人别具一格的浪漫主义和自然主义的厌女模式中，有大量未经查验的看法态度都来自中世纪乃至教父时代。

如果说"中世纪厌女"这个题目显得冗赘，那是因为厌女话题就像杖锤或贞操带一样，参与塑造了一种过往残迹所带来的恐怖感，而中世纪则近乎是这种恐怖感的同义词,还因为在我们对早期基督教和中世纪的印象中,一个主要的假设便是反女性主义的猖獗。这一观点既不是来自19世纪的中世纪精神(medievalism)复兴,也不是来自当代女性主义,甚至不是来自近年来对中世纪文化中女性问题的研究兴趣。克里斯蒂娜·德·皮桑在《妇女城》(Cité des dames,1405)中抱怨道:"就我所见,几乎只要是本谈论道德的书,无论其作者是谁,我都会在其中发现攻击女性的章节或片段,甚至不需要等到我把书读完。"[16]正如克里斯蒂娜所承认的那样,对妇女的斥责构成了某种文化常态。这可以追溯到《旧约》和古代希腊,历经古典希腊、犹太和罗马传统一直延伸到15世纪,它主导着教会的著述、书信、布道辞、神学小册子以及教会法的讨论和汇编,它还主导着科学著作,是生物知识、妇科知识和医学知识的组成部分,同时还主导着民间文学和哲学。厌女话语如同一条脉络——克里斯蒂娜所说的几乎全部"谈论道德的书"中的那些"章节或片段"——贯穿着整个中世纪的文献。

反女性主义对寓言(allegory)的兴趣尤大,而它自身也像寓言一样,既是一种文类,也是一种传统论题;而保罗·卒姆托(Paul Zumthor)则可能会说,反女性主义是一种"语域"(register),一种见于众多诗歌类型的话语。[17]在古典拉丁和中世纪中期的讽刺之作中,都可以找到相关的实例——索尔兹伯里的约翰(John of Salisbury)的《论政府原理》(*Policraticus*)、沃尔特·马普(Walter Map)的《宫廷琐记》(*De nugis curialium*)[尤其是瓦莱里乌斯(Valerius)写给鲁菲努斯(Rufinum)的书信]、安德里亚斯·卡佩拉努斯(Andreas Capellanus)的《宫廷之爱的技艺》(*Art of Courtly Love*)(第三卷),以及被克里斯蒂娜斥责的《婚姻二十趣》(*Quinze joies de mariage*)和《马特卢奥斯的哀歌》(*Lamentations de Matheolus*)。辩论诗(debate poems)是一种少为人知的亚文类,流行于13世纪,内容涉及女性的美德与恶习[《妇女的命运》("Le Sort des dames"）、《妇女懿行》（"Le Bien des fames"）、《妇人的辱骂》（"Le Blastagne des fames"）、《妇人的责备》（"Le Blasme des fames"）]，参与塑造了反女性主义的流行形式，其中的重要作品就包括15世纪带有秘术气质的《女巫之槌》（*Malleus Maleficarum*）。此外，厌女也几乎是另一批作品的代名词，这些作品被一并归于"资产阶级现实主义文类"的名号之下：滑稽故事（fabliau，包括中世纪英语和意大利语的同类作品）；动物寓言（《列那狐的故事》）；滑稽剧（farce）。它还牵涉到某些混合的，或者说无法归类的文学类型，像是弹词《奥卡森与尼柯莱特》（*chantefable Aucassin et Nicolette*），或者亚当·德·拉阿尔（Adam de la Halle）的《树荫戏》（*Jeu de la feuillée*），当然还有默恩的让（Jean de Meun）所作的那部分《玫瑰传奇》。正是这最后一部作品引燃了法兰西的第一次文学争论，它同时涉及了诗歌的阐释问题和性/文本（sexual/textual）场景中的女性问题，而这场争论将从中世纪时期一直持续到新古典主义时代（参见第二章）。此外，我们将会在第五章到第七章看到，即使是那些在历史上曾被认为是对立于（或者摆脱了）中世纪反女性主义的黑暗时代的文学类型——宫廷传奇、抒情诗和莱歌（lay），也与在前一时期占据霸权地位的、关于女性特质的负面形象保持着复杂的关系。

如果说"西方浪漫爱情的发明"这一表述看上去像个矛盾体，那是因为我们往往会假设我们所了解的爱是自然的，是作为某种本质性的东西而存在的，也就是说，它是一直都存在的。可这实在是错得无以复加。因为爱不同于基督教西方的厌女话语，它有一段内部历史，这历史既表现为演变的过程，也表现为同自身的差异。对于今人眼中的浪漫关系，我们用于界定和形容其构成要素时所用到的那些词语，是在12世纪初到12世纪中叶的某个时间才完全就位的（至少现在看来是如此）。这一过程首先发生在法国南部，然后是法国北部。随着城市的复兴，货币的回归，以及同东方的长途贸易的发展；随着君主制和君主国法律制度的重建；随着那些自加洛林帝国解体后被地方封建领主收没的领土，又再次被征服；随着古典文学的复兴和俗语诗歌的兴起——所有这些，都印证着C.S.刘易斯笔下西方历史上为数不多的真正文化突变时刻之一——自从教父传统在基督教时代的头几个世纪发明了性别以来，关于女性特质和性的表述由此发生了最为重大的转变。正如C.S.刘易斯、罗伯特·布里福（Robert Briffault）、德尼·德·鲁热蒙（Denis de Rougemont）、雷托·贝左拉（Reto Bezzola）、欧文·辛格（Irving Singer）等人坚持认为的那样，有关浪漫深情的观念支配着我们关于爱情的论说：我们对自己心爱之人所说的话语，我们期望他们对我们所说的话语，（在他们说出这些话语时）我们如何行动并期待他们行动，我们如何协调自己同社会的关系；简而言之，从支配着我们的情欲想象的卫生学，一直到我们对心爱之人的选择，再到我们用以表达这种选择的身体姿态；而这种观念并不存在于犹太、日耳曼、阿拉伯或西班牙的传统中，不存在于古典希腊或罗马，也不存在于早期中世纪。[18]只有等到有时会被称作"12世纪文艺复兴"的那场运动来临，我们所了解的浪漫之爱才开始出现。

接下来的几章旨在定位西方性观念史中两个断裂或分离的时刻，并把二者联系起来。第一个时刻出现在1世纪和4世纪之间（有人认为早至保罗时期，有人则认为晚至奥古斯丁时期），以新的性别表述的出现为特征，新的表述大大不同于斯多葛学派、犹太教、柏拉图学派、亚里士多德学派、诺斯替教、摩尼教或晚期罗马等传统对于性别的表述。事实上，基督教性别建构的组成要素可以在先前文化或周边文化中找到，但它也有别于流传到中世纪并一直持续到当代的那个文化要素组合。更确切地说，我们在早期教父的著作中发现：（1）肉体的女性化，即根据心灵与身体的隐喻，把男性跟心灵（mens）或理性（ratio）联系起来，把女性跟有形的身体联系起来。（2）女性的审美化，也即将女性与装扮、随附或装饰联系起来，后三者不仅包括各类艺术，还包括圣哲罗姆所说的"生活的小闲戏"。（3）审美的神学化，也即不单在本体论层面谴责模仿或再现的领域，谴责德尔图良所谓的"所有贴在表面的东西"，还谴责几乎一切与物质形体相关的令人愉悦之物。早期基督教的禁欲主义认为只有弃绝肉体享受才有希望得到救赎，这是此前的任何传统都比不了的。这一最初的性别表述是本书前两章的主题，这两章还尝试界定文学和诗学的关键作用：它们如何影响西方对性别的定义，如何影响该定义在历史舞台之上和在相应的社会物质背景下的传播。

在此，有必要先提个醒。开头几章的关注点并非中世纪的妇女。这几章不打算发掘被压抑的妇女声音；它们不会呈现出一幅完整的画面，不会全面地描绘妇女以及各种妇女形象，乃至描绘中世纪妇女的社会地位和社会角色。这是别人已经做过的工作，我也很难达到他们的水准。与此相对，这几章关注的是一种特别负面的女性特质样态，而且这一样态恰好也大大影响了一个迄今依然存在的性别问题。但总的说来，我并不想否认在厌女话语的近旁就有着无数的画廊，其中挂满了好女人的画像，从奥古斯丁对殉道者菲丽丝达（Felicity）和泊伯多雅（Perpetua）的描绘，尼撒的格列高利对他姐姐的描绘，一直到克里斯蒂娜·德·皮桑的《妇女城》，或乔叟的《贤妇传说》。我也完全无意贬低女性的神思性灵在晚期古典文化和中世纪文化中的重要性。相反，我在第三章中试图回答这样一个问题：在基督教时代的前四个世纪中，那些在性别问题上致思甚勤的人，如何能够近乎断言地向男人指出，女性既是好的也是坏的，既是"基督的新娘"，也是"魔鬼的门径"。

在第四章中，我重点讨论了贞洁的话题，把它视为中世纪厌女话语的核心要素。作为神学和文学作品的一个规定性常量，它让我们能够在早期教父著作与 12、13 世纪的宫廷文学之间建立起联系。我们会在第五章和第六章看到，从早期教父和诗人对贞洁的执迷中，我们可以得出以下结论：两性关系史上的第二个关键点所表现出的与其说是同早期基督教的性观念论述的决裂，不如说是对其措辞的颠倒，是从反女性主义向女性崇拜的转变。我要提出的观点是，较早时期的禁欲主义就意味着对女性特质的贬低，而在中世纪中期，它被径直转化为一种对于女性和爱的理想化表述。据此：（1）欲望被世俗化，或者说基督教中本来留给神性的激情，变得可以正当地聚焦于一个按理说终有一死的凡人身上；（2）世俗之爱变得不再可能，或者就像德尼·德·鲁热蒙等人所指出的那样，世俗之爱变得从定义上讲就是"不幸福的""不浪漫的"；（3）不可能的爱变得高贵，而蒙受痛苦则变成了高人一等的标志。

这场转变无法用单一的解释因素来加以说明（很多人已经试过这么做了），如凯尔特民间仪式、东方宗教、阿尔比派异端、柏拉图式的哲学以及阿拉伯或西班牙诗歌的影响。不能把这一转变仅仅看作格列高利改革时期社会世俗化的表现，因为类似的演变既发生在世俗文化中，也发生在教会领域；在教会领域，这一演变最为强烈地表现在封建时代后期，表现在与新的虔信形式相伴随的圣母崇拜中。也不能把浪漫爱情的发明完全理解为 12 世纪普瓦图和南部地区文化气候"升温"的副产品。实际上，我们会在第七章看到，对于性别政治中这一看似激进的变化，只有分析其具体的社会、法律和经济决定因素，才能解释 19 世纪末以来人们所说的"宫廷风度"（courtliness）或"宫廷之爱"（courtly love）的出现。[19] 西方浪漫之爱的形成，是厌女史上一个特殊时刻的组成部分——在这一时刻，由于财产形式和两性权力关系在同一时期出现变化，对于女性的执迷模式从贬损型倒转为共谋型，本来把女性当作一切恶的来源，这时却把女性当作一切善的来源。

因此，我们似乎置身于赘余与矛盾之间。一方面，据说对女性的贬低是没有内部历史的。另一方面，对女性的理想化却显得拥有太多历史，或者是被历史过度决定的。事实上，描述以上困境时所用的词语并没有看上去那么简单。正如精神分析和女性主义批评已经确证的那样，相互竞争的两种女性特质话语——厌女话语与宫廷话语——它们之间的关系远比简单的对立要复杂。我再重复一遍其中的原因：并不是说厌女没有历史，而是说历史对女性的否定必定伴随着一种抽象化，这种抽象化又否定了个体女性的存在，因此具有剥夺女性权利的物化作用。相反，把爱作为一种理想——我们所说的浪漫之爱就是这个意思——这样的论述是历史过程的产物，是物质条件的产物，也是一系列偶然境况乃至个人性格的产物，属于特定的时间和地点。一种思考历史的特定方式，无论其规模有多大，都会牵涉到法国人所说的"小历史"（la petite histoire）。不过，现在谈这个还为时过早；对于我这种等量齐观的态度，尽管读者可能会出于它所暗含的政治正确或颇具解构气质的乖张而愿意相信，但我们还需要先处理许许多多的问题，才能期望读者回应我们的呼唤，承认针对女性特质的正面和负面拜物倾向会造成同样的后果，承认二者表面上的两极对立是物质条件的产物，而这些物质条件自从马克·布洛赫所说的"封建社会第一阶段"结束和乔治·杜比所说的早期现代的"转折年月"（watershed years）以来就存在了。

注释

1. "Medieval Misogyny," *Representations* 20 (1987): 1-24. 对这篇原初文章的一系列回应刊载于 *Medieval Feminist Newsletter* 7 (1989): 2-16，我对这些回应的回应则刊载于之后一期。

2. *Misogyny, Misandry, Misanthropy*, ed. R. Howard Bloch and Frances Ferguson (Berkeley: University of California Press, 1989), vii.

3. 对于多种女性主义的出色考察，参见 Janet Todd, *Feminist Literary History* (New York: Routledge, 1988); Jonathan Culler, *On Deconstruction: Theory and Criticism after Structuralism* (Ithaca: Cornell University Press, 1982), 43-64。

4. Elaine Marks and Isabelle de Courtivron, *New French Feminisms* (New York: Schocken, 1981), 222.

5. *Cité des Dames*, trans. Earl J. Richards, *The Book of the City of Ladies* (New York: Persea Books, 1982), 4. 因此 Jean-Marie Aubert 也提到"对于单一性别主张的单一重复"（*La Femme: Antiféminisme et Christianisme* [Paris: Cerf Desclée, 1975], 10）。玛丽—泰雷兹·德·阿尔维尼在讨论早期教父的厌女时，坚持强调其统一性："别指望在其中找到原创性的思考；这些道德家重复着老生常谈，其庄严的古旧气息容不得半点新变。"（"Comment les théologiens et les philosophes voient la femme," *Cahiers de Civilisation Medievale* 20 [1977], 105.）布兰奇·道在论述女性和《玫瑰传奇》之争时指出："亚里士多德写给古代雅典人的对妇女的评价，奥维德对奥古斯都时期的罗马社会传达的讯息，薄伽丘在文艺复兴黎明中的表达，与由此产生的对待妇女的态度是相同的。"（*The Varying Attitude Toward Women in French Literature of the Fifteenth Century: The Opening Years* [New York: Institute of French Studies, 1936], 48.）另见 Renate Blumenfeld-Kosinski, "Christine de Pizan and the Misogynistic Tradition," *Romanic Review* 81 (1990): 279–92；以及 Joan Kelly, "Early Feminist Theory and the *Querelle des Femmes*) 1400–1789," *Signs* 8 (1982): 4–28。

6. 比如，可参见 Theodore Lee Neff, *La Satire des femmes dans La poésie*

lyrique française du moyen âge (Paris: V. Giard & E. Briere, 1990); Katharine M. Rogers, *The Troublesome Helpmate: A History of Misogyny in Literature* (Seattle: University of Washington Press, 1966); Wulff, August, *Die Frauenfeindlichen Dichtungen in den romanischen Literaturen des Mittelalters bis zum Ende des XIII Jahrhunderts* (Halle: Max Niemeyer, 1914)。

7. Dow, *Varying Atittude*, 260, 261.

8. "Il faut donc nous résigner à faire un exposé austère, illustré par des textes qui manquent de variété, et qui ne donnera qu'une image inexacte de l'attitude réelle des hommes que nous citerons" (d'Alverny, "Théologiens et philosophes," 105).

9. Rogers, *The Troublesome Helpmate*, xiii.

10. *Book of the City of Ladies*, 3.

11. 露西·伊利格瑞（Luce Irigaray）精辟地描述了在她所认为的父权话语中，男性是如何把女性构建为一个谜的："所以你们男人之间就是这样谈论女性的，女性无法参与进来，无法听取或生产有关这个谜题——这个由她作为谜底的字谜——的话语。因此，这个作为女性的谜将构成一种男性话语——一场男人之间的争辩——的目标、对象、赌注，而这场争辩不会征询她的意见。说到底，她不应该对这场争辩有任何了解。"（*Speculum of the Other Woman*, trans. Gillian C. Gill [Ithaca, N.Y.: Cornell University Press, 1985], 13.）

12. 转引自 Theodore Stanton, *The Woman Question in Europe* (New York: Putnam, 1884), 6。

13. "然而，除了那些支撑主体这一概念的基础性虚构之外，女性主义还遇到了一个政治上的难题：女性（Women）这个词被假定代表了一个共同的身份。女性不是一个稳定的能指，它没有得到自己旨在描述和表征的人们的同意,即便是它的复数形态也变成了一个麻烦的词语,一个争论的场域,一个引发焦虑的起因。正如丹尼丝·瑞里(Denise Riley)的书名所示,《我就是那个名字吗?》正是由这个名字可能的多重含义所产生的问题。如果一个人'是'女人,这当然不是此人的全部;这个词之所以无法涵盖一切,不是因为一个已经预先性别化的'人'超越了属于其性别的各项属性与长处,而是因为性别在不同的历史语境中并不总是具有融贯或自洽的构造,还因为性别与种族、阶级、族属、性和地域等话语构造的身份认同模式是交叉的。结果就是,我们不再可能把'性别'从政治和文化的诸多交叉区域中分离出来,性别始终是在这些交叉区域中被生产和维持的。"(Judith Butler, *Gender Trouble* [London: Routledge, 1990], 3.)

14. 这里还要提到克里斯蒂娜,她总是小心地区分这两种说话方式;她意识到,从个体情况来看,这种区分甚至意味着可能出现一个女人谴责另一个女人的情形。只要具有异化作用的一般化描述还潜伏在暗处,那么说一个女人的坏话不仅会确保某人自己言谈的一致性/正直,还会确保所有女人的一致性:

> Et quant je di homs, j'entens famme
>
> Aussi, s'elle jangle et diffame;
>
> Car chose plus envenimée
>
> Ne qui doye estre moins amée
>
> N'est que langue de femme male
>
> Qui soit acertes ou par gale
>
> Mesdit d'autrui, moque ou ramposne;
>
> Et se mal en vient, c'est ausmosne
>
> A celle qui s'i acoustume,
>
> Car c'est laide et orde coustume.

当我说"人"（man）的时候，我也指女人，只要她喋喋不休、污人清白；因为更加伤风败俗的，乃是女人的口舌，不论是出于识见还是为了玩笑，只要她抹黑、嘲讽或是逗弄另一个女人，就更应受到人们的鄙视；如果它带来不好的后果，那么已经对此习焉不察的人是有福气的，因为这实在是一种卑劣而丑陋的习惯。（"Le Dit de la rose," *Oeuvres poétiques*, ed. Maurice Roy [Paris: Firmin Didot, 1891], vol.2, 29-48, vv.464-73。）

若不另作说明，所有译文皆出自本书作者之手。

15. Sheila Ryan Johansson, "'Herstory' as History: A New Field or Another Fad?" in *Liberating Women's History: Theoretical and Critical Essays*, ed. Berenice A. Carroll (Urbana: University of Illinois Press, 1976), 402, 403.

16. *Book of the City of Ladies,* 4.

17. 并非巧合的是，凯瑟琳·布朗（Catherine Brown）曾经在我的研讨会上指出，厌女话语尝试借助他者的声音来谈论他者，跟寓言关系密切，而寓言这种文学形式或者语域，其名称本身就有"以其他方式说话"的意涵。

18. "法国诗人在11世纪发现、发明或者说是首先表达了英国诗人19世纪还在书写的那种浪漫的激情类型。他们造成了一场变革，波及了我们的伦理、想象和日常生活的每个角落，他们在我们与古典的往昔或东方的当下之间竖起不可逾越的屏障。跟这场革命相比，文艺复兴不过是在文学表面泛起的一个涟漪。"（C. S. Lewis, *The Allegory of Love* [Oxford: Oxford University Press, 1965], 4）。罗伯特·布里福（Robert Briffault）也持同样看法："性关系在情感上的理想化因此具备了一个在任何其他文化中都见不到的特征，甚至在希腊世界这个欧洲文明的摇篮中也无处可寻。"（*The Mothers: A Study of the Origins of Sentiments and Institutions* [New York: Macmillan, 1969], vol. 3, 506.）欧文·辛格也表示赞同，但讲得更加谨慎："爱之观念的历史在11世纪末和12世纪初确实经历了一次新的发展。在文艺复兴早期,出现了一种处理人类关系的新方法,它持续了几百年,在某些方面一直持续到现在,而作为一种反复发生的现象,它完全可以拥有一个属于自己的名称……在 12 世纪确实发生了一件具有特殊意义的事情,那些看到长达八百年的连续性——甚至是长达八百年的观念演化过程——的人,并没有扭曲事实。"(*The Nature of Love* [Chicago: University of Chicago Press, 1984], vol. 2, 22.)

19. "宫廷之爱"的概念由加斯通·帕里斯(Gaston Paris)创造,出自他论述特鲁瓦的克雷蒂安(Chrétien de Troyes)的文章 "Etudes sur les romans de la table ronde: Lancelot du Lac," *Romania* 12 (1883): 459–534。

第一章　婚姻之苦与耶典版创世

关于女性问题的早期表述可谓汗牛充栋，从早期教父时代一直流传到了 19 世纪，留存在神学、哲学和科学的小册子中，也保留在文学、传说、神话和民俗传统中。这就意味着，倘若你还在不清楚该从何处入手来理解西方的反女性主义潮流，那么你一定要明白，从任何一处入手都是可行的。我们以一段文字开始我们的研究，它是默恩的让《玫瑰传奇》里诸多激烈的反婚姻言论中的一个片段：

> Ha! se Theofrastus creüsse,
> ja fame espousee n'eüsse.
> Il ne tient pas home por sage
> qui fame prent par mariage,
> soit bele ou lede, ou povre ou riche,
> car il dit, et por voir l'afiche,
> en son noble livre *Aureole*,
> qui bien fet a lire en escole,
> qu'il i a vie trop grevaine,
> pleine de travaill et de paine.

哈！要是我信了泰奥弗拉斯托斯，我就绝对不会结婚了。他认为明智的男人不会和女人结婚，无论她是丑是美，是穷是富。他的《光环》(*Aureole*) 一书很了不起,是一本应该在学校里读的好书,书里的一段话你可以奉为真理:婚姻生活满是折磨和冲突。[1]

尽管这里引述的泰奥弗拉斯托斯[他时而被认为是《性格志》(*Characters*)的作者,时而被认为是亚里士多德的弟子]以及他的《光环》一书在哲罗姆的《驳约维尼安》(*Adversus Jovinianum*)(Ⅰ,47)中被提及,不过人们对于此人此书还是不甚了解,但这并不妨碍此人此书被几乎所有的中世纪反婚姻作者援引。[2] 泰奥弗拉斯托斯和他的书以"不在场"的方式一同构成了 *molestiae nuptiarum*——"婚姻之苦"——这一传统论题的经典段落,而且按照默恩的让的说法,是要"在学校里"读的。

婚姻之苦都有哪些呢?

这个问题把我们引向了关于性别的众多宏大主题之一。在中世纪中期,这一主题从基督教的正统观念进入了俗语文化:

> qu'il i a vie trop grevaine,
>
> Pleine de travaill et de paine
>
> et de contenz et de riotes,
>
> par les orgueuz des fames sotes,
>
> et de dangiers et de reproches
>
> qu'el font et dient par leur boches,
>
> et de requestes et de plaintes
>
> qu'el treuvent par achesons maintes.
>
> Si ra grant paine en eus garder
>
> Por leur fous volairs retarder.

---

[1] 作者在引述诗歌原文后,会以英文散文加以翻译,此处中译据作者英译译出,后同。——译者注

> 婚姻生活满是折磨和冲突,争吵与骚乱,因为那些蠢笨的女人十分骄傲——又因为她们的口舌会带来危险,吐出责备之语,还因为她们会在各种场合编造要求与抱怨。要稳住她们,抑制她们愚蠢的念头,那是很费功夫的。(Rose, vv.8639-48)

根据"婚姻之苦"的传统论题,妻子们被描写成了争吵不休、自以为是、要求不断、抱怨连连、愚蠢糊涂的样子;她们被呈现为不服管、不安分、不知足的形象:"要稳住她们,抑制她们愚蠢的念头,那是很费功夫的。"(Si ra grant paine en eus garder / Por leur fous volairs retarder.)稍进一步说,人们很难不注意到"婚姻之苦"在一定程度上也包括言语上的侵犯,因此这里对女性的责备就是一种对语言本身的责备——责备"那口舌所说的东西"("qu'el font et dient par leur boches")。说得更准确些,就是责备 contenz(争论、喋喋不休、争吵)、reproches(批评、责备)、plaintes(抱怨)、requestes(要求)、orguelz(骄傲)。妻子们被描绘为焦虑和不满的持续来源,而这种焦虑是用语词表达出来的——或者按照《玫瑰传奇》的提示,是以语词"编造的"(composed):"她们会在各种场合编造。"(qu'el treuvent par achesons maintes.)把女性当作对言辞的滥用而加以反对,并且说给"任何已婚人士"听,这就等于把这种反对普遍化了。[3]

这样一来,我们就触及了一个可以用来检验此种文类的标准(该文类早在13世纪乃至基督教时代之前就已存在,当然它在那个阶段还只是一股潜流),那就是它会把女性特质跟言语上的诱惑和诡计联系在一起。例如,在荷马笔下的塞壬身上就可以找到这种联系,她们恳求漂泊的奥德修斯"将你的船驶到近前,听取我们的声音。/凡是乘坐黑船驶过此地的人/都曾听取发自我们口舌的甜美声音"。赫西俄德的笔下也有这种情形,潘多拉这个女人的形象是与"欺骗的言语"同时被创造出来的,而她"这个人类的祸根"由黏土塑成,是宙斯对盗火行为的报复之一。[4]女人是凭借言语在男人与上帝之间播种不和的人,这一看法位于人类堕落(the Fall)叙事的核心,《旧约》把女性与言语的诱惑关联起来。不论是古典世界在宇宙论层面的厌女倾向——这个世界虽有复仇女神、鹰身女妖、命运女神等可怕的形象,可起码也在自然秩序中赋予了女性强大的位置,还是创立了反女性主义的《创世记》故事,二者对女性的"驯化"(domesticated,取这个词的字面意义,即"被带入了家庭")强度丝毫比不上晚期拉丁和基督教世界——妻子在那里被等同于日常生活所蕴含的言语烦扰。在这个时代的头几个世纪,反女性主义完全表现为反婚姻的文献。例如,尤维纳利斯(Juvenal)声称"一个律师、一个公告员,乃至其他女人都讲不来这些,妻子的词洋句海实在太过浩瀚",他将其形容为"群钟众釜,喧杂嚣闹"。[5]约翰·克里索斯托(John Chrysostom)问道:"如果一位丈夫温驯谦和,可他的妻子却德行败坏、吹毛求疵、喋喋不休、挥霍浪费(这是所有女人一般都会带来的苦恼),还有各式各样的其他缺点,那这个可怜的家伙将如何日复一日地承受这种不快、这种自负、这种莽撞呢?"圣哲罗姆(Saint Jerome)似乎给出了答案:"这位用不着争吵的人是个单身汉。"[6]

女人天生就比男人话多——这种见解当然是反女性主义偏见的主要内容,用埃莉诺·麦克劳林(Eleanor McLaughlin)的话说,它是"我们文化在中世纪文化中的深根固蒂"之一。[7]为防人们认为"女性即是言辞滥用"(women as verbal abuse)这一毁谤之语只是中世纪独有的现象,我们只需浏览一下随后几个世纪中的经典厌女文本,就会发现无论是把女性与唠叨联系在一起的论调,还是人们在重复这种陈旧论调时所用的特定词语,都不曾有过太大变化。有关喋喋不休的女性的传统论题正是西方反女性主义话语的一个长期特征。例如,17世纪文学纯正性的守护者布瓦洛(Boileau)就曾重复过这份关于"婚姻之苦"的乏味旧账本。他声称,婚姻会带来无休止的矛盾、争论、责骂和痛斥。更糟的是，丈夫所遭受的言辞滥用意味着相关过程中使用了字典中没有的词语，所以女人本身等同于新词新语的生造擅用，婚姻也就威胁到了法语的纯洁性。布瓦洛手中的笔"按字母顺序记下了这些词"，他指出这"可能会让里什莱词典多出整整一卷"。[8]

关于女性话多的传统论题在19世纪尤为盛行。19世纪初的一部医学百科在"女性"条目中指出，性喜交谈是女性的特征之一。[9] 儒勒·巴尔贝·德·奥尔维利（Jules Barbey d'Aurevilly）在《蓝袜才女》（*Les Bas-bleus*, 1878）这本抨击女作家的刻薄小册子中，把"喋喋不休的妻子"这一古典和中世纪传统论题转变为"写得太快太多的女人"；"Ah! quand les femmes écrivent, c'est comme quand elles parlent! Elles ont la faculté inondante; et comme l'eau, elles sont incompréhensibles"（"啊！女人写起东西来，就跟她们说话时一样！她们有滔滔不绝的能力；而且她们就像水一样，让人弄不明白"）。蒲鲁东（Proudhon）的《论革命和教会中的正义》（*Justice dans la Révolution et dans l'Eglise*, 1858）在伪科学和法律层面进行了大量论证，为剥夺妇女的政治权利张目，他还把自己认定的一些艺术颓废现象归因于女性的饶舌多嘴，并称之为"文学上的女色情狂"（"une espèce de nymphomanie littéraire"）。我们在第二章会继续谈论该主题。[10] 切萨雷·龙勃罗梭（Cesare Lombroso）的《女罪犯与娼妓》（*La Femme criminelle et la prostituée*）在19世纪末影响巨大，他自己有一套印象派的生物学主义观点，并在此基础上相信女性天然就比男性话多。例如，他声称科学证明母狗比公狗叫得更多，小女孩比小男孩在说话方面更早熟，老年女性比老年男性更能长久地保持说话能力。龙勃罗梭给出了一系列谚语，其数量之巨丝毫不逊于他所谴责的那些喋喋不休的女人所说过的话语，而他之所以开列出这些谚语，是为了用大众信念的智慧来支持科学的智慧。他列出的民谚来自意大利的差不多所有地区，也来自法国乃至中国，像极了斯卡纳赖尔（Sganarelle）洋洋洒洒地历数被唐璜引诱过的女人们：两句来自托斯卡纳（"Fleuve, gouttière et femme parleuse chassent l'homme de sa maison," "Trois femmes parleuse chassent l'homme de sa maison"）；一句来自威尼斯（"Deux femmes et une oie font une foire"）；三句来自西西里（"Discours de femme et cris de perroquet," "Deux femmes et une poule font un marché," "Trois femmes font une foire"）；一句来自那不勒斯（"Une femme et un perroquet révolutionnent Naples"）；一句来自翁布里亚（"Sept femmes et une pie, c'est une foire complète"）；一句来自博洛尼亚（"Trois femmes et un chat c'est un marché complet"）；一句来自米兰（"Deux femmes et une oie font un marché"）；一句来自法国（"Deux femmes font un plaid, trois un grand caquet, quatre un marché complet"）；还有一句据说来自中国（"La langue est l'épée des femmes qu'elles ne laissent jamais rouiller"）。[1]11

女性即纷乱（Riot）

"女人话多"这一中世纪传统论题，其背后的动机无疑是想让妇女沉默，它将妻子们描绘成一副不停讲话的样子，让她们无一人能留得清白。女人被构想为一种总是反应过度（overdetermined）的存在，男人碰到她就总会出岔子。如果她贫穷，男人就必须养活她，供她穿衣穿鞋：

---

[1] 上述谚语大意为："河流水沟啰唆妇，男人在家待不住""三个啰唆妇，男人待不住"（托斯卡纳），"两个女人一只鹅，声压集市怎奈何"（威尼斯），"女人的讲话，鹦鹉的嘀嗒""两个女人一只鸡，闹市喧嚣何时息""三个女人，声欺闹市"（西西里），"一个女人一只鹦鹉，那不勒斯天翻地覆"（那不勒斯），"七个女人一只喜鹊，比起闹市啥也不缺"（翁布里亚），"三个女人一只猫，敢跟闹市比喧嚣"（博洛尼亚），"两个女人一只鹅，声压闹市怎奈何"（米兰），"两个女人如法庭，三个女人如鸡鸣，四个女人如市井"（法国），"话是妇人刀，锋芒何曾销"（中国）。——译者注

"Et qui veust povre fame prendre, / a norrir la l'esteut entendre / et a vestir et a chaucier."（*Rose*, vv. 8549-51）可如果她富有，那她就不受管束：[12]

> et s'il tant se cuide essaucier
>
> qu'il la prengne riche forment,
>
> au soffrir la ra grant torment,
>
> tant la trove orgueilleuse et fiere
>
> et seurquidee et bobanciere.

可如果他认为娶一个富女人就能逃过一劫，那接下来他还是会大受折磨——到头来他会发现她是如此骄傲自大，不可理喻，高高在上，自以为是。（*Rose*, vv.8552-56）

如果一个女人美丽，那所有人都会渴望得到她（*Rose*, vv. 8557-66），而她早晚会不忠；可如果她不美丽，她就更要去取悦他人，最终同样会背叛 ["Maintes neïs par eus se baillent, / quant li requereür defaillent"（"许多女人在缺少追求者时，会主动献身", vv. 8629-33）]。如果她是懂事理的，她就会受到诱惑 ["Penelope neïz prendroit / qui bien a lui prendre entendroit;/ si n'ot il meilleur fame en Grece"（"就连佩涅罗佩本人也会让人追到手，更别说希腊再没有比她更好的女人了", vv. 8575-77）]；可如果她不理性，就会像卢克丽霞（Lucretia）一样，成为疯狂与自杀的受害者（v. 8578）。

这样的观点并不限于罗曼语俗语作品。其最初来源还是哲罗姆："如果一个女人美丽，那她很快就会有多个情人；如果她丑陋，她就很容易放荡。要守住有许多人垂涎的东西很难。拥有众人不屑一顾的东西则令人恼火。"塞维利亚的伊西多尔（Isidore of Seville）在7世纪提出了同样的母题。索尔兹伯里的约翰（John of Salisbury）则在12世纪几乎一字不差地重复了这段话:"美丽的女人会迅速激起爱情;丑陋的女人则容易被挑起激情。受许多人喜爱的东西很难保住;没人想要的东西就是到手了也跌份儿。"[13] 然而,即使得到了,也难免要遭受反应过度的苦楚,因为婚姻被构想为一场争夺控制权的恒久斗争,一场关乎谁拥有什么的斗争。约翰警告说:"如果你把自己的全部家当都托付于她,你就会沦落到仆役的境地;如果你保留了一部分供自己支配,那她就会认为你对她缺乏信任……如果你允许老太婆、金匠、占卜师和珠宝丝绸商人进门,她的贞节就岌岌可危;如果你把他们拒之门外,那就是你疑心太重。说到底,既然淫荡的妻子看也看不住,而贞洁的妻子则没必要去管,那严格的看管又有什么用呢?"[14] 乔叟(Chaucer)呼应了这个母题,让"巴斯妇人"驳斥了所有这类斥责之语:"你对我说过,娶了穷女人倒霉,/ 因为在钱财方面这非常吃亏;/ 但如果女方有钱又出身高贵,/ 你又说那种滋味相当不好受,/ 因为要忍受她的傲慢和怨尤。"[1][15] 女性发现自己被认为是总是反应过度的或善变的。正如默恩的让所说,她充斥着"争吵和……纷乱"(contenz et...riotes);而且,正如《马特奥卢斯的哀歌》(Lamentations de Matheolus)在 14 世纪的译者耶罕·勒·费弗尔(Jehan Le Fèvre)所补充的那样,充斥着"纷乱的争吵"(tençon rioteuse)。[16]

"女性即纷乱"是中世纪文学的一个传统论题,它在古法语中具有特殊意义。Riot 这个词本身的意思是混乱与不安,也作为一种诗歌话语从属于无厘头诗歌(nonsense poetry)的丰富传统——杂拌诗(fatras)、杂拼诗(fatrasie)、傻剧(sotie)以及闹剧(farce)和一种更为特定的文学类型,即"世界的纷乱"(Riote del monde),例如散文体的《草药市场》(Dit de l'herberie)和题为《英国国王和伊利游吟歌手的相遇》("La

---

[1] 这里及下文中《巴斯妇人的引子》的中译引自黄杲炘译本。可参见乔叟:《坎特伯雷故事》,黄杲炘译,上海:上海译文出版社,2013 年,第 433-467 页。——译者注

027

Rencontre du roi d'Angleterre et du jongleur d'Ely")的滑稽故事诗。如果把后一部作品放在"婚姻之苦"的语境中加以考虑,就会在某种程度上进一步扩大"女性话多"与"女性总是反应过度"这两种观念的相似性。因为中世纪知识观念和大众信念中的女性典型特质,在这场国王与游吟歌手之间的滑稽争论中变成了一个难解之谜,其中涉及语词之于指涉物的不足,或者说能指之于所指的不足。对于诗中一连串无厘头的言语搪塞,诗歌作者概括并提醒道:"人们经常听到傻瓜说话有条有理,但话中充满智慧的人方是智者。"[17] 随后,巧舌如簧的游吟歌手——他简直是文艺复兴戏剧中的弄臣(fool)的前身——想要教给国王一个关于语言的普遍道理:

> Et tot vus mostroi par ensample
>
> Qu'est si large et si aunple
>
> Et si pleyn de resoun,
>
> Que um ne dira si bien noun.
>
> Si vus estez simple et sage houm,
>
> Vus estes tenuz un feloun;...
>
> Et si vus les femmes amez,
>
> Et ou eux sovent parlez
>
> Et lowés ou honorez...
>
> Donques dirra ascun pautener:
>
> "Veiez cesti mavois holer,
>
> Come il siet son mestier
>
> De son affere bien mostrer".
>
> Si vus ne les volez regarder
>
> Ne volenters ou eux parler,

Si averount mensounge trové

Que vus estes descoillé!...

我要向您证明一个道理，需要用到的例证都相当普遍、有说服力，没有人听了会不同意。如果您是个单纯而有智慧的人，那就会被人当作无赖；……如果您喜欢女人，常跟她们讲话，常去见她们，还赞美和尊崇她们，……那就会有人说："瞧那个拉皮条的坏种，他倒是上手，没白瞎他那手艺。"如果您不理睬女人，或者不想跟她们讲话，就会有人编出瞎话来证明您让人骗过！……（Recueil, vol.2, 249.）

默恩的让关于女性反应过度的看法在这里被复杂化了，这首滑稽故事诗在呈现反应过度的问题时是从主观见解的角度出发的，或者说得更准确些，一切涉及两性关系的言语行为都会带有主观偏见。这首诗歌的无名作者断定，不可能存在对于异性的客观见解，因而也就没有清白无辜的言语立场。单是跟女人讲话这件事就能让人变成皮条客；不跟女人讲话，甚至不看女人，则是阉人的标志。

这样一来，我们在一开始的例证中看到的女性善变，现在就转变为了丈夫永远无法充分回应妻子过盛的言辞，而造成言辞过盛的原因则是被想象为女性特质的反应过度。这一话语的源头还是哲罗姆："然后就是整晚的枕边训话：她抱怨有位女士出门时比她穿得好，另一位则得到所有人的敬仰：'我在女士们的集会中是个可怜而又遭人轻视的无名之辈。''你为什么盯着隔壁的小蹄子看？''你刚才为什么要跟女仆讲话？''你从市场买了什么回来？''我连一个朋友、一个做伴儿的人都不准有。'"谈到这种观点，中世纪的厌女者们没有一个清白无辜，尤其是教宗英诺森（Pope Innocent）本人，他不仅试图证明嫉妒他人的已婚妇女正是焦虑的来源，而且还要证明无论对方如何回应，都不足以应对她喋喋不休的闲言碎语:"'这个女人,'她说,'出门时穿得更好,而那个女人则受到大家的尊敬;只有我可怜又无助,是一群女人中唯一被瞧不起的,她们都对我趾高气扬。'她想得到他所有的关注,所有的称赞;如果他称赞别人,她就觉得自己受了羞辱。他必须喜欢她所喜欢的一切,讨厌她所厌烦的一切。她想管人管事,不愿有人管她。她不愿做仆人,必须由**她**说了算。她什么事都要插一手。"[18]

这多少改变了我们前面建立的范式,因为之前在假定女性的不足时,是将这种不足表达为一种始终存在的反应过度的状态,而现在女性的缺陷却跟语词的缺陷变得不可分割了;或者,就像作者未详的《世界的纷乱》(*La Ruihote del monde*)一书在谈及一般意义上的言语时所提示的那样:

S'il se taist, il ne set parler;

S'il parole, vés quel anpallier,

Il ne cese onques de plaidier...

S'il cante bien c'est un jongleres;

S'il dist biaus dis, c'est uns trouveres.

如果一个人(man)静默不语,就会有人指责他不懂得如何讲话;如果他讲话了,就会有人指责他是个闭不上嘴的大嗓门……如果他唱歌好听,就会被当作游吟歌手;如果他长于词句,就会被人当作游吟诗人。[19]

按照中世纪的思路,女性的纷乱与言语的纷乱相关联,所以女性的纷乱似乎也就成了诗歌本身的一个条件。如果说妻子被斥为一箩筐的语言滥用,那这些烦人之处就使她成了诗人的同路人。她由于被想象为语言的种种不足之处的化身,所以根本已经被置于欺骗者、骗术师和游吟歌手的角色上。在以下故事中,国王想要买下诗人的马,其中卖马的意象是核心,而且该意象确实经常出现在"婚姻之苦"的语境中：

"Vendras tu ton roncyn à moy?

-Sire, plus volenters que ne le dorroy.

-Pur combien le vendras tu?

-Pur taunt com il serra vendu.

-Et pur combien le vendras?

-Pur taunt come tu me dorras.

-Et pur combien le averoi?

-Pur taunt comme je recevroy."

你会把马卖给我吗？——会的，比起白送我更乐意卖了它。——你打算卖多少钱？——您给多少我就卖多少。——那我花多少钱能买到它？——我拿多少您就花多少。（*Recueil*, vol. 2, 244）

被设想为欺骗者的妻子，就像是一匹在买卖完成之前买主无法仔细查看的马；她还像是语言，被想象为（正如默恩的让所表明的那样）一块遮布，使得"她在被娶之前不会令人不快"。[20] 与哲罗姆遥相呼应，乔叟也表示同意："你说无论是买牛、买马、买狗、买驴……人们要反复检验才花钱买下；/ 但是对妻子，婚前却并不检查……"[21] 买卖马匹的母题离不开反应过度的母题，英诺森三世的说法就是一例。英诺森写道："有三样东西可以让男人在家待不住：烟熏、漏雨的屋顶和泼辣的妻子……如果她美丽，就很容易有一群男人跟在后头；如果她丑陋，就很容易跟在男人们后头。有许多人想得到的东西很难保住，而拥有没人在乎的东西则让人恼怒……你在买马、驴、牛、狗、衣物和床的时候，甚至在买杯子和水壶的时候，都要先找机会好好看看它们。但没有人会让新娘抛头露面，这是为了防止她在婚前惹人不快。"[22]

当然，此处的假设是女性就等同于语言所能带来的欺骗，这种偏见深深扎根于中世纪的性别话语中，以至于人们常常视而不见。许多滑稽故事诗在结尾附上的道德说教，乃至于法兰西的玛丽（Marie de France）的《寓言集》(Fables)，都表明这个传统论题已经被自然化了，成了一种条件反射；不论是《婚姻十五乐》(Quinze joies de mariage)还是《玫瑰传奇》都处处在写这个传统论题。滑稽故事诗《女医师》("La Saineresse")那姓名未详的作者得出结论："在这个国家，不论男人有多么聪明，多么能保持警觉，都难免要中女人的花招。"[23] 法兰西的玛丽写道："经常发生这样的事情：许多女人给丈夫的建议，到头来都让他丢脸蒙羞；许多女人都会建议别人去做一些上当吃亏的事情。"[24]《婚姻十五乐》的作者也附和道，一位丈夫"会被端上一盘盘谎言，还像牛羊吃草那样细细咀嚼"。[25]

13世纪的短诗中有一个亚类，专门书写有关女性的美德与恶行的问题，不断重复着对虚假言辞的指斥以及带有反讽意味的辩护，比如《妇女的命运》("Le Sort des Dames")、《妇女书简》("Li Epystles des femes")、《妇女福音书》("L'Evangile as fames")、《妇人的辱骂》(Le Blastange des fames)、《妇人的责备》(Le Blasme des fames)。《妇女的骗术》("De Dame Guile")是此类作品中的一例，它事实上包含了对女性——所有女性——的"反面"或"负面"刻画，将女性的身体部位跟虚假和欺骗等同起来："我将从头部讲起：她的一条发辫由愚蠢的自大梳成，另一条则由虚假的诱惑编就。她头戴一顶懦弱之帽，那诡计多端的发式由欺骗交织而成。她的缕缕青丝尽是忧郁。而她衣裙的材料既非丝绸也非金箔，而是虚妄的嫉妒，边缘点缀着容不得诚实的伪饰。"[26]《女人与喜鹊》("De la Femme et de la pye")也显示出某些谚语和类比在当时的文化中是何等根深蒂固："喜鹊叽叽喳喳，使人受到狐狸或猫的欺骗；女人摇唇鼓舌，使男人陷入疯狂、唯她是从。"[27]

最后，关于话多的女性、作为说谎者的女性的传统论题，其后续产物在一种往往混杂不清的话语混合体中占据了首要位置，构成这个混合体的一方面是所谓的科学原理，另一方面是在19世纪厌女话语中重新浮出水面的民间性别知识。它不仅在小说中举目尽是，还渗透进了哲学和社会学文献。叔本华把女人的掩饰与伪装同自然选择联系起来。他断言："作为弱势性别，她们无法依靠武力，而只得倚仗狡猾；因此，她们有着本能的机巧和无可救药的说谎倾向。"[28] 叔本华的精神后继者尼采也问道："对女人来说，真理算什么呢？对女人来说，从一开始就没有什么东西比真理更陌生、更可厌、更敌对的了——她的伟大艺术是谎言，她的头等关切仅仅是外表和美丽。我们这些男人就承认了吧：我们尊重和喜爱的正是女人的**这种**艺术和**这种**本能。"切萨雷·龙勃罗梭认为，根本不需要证明说谎是女性"习惯性、生理性的"特质；这位著名的犯罪学家还坚称，这种生理学见解是"由大众信念所拥立的"。[29] "说谎是本能使然"，植根于女性那受抑的（"原始的"）发育，以及她隐藏月经过程的需要。"众所周知，经期的女人更倾向于说谎，倾向于编造辱骂之辞和臆想之事。"[30] 当然，将女性跟语言诱惑和肉体诱惑联系起来，这同《创世记》本身一样古老，旨在解决相关问题的任何尝试，都不可避免地要处理"创世"的故事。

《创世记》与耶典版创世（Yahwist Version of Creation）

有一项重大的文化遗忘症，那就是人们往往忘记《圣经》所包含的创世故事并非只有一种，而是有两种，这一事实直到最近才开始在人们的记忆中缓缓浮现。第一种故事被称作"司祭"（priestly）版，它在一定程度上可能表明（奥古斯丁提醒我们，在上帝的心灵中，任何事情都是可能的）男人和女人是被同时创造出来的，他们作为人的属性并无差别，二者共同的名称也证明了他们是平等的[《创世记》(2:7)]。两个性别都被归于人(homo)这个单一的语词之下,而且在语言层面用以区别两性的定语成分则尽可能地达成了对等,即在指称和句法结构上以两个形容词来修饰同一个代词,"Et creavit Deus hominem ad imaginem suam: ad imaginem Dei creavit illum, masculum et feminam creavit eos"["上帝按照他的形象创造了人(man);他按照上帝的形象创造了他(him),造出的人有男有女"]。[31] 男人和女人被同时创造的故事遭到了压制,这对于西方性观念史来说意味深远。谁知道呢?倘若占上风的是这版"失落"的创世故事,那么两性关系的历史(比如说从人类的堕落算起)就可能会是另一番景象。然而司祭版的《创世记》几乎已经完全为人所遗忘,近来只有女性主义的《圣经》学者们会关注在其中见到的原初平等主义因素,并尝试运用其力量。此版创世故事没有产生持久的影响,这本身就是一个关于文本压抑的故事,同时也是文本压抑的后果,而这种文本压抑则离不开占据主导地位的另一版本中所包含的关于性别压抑的故事。[32] 司祭版《创世记》确认了两性的同时产生,并假定两性是平等的,尽管该版本早于在表述两性差异时更具性别歧视色彩的版本,但在教父时期和中世纪时期,至少在文化上最容易被挪用的却是关于创世的所谓"耶典版"表述[《创世记》(2:7)]:

> 耶和华神用地上的尘土造人,将生命之气吹进他的鼻孔,这人就成了有灵的活人。……
>
> 耶和华神说:那人单独一个不好,我要为他造一个配偶帮助(help)他。
>
> 耶和华神用泥土造了野地各样的走兽和天空各样的飞鸟,都带到那人面前,看他叫什么。那人怎样叫各样的动物,那就是它的名字。那人就给一切牲畜、天空的飞鸟和野地各样的走兽都起了名。只是亚

当没有找到配偶帮助他。耶和华神使他沉睡,他就睡了;于是取下他的一根肋骨,又在原处把肉合起来。耶和华神就用那人身上所取的肋骨造了一个女人,带她到那人面前。那人说:"这是我骨中的骨,肉中的肉,可以称她为女人,因为她是从男人身上取出来的。"[《创世记》(2:7, 18-23)]

根据耶典版《创世记》,不仅两性的创造是一个先后有别的过程,而且这个过程本身既取决于性别差异与原初命名时刻(为万物起名)之间的联系,也取决于性别称呼中的派生关系。耶典版的表述把女人的创造跟一个创始性的语言行为联系在一起。亚当被说成是第一个讲话的人,是万物的命名者;而女人,或者说女人的必要性、她的来由,则似乎产生于为其施加名称的过程。[33] 对万物加以称呼,是男人对它们行使权力的最初实例,而女人的创造则紧随其后。而且,根据这第二版的两性创造故事,女人从定义上讲就是男人的派生物,而男人作为上帝的直接造物,在时间上更早,在本体论意义上也占先。中世纪的评注者们——犹太人斐洛(Philo Judaeus)、克里索斯托、哲罗姆、奥古斯丁——所关注都是耶典版的创世,并且以一种高度等级化的方式来理解两性的先后出现。这样的阐释构成了"阳具逻各斯中心"(phallogocentric)逻辑的基础形态,该逻辑此后一直主导着西方对于性别问题的思考。用玛丽·奈奎斯特(Mary Nyquist)的话来说,这是指"当涉及成双成对的事物时,其中在时间上较晚的那个事物往往还会被认为是次要的,即派生的或低等的"。或者根据玛格丽特·迈尔斯(Margaret Miles)的说法,"那个'创造的顺序(order)'——男人在先,女人次之——被认为是反映了宇宙秩序(order)并规定了社会秩序"。[34]

关于创世的耶典版表述,把女人(她源自男人)设想为次等的,设想为一种补充，或者按照保罗的规定，"男人是上帝的形象，女人是男人的形象"[《哥林多前书》(11:7-8)][35]。正如语词被认为是对事物的补充，因为万物是在无名状态下被带到亚当面前接受命名的，所以女人被推断为对男人的补充，是男人的"助手"（helper）。犹太人斐洛在 1 世纪写道："**任何人独处都是不好的，因为人有两种**：一种是依照神的形象造出来的，另一种是用土塑造出来的……这第二种人是作为助手的。首先，这个助手是被造的，因为圣经上说，'让我们为他造一个助手'；其次，这个助手的产生晚于受助的那个人，因为此刻神已经先把那个心灵造就，并将要制造他的助手。"或者按照约翰·克里索斯托的说法："男人受造在先，有权获得更大的荣耀。圣保罗指出了这种优越性，他说：'男人不是为女人造的，女人却是为男人造的。'"[《哥林多前书》(11:9)]。在差不多八百年后，格拉提安（Gratian）向我们展示了把时序转换成逻辑是何等容易："女人不是无缘无故被创造的，不是用创造亚当的质料创造的，而是用亚当的肋骨创造的……这是因为上帝最初创造的不是一个男人和一个女人，不是两个男人，也不是两个女人；而是先创造男人，然后用男人创造女人……女人服务于男人，就像儿子服务于父母一样，是很自然的，因为下位者就是会服务于上位者。"[36]

因此，名称的强加和女人的创造这两个举动，不仅同时发生，而且还彼此类似、相互牵涉，这种相互牵涉的关系甚至转换为了创世故事中的具体语言表述[《创世记》(2:23)]以及对名称本身的操弄，"Hoc nunc os ex ossibus meis, et caro de carne mea. Haec vocabitur virago, quoniam de viro sumpta est"（"这是我骨中的骨，肉中的肉。可以称她为女人，因为她是从男人身上取出来的"）。中世纪的解经家们敏锐地意识到了性别语词中的派生性，并以此来证实两性间的派生关系，大谈希伯来语中 *isha* 从 *ish* 派生而来，以及拉丁语中 *virago* 从 *vir* 派生而来［就像弥尔顿会说"女人（woman）是她的名字，从男人（man）中提取而来"]。[37]塞维利亚的伊西多尔声称，表示男人的词 vir 是他那更高力量的结果，而表示妻子的词 mulier 则来自她更胜一筹的温柔。[38]这种极度严肃的文字游戏在人类堕落这一话题之后仍在继续，甚至被用来证实该话题。英诺森三世写道："而且我们也都一出生就在哭泣，以表达我们本性中的悲苦。""据观察，男孩刚出生时的哭喊声是'啊'（Ah），而女孩的哭喊声则是'噎'（E）。因此就有了常听到的诗句：'他们哭喊着"噎"或"啊"，/他们都生自夏娃（E-va）。'只要细加斟酌，就会发现'夏娃'这个名字表示的正是 Eu！再加上 Ah！——这些词是表达哀伤或巨大痛苦的感叹词。正因如此，在人类堕落之前，女性被叫作'wo-man'（'从男人造出'），但在人类堕落之后，她就该被称为'夏娃'……"[39]

亚当在时间顺序上的优先意味着一整套关系，这些关系不仅触及中世纪符号理论的核心，也触及若干本体论问题的核心。这些问题清楚地表明，被普遍视为中世纪反女性主义起源时刻的人类的堕落——它既是反女性主义的起因，也是为反女性主义所作的辩护——不过是亚当和夏娃的先后创造这件事中隐藏因素的充分实现或逻辑后果。因为在耶典版中，女人从一开始就被认为是次要的、派生的、附带的和补充的，在基督教最初几个世纪关于性别的奠基性表达中，女人背负着所有下等、恶劣、可耻和反常的东西。

一方面，亚当拥有中世纪哲学家们所说的"本体"（substance）。他的本性是本质性的（essential）；人们想象他拥有存在（Being—Existence）。奥古斯丁断言："所有的善都来自上帝，所以自然的存在无不来自上帝。"[40]另一方面，人们想象夏娃是作为一具更为自足的身体的组成部分而产生的，这具身体之所以更为自足，是因为它由上帝直接创造，而夏娃作为这个身体的组成部分，只能向往它的完整性。因此，作为本质性存在中的一个组成部分的副产品,她从一开始就包含着偶然性的成分,她的产生是一个变化生成的过程,含有诸多劣化降格的模式。

如果说亚当的存在是完整性的,而夏娃的存在只是局部性的,那是因为在人们的想象中,亚当分享了存在的原初统一,而夏娃则是由于分裂和差异而产生的衍生物。这种联系甚至可以转译为某种关于数(number)的中世纪形而上学,在柏拉图派和毕达哥拉斯学派的知识图式中,被创造的事物要么表现出自我同一的原则(principium ejusdem),要么表现出持续自我更替的原则(principium alterius)。前者关乎同一性,关乎单子;后者关乎多样性,关乎二元结构(dyadic structures)。二者都有特定的性别:单子是男性的,二元结构则是女性的。我们可以在欧德罗斯(Eudorus)的残篇中读到:"可以肯定地说,毕达哥拉斯学派假定,在最高层级上,一(the One)是第一原理,然后位于次等层级上的是关于各种存在之物的两条原理,一和自然则与此相对立……他们说其中一方是有序的、有定的、可知的、男性的、奇数的、在右的、光明的;与此相对立的另一方则是无序的、无定的、不可知的、女性的、偶数的、在左的、黑暗的。"[41] 波埃修斯(Boethius)认为那两条原理"一条表达的是稳定,另一条则表达无尽的变动。这边是变化与更替,那边则是固定的力量。这边是确定不移的稳固性,那边则是无限多样的裂解"。[42] 亚当曾一度享有的那种整一性(oneness),那种独一无二的独有性(the uniqueness of singularity),与作为语法、几何、哲学和神学的唯一奠基性原理和保障的那种整一性是难以区分的,因为上帝正是被按照"一"的本质(the nature of one)来加以定义的,是普遍的(universal)且永恒的。奥古斯丁在《论秩序》(De Ordine)中坚持认为"宇宙"(universe)一词来自"一"(unus),而且"只有当灵魂统一起来,它才会理解世界之美"。统一,是存在(Being)的另一个说法,是哲学的目标或者说真理的同义词。"哲学作为一门学科,本身就已经包含了知识的这种秩序，它需要去发现的不过是一的本质，但要在一种更为深刻和神圣的意义上发现这种本质。"[43] 按照坎特伯雷的安瑟伦（Anselm of Canterbury）的说法，只有"一"（the One）是必要的，因而也只有"一"值得去爱。[44]

在这里，我们目睹了至少自奥古斯丁以来西方关于性别的重大传统论题之一，即男人是未分裂的、无性的、纯粹的精神，而女人不过是一个分裂的存在，她的身体并不反映灵魂的实在。结果就是，如果男人因为是上帝的形象而仍是完整的人（fully human），而女人则只是部分的人，那么这种特定的"人"所指涉的就是其中男性特质的一面，或者说被删减为其中男性特质的一面。女人只有在她灵魂的那一部分才被认为是人，我们之后会看到，也正是这个部分使得她成为一个男人（第四章）。格拉提安写道："上帝的这一形象在人之中（在男性之中），后者是独一无二的受造物，是所有其他人类的来源，从上帝那里获得了代替他统治的权力，因为他是一位独一无二的上帝的形象。"[45] 耶典版创世故事当然充当了早期基督教所谓"家庭法"（household code）的基础，我们之后会再回到这个问题上。单凭以上内容就足以表明两性之间的这种区别——男人被设想为同一，女人则被设想为差异——在中世纪的西方是何其根深蒂固，事实上，就连妇女们也将这种区分内在化了。宾根的希尔德加德（Hildegard of Bingen）写道："因为女人是软弱的，指望着男人，希望从男人身上获取力量，就像月亮从太阳那里获取力量一样；因此，她服从男人，并且应该随时准备为他服务。"[46]

这不过是换了种方式来讲述一个观念：亚当拥有形式，他是某一理念（Idea）的等价物，因为任何统一且存在的事物都有形式。奥古斯丁提到过一种几乎随处可见的惯常说法："所有现存的事物，假如被去掉了形式，都将不复存在，正是凭借不变的形式，所有不稳定的事物才会存在，才会在数的领域中充分实现它们的功能。"[47]这就是说，男人是形式或心灵，而女人作为他第二本性的降格形象，则被归于质料的领域。[48]换句话说，对"一"的爱和对多样性的蔑视被转译为对形式的赋权、对具有特定性别意味的肉体的贬损。[49]简而言之，在这整个时期，男人都与由上帝直接形塑的精神或灵魂联系在一起，分得了他的神性，而女人则被认为分得了身体，即肉体化身的存在，就定义而言，这是人类堕落境况的标志。塞维利亚的伊西多尔（Isidore of Seville）声称女人（*femina*）这个词来自"女性的股骨"（female femur），不同于男性的股骨，尽管有些人认为这个词的希腊词源来自"火的力量"，因为无论是人还是动物，某一物种中的雌性总比雄性拥有更为强烈的欲望。[50]

因此，在中世纪的厌女思维中，神学问题和性别问题可以没有任何区别。女人是一种受限版的男人，正如柏拉图传统中的思想所示，她仍然被质料、肉体和欲望束缚。[51]克里索斯托写道："因为这种肉体美的根基，不过就是黏液、血液、体液、胆汁和食物嚼碎后形成的液体。"[52]与此呼应，英诺森三世也重复着这个时代的陈词滥调："人类由尘土、泥土和灰烬构成；甚至更为卑污的是，构成人类的种子是最肮脏的。"他还指出："他是在肉体的躁动、激情的炽热和色欲的恶臭中孕育出来的，更糟的是，他还带着罪恶的污点。"[53]

尽管从这样的角度来看，人类普遍都会蒙受罪责，但女人却体现了与肉体相关的质料性败坏，其中混合着神学问题和妇科问题。如果说根据定义，所有人从一开始就参与了肉体的罪恶，那么女人作为这种罪孽的动因甚至在人出生前就发挥了作用。[54]

把女人与质料（或者说肉体化身本身）联系在一起是一种具有悠久传统的观念，如今仍在大行其道。娜奥米·舒尔（Naomi Schor）聚焦19世纪哲学界的厌女表述，梳理了当时人们如何把男人与普遍领域的联系以及女人与特殊领域的联系,推演到男人与抽象的关联以及女人与细节的关联,继而把男人与哲学思考能力联系起来,而把女人与一种对附属物、装饰物和风尚的自然青睐联系起来。[55]朱利安-约瑟夫·维里(J. J. Virey)在一篇于1809年获得马孔科学文艺协会(Société des Sciences, Lettres et Arts de Mâcon)奖项的论文中写道:"较之男人与类、一般性事物的联系,女人只涉及个别事物,止步于特定对象。"[56]黑格尔在《法哲学》(*The philosophy of Right*)中重复了几乎相同的传统论题:"妇女当然可以教养得很好,但是对于高级的科学、哲学和从事某些艺术创作而言,这些都要求一种普遍的东西,她们是做不来的。妇女可能会突发奇想,有趣味,精致优雅,但她们却并不具有理想。"[1][57]蒲鲁东采纳了亚里士多德派关于怀孕的观念,即在生育过程中,男方提供形式,女方提供质料;他声称男人拥有代表着天才(genius)的"原种"(germe)。而儿童、阉人和妇女则被剥夺了思想观念:"她根本不会去概括,不会去综合。她的心灵是反形而上学的……女人不进行哲学思考。"[58]那位魔法师的学徒米什莱明显想要跟蒲鲁东保持距离,却似乎仅仅是以不同的视角得出了同样的偏见,他断言女人"靠着影响男人而收获颇丰,在理念中和现实中都是如此。但她的思想却很少转变为有力的现实;这就是为什么她创造出的东西如此之少"。[59]对龙勃罗梭来说,女人对细节的亲和性,以及她在哲学思考方面的所谓无能,都是受抑的演化发育的一种功能表现:"在女性心灵那低下的抽象能力和高度的矫揉造作中,人们找到了表明女性心灵之低等的又一个证据。只要考虑一下精神演化的最高形式,即综合能力与抽象能力,就能看到女人的智力是有缺陷的;相比之下,她擅长的是精微的分析和对细节的清晰感知。"他坚持认为,人们越是把一个女人推向抽象活动,她就

---

[1] 中译引自黑格尔:《法哲学原理》,邓安庆译,北京:人民出版社,2017年,第310页。

越容易患神经官能症。此外,认为女性天生就不太有哲学倾向,也等于是在暗示女性不太适应写作。我们已经看到,对于像龙勃罗梭这样的主流厌女者来说,女人是与过多的口头表达联系在一起的,这就进一步排斥了书写,因为"她们的文字中枢不太发达"。如果女人必须写作,她们就会被吩咐去写信;书信被看作交谈的字面形式,这"符合她们的性格,而且再次满足了她们说话的需要"。[60]

感官的领域

早期教父的性别表述假设了一种建立在类比基础上的男女关系,其类比的对象则是理智世界与感官世界的关系。这样的观念当然深深植根于柏拉图传统。不过,正是犹太人斐洛在公元前1世纪亚历山大里亚中期柏拉图主义的阐释模式影响下,把《创世记》的故事转变为了一则"关于灵魂的寓言,其中男人是心灵,女人是感官知觉"[61]。斐洛重提"夏娃的创造"的情节,把对于她随附性地位的谱系发生学[1]论述转化为一个本体论观点,主张心灵之于身体的优越性,这就类似于提出男人之于女人的优越性:"首先,这个助手是被造的,因为经上说,'让我们为他造一个助手';其次,这个助手晚于受帮助的那个人,因为此刻神已经先把那个心灵造就,并将要制造他的助手。但这些表面上的具体用词又传达了更深的意义。因为感觉和情欲是灵魂的助手,在灵魂之后产生。"[62]

女人的地位类似于感觉在认知领域中的地位。作为心灵的男人与作为感官知觉的女人相互排斥:"心灵一睡着,知觉就开始了;相反,心灵一

---

[1] 原文为 philogenetic,或为 phylogenetic 之误。phylogenetics 作为生物学术语,一般译作"种系发生学",其希腊语词根 phylon 具有宗族、血缘的含义,这里强调的是夏娃以亚当的肋骨制成、来自亚当,故译作"谱系发生学"。——译者注

醒来,知觉就平息。"女人来自那根肋骨,由血肉塑成,仍然为肉体所束缚。斐洛继续写道:"'他将其造成一个女人'(Gen. ii, 22)。由此可见,感官知觉最恰当、最准确的名称是'女人'。"[63]

斐洛的这种区分,可能呼应着《旧约》中亚伯拉罕与撒拉的关系,或者罗德及其妻子的关系,它以另一种面貌或面向呈现了形式与质料、主动与被动、灵魂与肉体的对比,这些对比项一开始就依照男性或女性被分类。男人与理智——心灵(mens)、理性(ratio)、有理性的灵魂——联系在一起,而女人则与感觉(sensus)、身体、动物性的能力、欲望联系在一起。根据斐洛的观点,她与象征着愉悦的蛇是同盟。奥利金(Origen)沿袭了斐洛的这种看法,同样沿袭这一看法的还有尼撒的格列高利(Gregory of Nyssa)、安布罗斯(Ambrose)、奥古斯丁,以及后来的约翰·司各特(John Scotus)、圣维克多的于格(Hugh of Saint-Victor)、普瓦捷的吉尔伯特(Gilbert of Poitiers)和圣伯纳德(Saint Bernard)。所有这些男人都把关于男女的二元观点纳入心灵与感官的区分,据此认为女人——用罗斯玛丽·鲁塞尔(Rosemary Ruether)的话说——在"无序的罪愆"中负载着"肉身性"。[64]卡洛琳·拜纳姆(Carolyn Bynum)也阐述了这一区分,她用一系列对立来扼要把握自己所讨论的材料:"**男性**与**女性**被加以对照,被有偏向地评价,被当作理智/身体、主动的/被动的、合乎理性的/不合理性的、理性/情感、自制/欲望、决断/怜悯以及秩序/混乱。"[65]

"心灵/感官"的区分当然也是一种夫妻类型学的基础。这种类型学认为女人,即男人的"身体",必然从属于男人,就像情欲服从于理智一样。因此也就有了对男人的反复吁求,要求他像理性控制身体欲望那样来管制女人,而这也构成了"家庭法"的基础。[66]在《以弗所书》(5:21)中,保罗要求妻子们"顺服自己的丈夫,如同顺服主。因为丈夫是妻子的头,如同基督是教会的头;他又是这身体的救主"。奥古斯丁在《创世记解:

驳摩尼教》(*De Genesi contra Manichaeos*)中坚称:"对女人的征服符合万物的秩序;她必须由男人来支配与管理,就像灵魂应该管制身体,刚健的理性应该支配人身上动物性的部分一样。如果女人支配男人、动物性的部分支配理性,那房屋就上下颠倒了。"[67] 而阿奎那在讨论两种不同的臣服时,区分了奴役与"家政或国民的"臣服,前者是"统治者为了自身的利益而管理臣服者",后者则是"统治者为了**臣服者的**利益和好处而管理他们……正是就这种臣服而言,女人天然臣服于男人,因为男人天然具有更强的理性辨别力"。[68]

在此,在这种把欲望官能投射到女性身上的做法背后,在相关的禁令背后,我们触及了一种关键的、业已内在化了的焦虑——对身体的不可控性的惧怕,对身体上的诸多部位与冲动的不可控性的惧怕。在早期教父的著作中,对女性的不信任至少可以部分归因于针对身体那种不服从权威、不听从管束的存在状态的拒斥和阻挡。佩奇·杜波依斯(Page Du Bois)认为"厌女者的许多话语都集中关注女人的身体",而这份"对于女人肉身性的惧怕,这种强烈的厌女,以及同一时期的猎巫行为,是文艺复兴时期的史诗中频频出现夏娃、喀耳刻和狄多形象的深层原因"。[69] 不过,我与杜波依斯的看法不同,至少在中世纪时期,关于女人的观念和关于女人身体的观念之间并无明显区别,因为对于教父们来说,二者实际上是一个意思。对女性特质的惧怕,连同把这种惧怕提升到意识层面的认识能力与表达能力,不只是对感官性一般化的、抽象的惧怕,而是对感官的不信任——这是对作为身体的女人、对作为女人的身体的惧怕。换句话说,这是对每个男人身体里的女人的惧怕。因为如果女人作为敏感的灵魂而与感官性结成联盟,也即与可能产生的色欲结成联盟,那么就正如克里索斯托所说,即便只是感知到她,就有使灵魂被剥夺理性的危险:

所以我们常常由于看到一个女人而遭受千般恶果；回到家中，心怀无节制的欲望，经受许多天的痛苦；可当我们的一处伤口差不多要愈合的时候，我们就又一次受到同样的伤害，中了同样的招数；为了那一瞥的短暂欢愉，我们承受着一种漫长而又持续的折磨……女人的美是最大的圈套。或者不如说，不是女人的美，而是毫不节制的凝视！[70]

女性与对立于心灵的感官、对立于灵魂的身体结成了大行剥夺之举的联盟，这一联盟在支配着中世纪思想、文化与社会的那些等级化的本体论对立项中有着十分深远的影响。事实上，这种区分相当广泛而深刻，甚至在中世纪的"类比中的类比"中，即关于"文字与精神"（the letter versus the spirit）的类比中得到了结构性的表达。该观念提供的不仅是一个思想范畴，还是对精神结构（mental structure）之秩序的某种看法，一种可以据以理解其他范畴的阐释模式。文字属于身体、感官、现世、世俗的一边；精神则与之相对，属于心灵、形式和神圣的一边。在基督教的头几个世纪中，二者之间的对照是理解世界、构造共同体的一种手段。它的功能是在男性与女性之间制造对立，这种对立把女性特质，最终是女人，贬低为次等的一方；它还充当了基督徒身份的意识形态标志：要站在精神这一边，就是要不借助感官来理解、不经过感知来认知，也即不假身体便总已知晓。[71] 而只要通过感官来认知，就仍是站在文字、律法——最终是非基督徒，即异教徒和犹太教徒——那一边。我认为，这可以解释在整个中世纪以及之后很长一段时间中，对异端的压制与反女性主义之间的关联。[72] 那些不信上帝的人，还站在文字、身体、感官一边的人，就会被感知为女人；而女人，即那些没有放弃关于身体的女性化原则的人，就跟律法的文字绑定在了一起，终究是异端分子。

西方基督教化的柏拉图主义赋予了所指大大凌驾于能指的特权，对此我曾在别处加以界定，而文字与精神之间的这种"性别化"的对立，也可以看作参与了这一特权的赋予。奥古斯丁写道："人们对于符号所指之物的评估，必须高于对相应符号的评估，因为一切为另一事物而存在的事物，必然不如它所为着的那个事物高贵……人们为语词所赋予的价值，必须低于我们用它们来形容的那些事物的价值。"[73] 同样，人们认为一个事物的价值胜过其形象的价值，甚至认为其精神形象的价值胜过其物质形体的价值，用奥古斯丁的话说，就是认为"我们在心中所说的话"的价值胜过以任何特定方式说出的任何一类具体语言的价值。[74] 我们在开始时提到过伊利的游吟歌手的教诲，即语词永远无法充分描述身体，还总是会制造出多余的东西，而这在13世纪的《妇女的命运》中则明确地表现为纸墨无法充分描摹一个女人的身体：

> De ci jusqu'au mont Saint-Michiel,
>
> Devenoit enque et parchemin,
>
> Et tuit cil qui vont par chemin
>
> Ne finoient jamès d'escrire,
>
> La moitié ne porroient dire
>
> De vostre gent cors la façon:
>
> Qui le tailla fu bon maçon.
>
> 倘若从这里到圣米歇尔山一路都铺满纸墨，而这条路上的行人也将永远进行写作，那他们也永远无法捕捉到你的身形；制造它的定是位优秀的石匠。[75]

赋予所指凌驾于能指之上的特权，这可能看上去像是个语文学观点，跟性别问题无关。但可别忘了，在我们要细加考察的这个时代，符号问题对于思考所有其他哲学与神学议题具有根本性的意义。从基督教的头几个世纪到文艺复兴的千年时间,是一个文化大分歧、政治大分裂的时代,也许只在一个问题上达成过统一,即关于表征之性质的构想在何种程度上对关于更广阔宇宙的构想具有根本性的意义。不仅中世纪的文化是关于"书"(the Book)的文化,其认识论是关于"言"(the Word)的认识论,而且如今看来,中世纪的基础学科也从属于"语言的技艺"(*artes sermocinales*)。[76] 此外,中世纪西方的言辞认识论的主导假设之一,就是言辞性事物与社会性事物的同化。语言秩序与社会秩序被认为具有相同的性质。这个问题所牵涉的,不只是西塞罗所说的城市与修辞同时创立,不只是瓦罗(Varro)所说的言语和法律的共同起源,不只是教父们在希伯来文字与经由摩西领受律法之间所作的关联,不只是索尔兹伯里的约翰关于语言是社会生活必要条件的观念,更不只是阿奎那关于语言是人的社会本性之表达的见解。语言与社会的秩序在历史和逻辑上彼此关联,在本体论意义上相互交织,正如柏拉图式的观点会认为人是大宇宙中的小宇宙,而大宇宙本身常常被表征为一个写就的文本〔比如伯纳德·西尔维斯特里斯(Bernard Silvestris)、圣维克多的戈弗雷(Godfrey of Saint-Victor)、大阿尔伯特(Albert the Great)、波纳文图拉(Bonaventure)、阿奎那和默恩的让的著作〕。

这意味着:

1. 对物质世界的诋毁,特别是对符号的贬低,与中世纪对感官的深刻不信任是不可分割的。哲罗姆写道:"通过五感,就像通过敞开的窗户,罪恶得以进入灵魂。心灵的都会和城堡不可能被攻陷,除非敌方已从它的那些大门事先进入。灵魂被它们造成的混乱困扰,被视觉、听觉、嗅觉、味觉和触觉俘获。"[77] 那一扇扇门窗一旦被打开,就不可能再把感官的愉悦排斥在外。

2. 对感官的这种不信任只能理解为对女性特质的不信任。因而哲罗姆警告道:"如果有人乐见竞技场的角逐、运动员的拼搏、演员的多才多艺、女人的身段,乐见华丽的珠宝、服饰、金银,以及诸如此类的其他东西,那么灵魂的自由就会经由眼睛的窗户丢失,先知的话语就会应验:'死亡从窗户进来。'(Jer.xi.21)同理,我们的听觉被各种乐器的音色和嗓音的抑扬讨好;诗人和喜剧演员的歌曲,哑剧演员的俏皮话和唱词[1],凡是进入耳朵的,都会削弱心灵的男子气概。"[78]

3. 在女性与文字之间建立起来的类似性,可以转译为明确的社会关系,从而必然意味着让男性权力凌驾于女性,构成对后者权利的剥夺。从耶典版创世到教会拒绝由女性担任有权威的神职,不过是迈出了轻松且近乎不言而喻的一步。提摩太也许是第一个实际上挑明这一步的人:"女人要事事顺服地安静学习。我不许女人教导,也不许她管辖男人,只要安静。因为亚当先被造,然后才是夏娃。"(1 Timothy 2:11)但这一原则即便是在看似完全排除了女性的话语领域中也是普遍且有效的。例如,在奥古斯丁精心雕琢的圣礼神学中,所指之物与其符号的关系被描述为讲话者与其言辞的关系,而后一种关系又在圣父与圣子的关系中得到了明显具有家族色彩的描述,其中圣子所占据的正是女人在男人面前所占据的位置。奥古斯丁写道:"所以父子同为一存在,一伟大,一真理,一智慧。但父和子不同是圣言,因为他们不同是子。正如子是相对父而非就其自身说的,圣言被称为圣言,也是相对那说话者而言的。"[2][79]奥古斯丁关于符号、关于历史的神学论述,其目标正是对身体的超越,而达到目标则是经由感知和认知,通向以男性来界定的智慧(intellectio),后者在奥古斯丁那里与父

---

[1] 在古罗马哑剧的演员配置中,除主要依靠肢体动作进行表演的舞蹈者外,还有歌手乃至歌队。——译者注

[2] 奥古斯丁:《论三位一体》,周伟驰译,上海:上海人民出版社,2005年,第197页。——译者注

子的联合相联系。这一联合与圣事本身不可分割，它不仅意味着子回归父，还代表着知识形式与知识对象的汇同，即作为"事物之形象"的名称恢复了原状。[80] 因此，父与子之间的关系，讲话者与他的言语之间的关系，是父系化的关系，这意味着在本体论的意义上，起源优先于结果，生产者优先于产生者，这在哲学中则表达为属（genre[1]）之于它的种（species）的优先性。

其实，换用中世纪实在论（其中，关于实在之物的种种存在范畴构成了一个精细的树图）的那些玄奥术语来讲，这就是属对于它所包含的种的优越性——而且此关系不仅涉及语言层面（种可以经由它的属来加以描述，反过来就不行），还涉及特定的政治层面。德尔图良写道："因此，**特殊的隶属于一般的**（因为一般是先在的），**后继的隶属于先在的，偏狭的隶属于普遍的**：（每个）都在它所隶属的词本身中被暗示，在其中被指称，因为它被包含于其中。"[81] 或者说，就性别问题而言，女人代表着男人这个属里面的一个种，男人确实产生出了她，而她经由婚姻不过是又回到了男人的本体。"因而二人凭借婚姻的纽带成为一体，'肉中的肉与骨中的骨'说的正是**女人被配作他的妻子**，从而开始被归属于他的本体。"此外，甚至在女性本身的问题上，德尔图良认为妻子还是女人的一个种，妻子身份似乎也受缚于女性身份："所以就本质而言**女人**不是一个关于**妻子**的名称，不过就其条件而言**妻子**却是一个关于**女人**的名称。总之，**女性身份可以抛开妻子身份而被描述，妻子身份却无法抛开女性身份而得到描述**，因为这样它甚至都无法存在。"[82] 从"婚姻之苦"的话题出发，我们已经取得了长足的进展，这是由于我们进入了一个有关种种属性和差异的玄秘领域，这些属性和差异决定着在真理真相的问题上，关于包括男人女人在内

---

[1] 或为"genus"之误。——译者注

的一切存在之物有什么可以加以描述或谈论的内容。不过，这些描述性的内容与另一个问题关系密切，那就是人们赋予不同的存在位级之间的差异在何种程度上暗含着权力上的差异。女人是男人的一个种，妻子是女人的一个种，这一见解有助于在意识形态上将保罗的格言"男人是女人的头"加以自然化。人们很容易从德尔图良的各种存在范畴出发，推出丈夫对妻子的假定权力，进而在更一般的意义上推出男人对女人的控制："如果'男人是女人的头'，那（他）自然也是贞女的头，他所婚配的女人就是从后者来的。"[83]

注释

1. Jean de Meun, *Le Roman de la rose*, ed. Félix Lecoy, 3 vols. (Paris: Champion, 1966), vv. 8531–40；后文引用时都作 *Rose*。

2. 哲罗姆写道："一本**论婚姻**的书，其分量堪比真金，顶着泰奥弗拉斯托斯的名号流传。作者在书中所探究的问题，是明智的男子会不会结婚。"（*Adversus Jovinianum*, I, 47, in *A Select Library of the Nicene and Post-Nicene Fathers*, 2d ser., ed. Philip Schaff and Henry Wace [Grand Rapids, Mich.: Eerdmans, 1952], vol. 6, 383）。拉丁文本参见 J.-P. Migne, ed., *Patrologia latina* (Paris, 1844-55), vol. 23, 276；后文引用时都作 *PL*。参见 Robert A. Pratt, "Jankyn's Book of Wikked Wyves: Medieval Antimatrimonial Propaganda in the Universities," *Annuale mediaevale* 3 (1962): 5-27; Charles B. Schmitt, "Theophrastus in the Middle Ages," *Viator* 2 (1971): 251-70. 让·巴塔尼（Jean Batany）总结了在默恩的让与泰奥弗拉斯托斯之间复杂艰难的中间转引问题："就是说，他（默恩的让）对泰奥弗拉斯托斯是三级或四级引用，中间隔着两个或三个中介文献，在这个过程中 Gaeutier Map 的文

本甚至被归给了一位并不存在的'Valerius';如果圣哲罗姆仅仅是通过Sénèque的一部佚作知道了泰奥弗拉斯托斯的这篇谤文的,那么无疑就还要再增一项中介文献。"(*Approches du "Roman de la rose"* [Paris: Bordas, 1973], 61.)

3. 这套说辞的始作俑者极可能仍是哲罗姆,他把家庭生活看作没完没了的唠叨与抱怨:"此后便是漫漫长夜中的床帏训导:她抱怨说有位女士外出时比她穿得好。"(*Adversus Jovinianum*, 383);*PL*, vol. 23, 276.)

4.《奥德赛》第12卷第185—191行。赫西俄德对潘多拉的描写:

他吩咐著名的赫淮斯托斯赶快把土

与水掺和起来,在里面加进人类的语言

和力气,创造了一位温柔可爱的少女,

模样像一位永生的女神。

他吩咐雅典娜教她做针线活和编织各种不同的织物,

吩咐金色的阿佛洛狄特在她头上倾洒优雅的风韵

以及恼人的欲望和倦人的操心。宙斯随后吩咐

阿尔古斯的斩杀者赫尔墨斯给她

一颗不知羞耻的心和欺诈的天性。

克洛诺斯之子做了上述吩咐,并得到了遵从。

著名的跛足之神立刻按照宙斯的谕令,

用泥土创造了一个腼腆少女的模样,

明眸女神雅典娜给她穿衣服、束腰带,

美惠三女神和尊贵的劝说女神给她戴上金项链,

发簪华美的时序三女神往她头上戴上春天的鲜花。

神使赫尔墨斯把谎言、能说会道以及一颗狡黠的心灵放在她的胸膛里,

众神的预言将这位少女命名为"潘多拉"——由于奥林波斯山上的所

有神所送给她的诸多礼物——意为人类的祸根。

（中译引自张竹明译本,据本书作者所引英译本而有所修改。——译者注）

（Hesiod, *Works and Days*, ed. and trans. Dorothea Wender [London: Penguin, 1973], 61.）

5. 饱读诗书的祸水更糟一筹,她简直不能安生吃个晚饭

在开始称赞维吉尔前,她会先给狄多作道德辩护（一死便无咎）,然后比一比,评一评

把诗中对手,维吉尔与荷马

放在天平的两端,赛赛斤两。

批评家告饶,学问家溃败,通通

陷入沉默,律师跟拍卖商也吐不出一个字——

就算是另一个女人也不行。这样一个喋喋不休的人,

会让你觉得所有的锅和钟都撞作一团

要是发生了月食,现在都不需要什么喇叭什么号：……

(Juvenal, *The Sixteen Satires*, trans. Peter Green [Harmondsworth: Penguin, 1974], 144.)

6. John Chrysostom, *On Virginity*, *Against Remarriage*, trans. Sally Rieger Shore (New York: Edwin Mellen Press, 1983), 59; Jerome, *Adversus Jovinianum*, 367; *PL*, vol. 23, 249.

7. "Equality of Souls, Inequality of Sexes: Women in Medieval Theology," in *Religion and Sexism*, ed. Rosemary Ruether (New York: Simon & Schuster, 1974), 214.

8. Il faut y joindre encore la revesche Bizarre,

Qui sans cesse d'un ton par la colere aigri

> Gronde, choque, dément, contredit un Mari.
>
> Il n'est point de repos ni de paix avec elle.
>
> Son mariage n'est qu'une longue querelle.
>
> Laisse-t-elle un moment respirer son Epoux?
>
> Ses valets sont d'abord l'objet de son courroux,
>
> Et sur le ton grondeur, lors qu'elle les harangue,
>
> Il faut voir de quels mots elle enrichit la Langue.
>
> Ma plume ici traçant ces mots par alphabet,
>
> Pourroit d'un nouveau tôme augmenter le Richelet.

清单上须再添一项:有一类古怪的悍妇会没完没了地用尖锐的怒音来训斥、惊吓、责骂、顶撞自己的丈夫。跟这样一个人在一起,就没有安宁可言。她的婚姻是一场漫长的争吵。她会让自己的丈夫有片刻的喘息吗?她的仆人们是她谩骂的头号对象,当她以轻蔑的口吻对着他们滔滔不绝时,你应该注意到她所用的有些词丰富了我们的语言。我用笔按字母顺序记下了这些词,而这可能会让里什莱词典多出整整一卷。

(Nicolas Boileau-Despréaux, *Oeuvres complètes*, ed. Antoine Adam [Paris: Gallimard, 1966], 71.)

9. "En un mot elles ont déjà cette finesse qui caractérise leur sexe, ce tact délicat des convenances qu'on peut regarder en elles comme une faculté d'instinct, enfin ce talent particulier pour la conversation, qui doit assurer un jour leur empire, et auquel ells s'exercent incessamment" (*Dictionnaire de médecine*, vol. 6, 218).

10. Jules Barbey d'Aurevilly, *Les Bas-bleus* (Geneva: Slatkine Reprints, 1968), 303; P.-J. Proudhon, *De la Justice dans la Révolution et dans l'église* (Paris: Garnier Frères, 1858), vol. 3, 399.

11. Cesare Lombroso, *La Femme criminelle et la prostituée* (Paris: Felix Alcan, 1896), 183.

12. 这类母题的最初出处还是哲罗姆的《驳约维尼安》："养活一个穷妻子很艰苦；忍受一个富妻子则是种折磨。"（383; *PL*, vol. 23, 277）

13. Ibid.; Isidore, *De ecclesiasticis officiis*, 2. 20. 9; John of Salisbury, *Frivolities of Courtiers and Footprints of Philosophers*, ed. Joseph B. Pike (Minneapolis: University of Minnesota Press, 1938), 357.

14. John of Salisbury, *Frivolities*, 357.

15. "The Wife of Bath's Prologue: in *The Works of Geoffrey Chaucer*, ed. F. N. Robinson, (Boston: Houghton Mifflin, 1961), vv. 248-253.

16. "无情的妻子知道如何准备好用纷乱的争吵来招呼丈夫，如果他对此招架不住，那就也无怪乎他没法长久地对付自己的妻子。"(Jehan Le Fèvre, *Les Lamentations de Matheolus*, ed. A. G. Van Hamel [Paris: Emile Bouillon, 1892], vv. 829-33.)

17. "Car um puetoyr sovent/ Um fol parler sagement./ Sage est que parle sagement" (*Recueil général et complet des fabliaux*, ed. Anatole de Montaiglon [Paris: Librairie des Bibliophies, 1872], vol. 2, 256). 后文引用时都作 *Recueil*。

18. *Adversus Jovinianum*, 383; *PL*, vol. 23, 276. Innocent III, *On the Misery of the Human Condition*, trans. Margaret Mary Dietz (New York: Bobbs-Merrill, 1969), 20; Latin text, *De miseria humane conditionis*, ed. Michele Maccarrone (Padua: Editrice Antenore, 1955), 23-24.

19. Victor Le Clerc, *Les Fabliaux*, in *Histoire littéraire de la France*, vol. 23 (Paris: H. Welter, 1895), 98.

20. Et cil qui font le mariage,

si ront trop perilleus usage,

et coustume si despareille

qu'el me vient a trop grant merveille.

Ne sai don vient ceste folie,

fors de rage et de desverie.

Je voi que qui cheval achete

n'iert ja si fols que riens i mete,

conment que l'en l'ait bien covert,

se tout nou voit a descovert;

par tout le resgarde et espreuve.

Mes l'en prent fame sanz espreuve,

ne ja n'i sera descoverte,

ne por gaaigne ne por perte,

ne por solaz ne por mesese,

por ce, sanz plus, qu'el ne desplese

devant qu'ele soit espousee.

那些结了婚的人有一种最不寻常、最危险的做派,令我大为吃惊。除了疯狂与愤怒,我不知道这般蠢行还能从何而来。因为不论马匹一开始被遮盖得如何严实,一个买马的人假如没有先看到这匹马被去掉遮布,是不会疯到为这匹马掏一个子儿的。他会把马从头到尾地看一看、验一验。但是人们娶妻的时候却不做检验,她不会被起底一览,看看是赚是亏,是乐是苦。原因只有一个——害怕她在结婚之前令人不快。(*Rose*, vv. 8631–47)

21. "Wife of Bath's Prologue," vv. 285–91. 哲罗姆写道:"如果她脾气不好,或者是个傻瓜,如果她有污点,骄傲自大,或者有口臭,不管她有什么缺点——所有这些我们都是在婚后才知道的。马、驴、牛,乃至价值最低的奴隶,以及衣物、水壶、木头坐具、杯子和陶罐,这些都是先试后买的;只有妻子未经展示就进行婚嫁,这是担心她不能让人满意。"(*Adversus Jovinianum*, 383; *PL*, vol. 23, 277)

22. Innocent III, *Misery*, 20; *De miseria*, 23-24. 喋喋不休的妻子、浓烟滚滚的烟囱和连连漏雨的屋顶这组三件套,同样出现在13世纪初的一首反婚诗中,"Fumus et mulier et stillicida/ Expullunt hominem a domo propria" ("De conjuge non ducenda," ed. Edelestant Du Méril in *Poésies populaires latines du moyen âge* [Paris: Firmin Didot, 1847], 186)。乔叟重复了这一传统论题:"你说漏雨的房子、熏烟,以及谩骂终日的妻子,都会逼得男人跑出家去。"("Wife of Bath's Prologue," vv. 278–80)我们还会想起龙勃罗梭的《女罪犯与娼妓》所收录的一系列谚语,这些谚语表明了中世纪民俗传统对索尔兹伯里的约翰、英诺森三世和乔叟的影响程度,或者这三位的作品对现代大众文化的渗透程度。所以龙勃罗梭坚持认为西班牙人常说"烟熏、雨漏、女人饶舌,男人被迫跑出家去",他说这让人想起了那句英文谚语——"从烟熏的房子里面,从责骂的妻子手中,上帝拯救了我们!"(183)。巴尔贝·德·奥尔维利把女作家看作一团泛滥的液体,它的风格是从盛着它的容器中流溢而出的;把该见解看作屋顶漏雨这一传统论题的又一版本,也不会显得太过牵强。

23. "Mais il n'est pas en cest païs/ Cil qui tant soit de sens espris/ Qui mie se péust guetier/ Que fame nel puist engingnier" (*Recueil*, vol. 1, 292).

    Par example cis fabliaus dist

    Fame est fete por decevoir;

    Mençonge fet devenir voir,

    Et voir fet devenir mençonge.

Cil n'i vout mètre plus d'alonge

Qui fist cest fablel et ces dis.

Ci faut li fabliaus des perdris.

这首滑稽故事诗用一则富于教益的事例表明,女人生来就是要骗人的。她让谎言看起来真实,又让真相看起来像谎言。写作这则寓言和这些故事的人不会磨磨蹭蹭。鹧鸪的故事到此结束。("Des Perdix," *Recueil*, vol. 1, 193)

"Par cest fable prover vous vueil / Que cil fer folie et orgueil / Qui fame engignier s'entremet; / Quar qui fer à fame .I. mal tret, / El en fet .X. ou .XV. ou .XX."

我想通过这则寓言来证明,一个人要是要骗了一个女人,那他的行径就是愚蠢且自大的;因为每对女人耍一次把戏,她就会回以10次、15次或20次。("Des. II. Changéors," *Recueil*, vol. 1, 254)参见Lesley Johnson, "Women on Top: Antifeminism in the Fabliaux," *Modern Language Review* 78 (1983): 298-307; Philippe Ménard, *Les Fabliaux* (Paris: Presses Universitaires de France, 1983), 116。

24. "Issi est suvent avenu:/ de plusurs femmes est seü,/ que si cunseillent lur seignur/qu'il lur revert a deshonur;/ meinte femme cunseille a faire/ceo dunt a plusurs nest cuntraire" (Marie de France, *Fables*, trans. Mary Lou Martin [Birmingham, Ala.: Summa Publications, 1984], 192).

25. "... et elle replique bien, quar elle se sent bien de bonne lignee, et lui remembre bien ses amis, qui aucuneffoiz lui en parlent, et sont en riote et jamés le bon homme n'avra joye. Il sera servy de mensonges et le fera l'en pester."

……她应答得很好,因为她知道自己出身于一个好家族,她向他提起她的亲戚,这些亲戚有时会跟他谈起她,她肆乱不驯,而这个善良的男人永远不会拥有快乐了。他会被端上一盘盘谎言,还像牛羊吃草那样细细咀嚼。(*Les Quinze joies de marriage*, Jean Rychner [Geneva: Droz, 1963], 48].)

26. Premiers commencerai au chief:

Ele est trecie par beubance,

D'un treçoir de fausse atraiance.

S'a .j. chapel de lasheté.

Et sa coiffe de fausseté

Paillolée de tricherie.

Sa crespe de mélancolie,

Et la robe qu'ele a vestue

N'est pas de soie à or batue,

Ainz est de fausse covoitise

Forrée à porfil de faintise

Qui ne lesse fere droiture.

("De Dame Guile," in Achille Jubinal, *Jongleurs et trouvères* [Paris: Merklein, 1835], 64.)

27. "Par jangle de la pie/ Un vient à tromperie/ De gopil et de chat;/ Femme par parole/ Meynt homme afole/ Et ly rend tot mat" ("De la Femme et de la pye," in Achille Jubinal, *Nouveau receuil de contes, dits et fabliaux* [Paris: E. Pannier, 1842], vol. 2, 326). 参见 Théodore Lee Neff, *La Satire des femmes*。

28. 叔本华接着指出:"正如自然赋予狮子以利爪和尖牙,赋予大象以长牙,赋予野猪以獠牙,赋予公牛以尖角,赋予乌贼以墨汁,它也赋予女人以伪饰的能力,作为她的攻防手段,它把以体力和推理能力的形式被赋予给男人的力量,等量转化为了女人的这种天赋。伪饰因而是她与生俱来的东西……一有机会就发动伪饰的能力,对她而言就像动物在一受到攻击就动用自身的防御手段一样自然……一个全然诚实而不作伪饰的女人或许是不可能存在的。"(*Essays and Aphorisms*, trans. R. J. Hollingdale [Harmondsworth: Penguin, 1970], 83.)另见 Schopenhauer's "Essay on Woman" in *Parerga und Paralipomena*;以及 H. R. Hays, *The Dangerous Sex: The Myth of Feminine Evil* (New York: G. P. Putnam's Sons, 1964), 209。

29. Friedrich Nietzsche, *Beyond Good and Evil*, trans. Walter Kaufmann (New York: Vintage, 1966), 163. "如果撒谎是在所有人类中广泛存在的恶行,那么撒谎就尤其会在女人身上登峰造极。无须去说明女人的撒谎是习惯性、生理性的:这见解是由大众信念所拥立的。" (Lombroso, *La Femme criminelle*, 135); "les femmes ont le mensonge instinctif" (*ibid.*, 137.)

30. "Il est bien connu que pendant la menstruation la femme est plus menteuse, plus portée à inventer des calomnies et des contes fantastiques" (Lombroso, *La Femme criminelle*, 140).

31. 我使用的是《旧约》的武加大译本,因为这是中世纪人所知的版本。关于两版创世故事,参见 Robert Alter, *The Art of Biblical Narrative* (New York: Basic Books, 1981), 140–47。

32. 正典的希伯来《圣经》经文从未采纳《创世记》(1:27)。早期教父们意识到有两个版本存在。例如,约翰·克里索斯托以《圣经》作者所采取的预知之见为依据,把司祭版的存在搪塞了过去,他说《圣经》作者们"在谈论尚未被创造出来的东西时,就仿佛它们已然被创造出来了。你看,由于他们是用属灵的眼睛来感知许多年后将要发生的事情,因而把这些事情看得如在目前,他们在描述一切事物时都是如此"(*Homilies on Genesis 1-17*, in *Fathers of the Church*, trans. Robert C. Hill [Washington, D.C.:

Catholic University of America Press, 1989], vol. 74, 132-33)。参见 Mieke Bal, *Lethal Love: Feminist Literary Readings of Biblical Love Stories* (Bloomington: Indiana University Press, 1987), 104-31; Mary Cline Horowitz, "The Image of God in Man—Is Woman Included?" *Harvard Theological Review* 72 (1979): 175-206; Phyllis Trible, "Depatriarchalizing in Biblical Interpretation," *Journal of the American Academy of Religion* 41 (1973): 30-48; 以及 Trible, *God and the Rhetoric of Sexuality* (Philadelphia: Fortress Press, 1978)。

33. 参见拙著 *Etymologies and Genealogies: A Literary Anthropowgy of the French Middle Ages* (Chicago: University of Chicago Press, 1983), 37-44。

34. Mary Nyquist, "Gynesis, Genesis, Exegesis, and Milton's Eve," in *Selected Papers from the English Institute*, 1985, ed. Marjorie Garber (Baltimore: Johns Hopkins University Press, 1987), 158; Margaret Miles, *Carnal Knowing* (Boston: Beacon Press, 1989), 17. 让 - 玛丽·奥伯特（Jean-Marie Aubert）认为这段经文是 "un des textes fondateurs du tout le sexisme chrétien"（"基督教性别歧视的奠基性文本之一。"——译者注）(*La Femme: Antiféminisme et Christianisme* [Paris: Cerf/Desclée, 1975], 86)。菲利斯·特利波（Phyllis Trible）坚称，关于创造的原初表述并不意味着派生或从属，而只意味着差别。她将《创世记》（2:23）翻译为："这终归是我骨中的骨，我肉中的肉。这应该被称作 'iššâ，因为它与 'îs 是有差别的。"（*God and the Rhrtoric of Sexuality*, 102）

35. 凯瑟琳·罗杰斯（Kathrine Rogers）认为，这类观点可以解释从保罗书信到 1912 年的《天主教百科全书》（*Catholic Encydopedia*）中盛行的厌女现象（*The Troublesome Helpmate*, 11-14）。在菲利斯·特利波看来，对这段文字的历史阐释十分关键："几个世纪以来，这种厌女式的解读已经取得了正典地位，以至于那些反对和赞扬该故事的人对于这种解读所给

出的意义都是认可的。"(*God and the Rhetoric of Sexuality*, 73)

36. Philo, *On the Creation*, ed. F. H. Colson (London: Heinemann, 1929), 227; Chrysostom 引自 France Quéré-Jaulmes, *La Femme: Les grands textes des Pères de l'Eglise* (Paris: Editions du Centurion, 1968), 178-79; Gratian 引自 Aubert, *La Femme*, 88。

37. *Paradise Lost*, 8.496. 奥古斯丁在描述创世故事中的两性差异时，也强调了语词上的差异："然后那人叫他的妻子，仿佛她略逊一筹，他说：这是我骨中的骨，肉中的肉。说骨中的骨，也许是因为力量；说肉中的肉，是因为节欲。因为这两项优点都属于灵魂的较低层次，而支配灵魂的则是理性的审慎。但将其称作女人，是因为她是从她丈夫身上取下的；该名称就来源于此，这层阐释在拉丁语中是体现不出来的，从中看不出女人的名称与男人的名称相像。但在希伯来语的发音中就能听得出来，仿佛当初就是这么叫的：她会被称作 virago（女人），因为她是从她的 viro（男人）身上取下的。因为 virago 或 virgo 的叫法跟男人的名称更有相似之处，但 mulier（女人）的叫法则没有；但正如我此前所说，这是由语言的差异所导致的。"(*De Genesi contra Manichaeos*, 2, 13 [*PL*, vol. 34, 206].) 或如哲罗姆所说："这是我骨中的骨，肉中的肉：这应该被称作女人（mulier），因为他是从男人（viro）身上取下的。女人被叫作女人，是因为她是从男人身上取下的，这在希腊语和拉丁语中是听不出的；但这种词源关系保留在希伯来语中。因为男人被叫作 איש，而女人被叫作 ISSA（אשה）。所以正是由于出自他，女人才被叫作 ISSA。叙马库斯（Symmachus）想要在希腊语中也漂亮地保留这一词源关系，因而他说：这应该被称作 ἀνδρὶς, ὅτι ἀπὸ ἀνδρὸς ἐλήθη，用拉丁语来讲就是：这应该被称作女人（virago），因为她是从男人（viro）身上被取下的。"(*Liber Hebraicarum quaestionum in Genesim* [*PL*, vol. 23, 942].) 塞维利亚的伊西多尔解释说，少女（maiden）

与悍女（virago）之间的差别，就像天生是男子的人与行为有男子气的人之间的差别，"Inter virginem et viraginem. Virgo est quae virum nescit, virago autem quae virum agit, hoc est virilia facit" (*Differentiae* [PL, vol. 83, 68])。

38."男人之所以叫男人（vir），是因为他身上的力量（vis）强于女人，'武力'（virtus）一词也由此得名；要么是因为他凭借"力量"（vis）引领女人。但女人（mulier）一词则来自柔软（mollities），就像 *mollier*（'更柔软'）在去掉一个字母又更换一个字母后变成 *mulier* 一样。男人和女人根据各自身体有无力量而区分开来。但男人的力量更强，女人的力量更弱，因此她会屈服于男人的力量；这显然是事实，除非女人反抗，而男人受到情欲驱使而另寻目标或扑向同性。所以我才说女人（mulier）得名的原因是女性这一性别，而非贞洁受损。根据圣经（《创世记》2:23）所说，夏娃刚从她的丈夫肋中造出来就被叫作女人，而这时她还没有和男人有过接触：'他造成一个女人（mulier）。''处女'（virgo）一词源于'更青翠（*viridior*）的年纪'，就像'幼枝'（*virga*）和'牛犊'（*vitula*）一样；要么是源于她的纯洁，就像'悍女'（virago）一样不懂女性的情欲。'悍女'之所以叫悍女是因为她行为像男人（*virum agit*），就是说她从事男人的活动且富于男性般的精力。古人会用这个词称呼勇武的女人。但把处女称为悍女是不对的，除非她从事男人的工作。但要是一个女人从事男人的活动，称她为悍女就是合理的，好比阿玛宗人（*Amazona*）。今天的女人（*femina*）在古代被叫作妇人（*vira*），就像'女奴'（*serva*）派生自'男奴'（*servus*）、'女家仆'（*famula*）派生自'男家仆'（*famulus*）一样，妇人（*vira*）也派生自男人（*vir*）。有些人认为'处女'（*virgo*）也来自这个词。"（Isidore of Seville, *Etymologiarum sive originum*, ed. W. M. Lindsay [Oxford: Oxford University Press, 1911], vol. 2, XI, ii, 17-20.）另可参见 d'Alverny, "Théologiens et philosophes," 113；John Fyler, "Man, Men, and Women in Chaucer's Poetry," in *The Olde Daunce: Love, Friendship, and Desire in the Medieval World*, ed. Robert Edwards and Stephen Spector (Albany: SUNY Press, 1990), 154-76。

39. Innocent III, *Misery*, 10; *De miseria*, 13.

40. Augustine, *De libero arbitrio*, ed. J. H. S. Burleigh (London: SCM Press, 1953), 169; Latin text in *Opera omnia* (Paris, 1836), vol. 1, 990.

41. 转引自 Thomas H. Tobin, *The Creation of Man: Philo and the History of Interpretation* (Washington, D.C.: Catholic Biblical Association of America, 1983), 14。

42. Boethius, *Arithmetica*, 1139, 转引自 Edgar De Bruyne, *Etudes d'esthétique médiévale* (Bruges: De Temple, 1946), vol. 1, 14。

43. Augustine, *De ordine*, ed. Jean Jolivet (Paris: Desclée de Brouwer, 1948), 307, 445, 306, 444.

44. Tertullian, "On Exhortation to Chastity," in *The Ante-Nicene Fathers*, ed. Alexander Roberts and James Donaldson (Buffalo: The Christian Literature Publishing Co., 1885), vol. 4, 54; also in *PL*, vol. 2, 922. 安瑟伦那部蔑视尘世的著作是《神为何成为人》（*Cur Deus homo*），由 René Roques 译为法文出版：*Anselme de Canterbury, Pourquoi Dieu s'est fait homme* (Paris: Editions du Cerf, 1963), *Sources chrétiennes*, vol. 91。"唯一必然的存在是上帝，一切善都居其中；他是普遍的善（Universal Good），是总体的、单一的、独特的。"（引自 Robert Bultot, *La Doctrine du mépris du monde* [Louvain: Nauwelaerts, 1964], vol. 4, 135。）

45. 转引自 Aubert, La Femme, 88。

46. 他接着写道："上帝看到男人就喜悦，因为男人是照着他的形象和样式造的……但女人在被创造的时候，所分有的则是这两者（男人与上帝）的混合；她是一种不同的造物，是经由另一个造物所创造，而非经由上帝所创造，……女人因而是男人的创造……而男人表示着上帝之子的神性，而女人则表示着上帝之子的人性。因此男人执掌尘世的法庭，统治所有的造物，而女人在他的掌控之下，服从于他。"（Hildegard of Bingen, *Liber dirinorum operibus simplicis hominis* [*PL*, vol. 197, 885].）对这段话的精彩理解参见 Barbara Newman, *Sister of Wisdom: St. Hildegard's Theology of the Feminine* (Berkeley: University of California Press, 1987), 89-99；另见 Shulamith Shahar, *The Fourth Estate: A History of Women in the Middle Ages* (London: Methuen, 1983), 57；Caroline Bynum, "'... And Woman His Humanity': Female Imagery in the Religious Writing of the Later Middle Ages," in *Gender and Religion: On the Complexity of Symbols*, ed. Caroline Bynum, Steven Harrell, and Paula Richman (Boston: Beacon Press, 1986), 261。

47. Augustine, *De libero arbitrio*, 163; *Opera omnia*, vol. 1, 985. 这也是亚里士多德传统中的一个重要概念，根据这一传统，男人在生育过程中提供形式，女人则提供质料；尤可参见 Aristotle, *De la Génératwn des animaux*, ed. Pierre Louis (Paris: Société d'Edition "Les Belles Lettres," 1961), 3–5, 39–43。

48. 罗斯玛丽·鲁塞尔写道："奥古斯丁把男性属性（maleness）融入了一元论，这就使得女性属性（femaleness）而非双性属性（bisexuality）成为较低级的肉身本性的形象……当夏娃被从亚当身侧取下，她象征着男人肉身的这一面，是从他身上取下、给他当帮手的。但她仅仅是在生育这一肉身任务中起作用的帮手，对此她是不可或缺的。对于任何精神任务来说，另一个男性比一个女性更适合充当帮手。"（"Misogynism and Virginal Feminism in the Fathers of the Church," in *Religion and Sexism*, 156.）埃莉诺·麦克劳林还指出了关于时序上在先的观念和关于精神/肉体之别的观念之间存在着何等紧密的关联:"夏娃——因而是所有女性——之于男性的从属和下等地位,因此是在人的堕落之前,在上帝最初的创造顺序中就确立了的:第一个原因是亚当受造的首要性——他不仅在时间上是第一位的,是人类的奠基者,而且还是第一个女人的材料来源;第二个原因是目的性(finality),因为亚当展现了人性特有的目的与本质,即智力活动,而夏娃的目的性则是纯粹辅助性的,可以归结于她在身体和生育上的功能。"("Equality of Souls," 217)

49. 因此安瑟伦也说,"人在这个世界上不应该汲汲于追求这些善(these goods)。让他去爱那独有的大写的善(Good)"——这善中有所有其他的善——这就足够了。让他去爱那简单完满的大写的善——这善是善的总体,这就够了(转引自 Bultot, *La Doctrine du mépris du monde*, vol. 4, 134)。布洛特(Bultot)指出:"正是在奥古斯丁式的'一'与多的对立中,我们会发现安瑟伦对尘世之蔑视的本体论基础。"(ibid.)

50. "但据说女性(*femina*)一词来自女性的股骨,其类型不同于男性股骨。还有人认为女性的希腊词源来自'火的力量',因为女性的欲望十分炽烈。不论是人还是动物,雌性都比雄性欲望更盛。古人由此把过度的爱叫作女性的(*femineus*)。"(*Etymologiarum*, vol. 2, XI, ii, 24)

51. 例如,在公元前 1 世纪"洛克里的蒂迈欧"(Timaeus Locrus)的中期柏拉图主义中就能找到这一观念,《论世界的性质与灵魂的性质》(*On the Nature of the World and of the Soul*)中说:"理念(Idea)是永恒、不变、不可移易、不可分割的,具有同一的本性,是可理解的,是被制造的、不断变动的诸多事物所遵循的范型。质料是印象,是母亲和保姆,是产生第三种存在的一方……形式(Form)具有男性和父亲的特性,而质料具有女性和母亲的特性。"(转引自 Tobin, *Philo*, 71–72。)

52. John Chrysostom, "Letter to the Fallen Theodore," in *A Select Library*

of the Nicene and Post-Nicene Fathers, ed. Philip Schaff (Grand Rapids, Mich.: Eerdmans, 1956), vol. 9, 103. Greek text in J.-P. Migne, ed., *Patrologia graeca* (Paris, 1857–87), vol. 47, 298. 后文都引作 *PG*。

53. Innocent III, *Misery*, 6; *De miseria*, 8.

54. 在这里我们碰到了一套具有深远文化影响的迷信观念，在中世纪世界中，这套观念跟女性的自然生理过程相关，在西方传统中至少可以追溯到古典时期的自然史。普林尼写道："冰雹、旋风和闪电甚至会被一个暴露自己身体的经期女人吓退。"他还声称一个月经来潮的女人能使新酒或水果变酸。约13个世纪后，英诺森接着指出："关于孩子在子宫内以什么为生：实际上是以经血为生，女性在受孕后就停经了，这样在她子宫内的孩子就能得到经血的滋养。这种血液被认为是如此可憎和不洁，一旦接触到它，果实就无法再发芽，果园就会枯败，药草会衰萎，连树木都会丢掉自己的果实；如果一条狗吃了它，就会发疯。一个孩子在被怀上的时候，要是他接触到了这缺陷的种子，麻风病人和怪胎就会从这种腐败中诞生出来。"（*Misery*, 9; *De miseria*, 11–12）圣托马斯·阿奎那也没有忽视有关经血的厌女民俗知识，他写道："一个经期女人的凝视，能使镜子模糊并开裂。"（Aquinas, *Liber de veritate catholicae fidei contra errores infidelium seu summa contra gentiles*, vol. 3 [Rome: Marietti, 1961], 156.）

55. Naomi Schor, *Reading in Detail: Aesthetics and the Feminine* (New York: Methuen, 1987).

56. "Autant l'homme considère l'espèce et les choses générales, autant la femme s'attache à l'individu et se fixe à des objets particuliers" (J. J. Virey, *De l'Influence des femmes sur le goût dans la littérature et les beaux-arts* [Paris: Deterville, 1810], 13, 14).

57. Hegel, *The Philosophy of Right*. 转引自 Schor, *Reading in Detail*, 25。

58. Proudhon, *De la Justice*, vol. 3, 356, 357, 358.

59. Jules Michelet, *Woman*, trans. John W. Palmer (New York: Carleton, 1866), 202.

60. "On trouve une autre preuve de l'infériorité de l'intelligence féminine dans sa moindre puissance d'abstraction, et dans sa grande préciosité. L'intelligence de la femme se montre défectueuse en ce qui est la suprème forme de l'évolution mentale, la faculté de synthèse et de l'abstraction; elle excelle au contraire en finesse dans l'analyse et dans la nette perception des détails" (Lombroso, *La Femme criminelle*, 180). "Il a été observé dans les collèges de jeunes filles que les occupations intellectuelles trop assidues, trop abstraites, produisent des aménhorées, de l'hystérisme, du névrosisme" (ibid., 181; also 183, 184).

61. Tobin, *Philo*, 146; also 150, 154, 159, 178. J. Daniélou, *Philon d'Alexandrie* (Paris: Fayard, 1958), 135; Elizabeth V. Spelman, "Woman as Body: Ancient and Contemporary Views," *Feminist Studies* 8 (1982): 109-31.

62. Philo, *On the Creation*, 227.

63. Ibid., 237, 249. 参见 Richard Baer, *Philo's Use of the Categories Male and Female* (Leiden: E. J. Brill, 1970); Bynum, "'...And Woman His Humanity'," 257。

64. Ruether, "Misogynism," 156. 另见 d'Alverny, "Théologiens et philosophes," 109, 113, 114, 119; John Bugge, *Virginitas: An Essay in the History of a Medieval Ideal* (The Hague: Martinus Nijhoff, 1975), 16; Henri Crouzel, *Virginité et mariage selon Origène* (Paris: Desclée de Brouwer, 1962), 136; Dom Jean Leclercq, *La Femme et les femmes dans l'oeuvre de Saint Bernard* (Paris: Téqui, 1982), 26。在这里，我们可以看到教父们在自己擅长的性别

诡辩中常常使用的一种含混不清的二元对立，每当快要从逻辑上导出女性特质的优越性甚至平等性的时候，这种二元对立就会转换参照系。借此，如果把男人与推动性的活动或者形式相联系，把女人与被动性相联系，那么被动性就是被贬抑了。可如果所讨论的活动被想象为既包含男性特质的成分，也包含女性特质的成分，比如生育行为，那么肉体性的职责就会完全交托给女性的一方。据说进行过自我阉割的奥利金如是写道："我们的诸般行为是男性特质的或女性特质的。属于女性特质的行为是肉体的或肉欲的。如果我们在肉体中种下一颗种子，那么我们灵魂的孩子就是女性的，而非男性的：但其没有神经，是柔软的、质料性的。如果我们望向永恒，把我们的智慧向着最善之境提升，如果我们结满精神的果实，那我们所有的孩子就都是男性的。所有被带到上帝面前，呈现在造物主面前的，都是男性的，而非女性的。因为上帝不会屈尊去看女性特质的和肉体的东西。"（转引自 Crouzel, *Virginité*, 136。）

65. "'...And Woman His Humanity'," 257.

66. 参见 Aubert, *La Femme*, 95; Quéré-Jaulmes, *La Femme*, 32; Ruether, "Misogynism," 157; Jo Ann McNamara, "Sexual Equality and the Cult of Virginity in Early Christian Thought," *Feminist Studies* 3 (1976): 146。

67. 转引自 d'Alverny, "Théologiens et philosophes," 109；另见 119。

68. Thomas Aquinas, *Summa theologiae* (New York: McGraw-Hill, 1963), Part I, Qu. 92.; vol. 13, 37.

69. Page Du Bois, "'The Devil's Gateway': Women's Bodies and the Earthly Paradise," *Women's Studies* 7 (1980): 45, 47.

70. John Chrysostom, "Homily 15," in *A Select Library of the Nicene and Post-Nicene Fathers*, ed. Philip Schaff (Grand Rapids, Mich.: Eerdmans Publishing Co., 1956), vol. 9, 441. 诺瓦蒂安（Novatian）也认为，注视所造

成的偶像崇拜是引发诱惑的主要途径，是它导致了所有其他越轨之举："任何其他吸引观众双眼、抚慰观众双耳的东西，说到底要么是偶像，要么是恶魔，要么是某个已故之人。你只需看看它的起源和基础便是。所以这一切都是魔鬼的设计，因为他十分清楚偶像崇拜本身的可怕之处。他把偶像崇拜和诱人的景象结合起来，这样偶像崇拜就会凭借诱人景象所带来的愉悦而博得喜爱。"("The Spectacles," in *Fathers of the Church*, ed. Russell De Simone [Washington: Catholic University of America Press, 1974], 127; Latin text in *PL*, vol. 4, 785.)

71. 这样的说法很像《马太福音》（19:11-12）中的说法，"领受（to receive）"就是去理解读者必定已经理解的东西："这话不是人都能领受的……唯独赐给谁、谁才能领受。"

72. 我非常感激布莱恩·斯托克（Brian Stock）最先跟我指出了这一点。相关内容也见于他本人的专著 *The Implications of Literacy* (Princeton: Princeton University Press, 1983)。另见 Georges Duby, *Le Chevalier, la femme et le pretre: Le mariage dans la France féodale* (Paris: Hachette, 1981), 117–21。

73. *De magistro*, ed. F. J. Thonnard (Paris: Desclée de Brouwer, 1941), 78, 82.

74. "因为当我们吐真言，即吐真知时，言便必然生自我们贮存在记忆里的知识，这言绝对与产生了它的知识是同一种东西。这形成于我们所知之物的思想，正是我们在心里说出的言，这言既非希腊语，亦非拉丁语，亦非任何别的语言。"（*The Trinity* [Washington: Catholic University of America Press, 1963], 476; Latin text in *PL*, vol. 8, 1071.）"正如用金和墨来写上帝的名，前者更昂贵，后者却更轻贱；可是二者所表示的意思却都相同。"（ibid., 116; *PL*, vol. 8, 880。）

75. "Le Sort des Dames," in Jubinal, *Jongleurs et trouvères*, 186.

76. 参见拙著 *Etymologies and Genealogies*, 12-20。

77. Jerome, *Adversus Jovinianum*, 394; *PL*, vol. 23, 297.

78. Ibid.

79. *The Trinity*, 223; *PL*, vol. 8, 936.

80. 参见 *Etymologies and Genealogies*, 61-63.

81. "On the Veiling of Virgins" in *The Ante-Nicene Fathers*, ed. Alexander Roberts and James Donaldson (Buffalo: The Christian Literature Publishing Co., 1885), vol. 4, 30; *PL*, vol. 2, 894-95.

82. Ibid.; *PL*, vol. 2, 896.

83. Ibid., 31; *PL*, vol. 2, 898.

第二章　早期基督教与性别审美化

我要指出，在基督教最初几个世纪形成的女性概念，离不开一种痛恨具身性（embodiment）的形而上学；我还要指出，按照这种思维模式，女人的随附性质和对具身化的符号——表征——的强烈怀疑是分不开的。[1] 正如犹太人斐洛所认为的那样，女人的产生不仅等同于对事物的命名，还等同于语言中字面含义的丧失："'上帝使亚当沉睡，他就睡了；于是他取下他的一条肋骨（sides）'，等等（Gen. ii, 21）。这些话的字面含义具有神话性质。谁会承认一个女人，或者一个人，产生于一个男人的肋部呢？"[2] 正因如此，约翰·克里索斯托也认为阐释的必要性正在于从亚当的肋骨创造出女人这件事上：

> 须注意，考虑到我们心灵的种种局限，《圣经》在措辞上是有所体谅的，文中写"上帝取了他的一根肋骨"。不要按照人类的活动方式来理解这些词句；要从人类局限性的角度出发，对这些具体表达加以阐释。你看，倘若他用的不是这些词句，我们如何能够知晓这些无法描述的奥秘呢？因此，我们不要只停留在词句的层面上，而是要以适用于上帝且为上帝所特有的行为方式来理解这一切。毕竟，"他取了"这一短语，以及其他诸如此类的话，都是在考虑到我们心灵的种种局限的情况下所说的。[3]

公元3世纪的希腊圣徒美多德（Methodius）遵循了保罗的说法，赞同道:"《创世记》的文本读来如下——亚当说:**这是我骨中的骨,肉中的肉;可以称她为女人,因为她是从男人身上取出来的**……所以,如我先前所说,那位使徒在考量这段话的时候,并不希望这段话以其自然的意义被从字面上理解。"[4]因此,教父们就把字面含义的丧失,以及由此造成的阐释必要性,同夏娃的创造(或者说性别差异的产生)当作同一个过程。评注的起源与女人的起源被联系在了一起。

既然女人的创造等同于隐喻的创造,亚当和夏娃的关系就成了本体(the proper)和喻象的关系,这意味着一种派生、偏差、变质,一种道德(比喻)意义上的偏斜。在基督教时代的头几个世纪,夏娃的违逆(perversity)就被想象成是属于"斜侧"(the lateral)的:她生长自亚当的胁腹,他的"胁侧"(latus),因而保有 translatio 的地位,即转变、转移、隐喻、比喻的地位。她是旁涉的次生问题(side-issue)。

女人既跟物质相关,又跟喻象相关,我们该如何理解这个看似矛盾的现象呢?厌女话语中充斥着太多的不融贯和悖论,这是否不过是其中一例呢?这样一个显著的矛盾是否可以用,比如说,奥古斯丁所理解的隐喻的作用方式来加以挽救呢?也就是说,尽管符号就其性质而言是更低等的,但符号指向了物质性的表征所一直无法企及的真理。的确,这位中世纪符号理论的奠基者在某些地方试图让创世脱离具身化的物质性,他主张《创世记》中的上帝在讲话时,"上帝的言语先于所有空气振动,先于所有肉体或云朵的声音"。[5]他还承认,当涉及《圣经》注释时,隐喻可以用来说明字面解读中看似不合逻辑的地方。[6]这就意味着,夏娃作为一个表示喻象的形象,代表着统一性的分裂,而按照奥古斯丁的理解,隐喻本身则是复原这一分裂的一种尝试。然而,无论是对该悖论的吸纳,还是对它的解决,都没有认识到一件事,那就是在基督教的头几个世纪中,对女性问题的论述所蕴含的矛盾,跟我们先前在谈论反应过度时识别出的矛盾是同一种，而这种矛盾正是西方性别问题表述的固有特征。我认为答案就在于此处对于喻象的理解方式，因为它是参照框架发生滑动的又一例证，而只要此类对立的两极被分别对应到不同的性别，似乎就会出现这样的滑动。这就是说，只要喻象还处在任何特定的性别语境之外，它就具有指向真理的能力；然而，一旦喻象被缩略为属于女性特质的这一侧，它就会被夺走超越物质符号的能力。它会滑向纯然物质性的一侧——作为装饰或装点的形象。

妆扮神学（Cosmetic Theology）

玛西亚·科利什（Marcia Colish）写过一篇讨论"妆扮神学"的精彩文章，她在文中指出，斯多葛派（以及之前的犬儒派）尝试统合伦理、自然与理性，而早期教父们在挪用斯多葛派的这一尝试的同时完成了一项转变，即从关注男性特质的自我呈现模式，如服装和发式，转变为执迷于一种关于女性特质的美学。该变动涉及一种全然"新的、面向女性的基督教劝诫文献类型"。[7] 于是，在一视同仁地批评男女过分关注个人外表的斯多葛派那里，可以发现一种信念，即真正的圣贤不剃除毛发。他不应该修拔眉毛或阴毛，不应该为了博取女人或其他男人的关注而去做任何改变身体自然面貌的事情；相反，他越是对外表不感兴趣，就越脱离这个世界，因而也就越有智慧——或者说显得越有智慧。在用古叙利亚文写就的《使徒的教诲》（*Disdascalia apostolorum*）中，可以看到对于男性装扮的关注，文中面向丈夫们发出的反对化妆和造型的警告，像极了基督教传统中针对妻子们的警告。[8] 同样，诺斯替传统、柏拉图传统和摩尼教传统也包含某种对物质身体的轻蔑态度，其中暗含着对妆扮的不信任。在伪经著作编造的迷思中，到处都是女人与装饰的联系。[9] 可这些都比不上德尔图良掀起的反对运动,他反对斯多葛派所主张的两性在道德上的相对平等,或者说反对关于"男女是同等危险的诱惑者"的信念。他是第一位拉丁文基督教作者(公元155—220年),此前没有人会恶毒到像他那样把与性欲相关的伦理负担全都压在女性身上,把女性变成被动的男性诱惑者——之所以说是被动的,是因为这诱惑纯属自然条件所致,而非有意识的道德选择。正如科利什所认为的那样,德尔图良征用《圣经》、《次经》和古典资源,"把斯多葛派彻底颠倒了过来"。他十分明确地把耶典版创世中女性的派生性与喻象表征的派生性关联起来,这种关联方式随后一直主导着人们对于性别的思考,直至今日。[10]

基督教最初几个世纪的写作者们——保罗、亚历山大的克莱门、德尔图良、约翰·克里索斯托、居普良(Cyprian)、诺瓦蒂安、安布罗斯、斐洛、哲罗姆——都热衷于谈论女性与装饰的关系。她们迷恋头巾、珠宝、妆容、发式和发色——简而言之,迷恋任何与妆扮有关的东西。她们的迷恋与教父们对于物质世界的价值贬抑是一回事,后者把物质世界看作一副面罩,一种纯粹妆扮性的仿制品。[11]那位公元2世纪的护教者[1]提出了前所未见的看法,认为女人这种造物发自本性地贪求装饰,胜过贪求一切其他事物:[12]

> 你是魔鬼的门径:你是那棵(禁)树的启封者,你是神圣法则的第一个背弃者;你说动了连魔鬼都不敢攻击的人。你如此轻易地毁掉了上帝的仿像,男人。由于你所应得之物——死亡——就连上帝之子也必须死去。你想要在你那由皮肤造就的短袍之上对自己再施打扮吗?那就来吧;假如自世界伊始时起,就有米利都人(Milesians)剪

---

[1] 即德尔图良。——译者注

取羊毛，中国人（Serians）以树纺丝[1]，推罗人（Tyrians）染布，弗里吉亚人（Phrygians）用针刺绣，巴比伦人则用织机，有珍珠光泽莹润，玛瑙石熠熠生辉；假如当时黄金本身和伴随黄金而来的贪婪已然从地下涌出；假如当时镜子也得以如此大肆撒谎，那么被逐出乐园的夏娃，已经死去的夏娃，也会贪求这些东西，想必如此！如果她想要再活一遍，那她现在应该不会对自己过去活着的时候既不拥有也不知晓的东西有更多的渴求或更多的了解。由此可见，这些东西对于一个被定罪的已死女人来说尽是负担，仿佛是为了让她的葬礼更显华丽而设置的。[13]

如果男人对于装饰的欲望，或者对于次等之物的欲望，就类似于他对女人的欲望，那是因为女人被认为是装饰。[14] 女人以其次等性质而与人为的造作（artifice）和装饰联系在一起。在这一范式最温和的版本中，男性常常被准许在祈祷时裸露头部，而女人则被要求佩戴头巾——与此相伴的看法是，女人自身就是遮盖物或头巾。保罗写道："但女人有长头发，这乃是她的荣耀，因为这头发是给她作盖头的。"（1 Corinthians 11:15）

人们当然可以为保罗所说的规矩寻找历史原因：这是为了给基督教崇拜注入礼仪，以区别于被认为属于异教邪祀的放纵迷狂。人们可以在其中看到表示朴素谦卑的外在符号，而这些符号作为具备身份认同作用的因素，有助于促进早期基督教团契的团结。[15] 有人甚至认为，要求参与敬拜活动的女性外表"得体"，这样的着装规定其实是一种解放的标志。[16] 但不论是这一评价还是对相关原因的道德化处理都掩盖了一个事实，那就是按照德尔图良的看法，女人天然地要装饰她自己，而且其就本性而言就是装饰：

---

[1] Serians，拉丁文作 Seres（"赛里斯"），意为"丝人"，即中国人。普林尼《自然史》第6卷提到中国人从树叶中提取材料来纺丝，德尔图良在这里采用了相同的说法。——译者注

"女性的装束（habit）具有双重内涵——服饰与装饰。所谓'服饰'是指人们所说的'女子的优雅（gracing）'；而合于'装饰'的东西则应该被叫作'女子的不雅（disgracing）'；前者在于要用到金、银、宝石和服装；后者则仰赖头发、皮肤以及那些吸引眼球的身体部位。我们会指控前者有野心抱负，指控后者是行娼卖淫。"[17]这种对女性的敌意很容易被等同于更为一般化的肉体恐惧。德尔图良当然也不例外，他作证道，"所以我们受着上帝的训练，是为了惩戒尘世，（也就是说）为了阉割尘世"，"我们是万物——在精神与肉体上——的割礼"。[18]不过德尔图良所痛斥的并不是肉体。相反，他认为身体的物质主义与衣物的物质主义似乎没有什么差别；而用"服饰和装饰"来遮盖肉体就等于是在诱惑："她们只知道搭建一种大厦，那就是女人的愚蠢傲慢：因为她们需要慢慢打磨才会焕发光彩，需要巧妙的铺垫才会显出优点，需要仔细的穿引才得以悬缀；还（因为她们）与黄金互帮互助，形成徒有其表的魅力。"[19]对自己进行装饰就会犯下"徒有其表的魅力"的罪过，因为对身体的装点，或者试图"显出优点"，既是对原初傲慢行为的重演，也是标志这一行为的符号，而傲慢则是潜在淫欲的来源。这就是为什么德尔图良能够如此迅速而自然地从关于服饰的观念转到一整套别的关联上去——异装癖与怪胎的关联，托加袍与色欲、通奸、食人、酗酒、贪婪的关联。[20]为原本赤裸的身体——而不是虚弱的肉体——穿上衣服的行为，仿佛每一次都以腐化败坏的方式重演了人类的堕落，而正是这堕落引发了一切其他的违逆之举。亚历山大的克莱门写道："就像蛇欺骗了夏娃一样，诱人的蛇形金饰在其余女性心中激起狂热的情感，致使她们以七鳃鳗和蛇的形象为装饰。"[21]

那些次等的、人为造作的，因而被混同于女性的东西，被认为涉及了另一种随附性、外源性的创世。在教父们的思想中，这种创世只会分散男人的注意力，让他不再专注于上帝的"塑造技巧"（plastic skill）。德尔图良写道:"凡是诞生出来的,都是上帝的作品。凡是被涂抹在(其)上的,都是魔鬼的作品……在一件神圣的作品上横加撒旦的才智,这是何等罪恶!"[22] 居普良也持相同观点:"当他们想要改造上帝所造的东西,想要将其改变,他们就是在染指他,却又不知道一切得以存在的东西都是上帝的作品;不知道凡是被改变的东西都是魔鬼的作品。"[23] 装饰性的事物——黄金便是一例——不仅构成了人为投注的价值,以及此类意向在潜在淫欲的驱使下势必涉及的一切东西,而且还增添了创造物在字面意义上的"分量"。诺瓦蒂安告诫道:"当一个女人把黄金织进她的衣物,她仿佛认为损坏自己的衣裳是有价值的行为。僵硬的金属在织物的细线间能有什么用呢?这些金属只会压低下垂的肩膀,暴露出一个傲慢却不幸的心灵的放荡邪佞。为什么女人们的脖颈要被遮藏,要被舶来的石头压弯?况且这些石头的花费,抛开珠宝商的费用不谈,就顶得上一大笔财富。这样的女人不是在打扮自己——她们只是在展示自己的罪过。"[24]

如果说衣服同时是人类堕落的标志、结果和原因,[25] 这是因为它们作为人为造作之物,同耶典版创世中的女人一样,被设想为次等的、附带的、增补的。服饰是非自然的,因为就像所有人为造作之物一样,它试图补充或完善自然的身体或上帝的创造:

> 上帝自己未曾造过的,是他所不喜悦的,除非他不能命令羊生来就有紫色和天蓝色的毛!如果他能做到这一点,就说明他是**不愿去做**:当然,上帝所不愿的,就不应被造出。所以,那些不是出自上帝,不是出自这位自然的**作者**(Author)的事物,就其本性而言也就不是最好的。由此可知它们出自**魔鬼**,出自自然的**败坏者**:因为如果它们不属于上帝,它们所能归属的就再没有谁了;因为不属于上帝的,就必定属于他的对手。[26]

亚历山大的克莱门认为，化妆的女人是在冒犯造物主，"在她们看来，造物主没有把她们造得足够美丽"；她们装扮过的身体非但没有更加美丽，反而承载着内部疾病的外在迹象——那些奸淫的标志堪比显露逃犯身份的文身。[27]

德尔图良认为，作为再创造，人为的造作意味着一种令人愉悦的冗余，完全无关本质："因此，当（一个事物）无论你从什么角度看它，它对你来说都是多余的，那么如果你并不拥有它，就可以正当地鄙视它，而如果你拥有它，就可以忽视它。一个圣洁的女人，如果天生美丽，就不要再给（肉体的欲望）这样大的可乘之机。"[28] 当然，德尔图良并不谋求弄清某个事物何以能够"天生美丽"，更不会去纠结他自己关于表面之物的思想本身所处的随附性状态。相反，这类反女性主义话语的一个显著特征和反讽之处在于，在它把女人作为装饰物加以斥责的同时，它自身也变得越来越具有修辞性或装饰性了。[29] 此外，德尔图良对人为造作之物的控诉不仅谴责了我们眼中的审美领域是"不正当色彩的掺杂"，而且还扩展到了任何把人类意图加诸自然的行为。[30] 必须指出的是，在这里我们已经大大超出了"女人具有欺骗性"这一见解。从本质上讲，所有的艺术家、建筑工和手工匠，就定义而言，都由于模仿自然而有罪。3 世纪的诺瓦蒂安问道，"人类用双手建造的哪一所剧院，能与这一类（自然的作品）相提并论呢？剧院可以用许许多多巨大的石块建成，但山岳的顶峰却要更高。带有嵌饰的天花板或许有黄金在闪烁，但却无法媲美群星的璀璨壮丽。一个人只要知道自己是上帝的儿子，人类的作品对他而言就不复奇妙。一个人只要不崇拜上帝却崇拜任何别的东西，就会失去一些尊严。"[31]

早期教父的性别思想可以说是摩尼教式的，这不仅在于它依赖善与恶、精神与物质的彻底二元对立，还在于它倾向于在教父们所关注的一切问题上都施行这种粗暴的排斥。所以，即便是在自然领域中，也能发现铁与金这两种自然产物被不断地拿来对比,其中铁的可取之处在于具有突出的使用价值,而金却是悖常违逆的,因为其价值是被创造出来的。"千真万确,构成(那些事物)的善的,并不是内在价值,而是稀有程度;此外,用于加工那些事物的多余劳动,凭借有罪的天使(他们是物质材料的揭示者)所引入的技艺,再加上它们的稀有性,才激发了它们的豪奢,从而激发了女人们拥有那份豪奢的欲望。"[32] 黄金、过度劳动的产物、"技艺"同女性之间的亲和性,被视作一组既定的经济关联;按照定义,双方在本性上都被认为是非本质的、反自然的,而且双方在本性上还彼此吸引,因为双方都涉及不光彩的、具有冒犯性的过度。[33] 德尔图良敦促道,"如果我们有着对天堂的渴望,那么就抛弃尘世的装饰物吧","不要爱黄金;那上面烙印着以色列人的所有罪恶……但基督徒却总是——今日更胜往昔——在铁中而不是在金中度过他们的时光:殉道者的圣带(如今)已在准备当中"[34]。

把女人、装饰与工艺技巧联系在一起的种种做法,可能有着不同的语境和动机。对德尔图良来说,这代表的是一个性别伦理问题;对安布罗斯来说,这是欺骗问题的一个特例;对哲罗姆来说,则是反对异教的武器。尽管如此,审美问题的女性化是一个几乎随处可见的传统论题,它被持之以恒地加以重复,由此兼具了性别歧视和陈词滥调这两重失categor。[35] 安布罗斯问道:"改变自然的风范而去追求作一幅画,这是怎样的疯狂?"[36] 是的,这甚至不是一幅原画,而是一幅赝品,一部中世纪作家十分熟悉的重写手稿。这位奥古斯丁的著名师长声称,女人们——

> 擦除那幅画,在她们自然的肤色上涂抹物料的白色,或施以人造的胭脂。其结果就是一幅弃美从丑、弃简从伪的作品。这是一时的创造,终将毁于汗水或雨水。这是陷阱和欺骗,使你想要取悦的人不悦,因

为他会发觉这完全是外在的东西，而不属于你自己。这也会使你的造物主不悦，他看到自己的作品遭到抹杀。告诉我，倘若你要邀请一位能力欠佳的艺术家在另一位才华更胜的艺术家的画作上开展工作，后者看到自己的作品被篡改，难道不会感到悲伤吗？不要用艳俗的创造来触犯上帝的艺术创造……在上帝作品中掺假的人，是犯了大罪的。[37]

克里索斯托断言，给自己化妆的女人们"冒犯了造物主，在她们看来，造物主显然没有把她们造得足够美丽"[38]。

在早期教父们的论述中，对女性特质的审美化总会表明给赤裸的自然身体穿衣打扮是不光彩的行为，表明这种装饰就等同于人类的堕落，由此衍生出一系列与"艳俗的衣着装束"相关联的歪曲表述。具体而言，教父们借助联想，从诸如虚荣和傲慢这类想象之罪出发，很快就转到了象征之罪（人为造作、偶像崇拜）和情欲之罪（勾引、沉湎声色、色欲、淫乱、奸淫），仿佛象征本身就已经是保罗格言中所说的罪过，"文字使人死，精神使人活"。保罗告诫道，"你们岂不知不义的人不能承受上帝的国吗。不要自欺，无论是淫乱的还是拜偶像的、奸淫的"，这本身也构成了一个母题（1 Corinthians 6:9；另见 10:7-8）。约翰·克里索斯托复述道："所以保罗说，'那好宴乐的她，正活着的时候也是死的'。再说，去剧院，看赛马，或者掷骰子，对大多数人来说似乎并不是一种被承认的罪行；但这却给我们的生活带来了无尽的悲苦。因为在剧院中消磨时间会造成淫乱、酗酒和一切不洁。赛马的场面也会造成争斗、怒骂、殴打、侮辱和长久的敌意。而热衷于掷骰子则往往引起亵渎、伤害、愤怒、责备以及更为可怕的千种其他事情。"[39] 罗马的克雷芒据说是使徒彼得的门徒，他试图列举这"千种其他事情"：

在那些真正的信众中，在那些"基督的灵居于其中"的人那里——

"惦念肉体的心灵"是不能存在的:这说的是淫乱、污秽、放纵;偶像崇拜、巫术;敌意、嫉妒、争斗、暴怒、纠纷、不和、恶意;醉酒、狂宴;插科打诨、疯言疯语、高声笑闹;背后中伤、含沙射影;愤恨、气怒;吵嚷、辱骂、言语轻慢;怨恨、作恶、捏造谎言;贫嘴饶舌、喋喋不休;威胁恐吓、咬牙切齿、动辄责怪、格格不入、鄙视轻蔑、大打出手;背离正道、疏于裁断;自大、高傲、卖弄、浮夸,吹嘘家庭、美貌、地位、财富、人力;好辩、不公、好胜;仇恨、愤怒、妒忌、背信、报复;沉湎声色、暴饮暴食、"自视过高(这也是一种偶像崇拜)"、"贪爱钱财(万恶之根)";爱炫耀、虚荣、爱支配、自负、傲慢(这被称为死亡,也是"神所反对的")。凡是涉及上述以及同类事情的人——每个都是属肉体的。[40]

这一系列错综复杂的观念表明,把女人表征为装饰是一个更大范式不可或缺的组成部分,或者说女人那被想象出来的次等地位被等同于符号活动的次等地位。身体和物质性因与感官相通而深受怀疑,这事实上构成了我们关于中世纪的一个常规认识——这可以被看作一个文化常量,同关于性别审美化的文化常量相伴相随,实际上还相辅相成。奥古斯丁写道:"有些东西是可变但却不可见的,比如我们的思想、我们的记忆、我们的意志,以及一切无形体的造物,但没有哪个可见的东西同时是不可变的。"[41]一切物质都具有的短暂性、偶然性尤其延伸到了符号上——物质世界已经是表征了,而符号则是对物质世界的表征。奥古斯丁写道,上帝创造符号是"为了指涉他自己的存在,在它们当中揭示自己——他认为这是相宜的——但又不是将他那完全不变的实体显现出来"。[42]倘若正如德尔图良所主张的那样,"一切不属于上帝的事物都是违逆的",倘若正如奥古斯丁所认为的那样,上帝不在符号之中,那么不仅符号是违逆的,语词或者语言符号也成了尤为低等的多余之物。它们所起到的作用，就是不断提醒我们所有"技艺"的次等性和附加性。德尔图良断言"服装是通过语词而来的"，这意味着语言是一种遮盖物，就定义而言，语言一开始就被装饰物包裹得相当严密，以至于在本质上就是违逆的。[43] 因为在数象征着恒久、理性和秩序的地方，语言只可能意味着败坏。[44] 语词之于心灵中的图像，正如形体或感觉之于精神领域；它们是次等的、派生的、附加的、敌对的，其具有潜在迷惑性的外表仰赖于声音那易于出错的功能。奥古斯丁坚称"语词只会教给我们别的语词，有时还做不到这点，只有响动和单纯的噪声"。[45] 7世纪的塞维利亚的伊西多尔在他的《词源》中指出，"语词之所以被称为语词，是因为它们使空气振动"。[46]

更确切地讲，由于女性与感官的联系而对她产生的不信任，以及由于感官与妆扮或装饰的联系而对感官产生的不信任，还可以被转译为对诗歌的极度不信任。哲罗姆认为，诗歌同所有表象层面的愉悦一样，直接威胁着心灵、威胁着男人："如果有人乐见竞技场的角逐、运动员的拼搏、演员的多才多艺、女人的身段，乐见华丽的珠宝、服饰、金银，以及诸如此类的其他东西，那么灵魂的自由就会经由眼睛的窗户丢失，先知的话语就会应验：'死亡从窗户进来。'（Jer. xi. 21）同理，我们的听觉被各种乐器的音色和嗓音的抑扬所讨好；诗人和喜剧演员的歌曲，哑剧演员的俏皮话和唱词，凡是进入耳朵的，都会削弱心灵的男子气概。"[47]

我们已经看到，在基督教最初几个世纪内的教父论述中，肉体被性别角色化了，变得只具有女性特质，而女性则被审美化了，这一过程的实现方式和程度在先前的传统中都是未曾有过的。与此同时，审美领域被神学化了，结果就是，凡属于女性特质领域或审美领域的事物，其价值都在一种特定的本体论视角下受到贬抑。根据这种本体论视角，一切被认为超越肉体而存在的事物，因而是一切在性别上被归于男性特质的事物，都有资格成为完整的存在（Being）。在本章的余下部分，我们会探究这种对性别的审美化所带来的、专属于文学的后果，这在中世纪中期特定的拉丁语和俗语讽刺作家以及19世纪的诗人与思想家身上都有所体现。

厌女与文学：阅读的问题

如果说到目前为止我们遇到的大部分材料似乎别无二致，如果说这些材料似乎陈陈相因到了千篇一律的地步，这首先是因为教父们关于女性问题的教诲是通过选集，即 *florilegia* 传到中世纪，然后才被阅读、引用以及在其他著作中得到复述的。不过还有一个更令人信服的原因：厌女话语在某种程度上总是具有一种开诚布公的派生性；它是一种引用模式，带有明显的修辞色彩，所以不会被看作是源于个人见解或坦陈心迹。没有谁会承认自己是反女性主义。没有谁会说"我是厌女者"。相反，他会像教父们一样，倾向于引用他人（尤其是保罗）关于女性的言论；或者，正如许多中世纪案例中的情况一样，他会引用某些神圣权威，可这些权威本身的言论源头却往往是无从得见的（或许并不存在的）泰奥弗拉斯托斯（我们的考察就是以他开始的）——而他自己所引据的经典篇章则要到哲罗姆的著作中去找。

中世纪与现代的反女性主义所具有的这种闪展腾挪的性质，让我们很难对这一特定的思想罪行进行定位，这总是会涉及"谁在说话"的声音难题。反女性主义者用显示出他性的说法来谈论他者，而且使用的还是他者的声音；这一定义性的同义反复突出了相关现象的难以捉摸，也说明阅读和接受这两个问题是互相关联的。更准确地说，我认为可以证明，在涉及反女性主义的时候，阐释的问题至关重要。的确，抵制反女性主义的起点似乎就是认识到反女性主义的现象多么容易经由闪展腾挪而转变为一个阐释现象，认识到历史上支持和反对女性主义的争论多么深刻地为阅读问题所决定：由谁讲话？通过何种声音讲话？讲话的目的何在？

我不是要说厌女只是一个阐释问题，一个以这样或那样的方式来阅读文本的问题，或一个只关乎用什么视角来理解任一特定历史时刻中女性个体境况的问题。相反，我的主张是，我们文化中的厌女倾向是由审美与女性特质之间的一系列特定联系组成的，这本质上把女性变成了一种可供阅读从而可供占用的文本。我试图弄清为什么在西方文学史中，女性问题与阅读问题会如此紧密地缠绕在一起。此外，我认为，只有先承认在历史上的每一场"女性之争"中，女性的诋毁者和捍卫者在交锋中势必要涉足阐释问题，批评家们才能避免简单地重复已在这类争论中多次使用过的说法。否则，人们就会一直身陷错误的意识形态，从而混淆性别和政治，或者陷于简单化、往往流于纯粹的人身攻击的性别战争。

若是忽视阐释问题的重要性，就会在一种深刻的意义上重复法兰西的第一场文学争论，即《玫瑰传奇》之争，而没有意识到默恩的让的作品——克里斯蒂娜·德·皮桑本人称之为"tresdeshonneste lecture en pluseurs pars"〔"在若干部分中（会导致）极不道德的阅读"〕——的重要之处与其说在于它实际讲了什么，不如说在于人们围绕着它讲了什么：以它为焦点来争论女性问题的那些人，在谈论它时必定会讲什么。[48] 的确，让的文本的阅读史不仅为我们提供了一把钥匙，有助于我们理解教父们的禁欲主义如何在中世纪晚期俗语诗人的反女性主义中复苏，而且也开启了可以将反女性主义历史化的重要层面之一。[49] 再重复一遍，由于厌女是一种引用模式，其历史主要存在于不同时期有关这类文本的各种言论的差异之中，或者说存在于有关阐释和运用的问题之中。对厌女作品的讨论在性观念史的某些时刻会变得至关重要，这种讨论如同一幅地图，呈现出某类成分复杂的特定误读，这类误读随时会在任何给定的文化时刻规定性别关系的准许限度。

在 13 到 15 世纪的这段时间内，关于语言问题和文学问题的激烈争论大都围绕着女性问题展开，而 17 世纪的"女性之争"和"古今之争"都可以看作《玫瑰传奇》之争的延续。[50] 文本和信件上的此番往来构成了法兰西的第一场文学争论，而且争论的内容还专门围绕着关于女性和阐释的诸多缠绕纠结的议题展开。克里斯蒂娜·德·皮桑第一个站在女性一方反对默恩的让的反女性主义，她特别关注作者的意图、声音，以及诗歌再现同社会基础的关系，她就《玫瑰传奇》问题写给蒙特勒伊的让（Jehan de Montreuil[1]，即 Jehan Johannez）的回应以讥讽的语调显示了这一点：

> 许多人为贬损女性的丑话开脱，说那是嫉妒的丈夫在说话，就好像上帝确实借由耶利米的口说话一样。但毫无疑问，无论他给那堆不实之辞又添了什么东西，都不能——感谢上帝！——让女性的状况变好或变坏。[51]

就像蒙特勒伊的让写给冈蒂埃·科尔（Gontier Col）的拉丁语书信所显示，女性问题和阅读问题深度交织，致使厌女现象从可界定的、稳定的文本事实迁移到了阅读主体身上：

> 然而，我们的这些审查者们在读过他后，在对他研究和理解得很糟糕的情况下，以可耻的方式诅咒、憎恨、蔑视和攻击他：这是不可容忍的行径！何其傲慢！何其轻率！何其莽撞！这些人承认自己只是浮皮潦草地读过，读得零碎，不顾及语境；他们就这样横冲直撞，像醉汉在饭桌上争吵一样，武断而任意地怪罪、指斥、责备如此重要的一部作品。这作品的构思和编辑用去了无数个日日夜夜，花费了这么

---

[1] 下文还写作 "Jean de Montreuil"。——译者注

多的功夫，倾注了这等不懈的努力。可在他们的攻击下，如此重要的一部作品在天平上所具有的分量，仿佛还胜不过一个游吟歌手的一首歌曲，胜不过一日速成之作。"[52]

蒙特勒伊的让的言论不仅仅涉及修辞上的诡计，它还提出了一个关乎当前问题的关键议题：女性与物质、感官、符号和人为造作之物的肤浅之间的联系，在何种程度上构成了女性特质与文学之间深度同一化的根基。

《马特奥卢斯的哀歌》与逻辑麻烦

对于中世纪的基督教西方来说，女性特质的诱惑性实际上就等同于修辞中所体现的语言的迷惑性，后一种诱惑出自"纯然的言语，还不如空洞的噪声"（奥古斯丁），是对原罪的重现——用约翰·克里索斯托的话说，"她相信那个除了言语便一无所有的家伙"。[53] 就此而言，没有比 14 世纪出自耶罕·勒·费弗尔之手的《马特奥卢斯的哀歌》更好的例证了，它从拉丁文 Liber Lamentationum Matheoluli 翻译而来，实际上可视为对我们到目前为止在性别问题方面所见所闻的一个总结。《玫瑰传奇》之争的参与者们都知道耶罕，乔叟也知道他，据他著作的现代编者所说，他是一个拥有"教师"（magister）头衔的教士，住在巴黎这个"让他不会拒绝享乐的地方"。诗中明确认定他与一个寡妇成婚，这就使他处在娶寡（bigamy）[1] 的境地（这也是对再婚的古老批评的抨击对象，可以追溯到基督教最初几个世纪），依据教内会议（比如 1274 年的里昂大公会议）和教宗训谕，他被解除了神职人员的资助、特权和豁免。[54]

《马特奥卢斯的哀歌》中的反英雄叙述者马蒂厄（Mathieu）并不是因为娶了一个先前结过婚的女人才哀叹，尽管他认为自己 "Le plus chetif

---

[1] bigamy 在教会法语境中指男子续弦或迎娶寡妇。——译者注

de tous clamés/ Pour ce que je suy bigamé"（"被宣告为最悲惨的人，因为我是个娶寡之人"[1, vv. 1074–75]）。相应地，他主要担心的问题是自己的知觉功能由于一次凝视而陷入了麻烦：

> Je me plaing, car par la *veiie*
>
> Fu ma science deceüe.
>
> Beauté par l'uel mon cuer navra,
>
> Dont jamais jour repos n'avra....
>
> Las! povre moy, quant tant amay,
>
> Que par amours me bigamay;

我哀叹，因为我的识见受了视觉的欺骗。美透过我的眼睛伤到了我的心，因此我将永远得不到安宁……唉！可怜的我，我爱得太深，因爱而犯了娶寡的罪行。（1, vv. 647-50, 657-58）

然而美貌却走向了它的反面：

> Las! or ay le cuer trop marri.
>
> Car orendroit est tant ripeuse,
>
> Courbée, boçue et tripeuse,
>
> Desfigurée et contrefaite
>
> Que ce semble estre une contraite.
>
> Rachel est Lya devenue,
>
> Toute grise, toute chenue,
>
> Rude, mal entendant et sourde,
>
> En tous ses fais est vile et Lourde;
>
> Le pis a dur et les mamelles,

> Qui tant souloient estre belles,
>
> Sont froncies, noires, souillies
>
> Com bourses de bergier mouillies

唉！现在我心里真是难过，因为她现在是这般的生满疥癣、弯腰驼背、大腹便便、姿容不复、无可救药，看起来就是一个畸形的人。拉结变成了利亚，周身灰暗，头发尽白，粗糙、老迈、耳聋。无论做什么，她都显得滞重，使人厌恶；她胸部死硬，曾经美丽的乳房现在又皱又黑、斑斑点点，像是牧羊人的防水袋。（1, vv. 672-85）

先前幸福美满，现在则备受娶寡的折磨，造成这一落差的原因，是视觉的诱惑（"Je fuy seduis et afollés/ Par doulx regars, Par beau language"["我被甜蜜的眼神和言语所诱惑，它们使我疯狂"（1, vv. 570-71）]）发生了倒转——"Mon impotence est anocie"（"我的阳痿就此发作了"[1, v. 1349]）。事实上，我们无法分辨究竟是美貌的丧失造成了欲望的衰退，还是衰退的欲望导致了所爱之人不再显得那么迷人；可换句话说，最初无论如何都是感知上先出了岔子，然后才产生了欲望。因为视觉对于马蒂厄所受的诱惑肯定具有至关重要的意义：

> Mieulx me venist mes yeux bander
>
> Au jour que premier l'avisay
>
> Et que sa beauté tant prisay
>
> Et son doulx viaire angelique
>
> Dessoubs la fame sophistique.

第一次看到她，看到她为人称颂的美貌，看到天使般的甜美面庞掩盖着一位富于心机的女人，那天我真该把自己的眼睛挡得更严实些。（1, vv. 626-30）

这就把娶寡、诱惑和机巧圆熟联系了起来。女人，女性化的或机巧的美，被想象为是具有诱惑力的，这不仅是因为她会吸引感官，还因为她会将感官逐一败坏：[55]

> Mes cinq sens sont mortifiiés;
>
> Mes yeuls ne peuent regarder,⋯
>
> Je ne puis a goust savourcr
>
> Ne je ne puis rien odourer,
>
> Si nc sçay taster de mes mains
>
> Tant com je souloie, mais mains,
>
> Et de mes oreilles n'oy goute;
>
> 我的五感被毁坏，我的双眼看不见东西⋯⋯我尝不到，闻不到，也无法像往常一样用双手去感受，而且不止如此；我的双耳什么都听不到。（1，vv. 1510-16）

耶罕关于视觉败坏的看法并不局限于文学领域，因为它至少十分明确地呼应着中世纪医学文本中对于欲望的一种理解方式。戈登的伯纳德（Bernard of Gordon）自 1285 年起担任蒙彼利埃大学的医学教授，他在《医学百合》（*Lilium medicinae*）中指出，人们所说的病症"'heroes'（即 Eros，爱欲）是由对女人的爱造成的忧郁型焦虑"，还指出"这种疾病（*passionis*）的病因，是对形式和形象的狂热依恋所导致的判断力败坏"[56]。

我们这就遇到了一个悖论：在婚前，感官为欲望所诱惑、扭曲；可在婚后，感官的扭曲则是由于滥用，或是由于哀恸的泪水影响了视觉。所以根据耶罕·勒·费弗尔的说法，女人无时无刻不在扰乱视觉、扭曲并破坏感官，因为女性那具有诱惑性的机巧被当作了幻觉本身。女性就定义而言就是富于心机的（卑鄙的、幻想性的），并且被置于与理性相区别的位置上。

此外，如果就像马蒂厄所承认的那样，"看着她的身影，我的识见（*science*）就出了岔子"，那是因为女人被认为是逸出逻辑的。这就是为什么《马特奥卢斯的哀歌》的作者痴迷于《亚里士多德莱歌》（"Lai d'Aristote"），这部作品在中世纪时期就如同一则女性战胜哲学的寓言，因为在结尾部分一个好行诱惑的女人像骑马一样骑在了这位伟大的哲学家身上。[57]的确，根据马蒂厄的说法，女人比《解释篇》、《辩谬篇》、前后《分析篇》、数学，以及逻辑学都更有力量。他问道："当逻辑学家们看到他们的博士和导师比任何一个疯癫的傻瓜还要困惑时，他们又会如何谈论他们那些古老的诡辩呢？……唉！当那位了不起的大师被模棱两可的修辞手法欺骗时，哲学又会说些什么呢？"[58]

这是中世纪最恶毒的一部反女性主义俗语作品，我们可以认为是它引燃了《玫瑰传奇》之争。在这部作品的刻画中，女性会扰乱单一明晰的意义，被等同于噪声，或者说等同于原本的耶典版《创世记》故事中相对于存在（Being）而言的物质性言语在本质上的次等性（参见第一章）：

> Pourquoy sont femmes plus noiseuses,
>
> Plaines de paroles oiseuses
>
> Et plus jangleuses que les hommes?
>
> Car elles sont d'os et nous sommes
>
> Fais de terre en nostre Personne:
>
> L'os plus haut que la terre sonne.

为什么女人比起男人更吵闹，满嘴蠢话，还更喋喋不休？因为她们是骨头做的，而我们则是用黏土做的：骨头发出的声响要大过黏土。（2，vv.241-46）

这里我们所面对的是厌女话语特有的另一种滑动：当创世的秩序中存

在精神与物质之别时,女人就落在物质一边;可当同时考虑男性和女性的物质性时,女人就又被移置到了不甚高贵的实体上——是骨头而非泥土。

耶罕的漫骂属于一个传统论题,那就是女人是"说了话但又什么都没说的人"(布瓦洛)[59]。这番漫骂还把女人等同于击溃了语法和辩证法的错误逻辑,从而使女人落入了诡辩的范畴,"En ce fu grammaire traïe / Et logique moult esbaïe"〔"在这里,语法遭违背,逻辑被搞乱"(1, vv. 1105–6)〕。在中世纪的语言技艺〔三科(the trivium)〕中,语法和逻辑构成了关于"真"的科学,二者分别涉及正确的表达和正确的命题。[60]可女人在这里所指涉的则是真理的对立面,"Femme de verité n'a cure"〔"女人不在意真理"(1, v. 966)〕。更确切地讲,中世纪中期的反女性主义思想开始把女人跟"三科"中的第三门——修辞——联系在一起。修辞是说服的技艺,到了13世纪已成为诗学的同义词。[61]女人被认定为诡辩家、伪装者(1, v. 1027),搬弄虚假论点或耍心眼子的诱惑者,"Oultre les terçons et les limes / Par cinq manieres de sophisms / La femme maine l'omme a methe"〔"除了争论与吵架,女人还会用五种诡辩让男人走向终结"(1, vv. 843–45)〕。Methe 一词本身就很有趣。它来自拉丁语 meta,意思是一个标记或边界,一个终结、终止处或转折点。不过其中还带有 methodium(聪慧的言辞、俏皮话或笑话)的色彩,也带有 metus(恐惧)的色彩。另外,细心的读者都明白中世纪的俗语诗人有多喜欢文字游戏,也就难免会在 methe 一词中部分地看到这位诗人的名字——马特奥卢斯的马蒂厄(Mathieu of Matheolus)——这个男人正是被女人引向了终结。那为什么不同时采纳以上四者——终结、笑话、恐惧和诗人的名字呢?毕竟,如果女人被想象为一个符号,指向永远在场的娶宴,那她就同样是一个关于含混的形象〔"figure d'amphibolie"(1, v. 1144)〕——她通过诡计的力量来违背逻辑和语法(methodice),以诡辩让感官陷入麻烦。在

091

讲话时，视觉为诡辩所欺骗，"Avec la langue est la veüe / Par le sophisme deceüe"（1, vv. 903–4）。触觉为似是而非的论证所触动，"Femme dit que la touche ment / Et confute l'atouchement / Par argument et par fallace"（1, vv. 967–69）。[1] 虚假与真实，梦境与清醒的现实，都经由女人所起到的诡辩作用混淆在了一起（1, vv. 850–85）。到此为止，我们已经完成了一个闭环，因为女人与修辞被联系起来，成为语法和逻辑的对立面，这种做法把她放在了诗人这一边。诗人作为模仿者，其创造与上帝的创世相对立，不过是仿真而已，诗人正是通过巧妙地使用语言来掩人耳目的。⁶²

拉丁讽刺诗人与自相矛盾的修辞

倘若有人要在中世纪反女性主义的语境中，提出19世纪末弗洛伊德的著名问题——"女人想要什么？"那么答案很清楚："女人想要说话。"如我们所见，女人被归为与感官、身体和物质同调，被描绘为纯粹的欲望（经济方面的，饮食方面的，性方面的），这跟说话的欲望脱不开干系，就像中世纪的符号理论中的语言离不开物质一样。据信是《宫廷之爱的技艺》（其第三卷有一篇反女性主义的激烈演说）作者的安德里亚斯·卡佩拉努斯写道："而且，一切女人不但是天生的吝啬鬼，还十分善妒，是其他女人的诽谤者，她贪婪，是自己口腹的奴仆，反复无常，说话善变，……一个骗子，一个酒鬼，絮絮叨叨，守不住秘密。""女人为一点小事也要发一千次假誓……每个女人还都是大嗓门……她和别的女人在一起的时候，她们谁也不给别人说话的机会，可自己却又竭力要畅所欲言，要比别人说得更久。无论是她的口舌还是她的精神都不会因为说话而疲倦……女人会大胆反驳你所说的一切。"⁶³ 她不仅是碍事的含混，而且首先被界定为矛

---

[1] 原文大意："女人说着动人的谎言，用论证和谬误迷惑了触觉。"

盾精神的化身，"Je ne sçai de chose passé / Ne du temps present rien retraire / Qu'elle ne die le contraire"〔"无论过去还是现在，凡是我能说出的话，没有她不能反着说的"（*Lamentations*, 1, vv. 1300–1302）〕。作为男人的复制或仿象，他的翻版（double），她以恶劣的方式翻版了他所说的一切，"Elle est de trop parler isnelle / Et en parlant a double ment, / Pourquoy je peris doublement"（〔"她开口过快；她讲话时撒两次谎，让我加倍地毁灭"（1, vv. 1291–93）〕。当耶罕·勒·费弗尔把女人理解为诗人的类似物时，他的意思其实是说女人是一个注释者（glossator）——而且就连法兰西的玛丽也这样界定女人。[64] 耶罕认为，"Elle glose toujours le pire"（1, v. 1179），按照我们关于模棱含混和娶宴的解读，这句话的意思是"她总是注释最坏的东西"，"她渴望最坏的东西"。

不过，倘若不是所有反婚姻文献中都有的那种定义性的修辞语境，那么把女人描绘为无尽的唠叨、描绘为矛盾的做法就不会有如此重大的意义——反婚姻文献要劝说人们远离婚姻，靠的恰恰是说话，而且往往是长篇大论。人们可能会问，女性说话的欲望与沃尔特·马普（Walter Map）这样的作者说话的欲望有何不同？沃尔特·马普写下了《瓦莱里乌斯劝阻哲学家鲁菲诺斯娶妻》（"Dissuasion of Valerius to Rufinus the Philosopher that he should not take a Wife"），这是中世纪中期最典型的反婚姻讽刺作品之一。在短短两页的篇幅中，沃尔特经由瓦莱里乌斯（Valerius）之口反复强调：

> **我被禁止说话，我无法保持沉默**。我讨厌鹤与鸣角鸮的叫声，我讨厌猫头鹰和其他哀声鸣叫的鸟儿，它们的叫声预言着冬天和泥泞的诸般苦难。而你，你嘲笑我对于祸事将近的预言，如果你执意如此，这些预言便会是真的。所以，**我被禁止说话**——我作为真相的先知，

并非出于自己的意愿……

你喜爱谀佞[1]（Gnatones）与俳优，他们低声诉说着令人愉悦的诱惑就要来到，你尤爱喀耳刻，她为你斟满欢乐的酒浆，伴着你所渴慕的甜蜜芬芳，来哄骗你。担心你被变成母猪或驴子，**我无法保持沉默**。

巴别塔的斟酒人为你奉上如蜜的毒药；它入喉甜美，带来愉悦，使你的灵魂发热；所以，**我被禁止说话**。

我知道它最后会像毒蛇一样咬人，造成任何解药都无法治愈的创伤；所以，**我无法保持沉默**。

有许多人支持你的愿望，不惜将你的生命置于险境，其中就有那些最能言善辩的人；只有我，一个笨嘴拙舌、讲述苦涩真相的传道者，使你厌恶：所以，**我被禁止说话**。

在一群只知取悦人的天鹅当中，那只家鹅蠢笨的叫声受着人们的责备；然而正是这个声音让元老院的成员们得以拯救罗马，使她免遭焚毁，使她的财富免遭劫掠，使他们自己免遭敌人的标枪。或许你会像他们一样认识到——因为你是聪慧的——天鹅的旋律对你而言是死亡，而家鹅的叫声则是拯救：所以，**我无法保持沉默**。

你们都为自己的激情所灼烧，被可人的美貌引入歧途，你们没有看到自己所追求的是一头奇美拉（chimaera）……所以，**我被禁止说话**。

尤利西斯被塞壬的歌声迷住，但因为"他了解塞壬的歌声和喀耳刻的酒杯"，他就凭借美德的束缚，迫使自己避开旋涡……所以，我

---

[1] 原文作 Gnatones，原形为 gnato，泛指形同蚊子的小昆虫。作者在这里所引的英译本译者将其译为 Gnathos，或是取典于古罗马喜剧作家泰伦斯的《阉奴》（*Eunuchus*）中寄食富人、阿谀奉承的 Gnatho。——译者注

无法保持沉默。

最后，使你和对方联合起来的那种激情较强，而使你反对我的那一激情则较弱。为了不让较强的激情吞没较弱的激情，以免我遭受毁灭——所以，**我被禁止说话**。

如果我可以本着为你着想的精神说话，那就在任意一架天平上衡量一下这两种激情，不论这天平公正与否，就让结果所招致的险境落在我的头上，无论你如何行事，无论你做何决定：你应该对我有所体谅，因为我在情感的激荡中，**无法保持沉默**。[65]

这里存在一个同厌女话语相关的深刻悖论。那就是：如果女人被界定为言语上的逾越、失检和矛盾，那么沃尔特·马普——事实上是任何一位写作者——就只能被界定为一个女人。而且我们也只能认为，那位沃尔特（《宫廷之爱的技艺》是写给他的）在善变方面完全当得起安德里亚斯在指责所有女人时所说的话："女人就像融化的蜡，随时准备变成新的形状，随时准备接受任何人的印章留下的印记。没有女人能够向你坚定地承诺自己不会在几分钟内就改变对事情的看法。"[66]事实上，古典晚期和中世纪的反婚姻论文不就是在进行劝说吗？沃尔特·马普对自己那篇《劝阻》（*dissuasio*）中的修辞语境有着明确的意识。他告诫瓦莱里乌斯："我知道你此时已经累坏了，你正在飞快地扫过自己所读的内容，匆忙之至，你不去掂量其中的含义，而是在注意修辞手法……而且你不要指望我像演说者那样施用胭脂（我很遗憾地承认自己在这方面一无所知），而要满足于写作者的善意和笔下文字的真诚。"[67]

沃尔特·马普颇为机巧地假装出来的真诚——"笔下文字的真诚"——乃是最终的诡计，因为那些叹惋女性变化无常的作品，统统都是为了实现它们自己所谴责的东西。他们所做的正是他们看似最为拒斥的事情。换句话说，作者试图在自己的谈话对象身上所做的事情，正是他们谴责女性在做的事情：言语欺骗，激起矛盾，用被界定为女性之本质的东西——修辞的诡计——来进行诱惑。[68]这一切都意味着这部作品的目标读者本身也不外乎是一个女人，用安德里亚斯自己的话来定义就是：一个容易被说服的人。"女人通常也被认为是善变的，因为女人在任何事情上都无法坚定不移，只要别人稍稍劝说一下，她就会很快改变主意。"这位反女性主义的作者以修辞为手段来弃绝修辞，进而弃绝女性；用安德里亚斯的话说，他"欺骗使诈，花招一个接一个"。[69]这也许是所有诡计中的佼佼者，因为对矛盾的承认——沃尔特·马普将其等同于"作者的善意和笔下文字的真诚"——与安德里亚斯的结语建议一样，是自相抵触的：

> 现在，我们在这本小书里写给你们的教诲，如果仔细而忠实地考察的话，似乎会提出两种不同的观点。在第一部分中……我们完整地逐条开列了爱的技艺……如果你希望实践这一体系，你将在最大程度上获得全部肉体上的快乐，就像你在仔细阅读这本小书时所看到的那样……在本书的后半部分中……我们添加了一些关于拒绝爱情的内容……如果你仔细研究我们这篇小小的论文，完全理解它，实践它所教导的内容，你就会清楚地看到，任何人都不应该把自己的时间浪费在爱情的欢愉上。[70]

因此，这本书就是它声称要拒绝的一切东西：是矛盾、欺骗、诱惑，是祸害和不信任的根源。"我们知道，女人说的每句话都带有欺骗的意图，因为她总是心里想着一件事，而嘴边却挂着另一件事"——安德里亚斯的这句痛斥之语本身就具有不可化约的含混性，它所警戒的头号对象就是它本身。[71]

由此可以表明，读者本人的阅读策略只能是一个不信任作者也不信任文本的策略，这就让我们回到了阅读的问题上。我们到底该如何区分劝导（persuasion）和劝阻（dissuasion）？举例来说，一方面是安德里亚斯的诀窍"如果你想让一个女人去做点什么，你只要下令让她去做相反的事情就行了"，另一方面是全书第三卷开篇就告诫其读者"吾友沃尔特"的，"在读这本书的时候，不要把它当作一本谋求占据爱人生命的书，而是要接受理论的滋养、接受训练并学会激发女性心中的爱，这样你就能克制自己的此类行为，从而赢得永恒的补偿"；我们该如何辨明二者的差异呢？[72] 我们无法弄清安德里亚斯的意图，不确定他是想劝行还是劝止，以及最终他是想让我们把关于爱的告诫当真，还是想让我们为文字所诱惑。他——以及讨论这一问题的其他作家——所做的事情正是他谴责夏娃做过的：用德尔图良的话说，他"凭借纯然的言语"进行诱惑，有违自己的告诫。依照对于厌女的这一理解，女性的危险就是诗歌本身具有的不可决定性造成的危险。在中世纪，婚姻被描绘为言辞的滥用——我们开篇所讲的"婚姻之苦"——正如布瓦洛在他的第十首讽刺诗中所申明的那样，这番描绘是一个"人人都会加以注解（glosses）的文本"（gloss 一词在语义上仍带有欲望的意味），此外，它还构成了"关于性之恶果的不朽档案"这一从"天真"的中世纪保留下来的古典主义遗产。[73]

浪漫派和象征派的过往（The Romantic and Symbolist Past）

在西方，审美的女性化历史悠久，无论是教父们在女人与表征的附加性之间建立的关联，还是女人与诗歌的同化，都是这方面的突出例证。事实上，中世纪反女性主义的许多奠基性传统论题都在 19 世纪再次得到神学化的厌女倾向中重新浮现了出来。有一种心态只能被描述为对于女性特质的广泛且普遍的惧怕，这种心态如幽灵般纠缠着 19 世纪这段离我们最近的历史，其程度丝毫不逊于它对基督教最初几个世纪的纠缠，而且两个时期在体认这种心态时所用的说法往往也是相似的。比方说，在蒲鲁东的道德哲学中可以找到女人是理性的对立面这一见解。[74] 人们会发现，关于"女人即纷乱"的传统论题被转译为米什莱那广为流传的信念"她是不受约束的"。[75] 此外，那些传承下来的预设——关于女人与具身性，关于作为特殊性的女人与作为普遍性的男人之间的关系——也出现在更为晚近的设想中，即认为女人天生就有对细节的亲和性，有对抽象活动的不适应性，与此相对的则是男人天生的哲学能力。这类现代版的神学等式——男人即心灵，女人即感官——不可避免地在女性特质与诗歌的同化中达到了顶点。这一观念在波德莱尔那里得到了终极表达，在波德莱尔看来，女人代表着一种反自然的力量，"Idole, elle doit se dorer pour être adorée"（"偶像，她必须妆扮自己来博取崇拜"）。女人就像男性中的花花公子一样，天然就为装饰和技艺所吸引，她是人为造作的化身，因为她的身体通过妆扮"向各种艺术借用使自己超越自然的手段"。[76] 对于波德莱尔而言，女性的身体是一件艺术品，女人是一种艺术创造：

> 装饰着女人的一切，突出她的美的一切，都是她自身的一部分；而专门致力于研究这种谜一样的造物的艺术家也像迷恋女人本身一样地迷恋 mundus muliebris（女人的装饰）。女人大概是一片光明、一道目光，幸福的一张请柬，有时是一句话；但她尤其是一种普遍的和谐，这不仅见于她的风度和四肢的运动，而且见于细布、薄纱和裹着她的宽大闪动的衣料之中，那仿佛是她的神性的标志和台座；也见于盘绕在她臂上和颈上的金属和矿物，它们或是使她的目光之火增添了光彩，或是在她的耳畔温柔地唧唧喳喳。哪一个诗人敢于在描绘因美

人出现而引起的快乐时把女人和她的服饰分开？[77][1]

女人消散在她身边那逐渐消逝的"女人的世界"中，她失去了全部的具体性：她的身体、她的美丽、她的衣装和她的珠宝被微妙地转化为感觉或对感觉的表征，从而取代了这个女人本身（"la femme elle-même"）。更为彻底的变化是，波德莱尔笔下的女人变为了审美原则的对等物（人们只能惊叹于此处的悖论：无法从事抽象活动的女人被微妙地转化为一种纯粹的抽象）："一片光明、一道目光……有时是一句话……尤其是一种普遍的和谐……一个幽灵[2]。"这一转变与波德莱尔那套关于无形应和（invisible correspondences）的美学密不可分。[78]

马拉美也认识到女性特质、装饰性与特定的文学性之间相互交织的关系。为了证明写作一档面向女性的时尚专栏是正当的，他求助于一个古老的类比：一方面，是作为休闲活动的文学，其作用在于装点各种生活上的操心事，使后者不流于严肃——文学是灵魂的妆扮。另一方面，是自我装饰和阅读这两种具有女性特质的活动："所有的女人都爱诗，爱香水和珠宝，也爱故事中的人物，简直像爱她们自己一样。要让她们感到愉悦，或者不辜负她们：在我看来，一部诗歌或散文作品所能具备的最大抱负莫过于此，一名成功作者所能取得的最不折不扣的功绩莫过于此。人们反复提到男性读者已经不多了，这不无道理；我同意，读者全都是女性。只有女士，远离了政治和其他让人闷闷不乐的操心事，才拥有那必要的闲暇，一旦她打扮完毕，就会感到需要再装点一下自己的灵魂。"[79]

女性特质在现代的审美化不可避免地衍生出了大量关于女人和创造力

---

[1] 中译引自波德莱尔：《美学珍玩》，郭宏安译，上海：上海译文出版社，2009年，第389页。——译者注

[2] "一个幽灵"（an apparition）并不见于波德莱尔原文，应为本书作者所加。——译者注

问题的陈词滥调。其中我们要提到的第一个传统论题是：在西方传统思想中，严肃的女性艺术家、作曲家和作家十分稀少，且仅居次等。保尔·瓦莱里（Paul Valéry）写道："女性在绘画和文字领域都没有缺席，但就更为抽象的艺术而言，她们并没有达到出类拔萃的程度。我说一门艺术比另一门艺术更抽象，是指它势必更多地要求引入全然理想的形式，也即并非借自感官世界的形式……一门艺术越抽象，在这门艺术中成名的女性就越少。"[80] 第二，女性与审美的联系支撑着一种广泛存在的信念，即当女性真的从事艺术活动时，她们的参与总是不会得到较为严肃的对待。我们已经在切萨雷·龙勃罗梭那里看到过这种信念，他把女性与过盛的口头表达（饶舌聒噪、流言蜚语）联系在一起，与排除了写作的言谈联系在一起，因为按照他的看法，"她们的文字中枢不太发达"（参见第一章）。这位著名的犯罪学家认为，如果女人必须写作，她们就会被吩咐去写信；书信被看作是交谈的字面形式，这"符合她们的性格，而且再次满足了她们说话的需要"。这是在变相地指出，女性的写作缺少严肃性、更为表面化，或者说密切联系着人们眼中写作的表面性因素——装饰、风格、修辞，这些因素只取悦人，而不承认真理。对于朱利安—约瑟夫·维里（J. J. Virey）而言，女人代表着一种"广覆所有话语的优雅光泽，把过于严酷的真理掩盖在精致的装饰背后"，这很像我们在中世纪的例子中所遇到的传统论题：把女人同化妆和自我装饰联系在一起，同与哲学相对的装饰性技艺联系在一起。"歌曲、舞蹈、绘画、诗性的语言雕饰都诞生于这同一个来源，它还赋予我们对于妆扮（parure）和一切相关事物的品位。"瓦莱里还继续以一种富于社会意涵的陈词滥调指出："礼仪和良好的教养由女性建立，而原则和法律则由男性制定。"[81]

教父们把女人贬入审美范畴，谴责人为造作之物，其根源在于对肉体的形而上学惧怕，但正如娜奥米·舒尔（Naomi Schor）所证明的那样，纠缠着 19 世纪的那个幽灵仍然是内在于审美的,也正好涉及女性特质与装饰性细节的关联。这就是说,由于女人与特殊、片面、局部、偶然、短暂以及格局狭隘联系在一起,她所带来的威胁与其说是诱使男人走向永恒的毁灭,不如说是使人在此时此地失去分寸——这些都呈现为特定的社会性表达。被细节征服就是被群氓征服,这体现在现实主义的艺术或者记忆的艺术中,对此波德莱尔给出的例子是贡斯当丹·居伊(Constantine Guys[1]):"一位对形式有着完善的感觉但习惯于使用记忆力和想象力的艺术家这时会被纷乱的细节所淹没,它们就像执着于绝对平等的激愤人群在要求公正。一切公正由此受到了侵犯,一切和谐都被破坏、被牺牲,许多平庸的东西变得硕大无朋,许多琐屑的东西篡夺了一切。艺术家越是不偏不倚地注意细节,无政府状态就越是取得支配地位。无论他是近视还是远视,一切等级和从属关系都看不见了。"[2]82 波德莱尔把这种细节美学与平民骚乱并置,这一点也不奇怪,因为我们在此看到了一个深刻的尼采式问题框架:女性是流于表面的,同时也是无序的根源。这位哲学家在《偶像的黄昏》中问道:"男人以为女人深沉——为什么?因为男人从未对女人寻根究底。女人甚至未曾肤浅过。"[3]83 女人与真理的关系问题对于尼采来说是复杂的,就像女人与自然的关系问题对于波德莱尔一样。因为尽管为了顺应男人与理念的联系以及女人与具身性的联系,作为表面的女性特质看似被排除在真理之外,但女人还可以表征一种关于反真理的更高真理,正如教父们的论述所示,这种反真理与欺骗、幻象、诡计相联系。按照尼采的看法,真理已然被基督教遮蔽了,就此而言它"变得精巧、棘手、

---

[1] 一般作 Constantin Guys。——译者注
[2] 中译引自波德莱尔:《美学珍玩》,郭宏安译,上海:上海译文出版社,2009 年,第 373 页。——译者注
[3] 中译引自尼采:《偶像的黄昏》,卫茂平译,上海:华东师范大学出版社,2007 年,第 35 页。——译者注

不可把握，——它成了女人，它成了基督教的"[1]84。

尼采展示了我们此前在别处见过的那种不可能的推理。还是一样，厌女话语那带有排斥作用的二元逻辑包含了一个经久不变的事实，那就是它聚焦在哪里，它的排斥活动就在哪里起作用；这些排斥活动凭借其包含偏见的非逻辑性，形成了一系列无从解绑的两难困境。例如，我们之前就看到，在哲学领域中，女人（作为抽象）被排除在抽象之外，因为她的本质被置于片面和特殊之中，其效用只在口头上，被认为是偶然或短暂的——它体现的是言语（parole），而非与之相对的、更为经久不变的语言（langue）。然而，如果女人从事写作，她的书写又会落在属于短暂性的一边，是文学或修辞，而不是哲学。可即便是在文学内部，不仅有一些特定的文类（比如书信体）比别的文类更合乎女性特质，而且还存在"女子风格"（feminine style）这样的东西，后者强调体式、旋律（波德莱尔所说的和谐）、色彩、优美、典雅、婉曲，有别于强调立场、深度、真理和力量，这就又一次体现了那种传统的对立：一边是女人与装饰的联系，另一边是男人与理念的联系。巴尔贝·德·奥尔维利（Barbey d'Aurevilly）声称，人们可以看出一本书是女人写的，就凭它"缺乏见解，缺乏深度，缺乏原创性，缺乏炙热的活力；女性缺乏这些刚健的品质，因为她们拥有别的品质，拥有优美、典雅、细致、柔和的色彩、温柔、惊奇、生动的情感"85。尽管如此，人们还是可以从斯塔尔夫人（Mme. de Staël）的风格中察觉到"在一个具有过多男性特质的女人身体中那份阳刚的天才"；"这种精致有损于原创性，就像优美会影响到力量一样！一种富于色彩和旋律的风格，一番遣词用语比这风格更为珍奇，又被这风格镶嵌上颗颗钻石；这些她所寻得、受她喜爱的词语，正是她那女人的句子所具有的装饰（parure），句子的轮廓一

---

[1] 中译参考自尼采：《偶像的黄昏》，卫茂平译，上海：华东师范大学出版社，2007年，第62—63页。——译者注

如她的轮廓，不过这些句子又缺乏衔接，缺乏连缀，缺乏男性天才的句子里那种动物般有力的行进风格"。[86]

男人直率、有力、真实的语言对上女人谦和、婉曲、精细的语言，这并非一种风格简单地对上另一种风格，而是被设想为风格的东西对上这种东西的缺乏，进而区分出可以被界定为文学的东西和非文学的东西。所以，如果说女人被排除出了观念或理念的领域，但她仍然与幻想的领域联系在一起。在这里，我们十分危险地接近了19世纪文学史，特别是19世纪的中世纪史的一个特征：一种科学和民间传说的奇怪混合。例如，米什莱在女人世界——它与外界隔绝，位于散布在中世纪森林里的一间间茅屋中——发现了一个培养异教想象的完美媒介。这个"独特而精致的仙子和精灵世界专为女性的灵魂打造"。根据米什莱本人对文学史的奇想，"圣徒们所生活的伟大时代一结束，这个更古老、更富诗意的传说就在不知不觉中悄悄来临。它是女人们的珍宝，她们揉弄它、爱抚它；因为仙子也是一个女人，是一面神奇的镜子，女人在其中看到了被美化的自己"[87]。女人世界是充斥着装饰性奢华的世界——"尽显柔和甜美与神秘和谐的衣服、披肩、地毯……一个有着珍宝、丝绸、糖和无数强大草药的世界"——它"通过一场爱和母性诱惑的战争轻易征服了一切"[88]。

以上种种，足以表明一个传统论题（关于这一传统论题，我们在结论部分有不少内容要讲，参见第七章），即女人是文化的提供者，是跟"充斥着装饰性奢华的世界"相同一的教化者，代表着在中世纪时期还处于萌芽状态的文艺复兴。因为19世纪的文学史家们普遍认为，文学风格或文学体式，作为诗学营造的精粹，是文艺复兴的产物，是一件来自意大利的舶来品，而且就像想象本身一样，是一件具有女性特质的发明。[89]女性对装饰的天然亲和性在巴洛克美学中找到了自己的类似物。朱利安—约瑟夫·维里写道:"凯瑟琳[1]以及后来的玛丽·德·美第奇将种种来自意大利的恶习引入法国,包括偏好富丽堂皇的品位,以及他们家族在文字和艺术方面特有的细腻情感,这种情感在他们的助力下发展尤速。但与此同时,他们还把这份对于机智(*bel esprit*)和怪诞的狂热,以及这种意大利文学业已感染的矫饰主义腔调,都变为了时尚。人们不再炫耀博学,而是滥用思想。"[90]在被滥用的思想对博学的掩盖中,人们当然认出了修辞取代哲学的又一个实例,而修辞就其与语法的对立而言,从晚期拉丁修辞学家开始就是在有关语言滥用的语境中被谈论的。女人被设想为自然地吸引着她而又为她所体现的风格,从而站在了反真理、喋喋不休和诗歌这一边。根据蒲鲁东的说法,这些事物取代了属于男性特质的理念,因而只能代表一种衰落:"所有发达的文学,或者如果你乐意的话,也可以说发展中的文学,其特征都可以归结为**理念**(*idea*)的运动,也即它的男性特质要素的运动;一切处在颓废状态的文学,也可以借此加以辨识:它们使理念变得模糊,以喋喋不休取而代之,而这只会凸显思想的虚假、道德感的贫乏,以及——尽管有着措辞的机巧——文体的空洞。"[91]19世纪的厌女者们在精神上与哲罗姆何其相近,让我们很难不想起他说过的话:"诗人和喜剧演员的歌曲,哑剧演员的俏皮话和唱词,凡是进入耳朵的,都会削弱心灵的男子气概。"

---

[1] 这里指凯瑟琳·德·美第奇(Catherine de Médicis),法国国王亨利二世的王后。——译者注

注释

1. 莎伦·法尔默（Sharon Farmer）认为："由于在古代和中世纪社会占主导地位的是口头文化，这些社会中的哲学家和神学家感受到了言语作为一种感官和身体现象的全部影响，因此他们将言语同身体领域和女性联系起来。此外，在中世纪，由于不识字的女性、男性平信徒所属的口头世界和教士所属的文本化世界之间界限分明，所以将女性与言谈能力联系在一起的趋势得到了巩固。"（Sharon Farmer, "Softening the Hearts of Men: Women, Embodiment, and Persuasion in the Thirteenth Century," in *Embodied Love: Sensuality and Relationship as Feminist Values*, ed. Paula Cooly, Sharon Farmer, and Mary Ellen Ross [New York: Harper & Row, 1987], 116.）然而，我不太确定我们能否在将对女性的不信任还原为对口语的不信任的同时，又不将这种怀疑视为理所当然，因为将女性分配到口语领域——法尔默将其追溯至母语的习得（"女性……作为母亲或护士所说出的话，是这些男人最早听到并加以模仿的"）——就有落入陷阱的危险，可能会落入喋喋不休的女性这一原型。正如我们在第一章中所看到的，这一原型是从希腊罗马时代到现在的厌女话语的一个主要内容。我们也不能把反女性主义的冲动单纯地还原为平信徒文化与教士文化之间的差异问题，因为不识字在中世纪被与"大众"文化联系在一起，而后者是相对于高等的或有学识的文化而言的，所以不识字显然并不能保证没有歧视女性的言论和态度（想想第一章中列出的谚语或大众用语的例子），古今皆然。

2. Philo Judaeus, *On the Creation*, 237.

3. "Homily XV," in *Homilies on Genesis 1-17*, 198.

4. Methodius, *The Symposium: A Treatise on Chastity*, trans. Herbert Musurillo (Westminster: The Newman Press, 1958), 58.

5. Augustine, *De Genesi ad litteram*, ed. P.Agaësse and A.Solignac (Paris:

Desclée de Brouwer, 1972), 462.

6. 女人的隐喻地位并不一定是否定性的，正是这种在阐释上的可能才让异教的陈迹能够在基督教中重获新生。奥古斯丁区分了"以有形的方式表达出来的符号"和"在理解中被把握的事物"，他写道："我知道有的事物在形体上以多种方式被指涉，但在心灵中只以一种方式被理解，也知道有的事物在心灵中以多种方式被理解，而在形体上只以一种方式被指涉。想想上帝与邻人的真诚之爱，看看它是如何表达在许多神圣的仪式中，表达在无数的语言中，在每种语言中又是如何表达为无数的说法。水族生物便是这样滋生繁多……因此，如果我们在思考事物的实际本性时，不是考虑其寓言意义，而是考虑其本身的意义，那么'滋生繁多'这句话则适用于所有由种子而生的事物。但是如果我们在阐释这句话时，认为它是以喻象的方式写就的——我倾向于认为这是《圣经》的用意所在，因为它肯定没有必要只将这一祝福归于水生动物和人——那么我们就会发现繁衍既是说精神的造物，也是说有形的造物。"（Augustine, *Confessions*, ed. J. K. Ryan [New York: Doubleday, 1960], 358–59; Latin text in *Opera Omnia*, vol. 1400.）参见 Marcia Colish, *The Mirror of Language: A Study in the Medieval Theory of Knowledge* (New Haven: Yale University Press, 1968), 11–79。

7. Marcia Colish, *The Stoic Tradition from Antiquity to the Early Middle Ages, II: Stoicism in Christian Latin Thought Through the Sixth Century* (Leiden: E.J.Brill, 1985), vol.1, 27; also 28, 81–86, 246, 260; vol.2, 48. 另见 Colish, "Cosmetic Theology: The Transformation of a Stoic Theme," *Assays* 1 (1981): 3-14。

8. "不要打扮自己，以求让陌生的女人看到你后渴求你。"如果真有一个女人受到了诱惑，"她的心真的被打动了，因为你年轻、漂亮、好看，而且你确实打扮了自己，让她渴求你。她由于你而犯了罪，你就是有罪的，因为是你的打扮让这样的事情发生在了她身上……所以不可再留长你的头发，不可梳理或装点它；只是剃头，不可给头发抹油，这样它就不会给你引来这样如同罗网的女人，或者说是为色欲所网罗的女人。也不可穿着华美的衣服，不可穿戴彰显色欲与可鄙的工艺品，不可将包金的图章戒指戴在你的手上，因为所有这些物件都是淫荡的作品，你所做的一切都是逾越自然的"。(*Didascaliaoapostolorum*, trans. Margaret Dunlop Gibson [London: C. J. Clay & Sons, 1903], 4.)

9. 比如，可参见《流便遗训》("Testament of Reuben")第五章："因为主的使者告诉我，教导我说，女人比男人更容易为奸淫的精神所征服，她们在心里图谋男人；她们以妆扮为手段，首先欺骗了他们的心灵，用眼睛的一瞥，灌输了毒药，通过完成以上行动，她们俘获了他们。因为女人不能明目张胆地逼迫男人，却能用娼妓的姿态诱骗他。因此，我的孩子们，远离奸淫吧，并命令你们的妻子和女儿，不要通过妆扮她们的头面来欺骗心灵：因为每一个使用这些诡计的女人都将受到永远的惩罚。"(转引自 Bernard Prusak, "Women: Seductive Siren and Source of Sin? Pseudepigraphical Myth and Christian Origins," in *Religion and Sexism*, 101。)

10. 克劳德·兰博（Claude Rambaux）认为，德尔图良与先前以及同时代的禁欲主义思潮的区别在于，他将先前一直处在零散状态的东西系统化了。(*Tertullien face aux morales des trois premiers siècles* [Paris: Société des Belles Lettres, 1979], 257.) 另见 Herbert Preisker, *Christentum und Ehe in den ersten drei Jahrhunderten: Eine Studie zur Kultugeschichte der alten Welt* (Berlin: Trowitsch, 1927), 196。

11. 乔纳森·史密斯（Jonathan Smith）在《羞耻的衣物》("The Garments of Shame")一文中指出，这种类比可以在科普特语版《多马福音》(Gospel of Saint Thomas) 所用的双关语中找到: "表示 '世界' 的希腊语 χόσμος 和表示 '装饰' 的 χόσμος。" (Jonathan Z. Smith, *Map is Not Territory: Studies in the History of Religion* [Leiden: E.J. Brill, 1978], 20.) 亚历山大的克莱门采纳了埃及女人的感官性、化妆与感觉世界之间的联系, 认为 "人们有理由把她们当作娼妓, 因为她们不以面目示人, 却以面具示人" (转引自 Quéré-Jaulmes, *La Femme*, 165)。

12. 如果有读者认为德尔图良的观点并不独特, 那他们应该仔细思考一下彼得·布朗 (Peter Brown) 的评价: "所以, 德尔图良的著作远非一位孤独天才闷闷不乐的倾诉, 他的著作让我们得以瞥见公元 3 世纪初流传在一个首要的拉丁教会中的复杂观念集合, 这一集合包含了由诸多关于在性的问题上相互冲突的见解, 以及诸多关于对性的弃绝有何意义的相互冲突的见解。" (*The Body and Society: Men, Women and Sexual Renunciation in Early Christianity* [New York: Columbia University Press, 1988], 76.)

13. Tertullian, "On the Apparel of Women" in *The Ante-Nicene Fathers*, ed. Alexander Roberts and James Donaldson (Buffalo: The Christian Literature Publishing Co., 1885), vol.4, 14; also in *PL*, vol.1, 1305.

14. 女人和犹太人之间也存在着关联, 因为犹太人可以代表没有精神或者缺乏领悟的文字, 女人代表的则是表面的装饰。教父们常常引用的段落有《以赛亚书》(3:16–24), 讲的是 "锡安女子的狂傲"; 还有《提摩太前书》第 2 章, 这段教导女性 "廉耻、自守, 以正派衣裳为妆饰, 不以编发、黄金、珍珠和贵价的衣裳为妆饰"。

15. 参 见 Colish, *Stoic Tradition*, vol.1, 103; Quéré-Jaulmes, *La Femme*, 163。

16. "在一段非常缠绕、无法完全解开捋顺的论述中, 保罗提出了有关 '这一习俗' 或者说发式的若干观点。然而, 在我看来, 把握这些观点的关键在于开篇的陈述，这段陈述赞扬哥林多教会中的信徒（Corinthian pneumatics）保存了保罗传给他们的传统。这些传统关乎解放、自由、平等以及在基督或主那里得到精神的力量。"（Elizabeth Schüssler Fiorenza, *In Memory of Her: A Feminist Theological Reconstruction of Christian Origins* [New York: Crossroads, 1983], 228.）

17. "On the Apparel," 16; *PL*, vol.1, 1309.

18. Ibid., 23; *PL*, vol.1, 1327.

19. Ibid., 16; *PL*, vol.1, 1310-11.

20. "On the Pallium," in *The Ante-Nicene Fathers*, vol.4, 9, 12.

21. From the *Paedagogus* 2, 12（引自 Prusak, "Pseudepigraphical Myth," 101).

22. Tertullian, "On the Apparel," 21; *PL*, vol.1, 1321.

23. Cyprian, "The Dress of Virgins," in *Treatises*, ed. and trans. Roy J. Deferrari (New York: Fathers of the Church, 1958), 44; *PL*, vol. 4, 455. 居普良还写道："上帝的作品以及他的造物和形象不应该以任何方式被篡改，不应该被施以黄色、黑粉或胭脂，说到底就不应该被施以任何破坏自然特征的化妆品。"（ibid.; *PL*, vol. 4, 454–55）

24. Novation, "In Praise of Purity," in *Fathers of the Church*, ed. Russell De Simone (Washington: Catholic University of America Press, 1974), vol. 67, 175; *PL*, vol. 4, 826. "令人好奇的是，没有人（公开）反对上帝的规定！人们都说没人能增添自己的名望。可是你们却着实增添了自己的分量，把某些椭圆或正圆的饰品堆叠在自己的脖颈上！……不，还是从你'自由'的头颈上驱逐这一切奴隶的装饰吧。"（Tertullian, "On the Apparel," 21; *PL*, vol. 1, 1323–24.）女人与纺织的联系贯穿了整个中世纪，我们应该好好对此加以思考，或者说重新思考。当然，由于据统计事实上从事纺织的女性工人很多，纺织业也被界定为是具有女性特质的（参见 Daniel Armogathe Naïté-Albistur, *Histoire du féminisme français du moyen âge à nos jours* [Paris: Edition des Femmes, 1977], 34–35; Andrée Lehman, *Le Rôle de la femme dans l'histoire de France au moyen âge* [Paris: Editions Berger-Levrault, 1952], 1980）。这一观念甚至已经被人类学化或普遍化："文明当然要把纺织业归功于女性。在世界各地，末端轻如尘土的纺锤都曾经或者仍旧摇曳在不断操作着棉线或毛线的女性手中。最为古老的织布机在美国中部仍在使用，它的一段系在女性的腰带上，另一端系在一棵树或一根房柱上。计数和操弄数字的技能从更古老、更受限的编篮技艺中传承下来，成为当代危地马拉印第安妇女裹身裙上面迷人的图案。纺织衍生出了女性服装设计师的技艺。但女性在此之前就已经是裁缝了。"（Hays, *The Dangerous Sex*, 20.）

25. "说到我们人类种族的奠基者亚当和夏娃，他们并不具有智慧，所以是'赤裸'的；但在他们尝了'辨识之树'（the tree of recognition）的果实后，他们首先感受到的不是别的，而是他们羞愧的肇因。所以他们使用遮盖物的行为表明他们认识到了自己的性。"（Tertullian, "On the Veiling of Virgins," 34; *PL*, vol. 2, 904.）

26. Tertullian, "On the Apparel," 17; *PL*, vol.1, 1312.

27. Quéré-Jaulmes, *La Femme*, 162-64.

28. Tertullian, "On the Apparel," 20; *PL*, vol.1, 1320.

29. 德尔图良意识到了这个悖论，不过他却把悖论变成了另一个诱惑的诡计："（我的对手）说道，'你试图以言语来劝说我，这真是最明智的药方'。但是，就算言辞静默——它受阻于稚嫩，或者受遏于羞怯，因为生活满足于一种甚至近乎无言的哲学——我的装束依然雄辩。事实上，一位哲学家一旦被看到，就等于被听到。"（"On the Pallium," 12; *PL*, vol.2, 1–49.）

30. "On the Apparel," 17; *PL*, vol. 1, 1312.

31. Novation, "The Spectacles," 131; *PL*, vol.4, 786.

32. Tertullian, "On the Apparel," 23; *PL*, vol.1, 1328.

33. "那些用药擦皮肤、用胭脂染红脸颊、用辉锑粉来凸显双眼的人有罪于他。在我看来,对她们而言,上帝的塑造技巧是令人不悦的!我料想,就她们个人而言,她们会怪罪并谴责这位制造万物的手工匠。她们修改、增补(他的作品)时,就等于是在谴责;因此,她们的增补当然就来自一位敌对的手工匠;这位敌对的手工匠就是魔鬼。"(ibid., 20–21; *PL*, vol. 1, 1321)

34. Ibid., 25; *PL*, vol.1, 1332.

35. 拿居普良做个对比:"上帝没有把羊造成朱红色或紫色,没有教人怎样用草汁和贝类来调色和着色,没有用镶金的宝石来制作项链或是串起无数的珍珠,以此遮掩他所造的脖颈,好遮盖上帝在人的身上所造的,显露魔鬼所发明的。上帝是否曾希望人们的双耳承受伤口——天真无辜、不知世间邪恶的童真会因此经受折磨——以便此后在耳朵上的切口和空洞中来悬挂珍贵的石头,这些石头的沉重并不在于自身的分量,而是在于高昂的价格?所有这些事物,都是罪恶的、背教的天使在他们沾染尘世的不洁、失去属于天堂的力量后,凭借其自身的技艺而打造出来的。他们还教人们如何在双眼周围涂上一种黑色的物质,如何在脸颊上涂抹仿冒的红晕,如何用虚假的颜色来改变头发,如何用腐败的侵蚀来驱除脸上与头上的一切真实。"("The Dress of Virgins," 43; *PL*, vol. 4, 452–54.)另见 Colish, *The Stoic Tradition*, vol. 1, 246; Marina Warner, *Alone of All Her Sex* (New York: Knopf, 1976), 73。

36. Ambrose, "Concerning Virgins," in *Nicene and Post-Nicene Fathers*, ed. Philip Schaff and Henry Wace (New York: Christian Literature Publishing

Co., 1896), vol.10, 367; *PL*, vol.16, 207

37. Ambrose, *Hexameron*, trans. John J. Savage, in *Fathers of the Church* (NewYork: Fathers of the Church, 1961), vol.42, 260; *PL*, vol. 14, 260-61. 另见 John Chrysostom, *Les Cohabitations suspectes, comment observer la virginité*, ed. and trans. Jean Dumortier (Paris: Les Belles Lettres, 1955), 128, 135; *On Virginity*, 98; Jerome, Letters 38, 107, *Select Letters*, ed. F. A. Wright (Cambridge, Mass.: Harvard University Press, 1953), 163, 351; *Adversus Jovinianum*, 351。

38. Quéré-Jaulmes, *La Femme*, 162.

39. "Homily ⅩⅤ," 442. 另见 John Chrysostom, *Cohabitations suspectes*, 129; Saint Cyprian, "The Dress of Virgins," 41-42; *PL*, vol.4, 450。

40. "Two Epistles Concerning Virginity," in the *Ante-Nicene Fathers*, ed. Alexander Roberts and James Donaldson (Buffalo: The Christian Literature Publishing Co., 1886), vol. 8, 57. 另见亚历山大的克莱门："贪婪被称作淫乱，因它有悖于一个人对自己已有的东西的满足，而偶像崇拜是放弃一位上帝而拥戴多个神祇，所以淫乱是在婚姻上背弃唯一而选择诸多。"("On Marriage" in *Alexandrian Christianity*, ed. and trans. J. E. L. Oulton and Henry Chadwick [Philadelphia: Westminster, 1954], 82.)

41. *The Trinity*, 119; *PL*, vol. 42, 881. 或者如亚历山大的克莱门所说："上帝的道（the Word）促使我们不去留心可见的事物，只去留心不可见的事物，因为可见的只是一时，不可见的乃是永远。"（转引自 Quéré-Jaulmes, *La Femme*, 165。)另见 Bultot, *La Doctrine du mépris du monde*, vol. 4, 209。

42. Augustine, *The Trinity*, 105; *PL*, vol. 42, 874.

43. Tertullian, "On the Pallium," 8; *PL*, vol. 2, 1039.

44. "从那时起,她(理性)就觉得很难相信(数字)的光辉和纯洁会为语词的有形物质所玷污。正如精神所看到的东西总会存在,而且被认为是不朽的,数字显得也是如此,而声音作为可感的事物,却会消失在过往之中。"(强调为引者所加;Angustine, *De ordine*, 435。)

45. *De magistro*, 99.

46. *Etymologiarum*, I, ix.

47. Jerome, *Adversus Jovinianum*, 394; *PL*, vol. 23, 297.

48. Letter to Gontier Col, 引自 Dow, *Varying Attitude*, 174.

49. 参见 Enid McLeod, *The Order of the Rose: The Life and Ideas of Christine de Pizan* (Totowa, N.J.: Rowan & Littlefield, 1976)。

50. 事实上,布兰奇·道(Blanche Dow)从审美的角度观察了这场支持女性主义者与反女性主义者之间的争斗。本书第3页的相关引文先是断定这场争论是"自然主义势力和古典主义势力"之间的一场永恒争斗,随后指出"在17世纪初,朗布依埃夫人(Madame de Rambouillet)和她的追随者们将发动一场类似的战斗,试图'dégasconner la cour',改进言行规范,改革语言,拯救古典传统的纯洁性,使其不被他们眼中的鄙俗和粗鲁侵害。克里斯蒂娜确实是典雅派(*Précieuses*)的一位先驱"(*Varying Attitude*, 260)。另见 Pierre Darmon, *Mythologie de la femme dans l'ancienne France* (Paris: Seuil, 1983); Joan Kelly, "Early Feminist Theory," 4–28。杰奎琳·利希滕斯坦(Jacqueline Lichtenstein)的一本近作指出,我们对中世纪中期和中世纪晚期所做的分析也适用于17世纪美学理论、绘画与文学表征之间的关系(*La Couleuréloquente* [Paris: Flammarion, 1989])。

51. *Le Débat sur le "Roman de la rose,"* ed. Erik Hicks (Paris: Champion, 1977), 15.

52. Ibid., 34.

53. John Chrysostom, "Homily 3," in *A Select Library of the Nicene and Post-Nicene Fathers*, ed. Philip Schaff (Grand Rapids, Mich.: Eerdmans, 1956), vol. 9, 194.

54. Jehan Le Fèvre, *Les Lamentations de Matheolus*.

55. "Trop nuist son de femme qui tence;/ Car par la sensible excellence/ Est le sens d'omme corrompu."〔"一个女人的争吵声确实是有害的；正是通过她的感官的健全，男人的心灵遭到了败坏。"（1, vv. 1205–7.）〕这是一个双重悖论，因为在中世纪厌女话语中，女人不仅同感官相关联，而且就像我们在这里看到的，她还会败坏感官。

56. "这种叫作'heroes'（即 Eros，爱欲）的疾病是由对女人的爱造成的忧郁型焦虑。"

"这种疾病（disease）的病因，是对形式和形象的狂热依恋所导致的判断力败坏。当有人被对女人的爱掌控：他会反反复复地思索她的外形、身材和举止，因为他相信她更善良、更美丽、更值得尊重、更光彩照人、比别人更具身体与性格上的禀赋。出于这个原因，他对她怀着炽热的欲望。他觉得如果自己能够达到这一目标，就会获得无穷无尽的极乐与至福。"（Bernard of Gordon, *Lilium medicinae*, 由 John Livingston Lowes 转引，"The Loveres Maladye of Heroes," *Modern Philology* 11 [1914]: 499。）我非常感谢约翰·格雷厄姆（John Graham）在他的学位论文中向我指出了这一点，参见 "The Poetics of Interpretation: The Courtly Lyric as a Socially Symbolic Act" (Ph.D. diss., Yale University, 1989), 260。另见 Mary Wack, "Imagination, Medicine, and Rhetoric in Andreas Capellanus' 'De Amore'," in *Magister Regis: Studies in Honor of Robert Earl Kaske*, ed. Arthur Groos (New York: Fordham University Press, 1986), 101–15。

57. Si puet on par cest dist aprendre

C'on ne doit blasmer ne reprendre

Les amies ne les amanz,

Qu'amors a pooir et commanz

Par deseur toz et deseur toutes,

Et d'euls fet ses volentez toutes,

Et treta honor tozses fez....

Veritez est, et je le di,

Qu'amors vaint tout et tout vaincra

Tant com cis siecles durera.

Explicit li lais d'Aristote.

从这个故事中我们可以学到，我们既不应该责怪恋人，也不应该责怪他们的朋友；因为爱的力量能支配所有的人，包括男人和女人，它对他们都贯彻自己的意志，荣耀地完成一切事务……这就是真理，如我所说，爱征服一切，只要世界仍会存在，爱就仍会征服一切。《亚里士多德的莱歌》到此结束。（"Le Lai d'Aristote," *Recueil*, vol. 5, 262.）

58. Que diront les logiciens

De leurs sophismes anciens,

Quant leur docteur et leur seigneur

Fu a confusion greigneur

Qu'onques mais ne fu fol tondu? ....

Las! Que dira philosophie,

Quant figure d'amphibolie

A le grant maistre deceü ?

(1, vv. 1137-44.)

59. "Celle qui parle et ne dit jamais rien" (Boileau, Satire X, in *Oeuvres*

complètes, 79).

60. 例如，索尔兹伯里的约翰（John of Salisbury）说："语法是一切哲学的摇篮……'语法'得名于写作与言说的基本元素；*Gramma* 的意思是一个字母或一行字句，而语法是'字面的'"；"'逻辑'的双重意义源自它的希腊词源，在希腊语中 '*logos*' 既有 '词' 的意思，也有 '理性' 的意思。"（*Metalogicon*, ed. Daniel D. McGarry [Berkeley: University of California Press, 1962], 37.）

61. 参见 Colish, *The Mirror of Language*, 225.

62. 比照一下耶罕的例子，他笔下的女人使自己的丈夫相信月亮是一块母牛皮："a methe de fauls est mené/ Le fol mari mal assené;/ De femme ne se puet deffendre./ De la lune nous font entendre/ Par paroles et Par revel/ Que soit une peau De veël"（"这位疯癫而又不幸的丈夫，被引向了愚蠢的结局；他无法在女人面前保护自己。她凭借自己的言辞和纷乱，使他相信月亮是一块母牛皮"）（1, vv. 1013-8）。

63. Andreas Capellanus, *The Art of Courtly Love*, ed. John J. Parry (New York: W.W. Norton, 1969), 201, 207.

64. 或许具有讽刺意味的是，正是在法国第一位女诗人法兰西的玛丽的《莱歌集》（*Lais*）的"序言"部分中，中世纪诗歌作为翻版的本质得到了最为清晰无疑的表述：

Custume fu as ancīens,

Ceo testimoine Precīens,

Es livres ke jadis feseient,

Assez oscurement diseient

Pur ceus ki a venir esteient

Et ki aprendre le deveient,

K'i peussent gloser la lettre

Et de lur sen le surplus mettre....

正如普里西安（Priscian）所见证的，古人在他们的书中习惯于把话讲得晦涩不明，这样后世那些必须教授（或学习）这些著作的人就能够对相关文字加以注释，用他们自己的理解（意义）来填补余下的空白。（Marie de France, *Lais*, ed. Jean Rychner [Paris: Champion, 1983], "Prologue," vv. 1–8.）

65. Walter Map, *De nugis curialium*, ed. Montague James (London: Cymmrodorion Society, 1923), 160–61.（强调为引者所加。）

66. Andreas Capellanus, *The Art of Courtly Love*, 204.

67. Walter Map, *De nugis curialium*, 164.

68. 像德尔图良这样在修辞方面放纵无度的人再次充分意识到了这个悖论。（参见前文注29。）

69. *The Art of Courtly Love*, 204, 205.

70. Ibid., 210-11.

71. Ibid., 204.

72. Ibid., 206, 187.

73. Je sçai, que c'est un texte où chacun fait sa glose:

Que de maris trompez tout rit dans l'univers,

Epigrammes, Chansons, Rondeaux, Fables en vers,

Satire, Comedie; et sur cette matiere

J'ay veu tout ce qu'ont fait La Fontaine et Moliere:

J'ay leu tout ce qu'ont dit Villon et Saint-Gelais

Arioste, Marot, Bocace, Rabelais,

Et tous ces vieux Recueils de Satires naïves,

Des malices du Sexe immortelles archives.

我知道这是一个所有人都会自作注解的文本：全宇宙都在嘲笑戴绿帽子的丈夫——警铭诗、叙事歌曲、回旋诗、寓言诗、讽刺作品还有喜剧；说到这个问题，我看过拉封丹和莫里哀的所有相关作品；我读过维庸（Villon）和圣热莱（Saint-Gelais）的所有言论，还有阿里奥斯托（Ariosto）、马罗（Marot）、薄伽丘、拉伯雷以及所有早先讽刺制作的旧集子，它们一并构成了关于性之恶果的不朽档案。（Oeuvres complètes, 64–65.）

74. 蒲鲁东计算了男女在体力、智力和道德方面的比值，以图确定他们在政治代表中占多少比例方为合适："不相干的想法，不合逻辑的推理，把幻象当作现实，把空洞的类比奉为原则，心中无可救药的毁灭倾向：这就是女性的智力状况……由于在涉及经济、政治和社会生活的领域，身体和心灵共同作用，增进彼此的效果，所以男性的体力智力值与女性的体力智力值之比就达到了 3×3 比 2×2，或者 9 比 4。毫无疑问，如果女性对社会秩序和社会财富的贡献达到了适合于她的程度，她的声音就应该得到倾听；但是在大会上，男性的票数和女性票数应该是 9 比 4：这是由算术和正义所决定的。"（Proudhon, De la Justice, 348, 361.）

75. "对于女性，并不存在正经的镇压手段。单纯的监禁就已经是一个难题……她们腐蚀一切，破坏一切；任何封闭措施都不够强大……她们颠覆正义，破坏一切关于正义的观念，致使正义遭到诅咒和否认。"不得不说，这段话的内容并没有看上去那样有害，因为米什莱这里是在反对处决女性，因为她们具有特殊的神秘性（"她们确实有责任，但却不该受到惩罚"）。这段话接着指出："但要是把她们送上绞刑架，天啊！犯下此等愚行的政府是把自己架上了断头台……在整个大革命中，我发现她们从事暴力，酝酿阴谋，往往比那些男性还要罪孽深重。可一旦有人打击她们，就等于打击了自己。"（Histoire de la Révolution, vol. 7, 2；转引自 Roland

Barthes, *Michelet* [New York: Hill & Wang, 1987], 168。）

76. Charles Baudelaire, *Curiosités esthétiques* (Paris: Garnier, 1962), 492.

77. Ibid., 488.

78. *Oeuvres complètes* (Paris: Gallimard, 1975), 1272. 波德莱尔对女人的态度极为复杂，其矛盾程度有时丝毫不逊于前文所讨论的 13 世纪讽刺作家。这位把女人跟她的服饰联系在一起的诗人，在别处又会谴责她站在自然一边——"女人是自然的，也就是说，女人是可憎的。"（"La femme est naturelle, c'est-à-dire abominable"）——自然对于象征主义者来说，就像对于中世纪神学家一样，已经是对更为本质的真实的一种遮掩。

79. *Oeuvres complètes* (Paris: Gallimard, 1975), 716–17.

80. 转引自 Schor, *Reading in Detail*, 17。

81. Lombroso, *La Femme criminelle*, 180; Virey, *De l'influence des femmes*, 17, 9, 16.

82. Baudelaire, *Curiosités esthétiques*, 470.

83. Friedrich Nietzsche, *Twilight of the Idols*, ed. Oscar Levy (London: T. N. Foulis, 1911), 5. 尼采同样谈及了女性特质与妆扮的紧密关联："若在整体上比较男人和女人，可以说：女人倘若没有次等角色的本能，就不会有关于饰物的天才。"（*Beyond Good and Evil*, 89.）

84. Nietzsche, *Twilight of the Idols*, 24. 参见 Sarah Kofman, *Nietzsche et la scène philosophique* (Paris: Union Générale d'Editions, 1979); Jacques Derrida, *Spurs/Eperons*, trans. Barbara Harlow (Chicago: University of Chicago Press, 1979). 尼采还认为，如果说女性的诡计之一就是伪装为理想或真理，那么这种伪装最终就必然导致彼此报复的无政府状态："她们抬高自己，是要成为'自在的女人'，成为'高等女人'，成为女人中的'理想主义者'，由此来降低女人的一般等级水平；对此，没有比人文中学教育、便

裤和充当政治牲畜所获得的投票权更可靠的手段了。"（Nietzsche, *Ecce Homo*, trans. Walter Kaufmann [New York: Vintage, 1969], 267.）

85. 这段话出自他对丹尼尔·斯特恩夫人（Mme. Daniel Stern）《荷兰史》（*Histoire des Pays-Bas*）的评论："读了便知，这部历史明显是一本女人的书，尽管作者耗费了不少心血。说这本书具有女性特质，是因为它缺乏见解、缺乏深度、缺乏原创性、缺乏炙热的活力；女性缺乏这些刚健的品质，因为她们拥有别的品质，拥有优美、典雅、细致、柔和的色彩、温柔、惊奇、生动的情感，这些斯特恩夫人一概没有！"（Barbey d'Aurevilly, *Les Bas-bleus*, 79）

86. Ibid., 7.

87. Jules Michelet, *La Sorcière* (Paris: E. Denton, 1862), 131.

88. Ibid., 100.

89. 一个突出的例子是布吕内蒂埃（Brunetière），他认为，16和17世纪的伟大作家们使得中世纪那没有诗意的诗歌服膺于"写作的规则，风格的法则"（Ferdinand Brunetière, "L'Erudition contemporaine et la littérature française du moyen âge," in *Etudes critiques sur l'histoire de la littérature française* [Paris: Hachette, 1888], 49）。

90. *De l'influence des femmes*, 23.

91. Proudhon, *De la Justice*, 378. 蒲鲁东实际上把法国文学女性化的重大时刻定位在了卢梭身上："法国文学自卢梭起就陷入了停滞。他是头一个带有女性特质的知识分子，在他们身上，理念陷入混乱，激情或情绪压倒了理性，尽管他们品行卓越，甚至有男子气，但却使得文学和社会趋于衰败。"（ibid., 379.）

第三章 "魔鬼的门径"与"基督的新娘"

在上一章中，我们探讨了基督教最初四个世纪的性别设定在中世纪中期的拉丁文学和俗语文学中重新浮现的几种形式。鉴于有关女性的观念与随附性和随机性，感官的领域，装饰或妆扮，以及一般意义上的符号活动之间的密切联系，我们把对于女性的这种审美化与"婚姻之苦"的传统论题联系了起来。更确切地说，我们看到，对妻子的指责会把妻子等同于各式各样的言辞滥用——喋喋不休、喜好争辩、充满矛盾的精神、轻率失检、撒谎欺骗、言语诱惑——而这实际上与中世纪对修辞的指责相同，即修辞不可控制、无关真实、撩拨人心、欺骗感官。如我们所见，对修辞和妻子的同时指责不可避免地引出了包括声音、文学解释学和性别在内的若干关键议题，而这些议题在西方思想中历来是高度交叠的。

为了说明这种范型如何在中世纪俗语文本中得到淋漓尽致的展现，我们一开始就讲到了也许是同类文本中最为极致的案例——耶罕·勒·费弗尔的《马特奥卢斯的哀歌》。在这部作品中，女人被描绘成一种虚假的逻辑，一种诡辩，她击溃了语法和辩证法这两门关于"真"的科学。正是在这里，我们遇到了中世纪在接受早期基督教的性别阐述时所包含的大量不融贯、矛盾或悖论之处。如果女人被呈现为一副喋喋不休的样子，那么男性厌女者又凭什么能够长篇大论地谈论她的聒噪饶舌呢？或者说，既然反婚姻的冲动在某种程度上总是出现在劝导的修辞语境中（更确切地说是劝阻，因为女人被刻画为善变的），那么我们又怎能不把作者循循善诱的对象想象成是具有女性特质的呢？换句话说，这位作者试图对他的对话者采取的行为，正是他投射在女性身上的行为：言语欺骗，挑起矛盾，利用被界定为女性特质的修辞诡计来施行诱惑。这最后的伎俩就隐含在反女性主义的述行活动中：如果女人被呈现为矛盾的、反逻辑的，对立于男性对统一真理的坚守［用奥古斯丁的话说，它"一时真，时时真"（"once and for all"）］，那么厌女者就会因为逾越了自己建立的差异而变得自相矛盾，或者说他在行为上反而像是被他斥为不融贯的女人。

平等的悖论

在本章中，我们将探讨早期基督教性别话语的另一个规定性矛盾，它可以追溯到教父时期，我们对俗语文学的理解会因此大为扩展，不再局限于女性等同于修辞或装饰的问题。用最简单的话说，到目前为止我们所看到的对女性和女性特质的所有负面描述，包括将女人认定为一切邪恶之来源的说法，在这一时期内一直都与另一种相反却又同等强劲的基督教性别思想话语两相并立，那就是坚持两性平等的话语。二者从一开始就是并立的，我们可以在保罗《加拉太书》（3:28）那里找到有关平等的奠基性阐述："不再分犹太人或希腊人，不再分为奴的自主的，不再分男的女的，因为你们在耶稣基督里都成为一了。"当然，我们会发现耶稣的话较之（比方说）保罗教牧书信中那些出处明确的篇什与所谓的伪保罗或次保罗书信，有着重要的差别：耶稣把性别差异的重要性相对化了，他宣称所有生命都有平等的尊严，绝少展露出家庭法中的那种性别歧视。保罗的表述有别于后来德尔图良、克里索斯托、安波罗修或哲罗姆对性别特征的阐述，正如最顽固的厌女教父与较温和的奥古斯丁之间有着若干细微差别。尽管如此，只要认真考察保罗对于平等的规定，就很可能会认为，正如乔·安·麦克纳马拉（Jo Ann McNamara）所说，"教父作者们都持守一条教义，那就是上帝面前无男女"，并且"虽然很多人的表述带有个人倾向，但这条基督教教义在逻辑上要求坚持两性平等"。[1] 讽刺的是，尽管几乎所有作者都坚持平等规则，即保罗关于"在基督里成为一"的原则，反女性主义却仍然大行其道。

此外，对于这个属于驯顺者的新宗教，如果把它的逻辑贯彻到底，即"那在后的，将要在前；在前的，将要在后了"［《马太福音》（20:15）］[1]，那么女性就不仅具有与男性平等的潜力，甚至还具有超过男性的潜力。的确，随着肉体的脆弱性在某种程度上被简单归到女性特质一边，根据早期基督教对强与弱的价值颠倒，女性就有可能比男性更为强大。克里索斯托抱怨道，自基督降临以来，"女人超过了我们，使我们黯然失色"。[2] 早期教父的文献中常常提到英勇的女性殉道者，他们认为这些女性的成就因其性别而更加伟大。[3] 保罗在《罗马书》（5:20）中指出，"罪在哪里增加，恩典就在哪里越发丰盛"；他在《罗马书》第16章中提到了36个为基督教事业奋不顾身者的名字，其中有16个是女性的名字。奥古斯丁在谈到菲丽丝达（Felicity）和泊伯多雅（Perpetua）时指出："当此一性别的力量较弱时，其冠冕就更显荣耀；当女人不被她们的脆弱压倒，其灵魂一定更显阳刚之气。"[4] 所以，女性被认为是特殊的待拯救对象，因为根据把男人放在灵性一边而把女人放在感官和诱惑一边的二分法，男人在寻求救赎的道路上需要克服的困难严格来说是更少的。[5] 在此，我们触及了构成基督教对女性的感召力的一个因素，而且还是诸多因素中最具决定性的一个，因为不仅得救的女人比得救的男人更为神圣，而且拯救的可能性正是由一位女人所孕育的。马利亚是夏娃的救赎者，把夏娃从人类

---

[1] 应为《马太福音》（20:16）。——译者注

堕落带来的诅咒中解放了出来，这是基督教形成时期的伟大主题之一，也是基督教感召力的重要组成部分。我们可以在一篇托名奥古斯丁的布道词中看到这样的表达："来吧，贞女们，到这位贞女身边；来吧，女人们，到这位女人身边；来吧，母亲们，到这位母亲身边；来吧，哺乳的人们，到这位哺乳的人身边；来吧，年轻的女人们，到这位年轻的女人身边。为了迎接一切寻求她的女人，马利亚在我们的主耶稣基督中经历了属于女人的一切状态。这位新的夏娃，仍然是贞女，已使所有来到她身边的女人都恢复如初。"[6]

不难看出，在教父们的论述中，对女性的正面刻画往往伴随着对女性特质更为抽象的负面描绘。纳西昂的格列高利（Gregory of Nazianzen，330—390）在描绘他的姐姐格尔贡妮（Gorgonie）时歌颂了许多女英雄，这无疑承认了女性的平等乃至优势地位："啊，女人，在争取拯救的过程中，你超越了男人的勇气，你已证明男女只有身体上的区别，而灵魂是一样的。"[7]尼撒的格列高利称颂他的姐姐玛克丽娜（Macrina），拒绝让她的美德"消失在沉默的帷幕之后"。[8]居普良赞美一位名叫博娜（Bona）的女性，"她被丈夫拖入了牺牲的境地，她没有玷污自己的良心"，而是自始至终都表现出英雄般的坚毅。[9]哲罗姆赞扬了玛塞拉（Marcella）的哲学理解力，以及葆拉（Paula）跟她的两位女儿布勒西拉（Blessilla）和尤斯特琴（Eustochium）的禁欲守节；帕拉第乌斯（Palladius）则对大梅拉尼娅（Melania the Elder）（"最为博学者"）和她的孙女小梅拉尼娅（Melania the Younger）赞许有加，据说后者曾教导过皇帝狄奥多西。[10]最后，最令人动容的莫过于奥古斯丁笔下的菲丽丝达和泊伯多雅在殉难时表现出的勇气，她们甚至在监狱里也要照料自己的孩子。奥古斯丁问道："这两位女人的名字合在一起，难道没有指明那等待着所有圣徒的恩典吗？殉道者们承受了一切，凭什么不享有永久的幸福呢？"[11]

教父们认定女人是邪恶之源,是"魔鬼的门径",同时又认定女人是促成灵魂与基督相结合的中间人,甚至是这种结合的象征,是救赎之源,是"基督的新娘"——这是如何做到的呢?一方面,"男人是女人的头";另一方面,"不再分男的女的,因为你们在耶稣基督里都成为一"。一方面是家庭法对女性权利的彻底剥夺,另一方面是对性别平等同样彻底的肯定——这二者何以调和?或者说,考虑到当代对教父时期的理解,我们看到一方面是一个双重真相,即女性在救赎秩序中的平等和在创造秩序中的不平等,另一方面则是一个广泛存在的信念,即一旦涉及婚姻和性的问题,基督教就会废除这一伦理上的双重标准——这两个方面要何以共存?最后,至少在当时的道德标准看来,禁欲主义已经否定了当事人的整全性,那么它何以可能被视为一种个人解放?[12]

对于我们提出的问题,答案分为三个部分,前两部分诉诸先前的学术传统,第三部分则尝试以不同的术语对这些表面上的矛盾加以重塑。第一部分关注年代:这些彼此矛盾的态度生于何时?第二部分关注来源:这些态度来自何处?第三部分则从社会经济角度处理"如何"和"为何"的议题。

何时?

我们上文谈到的这种脱节究竟产生于何时,学者们对此莫衷一是。有些人认为相关表述最早出自保罗的书信,另一些人则精确定位到保罗的中期书信(the Paul of the Inter-Time),在《加拉太书》(3:28)和《提摩太前书》(2:15)之间。[13]还有一些人认为,决定性的时刻出现在保罗之后,在斐洛的《创世记》注解(据信写于公元40年前后)中,或者出现在斐洛对中期柏拉图主义的接受中;[14]或出现在公元1世纪的最后30多年内,与保罗门徒所写的《歌罗西书》的接受状况相关,或出现在差不多同样的时间,是受亚里士多德《政治学》影响的结果;[15] 出现在 2 世纪到 3 世纪之间,与德尔图良有关;[16] 出现在 325 年,与尼西亚大公会议和关于追随马利亚的劝诫有关;[17] 或出现在 4 世纪后半叶,与基督教转变为官方国教有关;或出现在 5 世纪的前二十来年,与哲罗姆和约维尼安的争论有关;[18] 或者稍晚一点,与奥古斯丁既反对异端(多纳图派和伯拉纠派)又反对其自身的意志有关。[19]

因此,我们很难确定基督教是什么时候在得救与欢愉的这两种可能间变得分裂,又同时在性别平等与女性从属于男性这两种态度间变得分裂的。事实上,我们几乎不可能确定究竟是在哪个时刻,性事开始"被认定为内在邪恶的东西",并成为"道德方面的控制因素",[20] 因为没有哪个人物或事件可以说具有决定作用,也没有哪一年、十年甚至百年明确标志着基督教在性弃绝的方面开始区别于其他文化或它自己的过往。[21] 相反,我们所能知道的一切都表明,禁欲主义的教义和自我压抑的技巧是在三百多年的时间中逐渐成形的,是经过一系列细化过程和发展阶段渐进生长的。这意味着,关于形成这种冲突的决定性时刻,人们的莫衷一是不仅无从解决,而且说到底,它几乎肯定只是看起来更为宽泛的起源问题的一个组成部分。

来自何处?

尝试追溯基督教禁欲主义根源的研究者,首先会去关注异教传统的影响,包括东方、希伯来、希腊和罗马的传统。例如,有些学者发现,在东方的生殖崇拜(Eastern fertility cults)中,女性特质与繁殖之间的一系列关联此后会在希腊文化中复现,表现为女性与不可控制的繁殖之性(reproductive sexuality)之间的关联。也有学者在阿提斯(Attis)祭祀的神秘主义——其力量来自对自我阉割行为的戏剧化模仿——中辨识出基督教对肉体的弃绝态度的原型（它之所以被保留了下来，可能是由于人们对巫术的惧怕）。[22] 沿着相同的思路，还有些学者认为《旧约》本身代表了一次尝试，旨在克服更为古老的自然宗教，去除生殖崇拜的性意味，更准确地说，要抵制异教中的那些女性神祇，用一个全然超越了性的神取而代之。[23] 而且基于第一章的论述，我们可以有理有据地指出，《创世记》中人类堕落的故事，尤其是它为家庭法提供的具体意识形态内容，参与形成了后来教父们对性别问题的表述。[24] 基督教拒绝采取犹太教中有关离婚、一夫多妻和再婚（夫兄弟婚和妻姊妹婚）的做法，这可以看作对繁殖之性的拒斥，象征更宽泛意义上对身体的弃绝。在基督现身的前一个世纪，犹太教就在艾赛尼派（Essenes）中形成了它自己的禁欲主义社群，后者拒绝私有财产和性接触。[25] 此外，犹太民间智慧中也流传着许多警告人们要小心女人诡计的说法。而且，虽然《旧约》中有许多内容后来为教父们所挪用，虽然古代犹太文化在父权制上的强度丝毫不逊于同时代中东地区的任何文化，但正统犹太教并没有就耶典版创世大做文章，没有表露出保罗那种对女性的明显敌意，也没有形成教父们特有的那种神学化的反女性主义。

在分析希腊文化中可能与基督教立场一致的元素时，人们还会想到一种针对母权制的反动，而且就像《旧约》中的例子一样，人们会在神话层面将其当作后来反女性主义的某种源泉。[26] 希腊人的宗教生活中有贞女祭司，由此可以推断出他们对贞洁的尊崇。希腊人向来对性方面的过度放纵所可能导致的危险非常敏感，而且保持着一种自我节制意识，这呈现为对女性特质的惧怕。[27] 柏拉图不信任肉体、感官知觉、感官享受以及表征的表面性，这无疑影响了教父们。柏拉图对哲学家生活和家庭生活的区分，则是后来对婚姻的种种谴责之声的一个来源，可以轻易归入有关"婚姻之苦"的传统论题（参见第一章）；而柏拉图对于诗歌和图像的指控，当然也可以被视为在基督教内促成了一种基于教义的谴责氛围，笼罩在妆扮和装饰之上。亚里士多德也表达了对欢愉的不信任，他认为无论是来自性还是来自饮食的欢愉都应该避免，因为它们超出了理性的范畴。伊丽莎白·舒斯勒·费奥伦萨（Elizabeth Schüssler Fiorenza）认为，在亚里士多德的《政治学》中，主人与奴隶之间的关系被转用到了性别问题上，构成了界定"女人的本性"和"女人的专属领域"的决定因素，也就是说，对二者具有决定作用的政治背景早在基督教时代之前就存在了。亚里士多德的政治哲学对家庭法表述的形成具有重要作用，它先是在新毕达哥拉斯学派哲学和斯多葛学派哲学中得到复兴，然后又在斐洛和约瑟夫斯（Josephus）重视国家和家政关系的著作中被整合进了希腊犹太教。[28] 毕达哥拉斯学派接受了亚里士多德对性愉悦的拒斥，3世纪的教会则挪用了他们的观念来支持独身。在反对肉体、推崇一种合乎自然的生活理想方面，斯多葛学派的思想也为教父们提供了许多论点。我们之前承认，德尔图良取法斯多葛学派对装饰的诋毁，在《论女性穿着》（*De cultu feminarum*）中将这种诋毁转化为"妆扮神学"的最初表述（见第二章）。[29]

需要注意的是，不可混淆基督教时代神学化的厌女与希腊世界中更魔幻、更侧重生理方面的厌女。尽管如此，希腊医学确实提供了性遏制和性差异的多种模式，这无疑为随后的意识形态偏见提供了佐证，也为基督教的独身立场提供了辩护。盖伦（Galen）将男性身份与自我控制联系起来，将女性身份与缺乏自我约束联系起来。索兰纳斯（Soranus）认为："一切精液的排出对女性和男性都有害。因此，贞洁有益健康，因为它可以防止精液的排出……保有贞节的男人比他人更强壮、身体更好，会更加健康地度过一生；相应地，对女人而言，贞洁一般来说也是有益健康的。"[30] 亚里士多德主义，尤其是亚里士多德本人的《论动物的生成》提出了一种生殖模式，这种模式将性别的不平等根植于雄雌的生物学差异，其中雄性对应形式（与基督教的看法一样），而雌性则对应质料。亚里士多德式的生理学传统渗透了法学、神学和医学领域,从希腊一直延续到中世纪中期和阿奎那,甚至延续到了弗洛伊德。在此传统中,女人代表着一种不完美版本的男性,一种"有缺陷的男性"。[31] 最后,希腊世界促成西方禁欲主义的媒介是希腊文献,后者对中世纪来说或许并不那么重要,但其中有许多内容都可以作为例子来说明我们先前所讨论的中世纪厌女的传统论题。

至于拉丁传统,人们可以在卢克莱修的作品中看到对装饰的谴责和对身体妆扮的警告,以及对性欲的柏拉图式界定——性欲是对感官的困扰,尤其是对视觉的困扰,威胁着斯多葛哲学所追求的心灵宁静(ataraxia)或精神超脱。[32] 维吉尔说过一句为人熟知的陈词滥调,描述女性的反复无常,"Varium et mutabile semper femina"(*Aeneid*,IV,659)。[1] 此外,在罗马文化中寻找反女性主义的表达,不免要遇上尤维纳利斯(Juvenal)的第6首讽刺诗,其中对女性和婚姻的抨击谩骂在古代世界可谓无出其右。诗中所描绘的女人毫无顾忌、不忠不信、无可管束、喋喋不休、争吵不止,满怀着对装饰的欲望。无独有偶,在中世纪的厌女话语中,尽管可以找到属于前一位伟大拉丁自然主义者的元素,也能找到属于后一位讽刺诗人的元素,但无论是卢克莱修关于性欲源于原子振动的物理模型,还是尤维纳利斯关于家庭生活即永久不谐的戏谑描写,其中的种种观念都没有像它们在此后的基督教文化中那样被神学化。

要是在较宽泛意义上的基督教思想内部寻找可能来源,值得关注的是伪经中的神话故事:《以诺书》、《禧年书》以及《十二族长遗训》中的《流便遗训》将女性与装饰、色欲、诱惑、通奸和卖淫联系在一起。例如,伯纳德·普鲁萨克(Bernard Prusak)认为,有条一脉相承的线索,连接着

---

[1] 本句在《埃涅阿斯纪》杨周翰译本中为"女人永远是反复无常、变化多端的"。本句应在《埃涅阿斯纪》第4卷第569到570行,原书标注有误。——译者注

次经(Apocrypha)[1]、亚历山大的克莱门和奥利金的教诲、德尔图良的天主教著作和孟他努主义的著作。[33] 研究罗马帝国晚期的学者进一步强调，在这个时代的最初5个世纪里，主要的异端学说扮演着重要角色，它们不仅渗透在教父们的著作中，而且它们所激起的反动对于早期基督教性别态度的明确化往往至关重要。正统教会对异端学说的压制往往是界定教义的一种手段，也可以说是对异端教诲的一种整合。例如，德尔图良是孟他努主义(2世纪中叶)的主要反对者之一，孟他努主义认为上帝之国即将来临，并且赋予女性预言的力量和行使教导的自由，这使得"主流"教会大为震动，从而出手压制了这种关于女性属灵特质的表述。而叙利亚的禁戒派(Encratites，3世纪中叶)，用彼得·布朗的话说，则宣扬"要通过抵制子宫来终结当前的时代"。[34]

诺斯替主义代表了一场更复杂也更有趣的运动，它既可以被视为拥女主义，也可以被视为反女性主义，因为基督教那居于主导地位的矛盾态度（这种态度是诺斯替主义同时以直接的方式和激起反动的方式所促成的）最终会呈现为一种关于女性的二分法，即作为"基督的新娘"和"魔鬼的门径"的女性。诺斯替主义首先具有很强的禁欲主义成分，根据其主张，性关系构成了"所有道德过错的原型"［詹姆斯·布伦戴奇(James Brundage)］，而肉体在性别上则被归为女性。[35] 瓦伦丁(Valentinus)是德尔图良的同时代人，他的追随者们把女性同形状与方向的缺乏联系在一起，把男性同形式联系在一起，就像在占主导地位的教父传统和亚里士多德传统中一样。诺斯替主义把心灵/身体的分裂看作一种性别化的分裂，其目标就是要把女人"这个永居下位的他者"重新整合到"作为她的指导

---

[1] 就《圣经》文本而言，次经(Apocrypha)指见于希腊文的"七十士译本"和拉丁文的"武加大译本"，却不见于希伯来《圣经》的一系列文本。天主教传统把其中部分文本看作次经，东正教传统视其为正典，而新教认为其虽非正典，但亦有教益。路德版《圣经》将这些文本合并成一个单独的部分，置于《旧约》与《新约》之间，称为次经。——译者注

原则的男性"之中。[36] 马西昂（Marcion）和马西昂派也拒斥已创造的世界；他们同样投身于禁欲主义，宣扬一种二元论，把女性特质同创造的秩序——物质和世界——联系在一起，又把男性身份附着在更具超越性的真实之上。属于诺斯替传统的《埃及人福音》中记载了救世主的一句话，大意是："我前来摧毁女性的作品，这里'女性'意即欲望，而'作品'意即诞生和腐坏。"托名克莱门汀（Clementins）的作品认为，"当前的世界是女性的，因为是母亲产生了孩子们的灵魂，但将来的世界是男性的，如同一位父亲接纳他的孩子"。[37] 由此，我们在诺斯替主义中发现了一种对性别的神学化，它为后来基督教传统中的父权范式做好了铺垫。但是，正如伊莱恩·帕格尔斯（Elaine Pagels）所指出的，诺斯替主义也包含了一些可以被认为是支持女性的元素；尤其是，它在夏娃身上看到了救赎精神。属于诺斯替传统的《统治者的本真》（*Reality of the Rulers*）把女人等同于生命，等同于灵性觉醒的原则。[38] 的确，诺斯替主义在上帝（Godhead）中包含了女性元素，确切地说，包含了由"父、母、子"组成的三位一体；而且，像孟他努派一样，诺斯替派也愿意承认，对于那些已经从性的欲求中救赎自身的人来说，两性的地位是平等的，理由是女性最起码对被创造的世界做出了预言（与此相对，将来的世界是留给男性先知的主题），而且据说已经被允许担任神职和给人施洗——至少异端马西昂是这么说的。这种实际存在的性别平等主义招致了强烈抵制，而这种抵制有时跟正统教士的反女性主义难分彼此。德尔图良是诺斯替主义的反对者之一。他在专著《论反异端的对策》（*On the Prescription of Heretics*）中控诉道："这些异端女人何其大胆！她们毫无谦卑之心；她们竟敢教导别人，参与争论，从事驱魔，实施治疗，甚至还敢给人施洗。"[39] 最后，考虑到对异端的反动正是反女性主义的催化剂，就不能不提到一些别的团体：摩尼教徒坚持一种灵与肉的二元论，与诺斯替派的二元论类似，而且摩尼的追随者们还允许女性参与公共辩论,这让正统派大为震动;阿里乌派在道成肉身的戏剧中为马利亚保留了更为突出的角色;而约维尼安派(Jovinians)则不仅否认马利亚在耶稣出生前后一直保有童贞,还认为僧侣的独身生活并不比具有性行为的普通已婚基督徒的生活更高尚。约维尼安的教义引发了中世纪最具影响力的反女性主义攻势之一,后者构成了中世纪反婚姻文献的主要来源——圣哲罗姆的《驳约维尼安》。[40]

关于基督教在性别问题上的矛盾态度,我们已经识别出它的一些潜在来源,即不同传统内部的禁欲主义(往往伴随反女性主义),包括希伯来的、希腊的(即柏拉图的、亚里士多德的、斯多葛的和毕达哥拉斯的)和罗马的传统,还有伪经,再加上孟他努派、诺斯替派、摩尼教和约维尼安派等异端的教条以及针对他们的反动。尽管如此,可以确定的结论却只有一个,那就是要给中世纪早期对性别的界定找到一个单一的、决定性的影响因素,就跟要确定它的起源时刻一样困难。事实上,鉴于存在多种可能性,我们唯一可以肯定的事实是,在基督教时代最初几个世纪中,地中海地区提供了优渥的环境,有利于形成我们所界定的肉体的女性化、女性特质的审美化以及审美的神学化。我们在孟他努派、诺斯替派和约维尼安派的异端学说中看到了对女性的尊崇,同时柏拉图派和亚里士多德派思想也为禁欲主义的发展提供了原料。希腊神话和伪经中存在厌女的养料。而对异端的打击,尤其是对女性在异端运动中所处地位的打击,实际上就变得与针对女性特质的反动别无二致。在对西方厌女思想的来源进行搜捕时,尽管我们已经抓获了许许多多常见的嫌疑分子,但我们得到的只有一张近乎无尽的清单,上面满是相互重叠的倾向和势头,多多少少都指向相同的方向。那些被基督教结合起来并加以明确的性别态度,在古代世界可说是随处可见。似乎没有哪个来源的说服力可以大到足以让人不顾及其他来源;相反,一旦我们区分出一种影响,心中就又会想到另一种影响。这就意味着,我们在识别各种来源并以此说明问题的时候（其间我们有可能身陷作为引用模式的厌女行为），要面临一个风险，那就是我们可能只不过是以先前的事例替换了我们的研究对象。

如何？为何？

那么基督教对女性的双重态度是如何产生的呢？是什么样的历史、社会甚至个人条件，让女性具有了"魔鬼的门径"和"基督的新娘"这两个既矛盾又交缠的身份，并且让我们能够用一种年代考察和来源考察力所不及的方式来理解这种矛盾？

这些显然属于遗传学家在对人们不甚了解的染色体综合征进行病因评估时所说的"多因素"问题。不过，我们还是可以区分出几组不同的解释：有些学者认为基督教禁欲主义所附带的反女性主义是一种现实的社会功能；有些学者将其视为针对社会变化的反动，或者视为社会变化的消极面；有些学者把主要责任归咎于个别人物；还有些学者倾向于借助某种类型的生物学，把厌女置于自然层面。

在现实主义者中，有些历史学家指出相关地区的人口过于密集，把基督教禁欲主义解释为限制人口的集体无意识努力的一部分。由此，在大卫·赫利希（David Herlihy）看来，对婚姻的谴责和对贞洁的赞扬是避孕节育和计划生育的意识形态支柱。事实上，约翰·克里索斯托在他的论文《论贞洁》（*On Virginity*）中指出，世上的人口已经足够，人们可以停止两性生殖了。[41] 另一些具有现实主义思想倾向的历史学家，采纳了对厌女原因最广为接受却又最缺少检验的解释，把基督教的反婚姻态势归因于始于公元2世纪的隐修运动的发展〔包括禁欲苦修的各教派，如禁戒派（Encatrites）、亚伯派（Abeloïtes）和神婚派（Syneisacts）〕，该运动

133

主张神职人员保持独身,在言辞上表现为对肉体和女性的谴责。[42] 在持有此类论点的历史学家中,论述最为精细复杂者要数彼得·布朗,他在《身体与社会:早期基督教中的男女与性弃绝》(*The Body and Society: Men, Women and Sexual Renunciation in Early Christianity*)中有力地证明了早期基督教的性话语,作为一种主要的意识形态力量,支撑着一个基本区分:属于城市的、旧的性秩序与属于沙漠的、新的性秩序,其中后者已经战胜了身体。

无论是关于人口过剩的论点,还是关于隐修禁欲的论点,都与另一类论点相去不远,即一种对于文明走向终结的意识(好比基督降临),就像是罗马世界的千禧年说(millenarianism)。之所以会产生这种论点,是因为人们感到帝国内部出现了普遍的道德松懈,并采取了相应的预防措施。[43] 例如,许多历史学家都坚持这样一个事实:在希腊和罗马共和国时期,同性恋在很大程度上是被容许的,但在帝国时期和基督教中却是被谴责的,而且这种谴责还可以被视为抵抗衰败的一项重要举措。根据这种说法,基督教的反女性主义代表着对罗马人和希腊人那更为自由的同性恋行为的压抑所造成的升华效应之一。[44] 沿着相同的思路,另一些历史学家提到了帝国晚期女性法律状况和经济状况的改善,指出这招致了处在统治地位的父权制的弹压,就像之前正统基督教在异端运动中察觉到了女性的力量后对其大加挞伐一样。[45] 例如,伊丽莎白·舒斯勒·费奥伦萨认为,罗马时代的厌女表达了中间阶层男性的怨愤情绪,"他们的精神和经济现实在很大程度上取决于日常竞争,因此他们想要尽可能地扩大男女之间的'自然'差异,以防自己为女性所取代"。[46] 此处的假设是,男性通过贬低被征服者来合理化征服本身,可这个观点会造成某种逻辑上的不融贯。因为这意味着另一个不太站得住脚的假设:女人越强大,就越令人惧怕,而她越令人惧怕,就越会受到诋毁。根据这种逻辑,反女性主义就不是女性被剥夺权利的症候,而是女性力量的征候。

在近来研究希腊罗马时期的著作中有个重要的潮流,那就是强调家庭结构的特定变化,以此说明更早时期魔幻的、宇宙论的厌女如何转变为尤维纳利斯和早期教父笔下那种以日常家庭烦恼为内容的反女性主义。其中保罗·韦纳(Paul Veyne)的观点颇具代表性,他认为基督徒的性别态度反映了更为普遍的文化变迁,其中包括:(1)从个人领导向专业官僚制的转变;(2)家庭结构的变动,自公元前2世纪开始,父权制宗族逐渐式微,核心家庭逐渐强化;(3)作为家庭男女主人的"夫妻"的形成,与单个居住单位相对应的家庭事务的形成,伴随着夫妻之爱的"新道德法则"的发明,后者是一个更一般过程的组成部分,即"德性"(virtue)的概念取代(或内化)了成文法;(4)对纳妾、通奸和堕胎的遏制,乱伦禁令的神圣化;以及最重要的一点——(5)婚姻的普遍化。基督教时代等于是"从一个婚姻并非属于每个人的社会,过渡到了一个婚姻被理所当然地看作所有社会和社会整体的基本制度的社会"。[47] 米歇尔·福柯的《性经验史》第三卷《自我的关心》基本遵循了同样的思路,聚焦希腊和罗马世界,比韦纳更为细致地阐述了婚姻作为公共制度和私人生活焦点的双重演变对人的概念有何影响。[48]

韦纳和福柯分别描绘了家庭逐渐收缩为夫妻单位的历程,大大增进了我们对厌女的"家庭化过程"中一个关键点的理解。在相关语境中,我们可以看到该过程始于一度更广泛、更自由的性模式,最后止于一种由自然所界定的"常态",一种"繁殖的异性恋",以及一份以制度形式压在夫妻身上的更大负担。被视作家庭烦恼的厌女——对醋意的抱怨、对邻人的羡慕、唠唠叨叨、自吹自擂、争吵和矛盾、分娩的风险、育儿的吵闹和对孩子的失望——为这类说法提供了支持。[49] 彼得·布朗也认为,"婚姻之苦"反映了"一切不发达社会对其内部有生育能力的女性身体所施加的巨大痛苦",甚至早期基督教的反妆扮倾向也可以被视为一场更广泛的反贫困运动在夫妻单位上的具体表现。[50]

一方面,反女性主义被看作对女性的抵制在个体层面的升华形式,经由修辞把女性变为征服的对象;另一方面,反女性主义在本质上被看作核心家庭怨愤情绪的一种表达。从这两种视角出发,我们就接近了对中世纪厌女的心理历史解释。这里我们首先会遇到的观点,可以说是各种关于"基督教的性观念如何产生"这一问题的"伟人理论"。例如,H.R.海斯(H. R. Hays)这样解释保罗对女性的态度:

> 保罗,一位受过希腊教育的希腊化犹太人,是居住在塔尔苏斯(Tarsus)的罗马公民。他其貌不扬,身材矮小,有点畸形,视力很差。他还是幻觉经验的受害者,近乎癫痫病人;总之,他是典型的萨满……从精神分析的角度来看,保罗总是与各种父亲角色做斗争,后者反映了耶和华那严酷而又鲜明的男性形象……换句话说,随着社会越发复杂,社会上的困苦也越发强烈,从而再次激发了我们一直在描述的基本男性焦虑。有件事印证了这一点,那就是人类堕落的神话成了对一切邪恶的核心解释。[51]

克劳德·朗博(Claude Rambaux)认为,德尔图良在西方性别问题的形成过程中所起到的核心作用,可以归因于他的"忧惧以及个人问题"。[52]最近,伊莱恩·帕格尔斯在《亚当、夏娃与蛇》(*Adam, Eve and the Serpent*)中把基督教对性的态度归因于奥古斯丁个人与意志的斗争,更确切地说是他在皈依基督教后,试图压抑自己青年时期在性方面的冒险行为。帕格尔斯认为,这不仅导致了原罪概念的发明,而且立足于基督教被采纳为官方国教后良好的政治基础。[53]

这些"伟人理论"隐含的基础是一种关于对象关系的发展模型,假设了某种对于厌女的一般化或自然主义的表述，把心理学问题过渡为生物学问题，因此这类解释泛用性强，让反女性主义显得无可避免。精神分析的推测也属此类，精神分析认为对女性的恨意源于男性孩童——每一个男性孩童——对自己母亲的沮丧和愤怒，因为他无法占有她。弗洛伊德对俄狄浦斯戏剧的阐发当然是所有这类事例的原型，但并非只有弗洛伊德一个人探究过这种分离焦虑对此后性别态度的影响。梅兰妮·克莱因（Melanie Klein）甚至比这位维也纳的大师讲得还要明确：

> 在肛门施虐期之初，孩童遭受了第二次严重创伤，这加强了他远离母亲的倾向。她先前已经挫败了他的口欲，现在又干扰了他的肛门快感。似乎就是在这个节点，对肛欲的剥夺导致了肛门偏好与施虐偏好的融合。孩童的欲望是占有母亲的粪便，插入她的身体，将其切成碎块，吞噬并摧毁它。受到他自己生殖冲动（genital impulses）的影响，这具身体开始把他母亲当作爱—对象（love-object）。但他的施虐冲动正处在完全活跃状态，先前受挫所产生的憎恨与他在生殖层面的对象—爱（object-love）形成了强烈的对立。他的爱还要面临一个更大的障碍，那就是惧怕被父亲阉割，这种恐惧产生于俄狄浦斯冲动。他在多大程度上可以达至生殖的立场，部分取决于他对这种焦虑的忍耐力。在这里，口唇施虐和肛门施虐的癖好强度是一个重要因素。它会影响男孩对母亲的憎恨程度；而这又会或多或少地阻碍他同她建立积极的关系。[54]

凯瑟琳·罗杰斯（Katherine Rogers）的著作对厌女问题进行了最透彻的历史研究，她也采用了某种精神分析的假设，据此认为欲望和恐惧的投射最终会转变为愤怒：

正如弗洛伊德所分析的那样，男性对自身强烈激情的反制倾向的底层原因大概可以追溯到人类力比多的复杂发展。他指出，尽管施虐受虐看似是爱的对立面，但在儿童的爱欲生活中是正常的，并可能延续到成人关系中。此外，男人对女人的爱欲关系的原型是他对母亲的童稚之爱，其中必然包含一些挫折的因素：孩子绝对依赖母亲，而她则不可避免地会偏爱另一个男性。[55]

此番解释所面临的困难显而易见：首先，不仅是小男孩，每个孩童都有母亲。然而，如果我们在思考女孩受到的影响时把挫折模式颠倒了过来，既不会在女性当中见到类似的厌女反应，也不会见到比肩反女性主义的以憎恨父亲为表现形式的厌男文化的影响。[56]其次，精神分析的解释倾向于把厌女普遍化，从而将其自然化，因为按照假设，每个男性孩童都不可避免地会由于分离的经验而受挫，也就注定会厌恶女人，就像他注定要经历俄狄浦斯情结一样。精神分析模式会产生出"女人即大他者（the great other），或者女人即异类"这一传统论题的一个版本，就连最晚近的思想家们也很难说可以避免这种结果。[57]最后，这种本质化的姿态无法解释反女性主义的各种历史形态和文化形态，也就是说无法解释不同社会的不同时刻在社会实践中抵制、占有、同化、升华或采用不同的厌女话语的各种方式。

如果说19世纪晚期出现了迄今为止对于厌女起源的最为个体化的解释，即厌女产生于孩童早期对母亲的矛盾心理，那么同一时期恩格斯的论著《家庭、私有制和国家的起源》还给出了最为集体性的解释。通过把马克思的学说注入摩尔根的《古代社会》，恩格斯指出，在从狩猎采集向动物驯养的过渡阶段产生了经济剩余，而这就关系到剩余财产的创造，以及作为经济单位的家庭的形成，而后者又促成了两性关系的全新秩序。[58]

"因此，随着财富的增加，它便一方面使丈夫在家庭中占据比妻子更重要的地位；另一方面，又产生了利用这个增强了的地位来改变传统的继承制度使之有利于子女的意图。"[59][1] 随着某种核心家庭雏形的出现，原始共产主义阶段的母权制让位于父系的继承权和从夫居的制度。[60]恩格斯写道："母权制的被推翻，乃是**女性的具有世界历史意义的失败**。"[2] 这一事件的发生远远早于希腊罗马文明，相比之下就连古代人的厌女都会显得较为温和："丈夫在家中也掌握了权柄，而妻子则被贬低，被奴役，变成丈夫淫欲的奴隶，变成生孩子的简单工具了。妇女的这种被贬低了的地位，在英雄时代，尤其是古典时代的希腊人中间，表现得特别露骨，虽然它逐渐被伪善地粉饰起来，有些地方还披上了较温和的外衣，但却是丝毫也没有消除的。"[3]61

恩格斯对女性被征服过程的分析，面临着与精神分析的模式相同的困难。二者都把两性斗争中的决定性时刻置于超出意识的领域，因而也就是置于人的意志无法触及的领域：弗洛伊德的范式将其置于个体的早期发展阶段，而马克思主义的范式则将其置于人类的史前时期。对于弗洛伊德的追随者来说，位于无意识深处的俄狄浦斯式矛盾心理与愤怒情绪成了命运的等价物，就像对于恩格斯来说，母权制的最终倾覆比阶级斗争还早，它太过久远，会让人假设它几乎总是已经存在。所以本来想要进行纠偏的恩格斯，却把问题自然化了，而且丝毫不逊于弗洛伊德。不过，《家庭、私有制和国家的起源》确实指出了社会分析的方向，尤其是在家庭结构与财产权的关系中来分析家庭结构——在我看来，这个议题对于理解基督教在性别问题上的双重态度至关重要。

---

[1] 中译引自《马克思恩格斯全集》（第二十一卷），北京：人民出版社，1965年，第67页。——译者注

[2] 同上书，第69页。——译者注

[3] 同上书，第69页。——译者注

禁欲主义的生命政治

关于禁欲主义在帝国晚期的起源,若干社会导向的解释有助于我们回答一开始提出的问题:基督教如何能够把女人同时认定为"基督的新娘"和"魔鬼的门径"?

在《身体与社会:早期基督教中的男女与性弃绝》中,彼得·布朗认为贞节提供了保罗遗产所缺少的一样东西——一个可以让皈依者们辨认自身、辨认彼此的独特标志。因此,它的功能就很像是犹太教中关于性和饮食的律法。根据布朗的观点(他毫无疑问受到了米歇尔·福柯《性经验史》第一卷的影响),性是一个异质群体中每个人都拥有的东西,是形形色色的社会和宗教背景中的男男女女"都拥有的东西"。因此,弃绝肉体作为一条原则,就使得基督教成为真正的普世宗教。它是"带来平等的伟大原则":"作为基督徒,女性和未受教育者可以凭借节制欲望取得堪比有教养的男性所拥有的那种声望。完全保持贞节,就是剪开了公共生活包裹在人身上的礼仪丝网:这是受'哲学'约束最紧的部分,现在向所有人敞开。"[62]对于诸多奋力挣扎的教派,禁欲主义至少在一开始有助于它们的自我界定,也鼓舞着它们内部的社群凝聚力。[63]然而,随着罗马世界逐渐分裂为基督徒和非基督徒,禁欲主义就像一个部落村庄中各个氏族所共有的图腾一样,承担着界定两种文化之差异的功能——一种是世俗文化,关乎城市、身体、物质主义、婚姻和女性,另一种则是僧侣文化,关乎对尘世的弃绝。在反女性主义的一个复杂版本中,神职人员凭借反女性主义的震慑作用来抵制肉体诱惑,厌女构成了"对城市的挑战":

> 因此,经过研究,许多禁欲主义文献中的厌女倾向所反映的,并不只是对作为性诱惑来源的女性的规避。这种厌女倾向被动员起

来，成为一个更大战略的组成部分。它的作用是对禁欲主义运动在晚期罗马社会中的地位进行限制和界定。当时的禁欲主义相当激进，模糊了城市与沙漠的界限，甚至模糊了男女界限。面对这种长久不断的威胁，埃及以及其他地区的教会领袖想要依靠古代的厌女传统来提高人们对于性的危险意识。凭借这种做法，他们得以保证自己的主角——僧侣们——会留在声名卓著而又相对安全的沙漠地带。在公元4世纪的埃及，对女性的惧怕起到了离心机的作用。它确保"俗世"和"沙漠"彼此保持着一段安全的距离……它们中间隔着一段"静默地带"。[64]

最后，随着基督教成为官方国教，以贞洁作为社会标志的最初目的已经不复存在，但禁欲主义还在继续发挥作用，凭借奥古斯丁对《创世记》的阐释，它为男性凌驾于女性的权柄提供了首要辩护，也为国家对个人的占有充当了抓手。

伊莱恩·帕格尔斯在《亚当、夏娃与蛇》一书中所持的观点有所不同。帕格尔斯聚焦于人类堕落的故事，不仅考察它如何充当阐释教会教义的范例，还考察它如何充当阐释个人与其身体之关系的范例。一开始，禁欲主义颠覆了异教世界中以生殖为导向的性经验，代表着一种争取自由的手段，是对社会命运观的一次否定，是"一种掌控自己生命的方式"。然而，在君士坦丁大帝皈依，一度属于叛逆的教派转变为帝国的霸权宗教之后，禁欲主义的原则经过调整，被适用于新的政治现实。根据布朗的阐述，对尘世的弃绝曾是一种自我解放的违逆行径，但这种危险的教义后来为国家所利用。在这场社会性挪用的戏剧中，主角仍是奥古斯丁，他自身反对诱惑的斗争致使意志这一概念被彻底封冻，也致使那些坚持意志概念有效性的人们被斥为异端。早期基督教所特有的、对人类原善的假定，被置于奥古斯丁式的意志之下，呈现为有关原罪可以传播的教义——每个人都成了活生生的证据，表明人类是难于治理的，也就是说人类需要强大的政治管控。例如，根据帕格尔斯的说法，克里索斯托在对创世故事的解读中"宣告了人类的自由，而奥古斯丁则从同样的《创世记》故事中读出了相反的东西——人类的束缚"。这种解读又被用来给帝国统治的必要性提供合理性证明。[65] 对性冲动的管控就这样成为所有自我治理模式的原型，包括政治上的自我治理。

杰克·古迪（Jack Goody）从"历史唯物主义"和"社会人类学"的角度探讨了罗马晚期和中世纪早期的家庭结构问题。在《欧洲家庭婚姻的发展》（*Development of the Family and Marriage in Europe*）中，他提出了这样一个问题："大约在公元300年后，欧洲的亲属关系模式和婚姻模式，在一般形态特征上开始有别于古罗马、希腊、以色列和埃及的模式，也有别于此后地中海沿岸属于中东和北非的那些社会的模式，这是如何实现的？"[66] 古迪认为，这个问题的答案不在于意识形态——伦理或教义——而是在于早期教会不稳定的经济状况，以及教会为了削弱罗马富裕家族的权力，为了让家族财产向教会"流动"而形成的种种做法。我们在这里看到的情况还会在12世纪再次出现（第七章），即神职人员群体试图通过一系列旨在扰乱罗马氏族遗产传递的"继承策略"，将自身嵌入皈依者的家庭生活。因此，教会开始实施一种针对世系的生命政治，以下是几条基本措施。

1. 扩大亲属关系内部的婚姻禁止范围。这项禁令对于阿拉伯世界、希腊和耶稣时期的巴勒斯坦来说是基础性的，它削弱了家族通过近族婚或族内婚来保留自身财产的能力，近族婚、族内婚与一夫多妻一律被定为非法。

2. 禁止罗马的收养习俗，禁止日耳曼的乳母习俗和寄养习俗，以此打击"虚造"继承人的做法。

3. 宣布纳妾非法,因为此前罗马人中由妾室生下的后代尽管出身不正,但仍可继承财产。

4. 禁止离婚,避免在头婚不能生育时,经由二婚产下子嗣的情况。

5. 告诫人们不要再婚,因为二婚意味着新的生育机会。

6. 在选择婚姻伴侣方面,认可当事人同意原则,不认可父母包办。

7. 独身被认定为一种美德,贞洁的荣光既是个人目标,也是文化理想。这就使得处女童男有义务保持童贞,丧偶者有义务保持鳏寡身份,已婚者有义务在婚姻关系中弃绝进一步的性关系。

对古迪来说,实际上已经等同于基督教道德的禁欲主义潮流,只是诸多旨在剥夺罗马人家族财产的策略之一。相同的情况也适用于独身的神职人员。教会的"所有物,无论是真正属于教会的,还是属于个人的,当然都面临着更大的被挥霍的风险,因为教会的财富颇为分散,而管理这些财富的教士们都有自己的家族,在看管托付给他们的财物时,那份自然的、想要照拂家庭的父母忧心,可能会压倒责任感"。[67]在这个时代的最初几个世纪里,早期各教派提出的亲属关系模式有意无意地旨在打破庞大的家族世系,从而破除海量的家族财富。通过横向的转赠而非纵向的遗留,属灵的弟兄们的金库中开始积攒起大量的家族财富。

这种意识形态的许多面向,以及基督教最初几个世纪的历史,都证实了古迪的主张,即教会的方针旨在瓦解罗马氏族的凝聚力。例如,我们不难这样解释使徒们反对父母和婚姻的运动,即他们是要用属灵家庭的观念来代替生物学意义上甚至社会意义上的亲缘群体,而且从一开始便有此目的。据说耶稣曾说[《路加福音》(14:26)]:"无论什么人到我这里来,若不恨自己的父母、妻子、儿女、兄弟、姊妹,甚至自己的性命,就不能做我的门徒。"[68]保罗写道:"我愿你们一无挂虑。没有结婚的是为主的事挂虑,想怎样令主喜悦;结了婚的是为世上的事挂虑,想怎样让妻子喜悦。妇人和处女也有分别。没有出嫁的,是为主的事挂虑,能够身体灵魂都圣洁。已经出嫁的,是为世上的事挂虑,想怎样叫丈夫喜悦。"[《哥林多前书》(7:32-34)。][69]

如本章开篇所说,在基督教的最初几个世纪里,它最大的倚仗之一就是对女性的感召力,直到今天历史学家和神学家都能从中看出性别解放和性别平等的讯息。基督教,不仅仅是原始基督教,从一开始就被理解为一种强调个体意志的宗教,而不像希腊人那样强调命运或命数这类统摄一切的概念。更重要的是,我们可以认为基督教在涉及婚姻忠贞、惩罚通奸、离婚依据、贞节或婚前童贞等问题时,认为男性和女性适用于相同的规则。在这一点上,它表现出对希腊世界和犹太世界,也即巴勒斯坦世界和罗马世界那种明目张胆的、不公正的双重伦理标准的拒绝。[70]

教会为那些受到罗马家族结构约束的人,以及那些被隔绝在犹太宗教和社会生活的主流之外的人,提供了物质上的好处。更确切地说,基督教让人们有希望摆脱古代世界的父权制,在这种父权制下,一个12岁的女孩很可能会不情愿地被嫁给一个50岁的男人,从父亲手中落入丈夫手中。哲罗姆在对尤斯特琴讲话时引用了《诗篇》第45章:"不要记念你的民和你的父家,王(耶稣)就渴慕你的美貌。"[71]与此同时,正如一些学者所坚称的那样,属于"弟兄姊妹"的各教派给予了女性在别处得不到的机会:旅行的好处(尽管是作为朝圣者),教育和精神追求(intellectual pursuits),可以相对自由地掌控她们作为女儿和寡妇而得到的财富,最后还有建立、参与甚至执掌宗教机构的可能性。有许多宗教基金会得益于女性的捐赠。彼得·布朗写道,神职人员"欢迎女性赞助人,甚至为女性提供了可以让她们充当合作者的地位","截至公元200年,女性在基督教会中的角色是相当明确的……总而言之,当时的基督教知识界认为女性作为信徒和赞助人的地位是绝对理所当然的"。[72]

不仅各个虔诚的早期教派对急于摆脱罗马式监护的妻子和女儿们具有号召力,而且在早期教会(重新父权化之前的教会)中,女性还发挥着先知、传教士、英勇的殉道者以及领袖的作用。[73] 亚拿和马利亚在公元2世纪的《保罗与特格拉行传》(*Acts of Paul and Thecla*)中扮演着先知的角色,除此之外的女性先知还有忒俄诺厄(Theonoe)、斯特拉托妮可(Stratonike)、厄布拉(Eubulla)、菲拉(Phila)和阿尔特米拉(Artemilla)。特格拉的故事就像《多马行传》中麦冬尼亚(Mygdonia)的故事一样,讲述了女性抛下家庭、追随使徒的事迹,展现出堪称典范的女性传教热忱。

通过提供一种有别于父权制家族、罗马男性家长或犹太父亲的监护的替代方案,基督信仰成为一场伊丽莎白·舒斯勒·费奥伦萨所说的"推进女性文化政治解放"的"角色反叛",[74] 成为罗斯玛丽·鲁塞尔所说的"解放性的选择"。[75] 罗伯特·尼斯比特(Robert Nisbet)说,基督信仰表现为"一种女性的解放",[76] 是对婚姻和社会整体中广泛存在的女性权利被剥夺现象的一次反击。因为根据《加拉太书》(3:28),基督徒社群根植于"平等主义的愿景和利他主义的社会关系"——再次借用费奥伦萨的说法——"这些是可以不论性别的"。[77]

早期教会的事迹图志中有许许多多讲述冲突的故事,冲突的一方是拒绝婚姻的年轻殉道者,另一方是急于确保世系存续的家族要求。[78] 据说特格拉在听取保罗传讲"贞洁生活之道"后,拒绝了一桩与富裕人家的婚事。她母亲警告她的未婚夫说,"所有女人和年轻人都到了他那里去",而她则"为新的欲望和可怕的激情所支配"。最终,这位母亲向执政官告发了特格拉,敦促他烧死自己的女儿,好让"所有受教于这个男人的女人都感到恐惧!"[79] 公元3世纪圣安东尼(Saint Anthony)的生平则构成了特格拉传说的男性版本。孤儿安东尼是埃及富人家庭的儿子,他受到耶稣言语的启迪——"可去变卖你所有的,分给穷人,就必有财宝在天上。"[《马太福音》（19:21）]——拒绝财富和婚姻。[80] 安波罗修在《论贞女》（De Virginibus）中讲述了一位献身上帝的贞女在教堂的祭坛前祈祷，希望自己可以免受家族要求的支配。"当其他人都沉默下来时，有个人略显唐突地脱口而出：'如果你父亲还活着，他会允许你不结婚吗？'她继而更加虔信而克制地回答道："他当初的离世，或许是因为这样就没有人能阻碍我了。"[81]

除了关于拒绝结婚的贞女殉道者的传说，还要加上那些拒斥家庭、选择放弃婚姻的已婚女性，以及那些拒绝再婚的寡妇。已婚的泊伯多雅有一个两岁的孩子，因拒绝供奉诸皇帝而入狱，她年迈的父亲向她恳求道："女儿……可怜可怜你的父亲吧，如果我还配做你的父亲，如果我曾爱你胜过爱你所有的兄弟；不要抛弃我……想想你的兄弟们；想想你的母亲和姨母；想想你的孩子，你一旦走了，孩子也活不下去……放下你的骄傲吧！你会毁了我们所有人。"这位父亲的劝阻在执政官那里得到了呼应，执政官在泊伯多雅被处决前也劝她"可怜她头发花白的父亲；可怜她还在襁褓中的儿子"。[82] 还有许许多多的故事讲的也都是拒绝婚姻、反对态度强硬的亲戚和配偶，只不过戏剧性稍弱：玛克里娜（Macrima）[1] 在未婚夫死后想要保持贞女身份；麦冬尼亚在听取了多马的讲道后，成功劝说自己的丈夫从此过上了禁欲的婚姻生活[《多马行传》（9，88）]；奥林匹亚丝（Olympias）在19岁丧偶后拒绝再婚。大梅拉尼娅在丈夫和两个孩子相继去世后，决心投身于禁欲苦行的生活，而遭到"她那些贵族亲属的全力"反对。[83] 她的孙女小梅拉尼娅，在14岁时由父母强行"给她安排了一桩婚事"，尽管她恳求保持自己的贞节，但那个男人却仍坚持要跟她生两个

---

[1] 原书此处的姓名拼写有误，应作 Macrina，即小玛克里娜（Macrina the Younger, 323-379）。她是大巴西流（Basil the Great）与尼撒的格列高利的姐姐，尼撒的格列高利撰写的《玛克里娜生平》（Life of Macrina）记述了她的事迹。——译者注

孩子，以确保父系的承继。[84] 哲罗姆写道："母亲，为什么你不愿让自己的女儿保有她的贞洁？……你生她的气，是不是因为她选择做王的妻子而非士兵的妻子？她已经赋予你极高的殊荣；你如今是上帝的岳母。"[85]

有些学者可能会认为这些殉道者都是突出的特例，大多数基督徒的生活并非如此。不过他们还是会认可早期教会的禁欲主义运动深刻地动摇了罗马父权制的传统婚姻模式。用彼得·布朗的话说，"神职人员关于献身履誓（*ex voto* dedication）的新说法明确无疑地构成了一种威胁，它可能会冻结年轻女孩的良性流动，让她们无法从父母家流出，无法起到联结当地各个家族的作用"。[86] 禁欲主义让城市生活不复往昔："许多女人爱上了关于纯洁的教义……而男人也不再同他们的妻子睡觉了……罗马因而陷入了莫大的惊惶。"[《彼得行传》（34，2）]。[87] 这种动摇势必影响到继承的模式和对氏族财富的处置。无论是拒绝结婚还是实行婚内禁欲——家庭禁欲主义，都至少会使得遗产的转移面临中断的风险，使其无法像正常状况下那样被传给继承人。更重要的是，用彼得·布朗的话来说，从父权制家庭婚姻规则的"正常起伏兴衰中撤出而进入永恒的身体"，并不意味着简单地中断了一个阶级的资本交换，中断了以妇女和嫁妆为形式的资本交换。这似乎是在表明，那些选择践行禁欲主义的人们在处置自己的财产时会有大得多的自由度。

如果说早期教会的禁欲主义运动以婚姻当事人的同意原则为基础——未婚者有权拒绝结婚，丧偶者有权拒绝再婚，已婚者有权拒绝离婚——那么必须记住，其号召力主要是针对女性而言的。女性通常处在父亲和丈夫的监护之下，对于她们来说，掌控自己的身体就意味着多一种手段来掌控那些在正常情况下本该传给她们后代的财富，这构成了充斥于早期基督教性别表述中的奇怪悖论之一。[88] 这是基督徒社群在经济生活中的一个重要因素，因为在罗马晚期女性拥有更长的寿命，大多数贞女本身就是寡妇的女儿，而且禁欲苦行的女性大都很富裕，[89]更别说女性——作为富裕的皈依者、年轻的贞女、虔诚的寡妇、女施主、先知、模范殉道者、传教士的共事人、朝圣者、知己和朋友——是这些弟兄姊妹社群最大的支持者了。作为上帝的孩子，她们被鼓励效仿使徒的榜样"离开母亲和父亲"，成为"基督的新娘"，看重属灵的亲密胜过血缘的纽带——也就是说，去选择由禁欲苦行者组成的家庭，大家分别充当彼此的"母亲""父亲""姊妹""弟兄"。这些女性捐助女修道院和一般修道院，支付朝圣开支，资助学术活动，并维系服务于穷人的慈善事业。

因此，在卡斯特里（Castelli）、帕格尔斯和布朗等人的完善下，古迪的理论在很大程度上解释了早期基督教打破父权制权力的动力所在，其核心在于一系列社会和制度实践，它们从特别针对女性而展开的禁欲主义运动那里获取了意识形态上的支持。在这一点上，该理论部分解答了本章开头提出的问题，即教会何以在谴责女性特质的同时又肯定了两性平等。但还有些难点有待解决。第一，教会在开展其弃绝运动的同时，还把遗弃儿童、堕胎和同性恋这些罗马世界的习惯做法判定为非法，而这些做法如果延续下去，本可以进一步推动以抑制生殖为目标的"继承权战略"。第二，尽管我们假定之前考察过的许多文献是写给女性的，但能够表明这些文献确实吸引了其目标的证据却相对较少。例如，哲罗姆给葆拉、玛塞拉、阿塞拉（Asella）和尤斯特琴写过许多信件；约翰·克里索斯托也给奥林匹亚丝写过。可我们却几乎看不到一封女性所写的回信。[90]第三，也是最重要的一点，尽管基督教为了吸引女性而向她们提供旅行的自由、学习的自由、处置财产的自由，以及对她们参与建立的宗教机构行使权力的自由，尽管教会提供了摆脱痛苦婚姻的可能性，以及成为"基督的新娘"、作为上帝团契中平等一员的可能性，但迄今为止，我们却无法回答刚刚起步的基督教各派如何能够合乎逻辑地希望通过弃绝在性别上据称具有女性属性的肉体来吸引女性。伊丽莎白·卡斯特里中肯地指出，"有关贞洁的意识形态是否像有关婚姻的意识形态那样在驯化和框限女性的性活动，我们现在还无法确定"。相反，我们已经看到，在早期教父的思想中，女人与身体被联系在了一起，以致"弃绝激情的要求因而更适用于女性，因为激情已经被事先置于有关女性自我的观念当中了……所以，对于一个女人来说，加入这种否定女性的体制，就是……参与一种深刻的自我克制、自我否定乃至自我毁灭"。[91] 需要重复强调的是，尽管基督教对女性的感召力可以用女性在救赎秩序中获有"基督的新娘"这一尊荣来解释，但是基督教的其他做法又无法证成这种感召力，它把女性和肉体联系在一起，进而恶言诋毁肉体到了要将女性本身都完全消灭的程度，它还同时涉足两个彼此矛盾的传统论题，把女性交替视为"基督的新娘"和"魔鬼的门径"。

我认为，一个可能的解决之道就在于我们如何理解"**交替**"（*alternately*）一词。因为只要我们还把基督教看作由一束束不同的既有文化结合而成的一捆信仰，我们就很可能看不到它的独特性。这种独特性与一位女性救赎者（这是极为古老的生育崇拜的特点）无关，与禁欲主义的重新抬头无关，与基督教的斯多葛起源乃至犹太教的根源无关，与在古代地中海世界几乎随处可见的、形态各异的厌女倾向的传播也无关。只要我们还认为早期教会对女性采取的是一种**不是**同情**就是**反感的态度，那么它的独创性就会一直被掩盖下去。

如我们所见，基督教的独特性同时涉及肉体的女性特质化、女性特质的审美化以及审美的神学化——所有这些过程在别处也能见到，但却不会像这样组合起来。基督教的独创性还在于对女性特质的重新定位，它让女性的概念在"教会的想象节俭术"（imaginary economy of the Church，彼得·布朗语）中占据中心位置。教父们——由保罗肇端，自德尔图良始甚至愈演愈烈——把女性范畴作为一个成分复杂的、根本性的"思维工具"（克洛

149

德·列维—斯特劳斯），用来在其他思想领域——社会的、道德的以及形而上学的领域——进行推论活动，就跟我们在语言和符号理论中所看到的情况一样。[92]在我们所研究的时期，性别问题和诗学问题已经成为牵连甚广、具有类比作用的中介术语，可用于理解人类在物质和精神世界中的地位。最后，基督教的独特性还在于，不同于任何可以被认定为它潜在源头的崇拜和宗教，它不仅让女性承担起中介者的重任，而且还将彼此冲突的性态度同时置于悬而未决的状态。因此，它向女性传递的信息不是"你是基督的新娘"或者"你是魔鬼的门径"，甚至不是"你可以二者居其一"或"你可以选择"。相反，它说的是："你同时是'基督的新娘'和'魔鬼的门径'，是诱惑者和救赎者，但却不是任何介于二者之间的存在。"这一二者并存的矛盾所产生的影响着实巨大而深远。

　　基督教的这种双重态度把女性特质变得相当抽象，女人（不同于女性群体）只能被视为一个观念，而不能被视为一个人。它对女性的界定是高度两极化的，使得女性被推向边缘，被排除出居间的位置，换句话说，它使得女性孤悬于历史之外。不过，这并不是否认个体女性在早期教会中的重要性，也不是否认中世纪晚期女性神秘主义者的重要性，例如福利尼奥的安吉丽娜（Angelina of Foligno）[1]、玛格丽特·波雷特（Marguerite Porete）、宾根的希尔德加德（Hildegard of Bingen）或瑞典的布里吉特（Bridget of Sweden）（尽管如此，不妨仍然还是追问一下，神秘主义作为女性在宗教经验方面独擅胜场的领域，对于身处世俗世界的女性来说在何种意义上是赋予其权力的，又在何种意义上是剥夺其权利的）。[93]摇摆于两种彼此矛盾又相互映射的抽象之间，女性被理想化、微妙化，被冻结为无法消解的被动状态。因此，我们的文化中才盛行着女性即矛盾的观念，如我们先

---

[1] 一般作"Angela of Foligno"。——译注

前所见，这一观念贯穿了整个中世纪，表现为女人即永恒的过度——不是太富有，就是太贫穷，不是太美丽，就是不够美丽，不是过于理性，就是丧失理智。所以也就出现了一系列的见解：女人即含混、悖论、谜题；女人即问题；女人即思维工具；甚至在某种前沿的女性主义理论中，还有女人即理论的说法。因为在这种抽象的、两极化的、静态的界定下，女人的双重性必然是难以处理的，意识到这一两难境地将有助于我们着手回答基督教对女性感召力的问题。按照这种界定，女人既不是"魔鬼的门径"，也不是"基督的新娘"，而是二者兼而有之；既不是诱惑者，也不是救赎者，而是二者兼而有之；归根结底，正是这一点构成了一种征服范式，它对两性权力关系的影响丝毫不逊于原罪的概念。女人，至少是观念中的女人，可以破解两相矛盾的抽象对子所造成的困境。在某种意义上，她就像人类堕落故事本身那样，业已深陷于一种文化理念的逻辑，根据这一被内在化了的逻辑，她总是已经处于软弱、匮乏、有罪、不足和脆弱的状态。脆弱的问题在这里至关重要，因为它作为女性被置于"二者兼而有之"的境地而形成的最终产物，足以让我们看到，基督教的策略一开始就不单是要感召女性——要实现这一目标，更方便的做法是只阐发"基督的新娘"这一个母题，突出其诱人之处——而是要在感召女性的同时控制她们。因此，女人既是诱惑者又是救赎者的观念不仅完全不矛盾，还是一种强大的意识形态武器，可以让女性连同属于她们的财产脱离家庭的占有，然后再由教会占有。在基督教的最初几个世纪中，女性个体或许已经从父权秩序中被解放出来，但解放她们只是为了把她们重新纳入属于弟兄姊妹的家庭，她们在其中承受的负担丝毫不逊于旧的罗马监护制的重压，这负担既是肉身的也是属灵的，因为她们既是诱惑者又是救赎者，是男性借以陷入沉沦或得到拯救的中介。

注释

1. McNamara, "Sexual Equality and the Cult of Virginity," 145.

2. 论《以弗所书》的"布道词13",参见 *A Select Library of the Nicene and Post-Nicene Fathers*, ed. Philip Schaff (Grand Rapids, Mich.: Eerdmans, 1956), vol. 4, 116; *PL*, vol. 62, 99。

3. 参见 Miles, *Carnal Knowing*, xi; Caroline Bynum, *Jesus as Mother: Studies in the Spirituality of the High Middle Ages* (Berkeley: University of California Press, 1982), 203–9, 259–61。

4. Quéré-Jaulmes, *La Femme*, 211; *PL*, vol. 38, 1284-85.

5. 伊丽莎白·卡斯特里敏锐地观察到了这一点:"弃绝激情的要求因而更适用于女性,因为激情已经被事先置于有关女性自我的观念当中了。把激情建构为女性特质的做法,意味着女性作为女性特质的具身化或文化表征,会被这种对激情的压制抹除。所以,对于一个女人来说,加入这个要求否定女性特质的机制,就是在某种程度上参与一种深刻的自我克制、自我否定乃至自我毁灭。"["Virginity and Its Meaning for Women's Sexuality in Early Christianity," *Journal of Feminist Studies in Religion* 2 (1986): 88.]

6. Quéré-Jaulmes, *La Femme*, 303; *PL*, vol. 39, 1990. 我们当然希望从解放者的角度来进一步刻画马利亚的形象,因为我们将在第五章看到童贞女(the Virgin)和贞洁还与在公元2到4世纪期间逐步发展的禁欲主义高度一致,至于对肉体的拒斥是否对女性有益,则是颇可争论的问题。

7. 转引自 Quéré-Jaulmes, *La Femme*, 230; *PG*, vol. 35, 789-817。

8. Ibid., 242; *PG*, vol. 46, 960-1000.

9. 转引自 McNamara, "Sexual Equality and the Cult of Virginity," 149。

10. 参见 Peter Brown, *The Body and Society*, 369; Elizabeth Clark,

"Jerome, Chrysostom, and Friends," *Studies in Women and Religion* 2 (1979): 1–106; "Ascetic Renunciation and Feminine Advancement: A Paradox of Late Ancient Christianity," *Anglican Theological Review* 43 (1981): 252。

11. 转引自 Quéré-Jaulmes, *La Femme*, 213; *PL*, vol. 38, 1284-85。

12. 解决方式之一当然是直接如其所是地接受关于创造和救赎的双重真相，只要说出"从属与对等"（subordination and equivalence）这个短语就行，这种说法不仅在论述早期基督教性别态度的文献中随处可见，而且还在一本标题即论题的著作中得到了阐发（Kari Elisabeth Børresen, *Subordination and Equivalence: The Nature and Role of Women in Augustine and Thomas Aquinas* [Washington, D.C.: University Press of America, 1981]）。不过，虽然"从属与对等"让我们能够以一种阿威罗伊主义的方式同时保留彼此冲突的参考框架和理解框架，从而让我们能够调和相互矛盾的文本，但我不确定它是真的解决了矛盾，还是仅仅是在最为消极的意义上重复了正统的基督教义；相反，它是对于女性特质和性别的极端矛盾态度这一难题的重新强调。另见 *The Fourth Estate*, 23; Miles, *Carnal Knowing*, 30。

13. 参见 James A. Brundage, *Law, Sex, and Christian Society in Medieval Europe* (Chicago: University of Chicago Press, 1987), 59; Constance Parvey, "The Theology and Leadership of Women in the New Testament," in *Religion and Sexism*, ed. Rosemary Ruether (New York: Simon & Schuster, 1974), 136; Rogers, *The Troublesome Helpmate*, 11。

14. David Winston, trans. and introd., *Philo of Alexandria: The Contemplative Life, The Giants, and Selections* (New York: Paulist Press, 1981), 322; this is also the thesis of Tobin, Philo。

15. Elizabeth Schüssler Fiorenza, *In Memory of Her*, 256.

16. Rambaux, *Tertullien*, 257.

17. Warner, *Alone of All Her Sex*, 68-69.

18. Carolly Erickson, *The Medieval Vision: Essays in History and Perception* (New York: Oxford University Press, 1976), 194; Brundage, *Law, Sex, and Christian Society*, 2.

19. Elaine Pagels, *Adam, Eve, and the Serpent* (New York: Random House, 1988), 126-45.

20. Brundage, *Law, Sex, and Christian Society*, 9.

21. 事实上，保罗·韦纳有力地证明了基督教的性态度与罗马周边不断演变的性态度之间相去不远。参见 Paul Veyne, "La Famille et l'amour sous le haut-empire romain," *Annales* 33 (1978): 35–63; *A History of Family Lift, I: From Pagan Rome to Byzantium* (Cambridge, Mass.: Harvard University Press, 1987), 217。

22. Hays, *The Dangerous Sex*, 81, 104; Warner, *Alone of All Her Sex*, 48.

23. Mary Hayter, *The New Eve in Christ* (Grand Rapids, Mich.: Eerdmans, 1987), 14-17.

24. 例如，让—马利·奥贝尔（Jean-Marie Aubert）认为，夏娃的故事是"犹太教传给基督教传统的最重要的反女性主义遗产"（*La Femme*, 18）。帕格尔斯在《亚当、夏娃与蛇》第 xxi 页也提出了类似主张。

25. 参见 Brundage, *Law, Sex, and Christian Society*, 65; Pagels, *Adam, Eve, and the Serpent*, 3。

26. 凯瑟琳·罗杰斯写道："在早期希腊文化中……母权制的痕迹依然明显，结果是针对女性的反动也就更加激烈了。"（*The Troublesome Helpmate*, 41.）

27. "恋人与宠溺妻子的人不仅会陷入在情感上依赖女人的不可靠状

态；在生理上，血气（heat）的逐渐丧失也会使他们变得'女子气'……古典晚期对男性身体的许多看法，在根源上都关乎一种强有力的'关于精元（vital spirit）丧失的臆想'。包括这一点在内的诸多见解为男性节欲提供了来自民间智慧的稳固基础，而基督教的独身主张也将很快在相关地区得到宣扬……最为阳刚的男人是最大限度保留了自身精元的男人——他的精液未曾或者绝少丧失。"（Brown, *The Body and Society*, 19.）另见 Michel Foucault, *The History of Sexuality*, trans. Robert Hurley (New York: Vintage, 1988), 143。

28. Fiorenza, *In Memory of Her*, 256, 257.

29. 参见 Brundage, *Law, Sex, and Christian Society*, 17, 75; Colish, *Stoic Tradition*; Rambaux, *Tertullien*, 56–58。

30. Soranus, *Gynecology*, ed. Owsei Temkin (Baltimore: Johns Hopkins University Press, 1956), 27.

31. 参见 Erickson, *Medieval Vision*, 204。

32. 参见 Robert D. Brown, *Lucretius on Love and Sex* (Leiden: E. J. Brill, 1987)。

33. Prusak, "Pseudepigraphical Myth," 89-116.

34. Brown, *The Body and Society*, 99.

35. Brundage, *Law, Sex, and Christian Society*, 62.

36. Brown, *The Body and Society*, 113; also 112-19; Jorunn Jacobson Buckley, *Female Fault and Fulfillment in Gnosticism* (Chapel Hill: University of North Carolina Press, 1986); Pagels, *Adam, Eve, and the Serpent*, 59-77; Fiorenza, *In Memory of Her*, 271-74.

37. Clement of Alexandria, *Stromateis* 3.63 (转引自 Fiorenza, *In Memory of Her*, 271); *Pseudo-Clementine Homilies* 2.15.3 (转引同上)。

38. "他看到她，就说，'是你给了我生命：你应被称作众生之母（夏娃）；因为她才是我的母亲。她才是医师，是女人，是诞下新生的人'。"（转引自 Pagels, *Adam, Eve, and the Serpent*, 66。）另见 Elaine Pagels, *The Gnostic Gospels* (New York: Random House, 1979), chap. 3。

39. 转引自 Elizabeth Clark, "Devil's Gateway and the Brides of Christ: Women in the Early Christian World," in *Ascetic Piety and Women's Faith: Essays on Late Ancient Christianity, Studies in Women and Religion* 20 (1986): 35–36。

40. 参见 Brown, *The Body and Society*, 377; Brundage, *Law, Sex, and Christian Society*, 84–85; Philippe Delhaye, "Le Dossier anti-matrimonial de *l'Adversus Jovinianum* et son influence sur quelques écrits latins du XIIe siècle," *Medieval Studies* 13 (1951): 65–86; Pagels, *Adam, Eve, and the Serpent*, 91; Pratt, "Jankyn's Book of Wikked Wyves," 5–27。

41. David Herlihy, *Medieval Households* (Cambridge, Mass.: Harvard University Press, 1985), 23-6.

42. Diane Boorstein, "Antifeminism," in *Dictionary of the Middle Ages*, ed. Joseph R. Strayer (New York: Scribners, 1982), vol. 1, 322; Pierre J. Payer, *Sex and the Penitentials: The Development of a Sexual Code: 550-1150* (Toronto: University of Toronto Press, 1984), 47.

43. 例如，威廉·P. 勒桑（William P. Le Saint）就说："如果她（早期教会）的禁欲主义按照现代标准来看是误入歧途且十分严苛的，我们可以回过头来想一想，此种禁欲主义至少部分地是由于厌恶她周边异教的堕落放荡之举而做出的反应，这有助于增进我们对问题的理解。"（*Tertullian: Treatises on Marriage and Remarriage* [Westminster, Md.: The Newman Press, 1951], 4.）

44. 参见 Philippe Ariès, "Saint Paul and the Flesh," in *Western Sexuality: Practice and Precept in Past and Present Time*, ed. Philippe Ariès and André Béjin, trans. Anthony Forster (Oxford: Blackwell, 1985), 38; Aubert, *La Femme*, 60; John Boswell, *Christianity, Social Tolerance, and Homosexuality* (Chicago: University of Chicago Press, 1980), 61-137; Foucault, *History of Sexuality*, vol. 3, 1-133; Hays, *The Dangerous Sex*, 108; Veyne, "La Famille et l'amour," 45; Paul Veyne, "Homosexuality in Ancient Rome," in Ariès and Béjin, eds., *Western Sexuality*, 26-35。

45. 参见 Rogers, *The Troublesome Helpmate*, 41; Hays, *The Dangerous Sex*, 281。

46. *In Memory of Her*, 90; 另见 Parvey, "The Theology and Leadership of Women," 117-49; Ruether, "Misogyny," 150-83。

47. "所有这些性和夫妻生活方面的转变都早于基督教。"（Veyne, "La Famille et l'Amour," 39.）另见 Veyne, "Homosexuality in Ancient Rome," 26–35。

48. "看起来，婚姻作为一种惯例变得更加普遍，作为一种制度变得更加公开，作为一种生存方式变得更加私密——这是一种约束夫妻的强大力量，因此也是一种在其他社会关系的领域中孤立夫妻的更有效力量。"（Foucault, *History of Sexuality*, vol. 3, 77.）

49. 尼撒的格列高利写道："痛苦总会存在，无论是生了孩子，还是永远盼不到孩子；无论孩子是活着还是死去。有一个人孩子很多，却无力养活他们；还有一个人挣得了巨大的财富，却感到无人继承……有一个人的儿子死了，他痛失爱子；还有一个人的儿子活着，但却堕落背德；两者都同样可怜，不过一个是为儿子的死而难过，另一个是为儿子的活而难过。"（转引自 Pagels, *Adam, Eve, and the Serpent*, 83。）

50. "即便他们拥有复杂精微的医学传统,并愿意实施避孕和堕胎,罗马帝国的统治阶级也几乎无力减少他们妻子的痛苦和死亡"(*The Body and Society*, 25)。"成功维持一个基督徒家庭,需要丈夫和妻子的密切合作。这假定了男性在家中的主导地位,丈夫对妻子的支配,以及父亲对孩子的支配。通过把年轻妻子成功吸收进自己的家庭,丈夫会把她从公民生活的诱人'虚荣'中切割出来。她会'像蜡一样'经受丈夫温柔而坚定的塑造……她将学会减少自己的珠宝和服饰;因为她不能一边在耳畔悬挂着与许多顿大餐同等价值的饰品,一边从穷人面前走过。"(ibid., 312.)

51. Hays, *The Dangerous Sex*, 109. 然而,我们不应低估保罗的重要性:"保罗的书信区几百字,但从对它的重重注解中,我们却有可能估量基督教人类思想后来的发展状况……精神反对肉体、肉体反对精神的战争,构成了人类抵抗上帝意志的绝望图景。"(Brown, *The Body and Society*, 48.)

52. "在性的领域内,就像在饮食领域内那样,德尔图良的理论和规定与其说与福音书一致,不如说与他自身的忧惧以及个人问题一致,就算考虑到保罗在他圣徒生涯之初仅仅以个人形式表达过一次的偏好也是这样。"(Rambaux, *Tertullien*, 258.)

53. "对奥古斯丁来说,他自己的经验(他认为每个人的经验都是如此)首先涉及人类的无助。他认为,三种主要经验——幼年、性和死亡——为这种无助提供了无可辩驳的证据。"(Pagels, *Adam, Eve, and the Serpent*, 139.)这种对反女性主义的个人化解释此后也得到了呼应,比如说,把弥尔顿的厌女倾向归因于同女性相处时的不愉快经历,或者把波德莱尔的厌女倾向归因于他母亲的再婚(Hays, *The Dangerous Sex*, 199–209)。

54. Melanie Klein, "Early Stages of the Oedipus Conflict," *The International Journal of Psychoanalysis* 9 (1928): 170.

55. Rogers, *The Troublesome Helpmate*, 53. H.R. 海斯写道："这些都涉及对家庭状况的焦虑。具有性吸引力的母亲和作为竞争对手的、暗藏危险的父亲都近在咫尺，呈现出无所不能的面貌，二者都令无助的幼儿感到紧张。"（*The Dangerous Sex*, 35.）另见 Boorstein, "Antifeminism," 323; Du Bois, "'The Devil's Gateway'," 47, 51。

56. 参见 Klein, "Early Stages of the Oedipus Complex," 173-78; Nancy Chodorow, *The Reproduction of Mothering* (Berkeley: University of Califonia Press, 1978), 114-29。

57. "不过，我们必须记住，男性是主导，是他设定了人类和异类的样态。他的身体和他的生理过程是熟悉的、可理解的，而且他可以经由观察发现其他男性也是如此，因而可以被纳入同类的范畴，有别于异类。但女性则不同。尽管男人需要他母亲的乳房，也受到她的性吸引，但她并不属于他的同类……所以，女人是异类，还充满了魔力，我们将会尽力证明，在众多不同的情况共同作用下，他会觉得在她的身上，坏的魔力比有益的潜能占据了更加重要的地位。"（Hays, *The Dangerous Sex*, 38.）

58. "在旧大陆，家畜的驯养和畜群的繁殖，创造了前所未有的财富的来源，并产生了全新的社会关系。"［中译引自《马克思恩格斯全集》（第二十一卷），北京：人民出版社，1965年，第65页。——译者注］

59. Ibid., 120.

60. "只要有一个简单的决定，规定以后氏族男性成员的子女应该留在本氏族内，而女性成员的子女应该离开本氏族，而转到他们父亲的氏族中去，就行了。这样就废除了按女系计算世系的办法和母系的继承权，而确立了按男系计算世系的办法和父系的继承权。"［中译引自《马克思恩格斯全集》（第二十一卷），北京：人民出版社，1965年，第68页。——译者注］

61. Ibid.

62. *The Body and Society*, 61.

63. "他[查士丁（Justin）]的《护教篇》讲得很明白，对性事严加规定，在很大程度上是为了让基督教会拥有独特的行为准则。至少在犹太人看来，性禁令总是能使犹太人区别于罪恶的、没有定数的外邦人。到了基督教这里，相关禁令则以前所未有的力度出现。凭借一些全新的特点，基督教的夫妻准则更为独树一帜，比如废除离婚，以及对再婚的寡妇鳏夫的进一步歧视。在融汇古老犹太观念而形成的坚实基础上，出现了全贞全洁的高峰。无论节欲的姿态对于基督徒自身来说与异教异国有怎样的联系，外人都会发出赞叹，将其作为一种身体的英雄主义，就像他们看到基督徒能够克服对死亡的恐惧时一样。"（ibid., 60.）

64. Ibid., 243, 251.

65. Pagels, *Adam, Eve, and the Serpent*, 105. "尽管有关人类自由的经典宣言一度被广泛认为是基督教福音的核心；然而奥古斯丁神学的最终胜利则要求坚持这一宣言的人们投降退让。到了公元 5 世纪初，那些仍旧坚持这一古老传统的人——特别是那些被称作多纳徒派（Donatists）和伯拉纠派（Pelagians）的天主教徒——都被斥为异端。奥古斯丁关于亚当堕落的学说，曾经只是以一种较为简化的形态被边缘的基督徒群体拥护，现在却被帝国支持下的天主教会宣扬，与后者一道迈入了西方历史的中心位置。"（Brown, *The Body and Society*, 126.）

66. Jack Goody, *The Development of the Family and Marriage in Europe* (Cambridge: Cambridge University Press, 1983), 4.

67. Ibid., 81.

68. 另见 Luke 12:49–53。

69. 伊丽莎白·克拉克（Elizabeth Clark）写道："女性一旦放弃旧世界

'结构'的那些标志,即丈夫、孩子和财产,她们就准备停当,可以被纳入由禁欲苦行者组成的新家庭,其中大家互为'母亲''父亲''姊妹''弟兄'。哲罗姆时刻准备把任何人接收为自己的亲属,就像他时刻准备把他的那些寡妇和贞女与其他基督徒"联结"起来那样。所以他把玛塞拉的母亲阿比纳(Albina)接纳为自己的母亲;他说自己是布莱西拉(Blaesilla)'属灵的父亲,情感上的监护人';所有基督徒都是他的孩子;他敦促基督徒中的禁欲苦行者们根据彼此的年龄关系,视彼此为养父、弟兄等等。"("Jerome, Chrysostom, and Friends," 54–5.)

70. 参见 Brown, *The Body and Society*, 23; Herlihy, *Medieval Households*, 11; McNamara, "Sexual Equality and the Cult of Virginity," 149。

71. Jerome, *Letters*, letter 22, 1, p. 22.

72. Brown, *The Body and Society*, 145, 152. 另见 Elizabeth Castelli, "Virginity and Its Meaning for Women's Sexuality," 61-88; Clark, "Ascetic Renunciation and Feminine Advancement," 240-57; R. Kraemer, "The Conversion of Women to Ascetic Forms of Christianity," *Signs* 6 (1980/81): 298-307; Pagels, *Adam, and the Serpent*, 88-9; Aline Rousselle, *Porneia: De la maîtrise du corps à la privation sensorielle,　II e- IV e siècles de l'ère chrétienne* (Paris: Presses Universitaires de France, 1983)。

73. 参见 *Women of the Spirit: Female Leadership in the Jewish and Christian Traditions*, ed. Eleanor McLaughlin and Rosemary Ruether (New York: Simon & Schuster, 1979); John G. Gager, *Kingdom and Community: The Social World of Early Christianity* (Englewood Cliffs, N.J.: Prentice-Hall, 1975); Gerd Thiessen, "Itinerant Radicalism: The Tradition of Jesus Sayings from the Perspective of the Sociology of Literature," in *Radical Religion: The Bible and Liberation* (Community for Religious Research and Education,

1976), 84-93; Robin Scroggs, "The Earliest Christian Communities as Sectarian Movement," in *Christianity, Judaism and Other Greco-Roman Cults*, ed. Jacob Neusner (Leiden: E.J. Brill, 1975), vol. 1, 1-23。

74. "虽然早期基督教无性、无家庭的价值理念常常被错误地理解为反性和反女性，但它实际上是一种'角色反叛'的表现，让女性能够'正当地'走出父权制家族的束缚，围绕着精神上的自我实现和独立来安排生活，因而就让她们更受尊重、更具流动性和影响力。"（Fiorenza, *In Memory of Her*, 90.）"基督教运动拒绝性的二态性和父权制的主导，并且打破宗教领域僵化的公私之分，在这个意义上支持并推动了文化政治解放。"（ibid., 91.）玛丽娜·华纳（Marina Warner）称这是一场"革命"："尽管基督教在根基上有厌女倾向，但它为女性带来了一场革命，条件是她们接受它的戒律。"（Warner, *Alone of All Her Sex*, 72.）伊丽莎白·克拉克写道："基督教历史的一个讽刺之处，就在于在许多方面贬低女性、贬低婚姻的禁欲主义运动，却成了最能为基督徒女性提供某种'解放'的运动。"（"Devil's Gateway and the Brides of Christ," 19.）另见 Jane Tibbetts Schulenberg, "The Heroics of Virginity: Brides of Christ and Sacrificial Mutilation," in *Women in the Middle Ages and the Renaissance*, ed. Mary Beth Rose (Syracuse, N.Y.: Syracuse University Press, 1986), 41–42。

75. "个体对于'解放'的看法是相对的，但对于什么是解放性的选择，或许存在一个最重要的公约数，那就是对自己生活的掌控感，感到自己处于可以拒绝受人支配、受人定义的状态。一个人感到自己从作为客体的状态进入了成为主体的状态。我的观点是，对于公元 4 世纪的女性来说，禁欲主义可以是一种解放性的选择，而且在她们的经验中也是一种解放性的选择，这不仅因为它让女性能够摆脱传统的女性角色，还因为它提供了女性导向的社群，在那里她们可以作为自主的人，追求最高的自我发展。

它还提供了安全方面的保障,因为富有的女性为了自己和他人对这些社群进行了捐赠。结果就是,一批批女性被吸引到了禁欲主义的行列中,这在旧罗马生活方式的瓦解过程中尤为突出。"(Rosemary Ruether, "Mothers of the Church: Ascetic Women in the Late Patristic Age," in McLaughlin and Ruether, eds., *Women of Spirit*, 73.)彼得·布朗也把男女选择保持贞洁的做法看作身体脱离社会控制的表现:"到了4世纪,这种观点(恪守贞洁)在实践上意味着,大量有地位的年轻人,通过决定'让他们的身体变得神圣',实际上表明了他们认为自己有权按照自己的意愿来处置自己的身体,保持身体的贞洁,不让其进入社会流通。因此,身体就被掌控了起来,不再迎合社会对它的要求。"(Peter Brown, "The Notion of Virginity in the Early Church," in *Christian Spirituality: Origins to the Twelfth Century*, ed. Bernard McGinn and John Meyendorff [New York: Crossroad, 1985], 429.)

76. "事实上,有理由认为该宗教在公元1世纪期间参与了一种女性的解放:将女性从传统家庭强大的父权导向和男性导向中解放出来。为了成功地把女性从她们的家庭关系中剥离出来……有必要在诋毁家庭的同时,再让基督教本身成为一个家庭——在所有类型的家庭中,它是最高的。"(Robert Nisbet, *The Social Philosophers: Community and Conflict in Western Thought* [New York: Thomas Y. Crowell, 1973], 178.)另见 Naïté-Albistur, *Histoire du Féminisme français*, 12。

77. Fiorenza, *In Memory of Her*, 92。"女性在古代属于被埋没的群体,但她们却可以在新兴的基督教运动中争取领导地位,因为该运动与希腊—罗马世界中占据主导的父权价值观念相冲突。因此,女性在基督教传教运动中的斗争和互动,只能被重构为一场斗争中不可或缺的组成部分,斗争的一方是新兴的基督教运动及其替代性愿景,另一方是希腊—罗马世界中占据主导的父权价值观念。在这场斗争中,女性的领导地位再次被埋没,被改造，或者被推向主流教会的边缘。"（ibid.）

78. 参见 Anne Yarbrough, "Christianization in the Fourth Century: The Example of Roman Women," *Church History* 45 (1976): 149–65。

79. *Acts of Paul and Thecla*, 7, 8, 9, 20（转引自 Pagels, *Adam, Eve, and the Serpent*, 18）。关于父母反对子女不婚的讨论，参见 Goody, *Development of the Family*; Brown, *The Body and Society*, 尤其是 261–84, 343–46; Castelli, "Virginity and Its Meaning," 81–83; Pagels, *Adam, Eve, and the Serpent*, 18–22, 33–34。

80. Athanasius, *Life of Saint Anthony, in Early Christian Biogaphies*, ed. Roy J. Deferrari, vol. 15 of *Fathers ofthe Church* (Washington, D.C.: Catholic University of America Press, 1952), 133-224.

81. Ambrose, "Concerning Virgins," 373; *PL*, vol. 16, 218.

82. *Passio Sanctarum Perpetuae et Felicitatis*, trans. Herbert Musurillo, in *The Acts of the Christian Martyrs* (Oxford: Clarendon Press, 1972), 5, 6. 参见 Mary Lefkowitz, *Heroines and Hysterics* (London: Duckworth, 1981), 53-58。

83. Francis X. Murphy, "Melania the Elder: A Biographical Note," *Traditio* 5 (1947): 65.

84. *Vita Melaniae Junioris*, trans. Elizabeth Clark, *The Life of Melania the Younger* (Lewiston, N.Y.: Edwin Mellen Press, 1984), vol. 1, 27-28.

85. Jerome, *Letters*, Letter 22, p. 30; *Select Letters*, 94.

86. *The Body and Society*, 261.

87. "性弃绝可能会致使基督徒改变自己的身体，并在这一过程中打破古代城市中严密的行为准则。通过拒绝遵从自己年轻身体中涌动的欲望，基督徒可以使婚姻和生育走向终结。随着婚姻的终结，组织化社会的巨大构造就会像沙堡一样，在'弥赛亚的巨浪'（*Acts of Judas Thomas* 31）的一触之下土崩瓦解。"（Brown, *The Body and Society*, 31–32.）

88. "罗马贵族女性追求文雅体面的家庭禁欲主义，不会弃绝自己的财富，不过她们确实把财富从标准的继承轨道中转移了出来，从而极大地扰乱了她们阶级内部的资本交换体系，最后迫使当局采取立法手段来禁止财产的这种流失。"（Castelli, "Virginity and Its Meaning," 83.）

89. "The upper-class virgin was expected to be 'powerful in revenue, a mother to the poor'" (Brown, *The Body and Society*, 344).

90. 参见 Castelli, "Virginity and Its Meaning," 62; Rousselle, *Porneia*, 231。

91. Castelli, "Virginity and Its Meaning," 85, 88.

92. 关于把女性用作交换物这一问题的精彩讨论，参见 Gayle Rubin, "The Traffic in Women: Notes on the Political Economy of Sex," in *Towards an Anthropology of Women*, ed. Rayna R. Reiter (New York: Monthly Review Press, 1975), 157–210。

93. 参见 Bynum, *Jesus as Mother*; *Holy Feast and Holy Fast: The Religious Significance of Food to Medieval Women* (Berkeley: University of California Press, 1987)。

第四章　贞洁诗学

在本章中，我们将会探讨对于基督教的性别界定来说具有核心意义的若干规定性悖论，考察第三章中探讨的禁欲主义意识形态如何体现在保罗或德尔图良身后一千年内的俗语作品中。第一个悖论是上一章中谈及的性别等级颠倒所造成的必然结果，只不过它十分复杂，似乎有违理性：对于女性而言，要从父权氏族中解放出来，就要以女性特质本身为代价。只有当一个女人愿意弃绝性事——也就是说，如果她是贞女就保持不婚，如果她是寡妇就不再婚，甚至当她处在婚姻关系中，也要弃绝性事（"家庭禁欲主义"）——她才能摆脱父亲和丈夫的监管，才能真正与男人平等；因为用安波罗修的话说，"如果你征服了家庭，你就征服了世界"。[1] 这有点像是某种阿威罗伊主义的双重真理（尽管它比这种说法出现得要早），教父们所说的平等只有在救赎的秩序中才是可能的，在创造的秩序中则不可能，而这不过是在说，两性的原初平等（根据斐洛的解释模式，这种平等在人类堕落时就丧失了）只能存在于婚姻之外，而婚姻则不仅是尘世肉身生活的征候，而且正是由于人类的堕落，婚姻还要由"家庭法"来支配。[2]

这种解放所具有的反讽性质造成了教父著作中另一个甚至更为常见的悖论：我们在第一章和第二章已经概述过这个表面上的矛盾，一方面是关于女人即不完满的观点，另一方面则是反复出现的贞洁主题中表达出的对于整全的渴望。与禁欲主义相关的贞洁概念把早期基督教的反婚姻精神与中世纪诗学联结了起来，从而使我们接近了中世纪文学中性别问题的另一个面向——宫廷之爱。只要看一看早期教父们的论文标题，就会认识到贞洁问题有多令他们痴迷——德尔图良的《论贞女的面纱》（"On the Veiling of Virgins"）、《论劝守贞节》（"On Exhortation to Chastity"）；安波罗修的《论贞女》；奥古斯丁的《论神圣贞洁》（*On Holy Virginity*）；尼撒的格列高利的《论贞洁》（*On Virginity*）；居普良的《论贞女的穿着》（"The Dress of Virgins"）；诺瓦蒂安的《纯洁赞》（"In Praise of Purity"）；克里索斯托的《论贞洁，驳再婚》（*On Virginity, Against Remarriage*）；美多德（Methodius）的《贞节论》（*Treatise on Chastity*）。与此相应，只要看看单是在古法语著作中有多少聚焦贞洁问题的作品，就会认识到教父们的痴迷在多大程度上传递到了中世纪中期的俗语文学作品中。古法语文学发轫于两位童贞殉道者的故事，这并非偶然：尤拉莉（Eulalie）拒绝了皇帝马克西米安的追求；亚历克西斯（Alexis）在新婚之夜看着他的新娘，选择了贞节而非婚姻。[3] 我们将会看到，宫廷传奇也和反婚姻的风气有关，正如宫廷抒情诗同样是以中世纪固守贞节的观念为结构因素。

目前有待处理的问题如下：如果根据早期基督教所表述的性别想象，女人代表肉体，或者代表肉体的缺陷——因为她是身性的具身化，而非精神的具身化——那么又如何可能想象她的贞洁呢？这似乎是中世纪性别表述的又一个逻辑困境。为了着手解答个中问题，我们将考察两则13世纪的亚瑟王滑稽故事，以及乔叟的《医生的故事》。

亚瑟王滑稽故事（Fabliau）

在中世纪对自然之袍的各种描述中，不同的物种杂然一处；与此相似，亚瑟王滑稽故事在文类上是出了名的任性乖违、不合规范，它那糟糕的不确定性总能搅得中世纪研究者们心烦意乱。专家们总是急于维持不同文类间的鲜明区分，可这样的混杂之作却让他们十分尴尬。严格地讲，若论它属于什么传统，那它不高不低，不文不俗，似乎将理想主义和粗俗下流两类因素熔为一炉。事实上，约瑟夫·贝迪尔（Joseph Bédier）有一本著作的主题正是滑稽故事（comic tale）的通俗文化起源，他发明了"贵族滑稽故事"（*fabliau aristocratique*）这一范畴，用来描述通俗文学的反女性主义渗透进亚瑟王世界的宫廷意识形态后所产生的作品。佩尔·尼克罗格（Per Nykrog）的一本书也旨在证明滑稽故事的贵族文化起源，他选用的说法是"滑稽莱歌"（*lai burlesque*）。罗伯特·杜彼（Robert Dubuis）把亚瑟王滑稽故事描述为"一部杂合之作"（"une oeuvre hybride"），与此相应，伊曼纽尔·鲍姆加特纳（Emmanuéle Baumgartner）在其中看到了"一种无法归类的亚瑟王反文化"的诸多迹象。[4]

如果说杂合且鄙俗的亚瑟王故事代表了一种令人不悦的过度，那么在包含着考验女性贞节这一母题的一系列作品中，这种过度就成了主题，并且在逻辑上被推到极限。我所说的检验贞节的母题，见于威尔士的《马比诺吉昂》（*Mabinogi*）中的第一个分支、《王冠》（"Du Crône"）[1]、列支敦士登的乌尔里希（Ulrich von Lichtenstein）的《兰斯洛特》（*Lanzelet*）、《〈帕西瓦尔〉续一》（*First Continuation of Perceval*）、《卡拉多之书》（*Livre de Caradoc*）、《拉吉德尔的复仇》（*Vengeance Raguidel*）、《散文体特里斯坦传奇》（*Prose Tristan*），尤其是《不合身的外套》（"Du Mantel mautaillié"）和《角杯莱歌》（"Lai du corn"）。

在《不合身的外套》的故事中，有位到访亚瑟王宫廷的骑士引发了一场风波。他有一件魔法外套，只有忠于丈夫或恋人的女人才穿着合身：

---

[1] 一般写作"Diu Crône"。——译者注

第四章 贞洁诗学

> La fée fist el drap une oevre
>
> Qui les fausses dames descuevre;
>
> Ja feme qui l'afublé,
>
> Se ele a de rien meserré
>
> Vers son seignor, se ele l'a,
>
> Ja puis à droit ne li serra,
>
> Ne aus puceles autressi,
>
> Se ele vers son bon ami
>
> Avoit mespris en nul endroit
>
> Ja plus ne li serroit à droit
>
> Que ne soit trop lonc ou trop cort.

制作这件衣服的仙子为布料注入了力量,让它可以识别不忠的女子。如果试穿的女人曾以任何方式背叛过自己的丈夫,它就永远不会合身。对于那些对不起自己恋人的少女来说,情况也是一样;这件外套永远不会合身,它要么太长,要么太短。[5]

在《不合身的外套》中的一百多次当众试穿中,有一个现象愈发明显,那就是这件外套的剪裁就如同整个故事的剪裁,有一种单调的厌女倾向。只有一次合身的试穿,故事就会太短;有太多次不合身的试穿,故事就会没完没了。更重要的是,这件魔法服饰作为中世纪虚构(表征)的典范产物,它隐含的是婚姻内和宫廷中的轻率失检。在这首莱歌的不具名作者笔下,此类情形的极致表现就是桂妮维亚这个人物,她是不忠的化身,是通奸者的典型;她那聪慧的辩解之举意在证明所有女人都具有欺骗性:

> La Roine se porpensa
>
> S'ele fesoit d'ire semblant

> Tant seroit la honte plus grant;
>
> Chascune l'aura afublé
>
> Si l'a en jenglois atorné

这位王后心想，如果她佯装愤怒，那只会更加丢人；要是让每个人都试试这件衣服；她就能把这件事变成笑话。（*Recueil*, vol.3, 12.）

这则故事与故事中的外套被联系了起来，这是因为女性的欺骗——诡计、不忠、谎言、隐瞒——就如同诗歌创作，这一点我们之前在讨论《英国国王和伊利游吟歌手的相遇》和《世界的纷乱》时（第一章）就已经熟悉了。

在罗伯特·比克（Robert Biket）的《角杯莱歌》中，我们可以看到检验贞节这一母题呈现为一种更为刻毒的形式。其中揭露出轨行为的工具是一只角杯，哪个男人的妻子行过不忠之事，有过不忠之念，或者干脆是这个男人自己起过嫉妒之心，角杯里盛放的液体就会洒他一身。[6] 与《不合身的外套》中的情况一样，桂妮维亚被设计为典型的不忠之妻，洒在亚瑟王身上的调味酒让她的丑行显露无遗。

> Li rois Arzurs le prist
>
> a sa bouche le mist
>
> Kar beivre le quida,
>
> Mes sour lui le versa
>
> Cuntreval desk'as pez:
>
> en fu li rois irrez.

亚瑟王刚把它拿到嘴边，想要喝上一口；角杯就把他从头到脚淋了个遍；这让他怒不可遏。（"Lai du corn," vv. 291-96.）

第四章　贞洁诗学

《角杯莱歌》围绕 cors[1] 一词展开了一场游戏——角杯可以揭示背叛与嫉妒，女人的身体是赌注，而犄角则象征着戴绿帽的丈夫。不过，在文字游戏之余，这樽魔法容器还成了一种原则，界定了一项到处都有的罪责；因为宫廷之中没有谁既未曾感到过嫉妒，又未曾经历过妻子不忠，还未曾经历过妻子在思想上的背叛——按照中世纪的观念，色欲就等于通奸，"kar n'i est femme nee,/ qui soit espouse,/ qui ne eyt pensé folie"〔"因为没有哪个已婚女人未曾动过愚蠢的念头"（"Lai du corn"，vv. 309–11）〕。一个图腾般的秘密把亚瑟王的宫廷团结了起来，这些遭到妻子背叛的男人们，把女人的欲望变成了一种引人愤慨的过度，会让所有试图饮酒的人都受到玷污；或者根据《不合身的外套》中的情形，所有试图使所试穿的那件衣服合身的妻子，其丈夫都会受到玷污。这表明，桂妮维亚的情况绝非例外，她的形象代表了所有女人。以上两个母题都显示出容器和内容物的不相称，这种不相称又构成了一个关于逾规越矩的范式，后者内在于基督教对于女性问题的表述。我们之前已经讨论过这个范式：在上一章的最后，我们谈到过两极化的、抽象的过度；在第一章中，我们则谈到过女性特质与纷乱的联系。按照这套说法，女人要么是贞女，要么就是普遍罪责的载体。更重要的是，这里似乎还有另一层反婚姻的讽刺：《不合身的外套》中对贤良女性的搜寻，很有可能掩盖了更为严肃的问题，即究竟在哪里才能找到贞洁——这个问题让早期教父们痴迷不已，而且对于后来宫廷文学构建作为不可企及之理想的女性十分关键，我们之后就会看到这一点。

贞洁

对早期教父来说，贞洁总会指向堕落前的亚当和夏娃，据说那时没有

---

[1] 如下文所示，cors 分别具有"角杯"、"身体"和"犄角"的意思。——译者注

什么性行为,所以两性是平等的。[7]例如,哲罗姆就谈到过"贞洁的乐园":"在乐园中,夏娃是一位贞女。"[8]当然,哲罗姆指的不是某一历史时间或地理空间,而是人的一种神学状态——天使般的、无性的"不动情"(apatheia)状态,类似于奥古斯丁严格意义上的贞女概念,此类贞女在伊甸园中繁衍生息,但却无关欲望与愉悦。安波罗修也声称,"在圣洁的贞女身上,我们可以看到天使的生命,那是我们失却在乐园中的";而且,彼得·布朗也表明,贞女身体的"非正常"状态使其可以像天使一样,充当"人性和神性的中介者";贞女是"灵魂的英雄"。[9]而且,贞洁的概念在教义上与马利亚关系密切,正是贞女马利亚使夏娃得到了救赎。哲罗姆写道:"死亡是经由夏娃来的,但生命却是经由马利亚来的。所以贞洁的恩赐在女性身上最为丰厚,这是因为它始于一位女人。"[10]尽管哲罗姆在别处断言,"贞女一旦堕落,上帝也无法拯救",但根据基督学中的救赎历史,救赎明显意味着回归贞洁状态,回归天使般的生命(vita angelica)——一种关于废除性事的末世论表述。美多德谈到过"新伊甸园的至福",尼撒的格列高利则谈到过回归人类堕落前的时代:"经由这一连串的事件,我们跟我们的始祖一道被赶出了乐园,而现在,经由同样的一连串事件,我们有可能回到最初的福地。"格列高利断言,"在复活的基督里,没有男女之别"。[11]

我们当然可以认为,在个体层面上,贞女就是从未与男人同床的女人。的确,围绕着贞洁的许多意象都聚焦于身体的完好,根据相关的说辞,愿意弃绝性事的女人就有望摆脱人类堕落带来的后果。[12]然而,教父们已经说得很明确了,单单保持贞节还不够。美多德条分缕析地证明说,贞节不仅是性器官的问题,因为"保持生殖器官的纯洁,但不保持口舌的纯洁;或者保持口舌的纯洁,但不保持目光的纯洁,不保持双耳或双手的纯洁;或者保持所有这些器官的纯洁,但不保持内心的纯洁,放任它同愤怒与自负相伴;以上种种,皆属荒谬"。反过来讲,对于身体其余各个部位的控制不可能不涉及贞洁问题:"因为如果一个人尽力克制自己的身体,令其远离肉体之爱的欢愉,却又不在别的方面控制自己,那他就并不尊重贞节;事实上,他反而以卑下的欲望大大辱没了贞节,以一种欢愉代替了另一种欢愉。"[13]

心灵上的贞女与身体上的贞节是自始至终都被强调的一组区分,因为欲望与行为并无差异。确切地讲,行为的性质正取决于行事之人的内心状态。所以,根据《教会法汇要集解》(*Glossa Palatina*),一对夫妻即便正在做爱,也可以说是在践行贞节。[14]反之,奥利金在评注《马太福音》时写道:"一个人可以只在内心行通奸之事,却自始至终没有察觉……只在内心犯下罪过的人,也会因为这种通奸而受罚;……相反,如果他想要行通奸之事,尝试去做却未成功,那他也会受罚,就如同他不只是在内心有罪,而且在行为上也有罪。"[15]那么,贞女就是不仅从未和男人同床,而且还从不渴望此事的女人。哲罗姆认为,"有些贞女止于肉体而无关精神,她们身体完好,灵魂却腐朽"。"但那位贞女是献身于基督的,她的心灵未受过思想的玷污,她的身体也未受过色欲的玷污。"约翰·克里索斯托坚持认为,"必有那属灵的贞节,我所说的贞节,不仅意味着没有可耻背德的欲望,没有装饰和多余的关切,还意味着不曾沾染生活的关切"。[16]人们很可能会问,没有"多余的关切"这件事本身,又何尝不是它自己要弃绝的多余之物呢?尽管如此,我们在这里发现,经由贞洁而回归伊甸园的主题,与妆扮神学的主题一道,显然构成了教父思想中的一组重大对立。

我们已经看到,中世纪的圣礼神学有一种强大的怀旧倾向,想要回归人类堕落之前的时代。我们会想起,奥古斯丁把历史的目标定为圣子向圣父的回归,语词向言说者的回归,或者能指向所指的回归,这是超越感官后的最终状态,标志着人们幻想中属于伊甸园的那种直接性得到了恢复。相反,人类堕落的主题则联系着贞洁的丧失、整全性的丧失,即能指与所指之间的直接自然联系的丧失；倘若这种直接自然联系还在，教父们也就没必要再去提出我们所说的妆扮神学了。人类的堕落意味着堕入中介、符号与表征，进而意味着内与外、身体与覆盖身体之物之间总是存在一道裂隙。哲罗姆把身体的装饰等同于可耻的"皮肤的斗篷"；而且，如果说乐园中的夏娃曾是贞女，那么按照他的说法，"正是在披上了皮肤的外衣后，她才开始了自己的婚后生活"，这意味着衣服与其说是放逐的标志，不如说是放逐的肇因。[17]

在某种深层意义上，贞洁恰恰是妆扮的反面；既然婚姻与装饰相联系，那贞洁则意味着没有装饰。哲罗姆在写给莱塔（Laeta）的信中论及女子教育，他告诫道："让她的衣着装束提醒她，她是被许给谁（Whom）的。""不要在她的双耳上穿孔，不要用铅粉和胭脂来涂抹她的面庞，这些部位都是献给基督的。不要在她的脖颈悬绕黄金和珍珠，不要在她的头面装饰宝石，也不要染红她的头发，这会让头发看起来像地狱的火焰。"[18] 所以美多德也说："另外，在保护自己不受那些本质上有罪的事物侵害时，贞女不能让自己成为与之类似或等同的事物；倘若如此，她在克服一个事物的同时，又会被另一个事物击倒。如果她用质地优良的衣服，用黄金、宝石、奢侈品以及其他精致的服装饰品来娇惯自己的身体，情况就会如此——这些东西本身就会麻痹灵魂。"[19] 居普良也说："这样的少女与尘世的衣服和装饰有何相干……凡是看到一位贞女的人，都不会怀疑她的身份。让她的天真无邪在一切事物中自行彰显，让她的穿着不辱没她身体的圣洁。她为什么要涂抹打扮一番出现在公众面前，她为什么要装饰自己的头发，仿佛她是有丈夫的，或者是要找丈夫的？让她害怕吧，害怕自己变得迷人。"[20] 居普良还告诫说，涂抹打扮的贞女就不再是贞女。[21]

由于贞女的欲望足以令她不再是贞女，由于教父们所设想的欲望图式是总括性的，以致欲望和被欲望这两种状态并无差别，所以贞女就是从未为男人所欲望的女人。因而居普良又说："但如果你……点燃了希望之火，导致你尽管或许没有失去自己的灵魂，却还是毁掉了他人……注目于你的人，那么即使你心灵忠贞纯洁也无法使你免于罪过。你那无廉耻的衣着和不端庄的装束示人以伪，使你不能再位列基督的少女与贞女，你如此生活，使自己成了感官之爱的对象。"[22] 或者用德尔图良的话说："那人一旦因你的美而感受到淫欲，并且在内心已经实施了他的淫欲所指向（的行径），他就毁了。"[23]

此外，教父们还认为，既然欲望是由"看"引起的，而且实际上还是由"看"构成的，那么被看的贞女就不再是贞女了。[24] 他们差不多都会引用《马太福音》（5:28）的名言："凡看见妇女就动淫念的，这人心里已经与她犯奸淫了。"他们还对公共浴室的问题颇为热衷。我们可以在《使徒遗训》（*Didascalia apostolorum*）中读到："信道的女子啊，浴室中那众多自负的目光，那眼中的傲慢，是你要躲避的。"[25] 居普良认为，无论多少肥皂和清水似乎都无法洗净被目光玷污的身体："你并未轻慢地凝视他人，但却有人轻慢地凝视你。你没有让肮脏的愉悦腐蚀你的双眼，但在愉悦他人时，你自己就受到了腐蚀……当贞洁被揭开了面纱，它就会被标记，受到污染。"[26] 在奥利金看来，在一瞥之中失却贞洁，就等于是心灵的通奸。[27] 按照德尔图良的说法，"婚姻……如同私通，是凭借凝视和心灵来完成的"，"看与被看属于同样的色欲"。[28] 对于"看"的摧折贞洁之效，德尔图良的一则表述或许最为粗暴，他指出"每当一位可敬的贞女暴露在公众面前，这（对她而言）都是一次强奸"。[29] 在基督教时代的最初四个世纪，对于欲望问题的奠基性思考，在凝视行为所蕴含的扭曲作用与情色欲望之间建立起了一种深刻的联系，这种联系会在 12 世纪以一种隐蔽的方式重新浮出水面，并主导西方的爱情传统。因此，忏悔手册（penitentials）中就规定，性交应在夜间进行，其中有一条要求还专门指出，男人永远不应看到自己妻子的裸体。[30] 所以就有了《使徒遗训》中"眼中的傲慢"的说法,以及无数关于眼目之罪的类似说法:"一眼之过"(安波罗修);"不节制的凝视"(克里索斯托);"双眼的淫欲"(居普良);"双眼的通奸"(诺瓦蒂安)。简而言之,贞女是从未被男人看过的女人。

但这么说还不够准确,因为在谴责公共浴室——最容易受到他人凝视的场所——的时候,哲罗姆还想知道,洗浴本身对贞女而言是否合宜,因为她们在看到自己身体时,总有产生欲望的可能。"然而,就我自己而言,我完全不赞同成年贞女洗浴。这样的人一想到要看见自己一丝不挂,就会脸色通红,不能自已。"[31]《修女须知》(*Ancren Riwle*)[1] 一书面世于 13 世纪末、14 世纪初,其作者明确指出,女人对女人的观看,就跟男人对女人的观看一样危险:

> 还有一个少女,就是《创世记》中雅各的女儿,她外出去看那些陌生的女子。请注意,这里不是说她看的是男子,而是说她去看女子。你想想,这一看的结果是什么呢?她失去自己少女的名誉,被当作娼妓对待。后来,正是出于这个原因,尊贵的男性族长们打破了停止争斗的协定,一座宏伟的城市被烧毁,国王和他的儿子,以及城里的男子都被杀死,城里的女子都被掳走;她的父亲和两位兄长,这些高贵的君主,成了不法之徒。她的观看之举导致了如此之多的后果:圣灵把这一切都记载在了书上,是为了告诫妇女,要留心她们愚昧的双眼。[32]

这还没完。由于欲望就在观看之中,由于无论是看还是被看、被别人看还是被自己看都没有差别,也由于观看不仅存在于知觉能力中,而且还存在于智识能力中,所以贞女就是一个在别人的思想中不被当作女人的女人。贞女是无可怀疑的。约翰·克里索斯托问道:"即便可以用墙隔开他

---

[1] 一般作 "*Ancrene Riwle*"。——译者注

们（男人和女人），可这又有什么用呢？这并不足以免除他们的嫌疑。"罗马的克莱门据说是彼得的门徒，他警告人们不要坐在已婚妇女身边，"以防有人捕风捉影，捏造流言"。³³ 所以，只有从未坐在异性身边，从未和异性同处一地，而且从未进入过别人思想的女人，才是真正的贞女。让我们再引一句德尔图良的话："因为一个贞女，自打有可能让她变得不是贞女的那一刻起，便不再是贞女了。"³⁴

《医生的故事》

如果说《不合身的外套》这部讽刺作品是在通俗故事的层面展开了贞女难求的主题，迥异于教父们在高等文化层面对贞洁问题的阐述，那么乔叟的《医生的故事》则是从相反的角度探讨了贞女在被发现、被看到后会是怎样的结局。

在《医生的故事》中，一位名为维吉尼娅（Virginia）的贞女被一个名为阿庇乌斯（Appius）的法官撞见，法官借顺从的粗汉克劳迪乌斯（Claudius）之手，起诉了她的父亲维吉尼乌斯（Virginius）。这位父亲宁愿将女儿置于死地，也不忍蒙受耻辱，让女儿被阿庇乌斯扣押。批评家们在谈论《医生的故事》时指出，这不过是又一则贞女殉道者的故事，而且其叙事动机并不完善，而这一疏忽无疑使得这则故事名声较差，甚至为人们所忽略。乔叟，或者故事的叙述者，似乎并没有太大动力去开始这个故事，因为故事的开场白是一番道德说教，令人兴味索然，其中关于讨论自然女神怎样创造维吉尼娅，以及父母监督孩子的重要性，就用去了118行，占了整个故事三分之一以上的篇幅。等到诗人正式开讲，故事的开头本身就颇具偶然气息——就是"很久很久以前，发生了某事"那一套，让人不明白开场白和这个近乎套路的开头究竟是何关系："有一天，姑娘同她亲爱的妈妈/一起离开家,要去城里的教堂,/像当时年轻姑娘常做的那样。"[1]（vv. 118–20）35 此外,乔叟还想赶紧把故事讲完,他那过于紧凑的叙述更像是在设想人物的行动,而非呈现其行动。一帮民众不知从哪里就冒了出来,阿庇乌斯被投进监狱,克劳迪乌斯被流放,其余同谋一律处以绞刑——这些总共也就用了 10 行（vv. 267–76）!

《医生的故事》中各个人物的行为举止全都莫名其妙,甚至不合逻辑,就连对乔叟的心理学批判都无法复原出他们的意图。当然,整个故事是围绕着一个可能有意为之的文字游戏展开的——少女只有舍弃头颅（head）才能保住处女之身（maidenhead）。36 更重要的是,克劳迪乌斯的指控在情节上既不清楚也不可信,37 阿庇乌斯拒绝听取维吉尼乌斯辩护的做法也是一样:"但是那邪恶的法官急不可耐,/哪里要听维吉尼乌斯的答辩!"（vv. 196–97）当维吉尼乌斯向女儿宣布只有两种选择的时候,也没有任何内心的争论或讨论——"这里有受辱或受死两种选择/在你面前。"（vv. 212–13）。而且这位父亲的宣判就像那名法官的宣判一样没有逻辑——"必须砍下你的头/这是出于爱,不是出于怨仇";更何况维吉尼乌斯还知道法庭上的指控是虚假的——"唉唉,偏偏让阿庇乌斯看见你! /今天就这样卑鄙地做出处理"（vv. 227–28）。令人难以置信的是,面对如此薄弱甚至自相矛盾的解释,维吉尼娅竟然还自求一死。而在事后反过来给阿庇乌斯定罪的那些人突然就出现了,可这些人在他做出错误判决的时候却不见踪影,这同样令人难以相信,因为我们到在很晚的时候才得知的这件"邪恶丑事"（v. 262）其实是人所共知的:"他们得知那无赖在控告骑士,/就猜到这怪事后面另有故事,/就知道必有阿庇乌斯在搞鬼,/因为大家都清楚他是个色鬼。"（vv. 264–67）另外,人们还会纳闷,维吉尼乌斯对

---

[1] 这里及下文中《医生的故事》的中译引自黄杲炘译本,部分有改动。可参见乔叟:《坎特伯雷故事》,黄杲炘译,上海:上海译文出版社,2013 年,第 389—400 页。——译者注

自己心爱的女儿都如此不留余地，毫无怜悯之心，可为什么却如此轻易地原谅了克劳迪乌斯，原谅这个侵害自己女儿的为虎作伥之徒："倒是心怀恻隐的维吉尼乌斯／为他求情，结果就改判流放。"（vv. 272–73）不过，最关键的一点在于，阿庇乌斯对维吉尼娅的瞬间激情、一见生爱，以及那宿命般的吸引力开启了故事后续情节，却又完全没有得到任何解释。

  动机与行动的不一致并没有逃过批评家们的眼睛。安妮·米德尔顿（Anne Middleton）断言，"这则故事的道德教益可能独立于其中任何一个角色的动机，也独立于讲述者的观点"。她对《医生的故事》的解读聚焦于贞女殉道者的"被动牺牲"，她是法官和父亲的双重受害者，而这个关于被动的寓言故事甚至延展到了句法结构的层面："维吉尼娅被看作一个物，而不是一个人；即便当她在句子当中充当主语时，她仍是动作的承受者。"[38] 查尔斯·马斯卡廷（Charles Muscatine）谈到"情节中的几个关键细节处理得太过模糊，让故事……失却了它本该拥有的、打消我们疑虑的力量"。[39] 在艾默生·布朗（Emerson Brown）看来，《医生的故事》是"一个无法处理原因的心灵在文学上的投射"，而且这个心灵还处在一个病态的、"原因充其量只跟结果有着不完整联系的世界"当中。[40] 布莱恩·李（Brian Lee）的结论是，"像维吉尼娅这样出色的人物几乎必然是被动的"。[41] 几乎所有撰文论述《医生的故事》的人都坚定地认为，这是一个由更高层的叙事框架所决定的故事，仿佛乔叟本人也采取了被动的姿态，换句话说，仿佛乔叟本人是清白无辜的。我在这里指的，不是一个在指认故事来源的时候所构造的那个明摆着的框架〔"根据提图斯·李维记载的史实，／从前有位骑士叫维吉尼乌斯"（vv. 1–2）〕，也不是在号称故事确有其事的时候所形成的框架〔"因为这不是一个虚构的故事，／而是历史上一段有名的史实，／至少我所讲的要点确凿无疑"（vv. 155–57）〕，而是指我们能够察觉到的某种起支配作用的抽象设计。德里

179

克·皮尔索尔（Derek Pearsall）谈到了"道德命令"，米德尔顿谈到了一种"在其中生效的哲学语境，而且比他（乔叟）前辈们的哲学语境更大"。希拉·德拉尼（Sheila Delany）认为，这个语境有一种有意的非政治性——一个异教叙事转变为了静态的基督教劝谕小故事（exemplum）。[42]

事实上，正是因为在《医生的故事》中感觉到了类似劝谕小故事的成分，批评家们才会如此轻易地——显然也是合乎逻辑地——走到寓言的方向上去，把整个叙事化约为一种人格化的操作。帕特里夏·基恩（Patricia Kean）认为，"其中的道德教益确实表明，'历史内容'被呈现为一则劝谕小故事，以人格化的方式展现了恶德与美德的战争"。[43] 米德尔顿指出，《医生的故事》中的人物行动起来就如同寓言形象，仿佛魔鬼附身，毫无自我意识；他们是观念的化身，是单维的，没有自由意志。布莱恩·李指出，"这些人物一以贯之地遵循着赋予他们生命的观念……阿庇乌斯和维吉尼娅一样都是理想化或寓言化的形象，前者的邪恶有多纯粹，后者的善良就有多纯粹"。[44]

不可否认，《医生的故事》是一个寓言，而以维吉尼娅为名的维吉尼乌斯的女儿是一个寓言形象，因为她的名字正是她所体现的品质。正如乔叟所言，维吉尼娅的行为是一个文本："世上的姑娘看她的日常举止，/就像在读书，书中含的每个字/全都像出于贤德的淑女之口。"（vv. 107–10）不过我想说的是，与那仿佛笼罩着《医生的故事》的宿命感关系最密切的，不是基督教殉道者的榜样，不是历史或既有故事的制约，也不是道德寓言本身，而是中世纪对贞洁的界定，是贞洁在中世纪诗学语境中与赞美诗学的特定文学效果的关系。乔叟所参与的这个漫长传统在教父们那里得到了最精细的阐述，由法语俗语诗人付诸实践，由默恩的让等人加以传承。该传统理所当然地认为性的欲望与诗歌是相关的，并且十分看重贞洁的概念。

说得简单些,如果我们回到了某种类似《不合身的外套》所描述的情况,也就是说贞洁成了不可能之物——罗马的克莱门笔下那从未与异性共处过的女人,克里索斯托笔下"无可怀疑"的贞女,德尔图良笔下未曾被人看过的贞女,或者用他的话说是"因为一个**贞女**,自从有可能变得不是贞女的那一刻起,便不再是贞女"——那么显然对贞洁所施加的限定就太过普泛了,以至于这种限定本身以一种与古法语故事相反的方式寓言化了。因为,如果《不合身的外套》强调的是确认贞节的困难,并且构成了具身化问题(这问题一直纠缠着中世纪人)的一个版本,那么《医生的故事》探讨的就是这种确认活动所蕴含的暴力——感知的暴力,或者更具体地说是"看"的暴力。由此,我们就可以着手阐释《医生的故事》中那个关键的动力时刻,因为教父们所阐发的贞洁概念影响了阿庇乌斯面对维吉尼娅时所感到的宿命般的吸引力。这名法官的迷恋不能从心理学的角度被解释为他的好色,也不能——用一位批评家的话说——被解释为他"盲目的色欲",因为这样的结论超出了支撑它的各方面论据。用最简单的话说,《医生的故事》中行为的动因无非就是"看"。阿庇乌斯感到的那种吸引力与维吉尼娅本人没有丝毫关系,它完全出自对一名贞女带有越轨性质的观看。由此便有了凭空出现的激情,在行走途中突然来临:

> 真不巧,那姑娘一路走向教堂,
> 偏偏走过了那法官站的地方。
> 他一眼看见这女郎如此娇艳,
> 心思和心情顿时都有了改变。
> 姑娘的美貌深深地吸引着他,
> 他暗暗对自己说出这样的话:
> "不管有谁作梗,这姑娘属于我!"(vv. 123-29)

结局也由此注定,因为从维吉尼娅上街的那一刻起,或者从她与阿庇乌斯偶遇的那一刻起,她的贞洁就遭到了摧折。事实上,阿庇乌斯的名字呼应着拉丁语的异态动词 apiscor（复合词 adipiscor 的较罕见形式）,意思是"从后赶上""抓住""占有""感知到",正如克劳迪乌斯的名字让人联想到 claudo,意为"关闭""闭合""围拢",这也对应着他的功能。这就意味着,维吉尼乌斯在死亡之外给女儿提供的另一个选项——耻辱——在她被感知到的那一刻就已经发生了,因为就像德尔图良所说的那样,"每当一位可敬的贞女暴露在公众面前,这(对她而言)都是一次强奸"。而且,正如《修女戒律》的作者所言,每一次的"看"都是在复原《圣经》中的剧情,都是人类堕落的原型:"所以,观看先于有罪的欲望,并为它开路;死亡紧随其后,全人类都要领受。"[45] 维吉尼乌斯的悲叹与此相应:"唉唉,偏偏让阿庇乌斯看见你!"（v. 227）

乔叟的《医生的故事》是中世纪"贞洁神学"的文学版本(詹姆斯·布伦戴奇语),它的结构性要素——感知的悖反——在中世纪是一个高度性别化的议题。[46] 因为,如我们所见,我们所讨论的时代自始至终都把女性与早期教父们的妆扮神学联系在一起,而且还把女性特质等同于感官的领域。我们还记得,斐洛说"感官知觉最恰当、最准确的名称是'女人'",而女人又跟灵魂中敏感的（即感官的）部分相联系;与此相对,男人则站在理智一边。这一切带来了一系列悖论,使得贞节的观念分别与女性特质、感官以及表征的物质性联系在一起,这最终使我们将贞节的上述不可能性解读为一个矛盾,这矛盾不仅存在于亚瑟王滑稽故事和中世纪英语故事中,而且还更为普遍地存在于中世纪的女性话语中。

首先,尽管贞洁可能代表着妆扮的对立面,但它本身仍然是一种装饰——神学家们充分意识到了这个矛盾。例如,居普良虽认为"贞女,在渴望被装饰时……就不再是贞女",可也认为贞女唯一合宜的装饰是殉道者的伤口,哲罗姆说节欲是"内在的人的装饰",而美多德则说基督"用贞洁的装饰来武装肉体"。[47]这很像我们此前在有关远离婚姻的劝阻中见到的情况:要劝阻读者远离装饰,就不可避免地会跟自己呼吁要远离的东西形成共谋。

其次,如果女人被类比为感官或知觉,那么对一个女人美貌的任何凝视,都一定是女人对女人的凝视,而男性的凝视在逻辑上就是不成立的。可事实情况却是,在西方传统中,潜藏在"看"中的越轨行为仍是完全属于男性的。克里索斯托告诫道:"所以我们常常由于看到一个女人而遭受千般恶果;回到家中,心怀无节制的欲望,经受许多天的痛苦……女人的美是最大的圈套。或者不如说,不是女人的美,而是毫不节制的凝视!"[48]这就是为什么克里索斯托的问题"如何能够从欲望中解脱"的答案一定是摆脱感官知觉,或者摆脱整个身体。[49]的确,如果"看"就意味着处在感官的领域,而贞节就意味着没有感官知觉,如果真正的贞节要求没有欲望,而且如亚历山大的克莱门所说,甚至要超越斯多葛派的自我弃绝,[50]那么想要逃避感官知觉的意愿就无异于一种想要逃避肉身性的欲望。尼撒的格列高利写道:"对贞洁的追求是面向更神圣生活的一种特定技艺和能力,教给那些活在肉体中的人们如何像无形体的自然一样存在。"[51]埃美萨的尤西比乌斯(Eusebius of Emesa)认为:"在那些被上帝的炽热欲望碰触的贞女中,色欲已死,激情亦灭。身体连同它的种种恶德和欲望一道被钉在十字架上,对她们来说形同陌路。"[52]

因此,如果贞节意味着对肉体性的超越,如果肉体性与女性特质密不可分,那么教父们在女性贞节问题上孜孜不倦的劝诫,就只能被视作一种自相矛盾的行为,是在敦促女性成为她们所不是的东西。要敦促一个女人保守贞节,就要在某种深刻的意义上敦促她拒斥自己的女性特质,因为要超越身体,就要避开在性别上被划归为女性的东西。例如,格列高利就想知道称玛克丽娜为女人是否得当，因为她"凌驾于自然本性之上"，而据说约翰·克里索斯托也认为奥林匹亚丝是一个男人，"尽管她在外貌上并非如此"。[53] 此类悖论的存在可以解释早期教父著作中为什么会盛行异装癖的母题——女性伪装成僧侣，是为了隐藏自己的身份，也是为了突破人们眼中的性别限制。泊伯多雅在殉道前梦想自己拥有男性的身体；特格拉和麦冬尼亚留短发，着男子装束；佩拉加（Pelagia）身着男性服装，冒充阉人；希拉莉亚（Hilaria）的乳房据说是干瘪的；而阿波利纳里娅（Apollonaria）[1]的身体据说变得"像乌龟的外壳"。[54] 安西耳的巴西勒（Basil of Ancyra）不仅督促女性避开异性，而且还敦促她们像男性那样走路，用男人的语调讲话，并且模仿男性行为举止中的那种"不自然的"唐突。[55]

由此，贞洁的逻辑就以三段论的方式导出了一个甚至更为深层的悖论，而我并非第一个注意到这一点的人。也就是说，如果女性特质被简单划归到了肉体一边，以致女人就是男人的身体，并且如果对肉体的弃绝是实现平等的唯一手段，那么女人所处的境地就意味着她取得平等地位的唯一方式就是弃绝女性特质，或者成为一个男人。[56] 所以，当西门·彼得要求抹大拉的马利亚离开男性使徒的圈子时，耶稣就回应他说，"我会亲自带领她，使她成为男性，好叫她也能变成活着的灵，像你们男性一样。凡将自己变为男性的女人，都可以进入天国"（《多马福音》）。所以在《马利亚福音》中，马利亚赞颂耶稣说："赞美他的伟大，因他为我们做了准备，使我们成为男人。"[57] 在谈论释经学传统的时候，斐洛指出，"进步无非通过变为男性而舍弃女性性别"。[58] 哲罗姆也许诺，为耶稣而离开自己丈夫的女人"将不再是女人，而是被称作男人……让我们的灵魂珍视她们的身体"；这位把所有基督徒视为自己孩子的男人敦促道，"这样妻子们就可以转变为男

---

[1] 应作"Apolinaria"。——译者注

人,她们的身体也可以转变为灵魂"。[59]禁欲主义胜过现代外科手术的重构机体之能耐,可以让人摆脱我们在前几章中遇到的、性别化的精神—肉体二分,这简直应了萧伯纳《卖花女》中亨利·希金斯对匹克上校的那句质问:"女人为什么不能变得更像男人?"

最后,就贞节意味着战胜肉体而言,它表露出一种对于脱离意识本身的深切渴望,而这一欲望无疑带有死亡愿望(death wish)的迹象。[60]哲罗姆敦促道,"让她在肉体之中却没有肉体"。克里索斯托则向我们保证,"这贞女……既渴求自己的死亡,也受到生命的压抑,急于和自己的新郎会面,享受这荣耀"。[61]诺瓦蒂安问道:"贞洁倘若不是对死后的宏阔沉思,还能是什么呢?"[62]当然,教父们清楚地知道,假如每个人都践行贞洁,人类就会走向灭亡。[63]换句话说,绝对的贞洁不可能是绝对的,而是有赖于它所排斥的差异。为性交活动辩护的理由历来有之,其中之一正如哲罗姆所说,一个人在失去贞洁的时候,总是可以再生下一个贞女。[64]尽管如此,独身还是会随着人类时代的终结而得到普遍实现,德尔图良告诫道:"因为婚姻会导向子宫、乳房和婴儿。婚姻在何时终结?我相信是在生命终结之后!"[65]

事实上,贞洁问题包含一个不可避免的逻辑,在中世纪的圣徒传记中最为显著:可根据三段论的方式推演出一个结论,那就是一切真实的贞女——一切真正的贞女——都是死去的贞女。在居普良看来,贞女肉体唯一合宜的装饰就是殉道者的伤口:"这些是肉体的珍贵珠宝;这些是身体更好的装饰物。"[66]殉道实际上是贞洁的同义词,正如安波罗修在他关于圣艾格尼丝(Saint Agnes)被斩首的故事中所认为的那样:"刽子手用了怎样的手段来恐吓她,用了怎样的条件来劝诱她,又有多少人渴望她嫁给自己!但她回答说:'如果我期待有人能取悦我,那对我的配偶来说会是一种伤害。他既为自己选中了我,也就会接纳我。你还在等什么,刽子手?

这具身体会受我所不悦的眼睛喜爱,就让它毁灭吧。'"[67]生命和贞节的相互排斥,再一次表明了贞洁在多大程度上必须被界定为一种消极潜质。仅仅是想到失去它就足以真的失去它。德尔图良的告诫言犹在耳:"因为一个贞女,自从有可能变得不是贞女的那一刻起,便不再是贞女。"

这意味着一个最终的悖论:贞洁被认为是感官的沉寂,是对欲望的逃避,就此而言,它本身成为欲望的一个来源:根据德尔图良的观察,"真正、绝对且纯粹的贞洁所惧怕的莫过于它自身。就连妇人的目光它也要躲避,而余下的目光它自己就有。它让自己躲避在头巾中,就像躲避在一顶头盔下、一面盾牌后,以此保护它的荣耀,抵御种种诱惑的打击,抵御丑闻丑行的投枪,抵御猜疑、传言和攀比;(抵御)对贞洁本身的嫉妒"。[68]虽然贞洁可能幻想着要逃避欲望,但它无法逃避一个逻辑,那就是逃避欲望本身就是一种欲望,所以它也就仍在欲望的范畴之内。尽管如此,我们还是接近了一个结论。根据这一结论,只存在两种可能性:

1. 绝对的贞洁是没有实质性的,它并不存在。所以由贞洁衍生出的一些图景具有稍纵即逝的性质。美多德谈到"贞洁的装饰",谈到贞女"身披……'道'的光辉":"至于衣袍,她身披纯洁的光;不戴珠宝,她头上装点着闪耀的群星。这些光芒之于她,正如衣物之于我们。她采用群星,正如我们采用明艳的宝石;但她的群星并不像我们在尘世所能看到的那些,而是更精纯的,也更明亮,我们眼中的群星不过是对它们的复制和再现。"[69]

2. 贞洁包含的抽象性会在对贞洁的表述当中遭到破坏。换句话说,贞洁的暴露就意味着贞洁的丧失,就好比一个理念(Idea)的表达蕴含着其普遍性的丧失;或者说得更简单些,以任何方式谈论贞洁,都会导致贞洁的丧失,这是因为共相总是会被语词这件亵渎的衣衫遮掩(veiled)。因为如果就像德尔图良所认为的那样,面纱(veil)是贞女的**标志符号**(*sign*),保护她免受别人和她自己的凝视,那么贞洁本身就只能是一层面纱;而作为面纱，它就落入了一切有形体的标志都含有的、物质性的苍白中。德尔图良的"贞洁的面纱"、哲罗姆的"贞节的面纱"和美多德的"文字的面纱"并没有什么差别。德尔图良还在别处向我们保证，"语词到来，衣饰相随"。对他这句话只能阐释出一种意思，那就是语言是装饰，是面纱，而且会通过暴露将贞女亵渎，因为感官就等同于身体，所以无法直接触及理念，而理念则是与灵魂相联系的。克里索斯托写道，"从没有人见过剥离身体的灵魂"。[70] 他问道："谁能描述（贞女凝视上帝的）那种愉悦？有没有什么表达能形容这给灵魂带来的快乐？没有。"[71]

因此，中世纪神学家如此热衷的贞洁范畴，经由一个与亚瑟王滑稽故事中的情形相类似的还原过程，被划归到了纯粹理念的领域；这甚至超越了论述贞节的文献中明显包含的抽象倾向，比如安波罗修声称贞女身体上的完好只是纯洁品性的标志而已，[72] 又比如有人把贞洁描绘成"属灵的装饰"或"内在的人的装饰"。这一与贞洁相关的还原过程，超出了教父们关于弃物质而求精神的论述，而这反过来表明，欲求着绝对之物（其作为绝对，与贞洁无异）的教父们不会满足，直到贞洁的概念像女人的概念一样被掏空了意义。

作者的共谋

要超越感官知觉的欲望以及对死亡的愿望，对于理解我们一开始所讨论的文学文本具有特殊意义。因为二者共同表明，《不合身的外套》和《角杯莱歌》中那种想要确认守节女性的欲望，是超越性的愿望在性问题上的表现，是想要彻底逃避具身性这一欲望本身的具身化。如果在角杯和外套的母题中，卡美洛的女人们似乎不可能保有贞节，那是因为背叛的概念是一个不具有实质性的范畴，它被设想为包含了女人的不忠，包含了她对不忠的欲望，最后还包含了丈夫对于她欲望的想象。由此，我们可以凭借上文对教父们贞节观念的综合阐发,来解读亚瑟王滑稽故事:"之所以没人见过保守贞节的女人,是因为被人看见就等于贞洁被摧折。如果说没有女人保有贞洁,那是因为让女性显身本身就是亵渎。"而在《医生的故事》中,这一结论不仅表明维吉尼娅从被人看到的那一刻起就不再是贞女,还表明她走上街头那一刻就意味着她的死亡。这也就是为什么正如批评家们所强调的那样,当那位父亲要取走女儿性命的时候,几乎没有任何转圜的余地。因为考虑到贞洁的概念,在学术上争论维吉尼乌斯爱不爱维吉尼娅,进而争论他应不应给她更多抗议的余地,是不相宜的;同样,说什么由于维吉尼娅是受人逼迫,所以按理来讲她仍保有贞节,也是不相宜的。[73] 我重复一遍,维吉尼娅,至少是作为贞女的维吉尼娅,在她受到阿庇乌斯凝视的那一刻就死去了;也正是凭借阿庇乌斯的凝视,这则故事的行动开始转变为一个寓言,并得以完成。

用有关贞洁的神学论述来理解《医生的故事》,就会引出一个问题,那就是从乔叟借由医生之口所叙述的蹂躏之举来看,他自己也是一个共谋者。这就是说,当我们不禁要对《医生的故事》做心理学的解释,不禁要用维吉尼娅的善良和阿庇乌斯的好色来解释人物的行为时,我们一定要记住,作为贞洁的维吉尼娅所体现的那种消极潜质,凭借其特有的抽象性,一定会吸引作为感知(apperception)的阿庇乌斯[1]的注意;二者分别代表一个寓言的两极,这个寓言与其说是关于美德与恶德的寓言,不如说是关于故事本身的起源的寓言。《医生的故事》只包含一个行动,那就是有一个概念进入了知觉的视野;《医生的故事》底子上是一个关于呈现身体的寓言故事,只不过在表面情节上呈现为瞥视对贞洁的摧折。一旦意识到有些东西太过抽象,只能借由存在物来加以设想,那我们就会明白,通过物

---

[1] 作者似乎在这里

第四章　贞洁诗学

质化、人格化的过程打破理念的普遍性,这正是文学活动的要义所在。换句话说,任何在叙述中表现贞洁的做法,都只能是一种蹂躏之举,会毁掉完美贞洁那被虚构出来的可能性。

我的观点其实非常简单:乔叟在展开故事的过程中对人物所做的事情,正是阿庇乌斯以杜撰虚构的手段对维吉尼娅所做的事情。他在刻画的同时也进行了摧折。他早在那段溢美之词中就开始这么做了,这是在李维和默恩的让那里都看不到的做法,甚至可以在阿庇乌斯登场之前就激起读者的欲望。乔叟在开篇对维吉尼娅美貌的赞颂中,借由他所创造、又被他赋予创造能力的自然女神(Nature),发出了一个挑战:

> 这位独生女有着出奇的美貌——
> 这样美的女子还真难得见到。
> 因为自然女神花极大的精力,
> 使她出落得非同一般的美丽,
> 似乎想说:"瞧我这自然女神——
> 只要我愿意,就能使得任何人
> 姿容绝代。这一点谁能同我比?"(vv. 6–12[1])

当乔叟把维吉尼娅置于那(对德尔图良来说)与强奸无异的凝视之下,他就卸下了所有无辜的伪装;他所煽动的行为,正是故事在道德上似乎要谴责的:

> 如果说她有异乎寻常的美貌,
> 那么她德行更是千百倍的高。
> 凭她在道德方面的任何一点,

---

[1]　应为7—13行。——译者注

都能够获得有识之士的称赞。

她身心两方面全都十分纯洁，

像一朵花儿开放在处女时节。

伴随着她一切的谦抑与节制，

伴随着她一切的温良和恬静，

以及她衣着举止的节制合度。（vv. 39-47）

在赞美维吉尼娅时，乔叟陷入了含有悖论的逻辑中：歌颂她无瑕的谦逊美德，夸赞"她衣着举止的节制合度"等优点，这些都是对这位贞女的侵犯。因为任何谈论贞洁的行为都意味着贞洁的丧失，任何赞美的诗情都已然是强奸暴行的共谋，任何对抽象女性尽善尽美的颂扬都是在进行占有。讲故事的医生，在这里也可以说是乔叟，无可避免地发现自己就处在阿庇乌斯的位置上，在效仿阿庇乌斯："不管有谁作梗，这姑娘属于我！"（v. 129）这句断语对于我们理解乔叟正典中的另一主要作品《贤妇传说》极有启发作用，在这部作品中，同样的溢美之词几乎变成了一种文类。例如，在《鲁克丽丝传奇》（"The Legend of Lucrece"）[1]中，由夸耀所煽动的强奸明显成了故事的主题："让我们谈谈自家的妻子，这再好不过；/让每个人尽量赞美自己的妻子/让我们在谈话中疏解自己的心情。"（vv. 1702-4）所以塔克文为柯拉廷的共谋铺平了道路——这共谋同样是通过溢美之词实现的——最终导致了卢克丽霞的受辱和死亡："'我有一位妻子，'他说道，'我相信/所有知道她的人，都说她好。/今晚我们到罗马去，就能看个真切。'"（vv. 1708-10）[74]

贞洁变成了一个纯粹的理念，变成了潜在的或不在场之物，变成了纯

---

[1] 鲁克丽丝（Lucrece）即拉丁文名字卢克丽霞（Lucretia）的英文写法。下文中的塔克文（Tarquin）对应拉丁文名字塔奎尼乌斯（Tarquinius），柯拉廷（Collatine）对应拉丁文名字科拉蒂努斯（Collatinus）。——译者注

第四章 贞洁诗学

粹的否定性或一种吸引着男人的真空——我们可以以此为线索,来理解乔叟对一件事情的关注:"那一带所有讲道德的人／都把她赞扬;当然也有人忌恨。"(vv. 113–14)如我们所见,尽善尽美作为欲望的来源,不仅是贞洁悖论的组成部分(贞洁只要声称自己超越了欲望,就会同时产生出对这种超越的欲望),而且实际上一直密切联系着规劝守贞的训诫词中所集中呈现的中世纪反女性主义思潮。我们在下一章中会看到,它还是宫廷莱歌的一个关键要素。

注释

1. *PL*, vol. 16, 217.

2. 参见 McNamara, "Sexual Equality and the Cult of Virginity," 153。

3. Buona pulcella fut Eulalia,

Bel auret corps, bellezour anima.

Voldrent la veintre li Deo inimi,

Voldrent la faire diaule servir.

Elle no'nt eskoltet les mals conselliers,

Qu'elle Deo raneiet, chi maent sus en ciel,

Ne por or ned argent ne Paramenz,

Por manatce regiel ne preiement;

Niule cose non la pouret omque pleier

La polle sempre non amast lo Deo menestier.

E por O fut presentede Maximiien,

Chi rex eret a cels dis soure pagiens.

Il li enortet, dont lei nonque chielt,

191

Qued elle fuiet lo nom christiien.

Ell'ent adunet lo suon element;

Melz sostendreiet les empedementz

Qu'elle perdesse sa virginitét;

Por os furet morte a grand honestét.

有位贤淑的少女名为尤拉莉,她的身体美丽,灵魂更甚。征服她,让她服务于魔鬼(the Evil One),是上帝的敌人所乐见的。说客们劝她弃绝居于高处的上帝,但她并不理会,无论是金银华服,还是国王的威胁和恳求,她都不为所动。什么都无法动摇她侍奉主的坚定之爱。因此,她被带到了马克西米安面前,这位皇帝当时统治着异教徒。他规劝她摆脱基督徒的名号(但她不以为意)。这反倒令她鼓起勇气:她宁愿遭受迫害,也不愿失去自己清白的贞洁。(Alfred Ewert, ed. and trans., *French* [London: Faber & Faber, 1933], 353.)

亚历克西斯在他的新婚之夜也同样如此:

Quant an la cambra furent tut sul remés,

Danz Alexis la prist ad apeler:

La mortel vithe li prist mult a blasmer,

De la celeste li mostret veritét;

Mais lui est tart quet il s'en seit turnét.

"Oz mei pulcele! Celui tien ad espus

Ki nus raens[t] secle nen at parfit amor,

La vithe est fraisle, n'i ad durable honur;

Cesta lethece revert a grant tristur."

Quant sa raisun li ad tute mustrethe,

Pois li cumandet les renges de s'espethe

第四章　贞洁诗学

Et un anel, a Deu l'(i) ad comandethe.
Dunc en eissit de la cambre sum pedre;
Ensur[e] nuit s'en fuit de la contrethe.

当他们被留在房间中独处，尊贵的亚力克西斯就开始训斥她，严厉地谴责尘世的生活，并向她讲述了天堂的真义；但他急于离开。"听我说，少女！他用自己的宝血使我们获得了救赎，把他作为伴侣吧。尘世间没有完美的爱：生命脆弱，没有持久的荣光，这种快乐会变成巨大的悲伤。"他向她一五一十地讲述了自己的心声，将自己佩剑的肩带和一枚戒指交付于她；他将她交付给了上帝。然后他就从自己父亲的房间中走出。他连夜逃离了这个国家。（Ibid., 357.）

4. Joseph Bédier, *Les Fabliaux* (Paris: Champion, 1925); Per Nykrog, *Les Fabliaux* (Copenhagen: Munksgaard, 1957); Robert Dubuis, *Les Cent nouvelles nouvelles et la tradition de la nouvelle en Franee au moyen âge* (Grenoble: Presses Universitaires de Grenoble, 1973); Emmanuèle Baumgartner, "A Propos du Mantel Mantaillié," *Romania* 96 (1975): 315-32.

5. *Recueil*, vol. 3, 8. 对这则故事的讨论，参见拙著 *Scandal of the Fabliaux* (Chicago: University of Chicago Press, 1986), 22–58。

6. "...cest corn fist une fee/ ranmponeuse, iree,/ e le corn destina/ que ja houm (e) n'ibev (e) ra,/ tant soit sages ne fous,/ s'il est cous ne gelous"（"这只角杯出自一个好耍弄人的坏心眼仙子之手，她规定，遭妻子背叛或者心怀妒意的男人，无论贤愚，永远都喝不到杯中之物"）。（*Mantel et Cor: Deux lais du xiie siècle*, ed. Philip Bennett [Exeter: University of Exeter Press, 1975], vv. 229–34.）

7. McLaughlin, "Equality of Souls," 217.

8. Jerome, *Letters*, letter 22, p. 29; *Select Letters*, 92.

9. *De institutione angelica*, civ. （转引自 Bugge, *Virginitas*, 31; *PL*, vol. 16, 345。） Brown, "Notion of Virginity," 433; 另见 Brown, *The Body and Society*, 187。

10. Jerome, *Letters*, letter 22, p. 30; *Select Letters*, 98.

11. Methodius, *The Symposium*, 39; 另见 67; Gregory of Nyssa, *On Virginity*, in *Ascetical Works*, trans. Virginia Callahan (Washington: Catholic University of America Press, 1967), 46, 59. "La Virginité perfectionne donc le mariage mystique, sous ses deux formes. Union spirituelle, hors de la chair, elle est en ce bas monde la restitution de l'état paradisiaque, l'anticipation de l'état eschatologique, une conformation plus complète à la resurrection de Christ." （"贞洁让神秘的婚姻在两种形态中臻于完备。属灵的结合，摆脱了肉体，在尘世恢复了乐园的情境，是在为末世的情境做预先的准备，是以更完备的方式尊奉基督的复活。"）（Crouzel, *Virginité*, 26.）

12. 参见 Warner, *Alone of All Her Sex*, 72–73。

13. Methodius, *The Symposium*, 150, 149. 在这个意义上，贞洁对教父们而言就是一种核心美德，而福柯在《性经验史》第三卷中围绕"自我的技术"对基督教最初几个世纪中的情况进行分析时，贞洁构成了他分析工作的组织原则。另见 Michel Foucault, "Le Combat de la chasteté," *Communications* 35 (1982): 15–21。

14. *Glossa Palatina* to C. 31 q. 1 c. 11 v. *obtrectatores*, Trinity O. 10.2, fol. 55ra. （转引自 Brundage, *Law, Sex, and Christian Society*, 366。）

15. Comm. in Matr, xvi, 7-8. （转引自 Crouzel, *Virginité*, 101。） The "Penitential of Vinnian," however, states that the penance ditfers, depending on whether or not one has succeeded （参见 Payer, *Sex and the Penitentials*, 48）。

16. Jerome, *Adversus Jovinianum*, 357; *PL*, vol. 23, 231. Chrysostom, *On*

virginity, 115.

17. Jerome, *Letters*, letrer 22, p. 29; *Select Letters*, 92.

18. Jerome, *Letters*, letter 107, p. 191; *Select Letters*, 350. 这种对于装饰物的贬低甚至延伸到了语言技艺方面。哲罗姆告诫贞女们，要喜爱语法胜过喜爱装饰精美的抄本，这就等于要求喜爱语法胜过喜爱修辞："让她的珍宝不再是丝绸和宝石，而是《圣经》的抄本；而对于《圣经》的抄本，让她少去关注镀金的手法、巴比伦的羊皮纸和阿拉伯式的花纹，多去关注文字的正确和标点的准确。"（ibid., *letter* 107, p. 194; *Select Letters*, 364.）安波罗修在谈论妻子的问题时，在婚姻和化妆之间进行了同样的类比："正是在这一点上，出现了那些激发恶行的事物，她们用各种颜色涂抹自己的面庞，唯恐不能取悦自己的丈夫；在玷污了自己的脸后，就会想要玷污自己的贞节。改变自然的风范而去追求一幅画，这是怎样的疯狂？"（"Concerning Virgins," 367; *PL*, vol. 16, 207.）

19. Methodius, *Symposium*, 87.

20. Cyprian, "The Dress of Virgins," 35; *PL*, vol. 4, 444-45. 另见 Yves-Marie Duval, "L'Originalité du *De uirginibus* dans le movement ascétique occidental: Ambroise, Cyprien, Athanase," in *Ambroise de Milan: XVIe centenaire de son élection épiscopale*, ed. Yves-Marie Duval (Paris: Etudes Augustiniennes, 1974), 26-27。

21. Cyprian: "hence virgins in desiring to be adorned more elegantly, to go about more freely, cease to be virgins." ("The Dress of Virgins," 48; *PL*, vol. 4, 459).

22. Ibid., 39; *PL*, vol. 4, 448.

23. Tertullian, "On the Apparel,"19; *PL*, vol. 1, 1318.

24. 此外，贞洁作为用以超越感官知觉所带来的种种扭曲的一种手段，被认为可以令视觉清明。尼撒的格列高利写道："因为，正如眼睛在清除了黏液后可以看到远处空中明亮的物体，灵魂也是通过不朽获得感知光的能力。之所以狂热地追求真正的贞洁与不朽，是为了拥有看到上帝的能力，因为统摄万有的上帝是至要至先，唯美唯善唯纯的，没有人的心灵盲目到了凭自身认识不到这一点的地步。"（On Virginity, 46.）尽管如此，贞女被人看到的时候还是理应被辨认出来；参见 Erickson, *Medieval Vision*, 190。

25. *Didascalia apostolorum*, 10. 另见 Brundage, *Law, Sex, and Christian Society*, 302。

26. Cyprian, "The Dress of Virgins," 47-48; *PL*, vol. 4, 458-59.

27. Crouzel, *Virginité*, 101.

28. "On the Veiling of Virgins," 34, 28; *PL*, vol. 2, 904-5; vol. 2, 891.

29. Ibid., 29; *PL*, vol. 2, 892. 在《修女戒律》中可以看到同样的观点："同样，拔示巴褪去自己的衣服又被大卫看到，导致他与她犯下罪行……你们，我亲爱的姊妹们，如果有人渴求看到你们，千万不要对他有好感，而是要减少对他的信任。我不希望有任何男人看到你们，除非他从你的尊长那里得到了许可；我方才提到的三种罪，以及前面提到的与底拿有关的所有罪恶，都不是由于女人主动去看男人而发生的，而是由于她们暴露在男人的视线中，并且做了使他们容易堕落犯罪的事情。"（*The Ancren Riwle: A Treatise on the Rules and Duties of Monastic Life*, ed. James Morton [New York: AMS Press, 1968], 57.）

30. 参见 Brundage, *Law, Sex, and Christian Society*, 161。

31. *Letters*, letter 107, 194; *Select Letters*, 362.

32. *Ancren Riwle*, 55.

33. Chrysostom, *Cohabitations suspectes*, 130; Clement of Rome, "Two

Epistles Concerning Virginity," in *The Ante-Nicene Fathers*, ed. Alexander Roberts and James Donaldson (Buffalo: The Christian Literature Publishing Co., 1886), vol.8, 64.

34. Tertullian, "On the Veiling of Virgins," 34; *PL*, vol. 2, 904.

35. 以上皆引自 *Works of Geoffrey Chaucer*, 145–47。《医生的故事》开头部分的偶然性与《不合身的外套》的开头有得一比，后者的内容是"一个年轻的骑士碰巧出现在道路中央"（*Recueil*, vol. 3, 5）。

36. 感谢李·帕特森（Lee Patterson）向我指出了这一点。

37. "我敬爱的阿庇乌斯大人阁下，

你可怜的仆人我克劳迪乌斯

现在要控告维吉尼乌斯骑士。

他不顾法律和世界上的公理，

根本不管我本人愿意不愿意，

有一天夜里，从我的私人住处

偷去了我女仆，我的合法家奴——

当时女奴还很小；有关的情形，

我都有证人，可为我提供证明。

那不是他的女儿，任凭他说啥。

所以法官大人，我这里求您啦：

请您依法把我的奴婢还给我。"

瞧，诉状里竟然是这样的胡说。

（vv.179-91）（应为第 178—90 行。——译者注）

38. Anne Middleton, "The *Physician's Tale and Love's* Martyrs: 'Ensamples Mo Than Ten'as a Method in the *Canterbury Tales*," *Chaucer Review* 8 (1973): 14, 21.

39. Charles Muscatine, *Poetry and Crisis in the Age of Chaucer* (Notre Dame, Ind.: University of Notre Dame Press, 1972), 139.

40. Emerson Brown, "What Is Chaucer Doing with the Physician and His Tale?" *Philological Quarterly* 60 (1981): 134, 141.

41. Brian Lee, "The Position and Purpose of *The Physician's Tale*," *The Chaucer Review* 22 (1987): 154.

42. Sheila Delany, "Politics and the Paralysis of Poetic Imagination in *The physician's Tale*," *Studies in the Age of Chaucer* 3 (1981): 47-60.

43. Patricia Kean, *Chaucer and the Meaning of English Poetry* (London: Routledge & Kegan Paul, 1972), vol. 2, 183.

44. Lee, "Position and Purpose," 142, 155.

45. "'夏娃看见那禁果，觉得它好看，就开始从注视它的过程中获得愉悦，并且对它起了欲望，于是摘下来吃了，又把它给了她的主人。'瞧！这是《圣经》中的说法；它就是这样通过深入探究原因和起源，告诉我们罪是如何开始的。所以，观看先于有罪的欲望，并为它开路；死亡紧随其后，全人类都要领受。亲爱的姊妹们，这个果实预示着可以激起有罪的欲望和犯罪的欢愉的一切事物。当你看着一个男人的时候，你就处在夏娃的境地；你所看的正是那颗果实。"（*AncrenRiwle*, 55.）

46. Brundage, *Law, Sex, and Christian Society*, 83.

47. Jerome, *Adversus Jovinianum*, 351; *PL*, vol. 23, 221. Methodius, *Symposium*, 141. "但贞洁的装饰却与此不同。它不会折损穿戴它的人，因为它不是有形的，而是全然属灵的。"（Chrysostom, *On Virginity*, 99.）

48. "Homily 15," 441. 诺瓦蒂安也认为，凝视所造成的偶像崇拜是引发诱惑的主要途径，它导致了所有其他越轨之举："任何吸引观众双眼、抚慰观众双耳的其他东西，说到底要么是偶像，要么是恶魔，要么是某个已故之人。你只需看看它的起源和基础便是。所以这一切都是魔鬼的设计，因为他十分清楚偶像崇拜本身的可怕之处。他把偶像崇拜与诱人的景象结合起来，这样偶像崇拜就会凭借诱人景象所带来的愉悦而博得喜爱。"("The Spectacles," 127; *PL*, vol. 4, 783.）

49. "Homily 17," 116.

50. "关于人类节欲的理想，我指的是希腊哲学家们的教诲，即应该与欲望斗争，而非屈从于欲望、让它造成行为上的后果。但我们的理想是要完全感受不到欲望。我们的目标不是说一个人在感受到欲望时应该战胜它，而是说他甚至应该对欲望本身都保持克制。"(Clement of Alexandria, "On Marriage," 66.）

51. Gregory of Nyssa, *On Virginity*, 27. "你们这些活着的人，如果你们没有被钉在尘世这个十字架上，也没有承受肉体的死亡，那么当他命令我们追随他，扛起十字架来作为反对敌人的旗帜时，你们如何听从被钉在十字架上的这位罪的疗愈者的？"（ibid., 74.）

52. *Homilia* 7, 13, in David Amand de Mendieta, "La Virginité chez Eusèbe et l'ascéticisme familial dans la première moitié du IVe siècle," *Revue d'histoire ecclésiastique* 50 (1955): 784. 另见 Brown, *The Body and Society*, 175。

53. 伊丽莎白·卡斯特里（Elizabeth Castelli）指出："在那些其故事流传至今的禁欲苦行的女性当中，有许多人是由于摆脱了她们女性本性的束缚才受到人们的称赞。"（"Virginity and Its Meaning for Women's Sexuality," 75; also 88.）参见 Miles, *Carnal Knowing*, 55–56。

54. 参见 John Anson, "The Female Transvestite in Early Monasticism: Origin and Development of a Motif," *Viator* 5 (1974): 1-32; Vern Bullough, "Transvestites in the Middle Ages," *American Journal of Sociology* 6

(1974): 1381-94; Marie Delcourt, "Female Saints in Masculine Clothing," in *Hermaphrodite: Myths and Rites of the Bisexual Figure in Classical Antiquity*, tans. Jennifer Nicholson (London: Studio Books, 1961); Evelyne Patlagean, "L'Histoire de la femme déguisée en moine et l'évolution de la sainteté féminine à Byzance," *Studi medievali 17* (1976): 597-623.

55. 参见 Brown, *The Body and Society*, 268。

56. 参见 Paul, 1 Corinthians 7:32–34。伊丽莎白·克拉克写道："因此，尘世生活的所有区别因素都被剥离，与性事和家庭的联系都被去除。剩下的只是让女性超越她们的女性身份（femaleness），甚至是让她们成为'男人'；然后她们才会被置于与男性禁欲苦行者平等的位置上……在我们的男性作家眼中，性别不是这些女性的区别特征，她们这时已经脱离了她们的女性身份。"（"Jerome, Chrysostom, and Friends," 55.）另见她的 "Ascetic Renunciation and Feminine Advancement," 245。伊丽莎白·舒斯勒·费奥伦萨对此表示赞同："同斐洛（以及亚里士多德）一样，教父们认为男人是典范性的人类，而男性身份（maleness）是神圣的象征。他们的哲学和神学观念认为女性天生就低一等，把女性特质视为世俗性、身体性、肉体性现实的象征，尽管他们的基督信仰在逻辑上迫使他们认为所有受洗者都是平等的。他们所面对的神学难题是：一个由于自身本性、法律和社会的父权秩序而低人一等的女基督徒，如何能够在她的生活中实现属于作为基督信徒的她的基督教式平等？教父们解决这一难题的方式，就是宣布一个女基督徒不再是女人。"（*In Memory of Her*, 277.）另见 Bynum, "'...And Woman His Humanity'," 257–88。

57. *Gospel of Thomas* in James M. Robinson, ed., *Nag Hammadi Library* (San Francisco: Harper & Row, 1977), 130; 472. 参见 Marvin W. Meyer, "Making Mary Male: The Categories 'Male' and 'Female' in the Gospel of Thomas" *New*

Testament Studies 31 (1985): 554–70；Dennis MacDonald, *There Is No Male or Female* (Philadelphia: Fortress Press, 1987), 98–102；Elizabeth Schüssler Fiorenza, "Word, Spirit and Power: Women in Early Christian Communities," in *Women of Spirit*, 45。

58. Philo, *Quaestiones et solutiones in Genesim*, I.8；转引自 MacDonald, *There Is No Male or Female*, 99。

59. *PL*, vol. 23, 533, 53. 关于为禁欲苦行的女性赋予男性特质的问题的精彩讨论，可参见 Castelli, "Virginity and Its Meaning," 74–75；以及 Miles, *Carnal Knowing*, xii, 55；Schulenberg, "The Heroics of Virginity," 32。

60. 我知道，根据某种基督论的逻辑，也可以说贞洁能够战胜死亡。尼撒的格列高利说："人一出生，朽坏便开始了。那些经由保持贞洁而免于生育的人，不让死亡有所进展，从而取消了死亡。他们通过让自己成为生与死之间的某种界石，不让死亡继续前进。所以，如果死亡无法做到比贞洁更高明，而是由于贞洁而走向终结、不复存在，那这就是贞洁比死亡更强大的明证。"（*On Virginity*, 48.）

61. Jerome, *Letters*, letter 107, 194; *Select Letters*, 366. Chrysostom, *On Virginity*, 96.

62. Novatian, "In Praise of Purity," 170; *PL*, vol. 4, 823.

63. 诺瓦蒂安还说："贞洁意味着战胜欢愉。贞洁没有孩子，不仅如此，贞洁还鄙夷孩子。"（ibid.; *PL*, vol. 4, 823.）

64. Jerome, *Letters*, letter 22, p. 30; *Select Letters*, 94.

65. Tertullian, "On Exhortation to Chastity," 55; *PL*, vol. 2, 925.

66. Cyprian, "The Dress of Virgins," 37; *PL*, vol. 4, 446. 参见 Schulenberg, "The Heroics of Virginity," 38–39。

67. Ambrose, "Concerning Virgins," 364; *PL*, vol. 16, 201.

68. Tertullian "On the Veiling of Virgins," 36; *PL*, vol. 2, 910. 事实上，就作为一个理念的贞洁而言，贞洁作为不在场之物所具有的那种纯粹的潜在性就变成了一种纯粹的消极性，变成了吸引着男人的真空。例如，《修女戒律》的作者将消极的诱惑转化为一种自然法则，让人很难区分贞节的纯粹与恶行的消极潜质："出于这一原因，上帝在旧律法中规定，凡坑洞都应该覆盖起来；倘若有未覆盖的坑，有兽类掉在坑里，暴露这坑的人就当善后。对于一个把自己暴露在男人视线中的女人来说，下面的话非常可怕。那个挖坑的人就代表她。那坑就是她美丽的面庞、白皙的脖颈和明亮的眼睛，如果她伸出手让他看见，那坑就也是她的手。此外，她的言语也是一个坑，除非她讲话谨慎；一切属于她的东西，不论是什么，但凡有一点点爱经由它被更快地激发出来，我们的主都称它为坑。他下令这个坑总要有一个顶盖，而且要盖好，以免有任何兽类落入其中，淹死在罪里……那狗只要发现一扇敞开的门，便会欣然进入。"（*Ancren Riwle*, 59.）

69. Methodius, *The Symposium*, 111；"我美丽的贞女们，没有什么能像贞节一样有助于接近美德。因为只有贞节才能让灵魂以最高尚、最美好的方式得到引导，让灵魂被洗去尘世的污渍和杂质……但从基督成为人并用贞洁的装饰来武装肉体的那一刻起，那支配着不受节制欲望的残酷暴君就被打倒；安宁和信仰登上王位，人们不再像过去那样崇拜偶像"（ibid., 141）。

70. Chrysostom, "Letter to the Fallen Theodore," 104.

71. Chrysostom, *On Virginity*, p. 104.

72. "尽管就一个贞女而言，也是人格而非身体居于首要地位，她还是可以凭借自己身体的完整来消除他人的诽谤。"（"Concerning Widows," in *Nicene and Post-Nicene Fathers*, vol. 10, ed. Philip Schaff and Henry Wace [New York: Christian Literature Publishing Co., 1896], 395; *PL*, vol. 16, 255.）

73. 参见 Brown, "What Is Chaucer Doing," 138。

74. 关于柯拉廷对卢克丽霞贞节的夸耀,以及由此引发的欲望,莎士比亚也做出了同样的理解:

也许,偏偏不幸,正是这"贞节"美名

勾起了塔克文的情欲,犹如给利刃填刃;

只因不智的柯拉廷,不应该百般赞颂

是何种无与伦比的、明丽的嫩白与嫣红

显耀在她的脸上——那是他仰慕的天穹。

("The Rape of Lucrece," 8)(应为 8-12;译文引自杨德豫译本,有改动。——译者注)

75. "诗中把柯拉廷对鲁克丽丝的赞美,把他'夸耀鲁克丽丝姿容绝世'(29)(应为第 36 行。——译者注)理解为导致塔克文强暴鲁克丽丝的根本原因;显而易见,'勾起了塔克文的情欲'的并非鲁克丽丝的贞节,而是'这"贞节"的美名'。"(Joel Fineman, "Shakespeare's *Will*: The Temporality of Rape," *Representations* 20 [1987]: 30.)

第五章　古法语莱歌与男性的百般轻率

在上一章中，我们探讨了中世纪在性问题上的定义性悖论之一：一方面是将女性视为缺陷、瑕疵、不完美的观点，另一方面是在关于贞洁问题的孜孜不倦的劝诫中所表达出的对于整全的欲望，二者表现出的矛盾不仅关乎基督教的禁欲主义，而且还把基督教早期的反婚姻精神与中世纪中期的诗学联系了起来。在本章中，我们关注的重点会进一步从中世纪的反女性主义转向宫廷风度（courtliness）的现象；在我看来，宫廷之爱的现象与我们先前界定的禁欲主义话语存在深刻而意义重大的共谋关系。

反女性主义和宫廷风度有许多表面上的相似点，这里所说的宫廷风度见于爱情抒情诗，在某种意义上也见于宫廷传奇，而且还在安德里亚斯·卡佩拉努斯的《宫廷之爱的技艺》中得到了理论上的阐述。例如，我们已经看到，在教父们的设想中，一般意义上的感官，以及更为具体的凝视，构成了女性那宿命般的吸引力的核心。因为眼睛是欲望的入口，而爱情总是一见钟情。约翰·克里索斯托写道："所以我们常常由于看到一个女人而遭受千般恶果；回到家中，心怀无有节制的欲望，经受许多天的痛苦……为了那一瞥的短暂欢愉，我们承受着一种漫长而又持续的折磨。"[1]大约八个世纪后，安德里亚斯·卡佩拉努斯将爱情定义为"某种与生俱来的痛苦，源于对异性美貌的观看和过度沉思"。[2]由此可以提出一个论点（此前已经有人提过）：对宫廷风度而言，具有原则性意义的那种延迟满足，代表着一种对精神纯洁的追求，后者在很大程度上得益于基督教关于爱的概念；

也就是说，宫廷风度中的延迟满足以诗性的方式表达了尘世中被延宕、被导向彼岸世界的欲望。但是，一方面是采取新柏拉图立场、以理想化方式看待事物的教父们对身体的不信任，另一方面是关于一种总是已经不可能的爱情关系的宫廷理想，二者在主题上的相似之处虽然重要，却不应过多分散我们的注意力。我认为，还有一个问题既可以得到证实，也更值得关注，那就是这两种对于女性特质的迷恋形式看似对立，却具有深刻的同构性。为了表明厌女和宫廷风度在话语层面以哪些方式达成共谋，我们会先回到贞洁问题上，然后再分析三首宫廷莱歌，进而从诗学过渡到可以被看作贞洁政治[3]的话题上。

贞洁既不在于保守贞洁的身体，也不在于身体的欲望，更不在于"看"——如果说贞洁的无从定位让贞洁成为与理念无异的抽象，那么贞洁的丧失似乎就最接近中世纪人眼中理念的普遍性在表达中的丧失。由于贞洁的悖论在本质上是表征的悖论，因此任何表达都会招致这一悖论。作为理念的贞洁不必经由文字或语言来捕捉，甚至不必经由感知能力来观看（更不必去触摸），只要相关问题作为一个想法，甚至一个捕风捉影的念头进入了意识，就足以使贞洁受到非难。贞女是无可怀疑的；贞女是他人不会认为不是贞女的人。克里索斯托认为，"从没有人见过剥离身体的灵魂"。这不过是在变相地指出，没有哪种思考贞洁问题的方式不同时意味着它的丧失。或者，用不那么激进的话来说，没有哪种谈论贞洁的方式不同时构成了对它的玷污。我认为有理由相信，这导致了一种极端的谨慎态度，与宫廷式谨慎（courtly discretion）的风气（即"爱无遮掩，实难长久"的诀窍）以及许多宫廷作品对于言语和沉默的集中戏剧化呈现不无关系。例如，它们在古法语诗歌《韦尔吉的女城主》（"La Chastelaine de Vergi"）中就得到了十分突出的戏剧化呈现。

205

《韦尔吉的女城主》

《韦尔吉的女城主》是一首叙事短诗,可以被归类为莱歌;它尽管也有一些滑稽故事的成分,[4] 可又缺少对于身体和幽默的明确兴趣,它有着一个滑稽故事中难以摸清的内部逻辑和突如其来的转折,但都没有能引出一名批评家所说的"悲剧模式"。[5] 作品讲述了一位勃艮第骑士的故事,他向一位女城主献殷勤,而她一面以爱相托,一面警告他莫向他人透露,否则这爱就会消失:

> …la dame li otria
> Par itel couvenant s'amor
> qu'il seüst qu'a l'eure et au jor
> que par lui seroit descouverte
> lor amor, que il avroit perte
> et de l'amor et de l'otroi
> qu'ele li avoit fet de soi.

这位女士把授予他的爱置于一个约定之下;他须知悉,要是他把二人的爱透露给了别人,从那天那时起,他便会失去这份爱——既包括这爱,也包括她本人这份她送给他的礼物。[6]

这位女城主通常会派一只小狗跑到果园墙外,向骑士表示可以前来私会。与此同时,勃艮第公爵的妻子也爱上了这位骑士,她作为波提乏之妻 [1] 的众多中世纪版本之一,当求爱被拒绝时,就反过来向自己的丈夫告

---

[1] 在《创世记》中,波提乏是法老的内臣和护卫长,同时也是约瑟的主人。波提乏的妻子向秀雅俊美的约瑟求爱,在屡遭拒绝后,就向波提乏告发约瑟,说他试图侵犯自己。——译者注

发了骑士。公爵认为这是一名背信弃义的封臣，威胁说要放逐他，除非他能证明自己另有所爱。骑士心中思忖，比起此后再也无法与情人相见，还不如冒险背弃誓言，透露自己的情事；于是，他坦言自己爱着公爵的侄女，也就是那位女城主，他让公爵承诺不告诉任何人，还让公爵在一个隐蔽的位置目睹了小狗在果园里跑动的场景。公爵于是宽下心来。他的妻子后来看到，公爵对那个被她诬告有求爱之举的男人表现得很亲切，甚至敢于跟他心领神会地眨眼示意。后来，公爵受了妻子的哄骗，在要求她保守秘密的情况下，讲述了那名骑士与他侄女的情事，把包括那条狗在内的一切都说了：

> …puis li conte
>
> de sa niece trestout le conte,
>
> comme apris l'ot du chevalier,
>
> et comment il fu el vergier
>
> en l'anglet ou il n'ot qu'eus deus,
>
> quant li chienés s'en vint a eus.
>
> 然后他就把自己从骑士那里听到的、有关自己侄女的故事一五一十地讲给她听——当那条狗向他们跑来，他在果园中，在那只有他们二人的爱的角落中是何情形。（vv. 649-64）

这位妻子觉得骑士当初拒绝她的爱便是对不住她，忍不住要施以报复，所以就向那位女城主讲述了自己丈夫不慎泄露的秘密。故事的结局堪比一场宏大的歌剧，女城主心碎而死，骑士自杀身亡，公爵亲手杀死妻子，然后走上了自我放逐之路。

《韦尔吉的女城主》属于那种具有双重性质的 13 世纪短篇作品，比如《奥卡森与尼柯莱特》（*Aucassin et Nicolette*）和《角杯莱歌》，它们既包含宫廷要素，又混入了取自不那么具有理想主义色彩的传统的其他要素。首先，《韦尔吉的女城主》呈现的是一个男人在两个女人间被撕扯的故事，而不是更常见的、一个女人在两个男人（丈夫和情人）间被割裂的故事；其次，故事中男人偏爱的是那个社会地位较低的女人，而不是所处阶层较高的女人；最后，这个无法严格归类的故事，是由一个诡诈女人的阴谋诡计所推动的。就此三点而言，它是一部非典型的宫廷作品。[7] 然而，若关注故事中的宫廷要素，我们就会发现非法之爱的主题——因为这位女城主是已婚之人[8]——表达了这种爱情在社会层面上是不可能的；作品反复提醒我们，这种通奸的爱在嫉妒中滋长，又受着轻率之举的威胁（这个因素我们随后会继续加以讨论）。《韦尔吉的女城主》展示了宫廷文学中类型化的骑士、女士和所谓的搬弄是非之人（*losengiers*），即爱说坏话或者在宫廷中散播流言的人，他们的存在时刻威胁着那些应该保密的事情。这则故事设置在贵族社会的最高层——勃艮第宫廷。在更为具体的场景方面——比如情侣幽会或宫廷成员全体聚会时所在的欢乐园林［愉快之地（*locus amoenus*）］——它一直在向宫廷格调看齐，而且同样包含了求爱、仪式化的私会、情人对爱之喜悦的赞颂以及对必然分离的哀叹等不可或缺的母题。《韦尔吉的女城主》所用的词取自宫廷文学的经典语义套组，依托于给予爱情（*otroier l'amor*）、爱的表现（*semblant d'amors*）、真心地爱（*amer de fin cuer*）、真正地爱（*amer par amors*）、真爱之人（*fine amanz*）以及真爱（*fine amor*）之类的表达。哪怕是它的叙事形式，也让人感觉时刻面临着宫廷抒情诗的入侵威胁：属于纯粹欲望的语言与更具历史渊源的故事相对峙，而且当那名骑士在坦白和被放逐之间纠结，引诵库西的城主（Châtelain de Coucy）[1]的诗节"上帝啊，爱情，我实难忘怀"（"Par Dieu, Amors, fort m'est a consirrer"）（v. 295）时，这样的语言确实就闯了进来。《韦尔吉的女城主》的诗句一路演进，直到这位遭受打击的女士在她最后的哀叹中念出了那段抒情恸歌（planctus）（vv. 732–821），正因为如此，整部作品被形容为"寻找一首歌的故事"。

在《韦尔吉的女城主》中，所有行动都不可避免地导向一个起决定作用的、抒情性的潜在主题，形成了一种宿命般的氛围。明白这一点会为我们理解这篇叙事作品带来多方面的启示，因为这个典型故事的宿命论特征可以跟我们在上一章中界定的贞洁悖论建立起联系。而且这个联系一旦建立起来，就可以在反女性主义的话语（其中，贞洁问题在多个方面都是具有揭示力的焦点）与宫廷之爱的话语间架起一座桥梁。用最简单的话说，被暴露的贞女和被背叛的情人，二者的宿命可以归于一类。

《韦尔吉的女城主》所描绘的宇宙是黑暗而富于悲剧性的，一刻不停地趋向灾难。叙事本身相当平实，而且由于缺乏描述和修辞上的雕琢，形成了惨淡的氛围。这是一部似乎没有装饰的作品，缺乏寓言、首语重复、对照、反叙（litotic）、夸张等手法的特定运用，而这些正是许多更为乐观华丽的宫廷故事的特点所在。在这个简化的、理性主义的极简主义诗歌世界中，就连重复的手法也被减少到了最低限度。在这篇叙事中，我们从没有回到过之前待过的地方，它拒绝逗留，拒绝停歇，绝不让人在不可避免的衰败与困境中享有片刻的喘息。[9]在机械的讲述中，不可避免的命运"几乎以数学式的严谨"得到了冰冷的执行，呼应着这个赤裸的、根本没有诗意的诗歌世界。[10]例如，尽管不给出女士姓名的做法符合宫廷文学的规则，

---

[1] 所谓"库西的城主"现在一般写作"Le Châtelain de Coucy"。他是12世纪的一位使用奥依语写作的皮卡第游吟诗人，可能是从1186年到1203年担任库西城堡（Château de Coucy）城主的库西的居伊（Guy de Couci）。——译者注

可在这里，所有人物都失去了姓名，从而沦为一个个类型，成为同一台命运机器上的部件，这机器一旦启动，就无可挽回——那位公爵、那位公爵夫人、那位骑士、那位女城主。一旦骑士的求爱被已婚的女城主接受，就引出了保密的必要性，而这意味着从逻辑上讲，公爵夫人的引诱只能遭到拒绝。一旦遭到拒绝，就不可避免地会出现向公爵告发的做法，而这又要求对骑士进行报复。一旦报复具体表现为一个不可能的选择（是选择失去爱情，还是选择被放逐），这就必然要求骑士背叛先前关于不可透露爱情的约定。一旦女城主的秘密遭到泄露，就导致公爵对骑士的宽恕，而这不可避免地会引起公爵夫人的注意，她设法从丈夫口中套出秘密后，就会忍不住再次为自己报仇，而这次的对象是女城主。女城主的死引发了骑士的死，骑士的死引发了公爵夫人的死，而公爵夫人的死又导致公爵将他最初给骑士的惩罚——放逐——施于己身，这种对称关系不能说不带有些许悲剧性的反讽。

无所不在的宿命论气息让《韦尔吉的女城主》呈现为死亡愿望的文学表达，似乎一切事物都参与了相关的谋划，整个叙事也在向这个方向靠拢。一旦欲望的机制被启动，故事中的人物就像古典悲剧的主角一样，受困于不可能的选择，受困于两难的境地，除了超越它，再没有别的出路。骑士必须做出选择，是背叛领主，还是背叛所爱的女士；是遭受放逐，还是失去爱情。公爵也必须做出选择，是不公正地对待自己的封臣，从而给自己戴上绿帽，还是揭露自己侄女的通奸行为，进而导致她的死亡。公爵夫人在遭受自己所爱之人的拒绝与对所爱之人的背叛之间进退两难。女城主在被羞辱与死亡之间进退两难。人物全都无能为力，全都没有姓名，因而也就纷纷化约为命运这台残酷机器上的一个个齿轮，而《韦尔吉的女城主》的另一个特点则更为明显地印证了这一点，即这是一部没有行动的作品，也许其中唯一的行动就是死亡。言语代替了行动的位置，似乎在人物开口讲话的那一刻就敲定了他们的命运，极为贫弱的言语系统使得整个叙事都缺乏客观活动。[11]《韦尔吉的女城主》中实质上没有任何表示行动的动词。真正支配这首诗的，是那些表示获取和给予、离去和到来、掩饰和揭示的动词（celer, descouvrer）；是跟接吻相关的动词（beser, rebeser, acoler）；是表示感知的动词（oïr, entendre, voir, decevoir, apercevoir）；是表示情动的动词（amer, souffrir, haïr）；但诗中却少有能够传达感觉的动词，仿佛这个无法传达感情的语义宇宙，以其非人化倾向使得人物的命运更加冰冷。在《韦尔吉的女城主》中最具强度的那些语域里，有一些所表达的正是言语和沉默（parler, estre meü, dire, conter, aconter, raconter, rasponer, prier, parjurer, desvoier, mentir, se taire, se plaindre, demander），仿佛这部作品的谓词系统本身就反映了一部关于誓言和揭露的戏剧，而揭露正是贯穿这部作品的最明显的主题。真正有力的、表示行动的动词只有 ferir，意为"打击"，以及现在已经不再使用的主动形态动词 morir，意为"杀死"；这就显得那笼罩着这首莱歌的死亡判决似乎已经穿透了它的言语系统。于是有了骑士的坦白和自我报复：

> "Mes je ferai de moi justise
> por la trahison que j'ai fete."
> Une espee du fuerre a trete
> qui ert pendue a un espuer,
> et s'en feri parmi le cuer:
> cheoir se lest sor l'autre cors;
> tant a sainié que il est mors

"我对这背叛负有责任，要对自己执行正义。"他从悬挂在柱子上的剑鞘中拔出剑，刺穿了自己的心脏；他让自己倒在那另一具尸体

211

上，流血过多而死。（vv. 894–900）

在《韦尔吉的女城主》中，行动的失败，更准确地说是行动的缺失，由于时间维度的崩塌而得到进一步强化，仿佛本该为事件的发生提供条件的那个位面不知为何就先行消逝了、抽离了、淡化了。在爱的体验中，时间似乎真的"缩短"了：

> Ne teus biens n'avient mie a toz,
>
> que ce est joie sanz corouz
>
> et solaz et envoiseüre;
>
> mes tant i a que petit dure,
>
> c'est avis a l'amant qui l'a;
>
> ja tant longues ne durera,
>
> tant li plest la vie qu'il maine,
>
> que se nuis devenoit semaine
>
> et semaine devenoit mois,
>
> et mois uns anz, et uns anz trois,
>
> et troi an vint, et vint an cent,
>
> quant vendroit au definement,
>
> si voudroit il qu'il anuitast
>
> cele nuit, ainz qu'il ajornast.

这样的好事也不会发生在所有人身上，它是不含痛苦的快乐，是慰藉，是愉悦；但它发生得越多，它在情人心中持续的时间就越短；它永远不够长久，他的生活如此愉悦，即便一夜变为一周，一周变为一月，一月变为一年，一年变为三年，三年变为二十年，二十年变为一百年，在接近尾声的那一刻，他还是希望在天亮前另有一夜。（vv.

447–60）

这段文字揭示出潜藏在这部作品的叙事性表面下的抒情性，因为在分别时刻企望时间的延长，正是中世纪"破晓歌"，即 *alba* 的重要内容。在《韦尔吉的女城主》中，抒情的声音一直潜伏在背景中，时刻准备切入。它在叙事时间之中，又威胁着叙事时间，作为一个症候代表着想要逃避时间的欲望，或者说是代表着对死亡的欲望。

> Si est en tel point autressi
> com li chastelains de Couci,
> qui au cuer n'avoit s'amor non,
> dist en un vers d'une chançon:
> *Par Dieu, Amors, form m'est a consirrer*
> *du dous solaz et de la compaingnie*
> *et des samblanz que m'i soloit moustrer*
> *cele qui m'ert et compaingne et amie:*
> *et quant regart sa simple cortoisie*
> *et les douz mos qu'a moi soloit parler,*
> *comment me puet li cuers au cors durer?*
> *Quant il n'en part, certes trop est mauvés.*

他的境况一如库西的城主，心中满怀爱意，唱出一首歌道：上帝啊，爱情，我实难忘怀那甜蜜的慰藉、陪伴和温柔，那是我的伴侣兼爱人过去常常带给我的：当我想起她朴素的恭敬，忆及她常对我说的甜蜜话语，我的心怎能继续在这具身体中停留？要是它没有冲出身体，那就表明它是低劣的。（vv. 291–302）

《韦尔吉的女城主》中实际嵌入的这一节抒情诗被认为是出自库西的城主之手，这当然不是什么偶然：这位诗人的传奇故事在 13 世纪十分著名，这同样是一个关于发现和脱离身体的故事。他死在了十字军东征途中，嘱人将自己的心脏带回给他心爱的女人。她的丈夫见到这个身体部位——它曾经被写入文本性的身体，以表达非法的情爱——便得知了二人的奸情，并设法让自己的妻子吃掉了这颗心，而她从此拒绝进食，直到死去。此外，这段插入的抒情诗还拿"慰藉"（solaz）和"常常"（soloit）进行了一个文字游戏，并且在"常说"（soloit parler）这个短语上达到了顶峰，这表明爱的慰藉在某种意义上就等同于言语之爱。换句话说，在一首死亡导致食人、食人又导致自杀的抒情诗中，对言语的思量，就等于表示心之于身体的疏离。我回到言语的问题上，是因为在"揭露性的言语"这一结构性主题所形成的语境下，笼罩着《库西的城主与费埃夫人》（"Le Châtelain de Coucy et la Dame de Fayel"）和《韦尔吉的女城主》这两个故事的黑暗命运，会把这两个叙事转变为两部相似的、关于语言的戏剧，其中一种特定的语言宿命论同死亡愿望十分紧密地结合在了一起。

《韦尔吉的女城主》是以关于沉默与言语、保守秘密与发现秘密的考验为中心展开的。这并非它独有的特点，因为研究者对许多重要的古法语作品都做出过相似的界定。[12] 例如，在《罗兰之歌》中，关于是否要吹响号角的争论，实质上是一个关于沉默的问题。特鲁瓦的克雷蒂安（Chrétien de Troyes）的《艾瑞克与艾妮德》（Erec et Enide）对于打破沉默这一主题的呈现十分著名：不自主的言语行为——艾妮德谴责艾瑞克身为骑士的懦弱——以及后来丈夫施加给妻子的沉默考验。深受困扰的艾妮多心想："我是应该把话说出口，去冒违逆艾瑞克的风险，还是应该保持沉默，去冒失去我最爱之人的风险。"我们之后会看到，她的困境与《夜莺》（"Laüstic"）中那位女士所处的困境相仿。同样，克雷蒂安的《帕西瓦尔》

第五章　古法语莱歌与男性的百般轻率

中的若干关键时刻同样以沉默和言语的问题为中心：首先，母亲建议他总要问问同伴的名字，可文中又提到如师如父的老骑士告诫他言多必失；其次是圣杯城堡中的沉默，以及他表亲（cousin）的斥责，"要是你问了那些问题，你早已恢复了国王的土地与力量"[1]：

"A mal eur tu [te] teüsses,

Que se tu demandé l'eüsses,

Li riches rois, qui or s'esmaie,

Fust ja toz garis de sa plaie

Et si tenist sa terre en pais,

Dont il ne tendra point jamais."

"你保持沉默的那段时间真可谓邪恶，要是你问了问题，富有却又遭受不幸的国王身上的伤口就会完全治愈，他还会安稳地掌控自己的土地，可现在他再也无法掌控这土地了。"[13]

在法兰西的玛丽笔下，沉默是《序言》中的规定性议题。该不该打破沉默，是许多宫廷抒情诗在第一个诗节中提出的问题；在这些诗中，关于大自然复苏和鸟儿歌唱的传统论题差不多就是在处理如何开篇的问题。

在《韦尔吉的女领主》的开头，诗人在关于恶毒流言的警告中所使用的表述就表明了这是一出有关沉默的戏剧：

Une maniere de gent sont

qui d'estre loial samblant font

et de si bien conseil celer

qu'il se covient en aus fier;

---

[1] 这里并非引文，而是作者的概括，且讲话者也并非帕西瓦尔的表亲，而是一位骑驴而来的女人。——译者注

215

> et quant vient qu'aucuns s'i descuevre
>
> tant qu'il savent l'amor et l'uevre,
>
> si l'espandent par le païs,
>
> et en font lor gas et lor ris.

有这样一些人，他们摆出一副忠实的样子，知道如何隐藏自己的真实意图，以此博取他人的信任；当有人向他们敞开心扉，谈论自己的爱情时，他们就会把消息传遍全国，引发人们的嘲弄和取笑。（vv. 1–8）

当女城主把她的爱交托于骑士时，她警告他说，如果这件事被人知晓，他就会失去这份爱。然而，承诺和忏悔一样，都无法长久；承诺从来就是要被打破的。而如果骑士为爱保密的誓言招致了来自公爵的第二个承诺"——Or n'en parlez ja, fet li dus;/ sachiez qu'il ert si bien celé/ que ja par moi n'en ert parlé"〔"无需多言"，公爵说道，"你要明白，这事我定会藏得严密，绝对不会从我口中说出"（vv.504–6）〕，那么这第二个承诺就不过是充当了违背第一个承诺的条件而已。第三个承诺则来自公爵夫人，她保证不会泄露公爵听到的秘密，"ainc n'oïstes grant ne petit/ conseil que vous m'eüssiez dit, / dont descouvers fussiez par moi; / et si vous di en bone foi, / ja en ma vie n'avendra"〔"你先前告诉过我的秘密，无论大小，你都没有听说过我泄露；我向你保证，只要我还活着，这样的事就永远不会发生"（vv. 625–29）〕。可当她让女城主知悉自己了解那条小狗的事情时，这个承诺就被打破了。保密的链条只要有任意一个环节断裂，就会回到最初的原点。

这些层层嵌套的誓言相继遭到违背，也就引出了一系列重要的问题。秘密中是否有某种内在因素在逻辑上必然会导致秘密的泄露？如果有，这岂不意味着秘密所特有的某种因素会自动揭示（descuevrer）语言——至少是宫廷文学中的语言——所无法藏匿的东西（celer一词总是被反复使用）？如果没有，那些许下承诺却又违背承诺的人，在何种程度上可以自由选择遵守誓言或打破誓言呢？[14]

在中世纪诗学的语境中，被打破的承诺（它不同于公开的秘密）的逻辑，正是宫廷诗歌本身的逻辑。宫廷诗不仅讲述遭到泄露的爱情，而且必定包含沉默的考验这一主题。换句话说，这位诗人在谈论非法之爱的时候，对戏剧主角所做的事情，正是这些主角在相继谴责彼此的时候所做的事情：他或她一边对这份隐藏起来的激情指指点点，一边又在诗歌的开头进行有关谨言慎行的理论探讨，这些探讨的约束性看起来丝毫不逊于诗中骑士、公爵和公爵夫人各自做出的承诺。这位诗人对我们明确说道："有这样一些人，他们摆出一副忠实的样子，知道如何隐藏自己的真实意图，以此博取他人的信任；当有人向他们敞开心扉，谈论自己的爱情时，他们就会把消息传遍全国，引发人们的嘲弄和取笑。当情爱被揭示于众，他们就又变得垂头丧气。"同样，结尾部分总结轻率之举造成的后果，似乎只是确认了开头部分的许诺：

> Et par cest example doit l'en
>
> s'amor celer par si grant sen
>
> c'on ait toz jors en remembrance
>
> que li descouvrirs riens n'avance
>
> et li celers en toz poins vaut.
>
> Qui si le fet, ne crient assaut
>
> des faus felons enquereors
>
> qui enquierent autrui amors.

这个事例表明，人们应该谨慎地隐藏自己的爱，而且必须时刻铭记在心：把事情说出来对谁都没有好处，最好的办法还是把它藏在心中。如果这样做了，就不用担心会遭到窥探他人爱情的恶棍的攻讦。

（vv. 951–58）

鉴于对人物谨慎程度的探查构成了作品的一个框架，我们就有理由发问，讲述故事的行为难道不就是在揭露被隐藏的爱情吗？"爱越是强烈，当一方怀疑另一方泄露了他或她本该保守的秘密时，情人们也就越是伤心。因为罪恶往往由此而生，致使爱情在痛苦和羞耻中结束，勃艮第那位勇敢无畏的骑士和韦尔吉的女城主所遇到的情况就是如此。"[15] 作品中宛如童话般的句子"很久很久以前，在勃艮第……"以及随后的故事，其实同构于这首莱歌所呈现的主题，也同构于开头和结尾的劝谕之辞所反对的行为——讲述一个关于本该被隐藏起来的爱的故事。我们在这里遇到的矛盾丝毫不逊于贞洁的悖论：爱只有作为秘密才能存在；这份秘密的爱只有被泄露才能存在；而在泄露之后，爱就不复存在。在宫廷文学关于谨慎的规则中，在几乎每个关于所谓隐藏之爱的故事中，居于中心位置的是总会违背自己设定的诗歌逻辑，而不是像有人断言的那样，要么是好情人与坏情人的冲突，要么是"她（那位女城主）的真爱服从的那条人为规则所造成的"矛盾。[16] 因为如果爱必须作为秘密才能存在，那么就跟贞女的情况一样，无论以什么方式来谈论它，都意味着对它的违犯。在一种深刻的意义上，《韦尔吉的女城主》可以被理解为《贞洁的女城主》（"La Chastelaine de Virginité" or "The Lady of Virginity"）。

无知乃是至福：《伊格纳赫莱歌》（"Le Lai d'Ignauré"）

现在我们来考察另一部短篇叙事作品《伊格纳赫莱歌，或囚徒莱歌》

("Le Lai d'Ignauré ou lai du prisonnier"),作者是博热的雷诺（Renaut de Beaujeu）。不同于《韦尔吉的女城主》中的苦情和长情，《伊格纳赫莱歌》故事中的那位骑士同时跟十二位布列塔尼贵族（peers）的妻子有染，这些女人并不知晓他与别人的情事，而她们的丈夫也不知晓她们的不忠：

> A toutes douse s'acointa;
>
> Et tant chascune l'en creanta
>
> S'amour trestout a son voloir,
>
> Et, s'[el] de li voloit avoir,
>
> K'il seroit servis comme quens,
>
> Chascune cuide k'il soit siens
>
> Si s'en fait molt jolie et cointe.

他跟这十二个女人全都有私情；他向其中的每个人都承诺，倘若她愿意，就可以完全得到他的爱，而他甘为裙下之臣。每个人都相信他属于自己，都表现出最大的温柔和亲切。[17]

这些女士都认为自己的情人是最好的，她们召开了一个"爱情法庭"，就是出现在《弗卢瓦尔和布兰奇芙》("Flor et Blancheflor"）和《勒米尔蒙的委员会》("Concile de Remiremont"）中的那种法庭。她们退到一处庭院，决定每个人都把自己情人的名字告诉她们当中的一人，"Chascune i voist, et se li die / Cui ele aimme, en confiession"〔"让每个人分别过去，以告解的方式，向她坦白自己的所爱之人"（vv. 90–91）〕。这位"告解神母"（mother confessor）爱的也是伊格纳赫，当她向其余众人透露实情，揭示出大家此前的无知时，她们就一起逼迫他在她们当中选取一人。面对这样的约束，伊格纳赫很快就发现自己的一桩桩情事都暴露了。这群女士的丈夫们抓住了他，阉割并杀死了他，把他的生殖器和心脏做成一锅炖菜，给毫无防备的妻子们吃：

> Mangié avés le grant desir
>
> Ki si vous estoit em plaisir
>
> Car d'autre n'aviés vous envie.
>
> En la fin en estes servie!
>
> Vostre drut ai mort et destruit:
>
> Toutes, partirés au deduit
>
> De chou que femme plus goulouse.

你们吃掉了自己曾经奉为极乐的欲望，因为你们除它之外别无所求。你们终于享用到了它！我杀死并摧毁了你们的情人：你们全都会分得女人甚是渴求的欢愉。（vv. 567–73）

与《库西的城主与费埃夫人》中的情形一样，《伊格纳赫莱歌》中的妻子们从此拒绝进食，随后全部死去。

有趣的是，《伊格纳赫莱歌》可以被解读为一部有关阶级冲突的社会戏剧，就此而言，它似乎印证了某些对中世纪文学和文化最为有力的社会学解读。[18] 博热的雷诺讲得很清楚，伊格纳赫属于当地的小贵族，"Ne fumie de grant hauteche" ["他出身不太高"（v. 23）]，这意味着他缺乏资财和地产。此外，那些有名位的贵族男子则出身于最高等级，"Chevalier erent preu et sage, / Riche erent de terre et de rente; / Chascuns ot femme biele et gente, / De haut linage, de grant gent" ["这些骑士勇敢聪慧，拥地甚广，收租颇多。他们个个都有美丽而高贵的妻子，她们出身高贵，家世显赫"（vv. 40–43）]。相较之下，伊格纳赫的贵族身份与他的个人成就关系较大，与血脉承袭关系较小，"Mais il fist tant, par sa proeche, / K'il n'avoit, en tout le païs, / Nul chevalier de si haut pris" ["可他留下了如此之多的英勇事迹，这片土地上没有哪个骑士有如此巨大的价值"（vv. 24–26）］。他还拥有高贵的灵魂，因为他被赋予了宫廷风度的多种属性：俊美、慷慨、音乐天赋，以及有着一颗"高贵温柔的心"［"le cuer gent"（v. 44）］。

考虑到《伊格纳赫莱歌》中上层贵族与下层贵族的冲突实际上是贵族政制与贤能政制的价值观冲突，我们在理解这部作品时就可以从小贵族的视角出发，视之为一个关于涉足上层贵族名望与权力的寓言故事——视之为一个关于充沛欲望和充裕财产的梦想，这个梦想为12到13世纪期间逐渐丧失自身真正物质基础的那些人所共有。从那些大领主的角度来看，博热的雷诺的这首莱歌与亚瑟王的圆桌不无相似之处，我们可以认为它构成了一个"以平等来实现社会稳定"的幻想。诗中的男人们都是等同的人，是字面意义上的"同侪"（"peers"[1]），"Dedens le chastiel, a Riol / Avoit douse pers a estage"［"在奥尔的城堡中，住着十二位贵族同侪"（v. 37）］。他们的妻子至少一开始也是平等的，彼此之间没有敌对、嫉妒和冲突。可前提在于，她们之间那经由伊格纳赫（Ignauré）或者说无知（Ignorance）而实现的平等，经由她们与他之间同等的亲疏关系而实现的平等，必须处于不被意识到的状态。

奥尔地区的社会稳定是由众人共享但却并不知悉的出轨行为所保障的，破坏这一稳定的并非通奸行为本身，而是揭露。被迫选择一位女士，就意味着情有独钟，进而意味着伊格纳赫的没落：

> Mais or n'a c'une seule voie.
>
> Souvent i va, ki ke le voie.
>
> Par le trop aler fu dechus
>
> Et engigniés et percheüs:

---

[1] 如前文中标注的原文所示，peer 一词还有"贵族"的意思。——译者注

Soris ki n'a c'un trau poi dure.

可现在只有一条路可走。他常走此路，不管会被谁看到。他频繁地被人欺骗、戏弄和目睹：独洞之鼠，其寿不长。（vv. 369–73）[19]

然而，这个必须做出的选择同时也意味着"平等通奸之下的和平"（*pax adulterii inter pares*）[1]走向瓦解。有件事明确印证了这一点，那就是最后剩下的那位绿帽丈夫既愤怒又自豪地夸耀说伊格纳赫在一众妻子中唯独选了他的妻子，这使他成为同侪之首："—Aeure Diu!, quant j'en suis sire, / Je vauc miex que li autre assés!"〔"赞美上帝，我作为领主，比其他领主更有价值！"（vv. 440–41）〕

雷洛的故事似乎是要指出，要想恢复由无知所保障的社会稳定，就唯有先进行一场集体谋杀，再在一场带有图腾意味的盛宴中举行食尸仪式。伊格纳赫的故事本质上是关于牺牲的故事——这不无代价。那道图腾式的菜肴意在通过重建贵族同侪之间同等的亲疏关系来恢复平等，但让妻子们摄入生殖器，实际上消磨了性欲和食欲的差异，同时又借由这种食人行为，消解了中世纪人眼中的终极社会差异，即人与兽的差异。男人们只有以自己妻子的生命为代价才能恢复和平。就像《韦尔吉的女城主》一样，这首莱歌宿命般地趋向死亡。从某种意义上讲，《伊格纳赫莱歌》的道德教益正是"无知乃是至福"。

与《韦尔吉的女城主》的情形相同，《伊格纳赫莱歌》中仅有一个真正的行动，那就是由一系列揭露造成的牺牲。首先，是众妻子向那位"宫廷牧师"反复点出伊格纳赫的名字，就像是一组叠句。第一位妻子告解

---

[1] 这一短语结合了两类常见的政治表述，一类诸如 Pax Romana、Pax Britannica 和 Pax America，意味"某某和平"或"某某治下的和平"；另一类则是 primius inter pares，意为"平等中的首席"（the first among equals），形容团体中某一成员原则上与其他成员地位相同，但又单独享有非正式的尊严和权威。——译者注

道,"伊格纳赫,勇敢聪慧,是我的委身之人"。第二位妻子与之呼应,"他的名字是伊格纳赫,是个自由之人"。第三位妻子吹嘘道,"我可以说出他的名字,因为他是最高贵的人,伊格纳赫正是他的名字,他是骑士精神的典范"。第四位妻子说,"他是伊格纳赫,骑士精神的典范"。[20] 妻子们逐个重复了他的名字,直到那位听取告解的妻子被要求宣布谁的情人才是最好的,她如实相告,"Certes, chascunc a dit a mi / Le non d'un tout seul chevalier"["大家向我透露的都是同一个骑士的名字"(vv. 204–5)。] 此外,伊格纳赫从一众女士中选出一位的做法,引起了又一次的告发,体现为搬弄是非之人散播的宫廷流言。"他是市民还是骑士?"丈夫们焦急地问道,"告诉我们他的名字!""这是秘密,"那个探子答道,"那封臣的名字是伊格纳赫。"["—'Est chou bourgois u chevaliers? / Nomme le nous!'—'C'est tout consans: / Ignaures a non li vassiaus.'"(vv. 418–19)] 最后这句话颇有深意,它自相矛盾,或者说,它一方面展现出慎重与沉默之间的矛盾关系,另一方面则具有揭示的作用。博热的雷诺仿佛是要用这句话表明,隐藏之爱、宫廷之爱,其存在从来就是要被暴露的。保守多时的秘密从来就是要被戳破的。

但是,既然那十二位女士坦白了自己的爱情,那个宫廷探子向她们的丈夫进行了告发,而书写了一系列揭露行为的诗人自身其实也是在进行揭露,那么我们应该如何对三者加以区分呢?这一困境自一开始就得到了强调:

> Cors ki aimme ne doit [repondre],
> Ains doit aucun biel mot despondre
> U li autre puissent aprendre
> Et auchun biel example prendre.

Bien [et] houneur i peuc avoir,

Mais ja n'i conquerrai avoir.

Sens et savoir, or et argent,

A chou entendent mais le gent.

Tolu sont et remés li don

Et nus hom n'ert mais guerredon.

Sens est perdus, ki est couvers;

Cis k'est moustrés et descouvers

Puet en auchun liu semenchier.

有爱之人不应默不作声，而是应该透露一个故事，让他人得以从有益的事例中有所收获。就我自己而言，我会因此获得荣誉，却永远不会得到资财的嘉奖。人们感兴趣的是金银，而非智慧（sens）和知识。所以他们不会再给予任何人慷慨的回报。智慧如果被隐藏，那就会遗失。可如果它被透露出来，就会在别处播下种子[semenchier]。（vv. 1–13）

博热的雷诺在这里涉及的话题几乎是宫廷诗人们的一个传统论题，我们在中世纪中期的拉丁讽刺作家那里也可以遇到它——无法保持的沉默，义不容辞的揭露，就像沃尔特·马普的"我被禁止说话，我无法保持沉默"（第2章）。法兰西的玛丽在《莱歌集·序言》开篇便写道："一个由上帝赐予知识和口才的人，无权默不作声或隐藏想法，而是应该自愿展示他自己。"特鲁瓦的克雷蒂安在《艾瑞克与艾妮德·序言》中也认为，"农民常常会讲那句谚语：有话留着不开口，沉默埋没好势头"。[21]诗人揭示了故事在意识形态上要用沉默来应对的东西，也由此介入了故事的主题。诗人在这个关于言语和沉默的戏剧中是一个轻率的行动者；而这出戏剧

第五章 古法语莱歌与男性的百般轻率

的叙述中心则是伊格纳赫这一人物,他在主题层面构成了对于故事起源的刻画。

《伊格纳赫莱歌·序言》具有揭示作用,表明了诗人与主角的同一,这一点体现在 *sens* 一词的多义性上。这个小小音节的意思可以是"sense",即"good sense"(好见地,好判断)或者"significance"(意义)[例如,特鲁瓦的克雷蒂安就区分了 *sens* 和 *matière*(题材)],它的意思也可以是"seed"或"semen"(精液),并带有"to engender""to procreate"(产生,生育)的意味(这个意思来自拉丁词 *semino*)。以这种带有性色彩的方式来看待问题,诗人散播自己心中意思的义务,就同他散播自己精液(*semenchier*)的义务脱不开干系,而后一种行为正是伊格纳赫(他具有诗人的形象)受人谴责之处。这位诗人/主角的日常事项就是取乐,其中包括招揽弹奏乐器的游吟歌手:

> A l'ajornee se levoit;
>
> Cinq jougleres od lui menoit,
>
> Flahutieles et calimiaus:
>
> Au bos s'en aloit li dansiaus.
>
> 拂晓时分,他起床动身,带上五个游吟歌手,吹笛鼓簧各有所长。这名单身汉走进了树林。(vv. 29–32)

伊格纳赫还是所有人的欲望对象,只因他本人就是诗歌之声的具身化:

> Le mai aportoit a grant bruit.
>
> Molt par estoit de grant deduit;
>
> Chascun jour l'avoit a coustume.
>
> Fine amors l'esprent et alume,

225

> Femmes l'apielent Lousignol.
>
> 他在嘹亮的乐声中带回了五月树；取乐是他的每日惯例。炽热的爱情照亮他也点燃他。女人们都把他唤作夜莺。（vv. 33–37）

这再次表明，诗歌似乎并不只是要表情达意，它更多是要产生性的欲望，所以这首莱歌所激发的似乎正是它的道德说教想要压抑的东西；而且《伊格纳赫莱歌》是一个关于无知的寓言，与我们先前遇到的关于童贞的寓言不无关联。这个故事并不只是单纯地记录了一部关于揭露、告发和死亡的戏剧；始终纠缠着它、同时也是它的主题的暴力和宿命论，最终在中世纪的观念里与一种诗歌之声联系了起来，这声音会揭露它佯装要在沉默中掩盖的东西。诗人要说话，就不可能不违背自己所规定的那种谨慎态度；诗人要说话，就不可能不讲述他或她按理应该不予理睬的那个故事。换句话说，诗人要打破沉默，就不可能不打破与无知的固有约定，不可能不揭露那个秘密。文本的秘密就在于：它要讲述自己的故事，就不可能不把某个普遍而抽象的东西——比如关于无知的理念——转变为某个特殊而具体的东西；要讲出故事，就不可能没有牺牲；文本，经由写作，总是会让某个声音陷入沉默，或者就像在许多中世纪的例子中一样，让那只夜莺陷入死亡。[22]

这正是故事中的女士们吃下她们的欲望对象时所发生的事情。她们把那具身体，把那个等同于活声音的生命，变成了一声哀叹：

> En lor vivant complainte en fisent:
>
> Li une plaignoit sa biauté,
>
> Tant membres biaus et bien molé
>
> Que lait erent tout li plus biel;
>
> Ensi disent dou damoisiel.

第五章　古法语莱歌与男性的百般轻率

> L'autre plaignoit son grant barnage,
>
> Et son [gent] cors, et sa largeche;
>
> Et la quarte, les iex, les fians
>
> K'il ot si vairs et si rians;
>
> Et l'autre plaignoit son douch cuer:
>
> Ja mais nul n'en ert de tel fuer.

他们终其一生都为此哀叹：有人哀悼他的美貌、他美丽而匀称的肢体足以让其余所有人都显得丑陋；他们因此而谈起这个年轻男子。有人称赞他勇武过人，身姿高贵，出手慷慨；还有他熠熠有神、满含笑意的双眼，以及他的胸胁。还有人惋惜他那颗温柔的心，无人可比。（vv. 588–98）

这段话清楚地表明，在伊格纳赫这里，我们发现了先前在乔叟《医生的故事》中见到的溢美之词（参见第 4 章）的男性版本。我们会有这样一种印象：从伊格纳赫被人看到的那一刻起，或者从他的美貌被人称赞的那一刻起，他就注定要毁灭。此外，如果说那些女士参与组成了这首属于他的莱歌（而且现在她们在字面意义上是由伊格纳赫组成的，因为她们吃下了他的一部分），那么她们也就通过自己的死亡同样变成了文本，"D'eles douse fu li deus fais, / Et douse vers plains a li lais" ["因而有了这桩关于十二个人的伤心事，有了这首共十二节的莱歌"（vv. 617–18）]。

综上，在《韦尔吉的女城主》和《伊格纳赫莱歌》这两个案例中，我们看到承诺从来就是要被打破的，秘密从来就是要被揭露的。另外，打破誓言的主题不仅是一个常见的文学母题，而且在宫廷文学务求谨慎的氛围中，它还刻画出了一种特定的诗学效果——披露诗人所规定的秘密。我们遇到了一个跟宫廷之爱本身非常相近的悖论：本来必须被作为秘密加以保

227

守的情爱会为表达所违犯。换句话说，宫廷风度的规则之于宫廷文学，就像普遍之于特殊，或者理想图式之于它的具体实现。它被先验地违背，正如贞洁被先验地违背，因为作为理念的贞洁不仅会受到身体动作的侵犯，还会受到观看、言语乃至思想的侵犯。宫廷关系并不存在，就像德尔图良口中的贞女并不存在一样，她"自打有可能让她变得不是贞女的那一刻起，便不再是贞女"。两个案例都表明，所谓的宫廷——隐藏、秘密、通奸——之爱，其悖论之处可以拿来比照我们在讨论贞洁问题时所见到的那种对于蹂躏式暴露的执迷，而这正是性别问题中厌女思维的本质所在。

法兰西的玛丽的《莱歌集》与《圣母的奇迹》（*Miracles de Notre Dame*）

法兰西的玛丽写于 12 世纪的《兰瓦尔之歌》（"Lai de Lanval"）进一步坐实了反女性主义话语与宫廷文学之间的联系。《兰瓦尔之歌》讲述了亚瑟王宫廷中一名骑士的故事，他虽然参加了王室对皮克特人和苏格兰人的战役，但却在分配战利品的时候被遗忘了：

> Asez i duna riches duns
>
> E as cuntes e as baruns.
>
> A ceus de la Table Roünde—
>
> N'ot tant de teus en tut le munde—
>
> Femmes e teres departi,
>
> Fors a un sul ki l'ot servi:
>
> Ceo fu Lanval; ne l'en sovint
>
> Ne nuls des soens bien ne li tint.

他（亚瑟王）对伯爵和男爵们赠以厚礼。他分给圆桌会议的成员——一群举世无双的英雄——女人和土地，却唯独漏掉了一个曾为他效力的人：兰瓦尔；他没想起他，也没给他任何东西。[23]

这位被忽略的骑士那时正好在离家远游，"Fiz a rei fu, de haut parage, / Mes luin ert de sun heritage"〔"他是一位国王的儿子，出身高贵，但现在却远离祖先的土地"（vv. 27–28）〕。他骑马游荡到了乡下，在接连遇到许多美貌非凡的女士后，见到了自己梦中的仙子公主，她极为富有，"女王塞米勒米斯……和皇帝屋大维加在一起都买不起她帐篷右面上的那块布料"〔"La reïne Semiramis / ... Ne l'emperere Octovïan, / N'esligasent le destre pan"（vv. 82–86）〕。她把自己的爱许给兰瓦尔，许给他恒久的忠贞，以及他心中渴望的一切财富，但有一个条件——他不能透露她的存在：

"Amis, fet ele, or vus chasti

Si vus comant et si vus pri:

Ne vus descovrez a nul humme!

De ceo vus dirai ja la summe:

A tuz jurs m'avrïez perdue,

Si ceste amur esteit seüe;

Jamés nem purrïez veeir

Ne de mun cors seisine aveir."

"朋友啊，她说道，现在我告诫你，我命令并祈求你：不要向任何人吐露你的心声！否则就会面临这样的结果：如果这份爱被人知晓，你就将永远失去我；你将永远无法看到我，无法拥有我的身体。"（vv. 143–50）

兰瓦尔对其他骑士以及游吟歌手出手慷慨，这弥补了亚瑟王的疏忽；关于自己财富的来源，他总能保守秘密，直到桂妮维亚向他求爱。在遭他拒绝后，桂妮维亚就指责他是同性恋。为了洗脱嫌疑，这位骑士只能夸耀说自己所爱之人比这位王后更为美丽。与《韦尔吉的女城主》中的情况一样，桂妮维亚再次演绎了波提乏之妻的母题，向自己的丈夫告发了他。兰瓦尔意识到自己失去了一切，"Il s'esteit bien aparceüz / Qu'il aveit perdue s'amie: / Descovert ot la drüerie"〔"他深知已经失去了自己的爱：他暴露了爱的事实"（vv. 334-36）〕。与此同时，就像《韦尔吉的女城主》中的公爵一样，亚瑟王将这名遭受不公的骑士置于两难境地，他要么拿出真凭实据来证实自己的夸耀——可夸耀本身就是抗拒证实的——要么遭受惩罚。满腔忧愁的兰瓦尔本打算自杀，却在最后一刻得救，在非常真实的审判场景中，那位仙子少女突然出现，众人承认她确实最为美丽，"La pucele entra el palais: / Unkes si bele n'i vint mais"〔"那位少女进入宫殿：殿中从未有过这样一位美人"（vv. 601-2）〕。她把兰瓦尔带去了阿瓦隆（Avalon）。[24]

如果说《兰瓦尔之歌》是宿命般地围绕着一种特定的揭露逻辑——注定要被打破的承诺和难以证实的夸耀——展开，那是因为这两种言语行为十分彻底地融入了这首莱歌的诗学，从而使得诗中的违犯之举（兰瓦尔那些会自我消解的诺言和夸口）呈现出一个更大的悖论主题——我已经讲过，该悖论与贞洁问题具有一致性，而且跟中世纪对于虚构问题的思考也有可比性。毕竟，兰瓦尔不仅用他新获得的财富来打扮游吟歌手，而且还像伊格纳赫一样，本身就是诗人的形象。他被描绘成一个独来独往之人，一个梦想家，而且就像《韦尔吉的女城主》中的骑士一样，他被王后指责为同性恋——我们从里尔的阿兰（Alain de Lille）那里得知，在12世纪，这一指控跟修辞有关。[25] 此外，兰瓦尔的困境正是诗人的困境：诗人总会违背关于宫廷关系的不成文规定，这规定可概括为一句格言——"说出口来，便会失去"。诗人每次说话，都会违犯自我想象中口头言说的整全性——那位仙子女士不过是这种关于充分性的幻想的一种表现形式而已。从中世纪诗学的角度来看，声音关系到身体（甚至不止一个身体）的在场，它为莱歌所违犯，而莱歌本身不过是它的痕迹，而经由表述行为而实现的转写不过体现了这种违犯的限度所在。

在宫廷莱歌中，最能体现书写和背叛／泄露（betrayal）之间那种宿命般的牵连的，莫过于法兰西的玛丽的《夜莺》。故事中有两名毗邻而居的骑士，其中一名骑士的妻子爱着另一名"单身汉"骑士。[26] 这部短篇叙事作品没有明说二人是否已经成其好事——换句话说，我们不知道身体是否达到了在场。尽管如此，这对情人仍有交流，他们会在相邻的房间中两两相望。心生疑虑的丈夫问妻子为什么时常在夜晚起身，她回答说："世上没有比聆听夜莺啼啭更快乐的事情。"[27] 丈夫嫉妒妻子的快乐，造出一张网（laz）捉住了夜莺，"N'i ot codre ne chastainier / U il ne mettent laz u glu, / Tant que pris l'unt e retenu"〔"他们在每棵榛树和栗树上都布设了网和胶，直到他们困住并捕获了它"（vv. 98–100）〕。其中的影射关系再明显不过，作为声音的夜莺被玛丽本人的陷阱——莱歌——捕获。

甚至"莱歌"（lai）一词本身就是某种语言陷阱，因为没有哪个音节能比它更清楚地表明古法语的多义性和可塑性，也没有哪个音节能比它更清楚地表明具有无限语义内涵的口头资源在何种意义上会受到书写的约束。除却传统上所接受的"旋律"或"歌曲"这一义项，lai 以及它的变体 lay，laye，laie，laiz，laes 可以作为形容词来表示世俗领域，也可以作为实词来指称平信徒（a lay person）。经过引申，这个词可以用来指称在俗教士（the secular clergy），[28] 可以用来指称任何不属于大学社群的人，从而也就顺理成章地可以用来指称人们眼中的无知之人。[29] Lai 和它的同音

异义词 *laid*、*lait* 可以分别用作 *staddle* 一词的同义词，用来形容任何丑陋的事物；它们也可以用来指称贞女马利亚的乳汁，《圣母的奇迹》中就有许多用例。同音异义的形容词 *lé*、*ley*、*lay*、*let*、*lait*、*leit*、*laé*、*lede* 专指宽大的事物（>L. *latus*）。*Lié*、*liet*、*leé*、*le* 带有光明、幸福和快乐的意味（>L. *laetus*）；而 *las*、*lax*、*lais* 则具有悲伤、悲惨、不幸的内涵（>L. *lassus*）。然而，当这个小小音节指涉任何余留物（whatever is left over）的时候，它就变得更有趣了——不仅可以指河中沉积物和粪便，还可以指任何的超量或过量，包括遗产（古法语 *legs*）的意思在内［维庸（Villon）的《莱歌集》中就有用例］。所有这些都表明，关于残留印记的观念，与作为已有歌曲的书面痕迹的《莱歌集》之间存在关联。法兰西的玛丽意识到，她的写作是在对传说的某个更流动的、可能是口头形态的版本进行转写或固定，而且这种转写已然是对一个文化（布列塔尼文化）的书面剩余（residues）的重写，而这个文化则预表了她自己的文化：

> Les contes ke jo sai verrais,
>
> Dunt li Bretun unt fait les lais,
>
> Vos conterai assez briefment.
>
> El chief de cest comencement,
>
> Sulunc la lettre e l'escriture,
>
> Vos mosterai une aventure
>
> Ki en Bretaigne la Menur
>
> Avint al tens ancïenur.

我知道，布列塔尼人借以制造莱歌的那些故事都是真的，我现在就为你们做一简述；在最开始的时候，先讲一讲它是如何被写下来的。我会谈到很久以前发生在布列塔尼的一场冒险。（"Guigemar," vv.

19–26）

把 *lais* 作为剩余或印记来看待，该观念把这份遗产和某种出发地点——言说或者诗歌可能性的出发地点（"地点"对应着拉丁语中的 *locus* 和古法语中的 *leu*）——的合法化联系在一起。戈弗雷（Godefroy）在他那部词典[1]的第 4 卷第 685 页明确写道，"LA, *lai*, *lay*, adv., se dit d'un lieu qu'on désigne d'une manière, précise"。[2]按照相同的脉络，既然 *laisse* 在古普罗旺斯语中用来形容连缀诗句（*lassar*）的过程，那么把 *lais* 与诗歌的构建原则或约束（binding）原则联系起来也并不为过。克里斯蒂娜·德·皮桑在《玫瑰的故事》（*Dit de la rose*）中描述了在自己床边发现的一封书信手迹，在此过程中她将这个小小音节等同于书的束封（wrapping）或束带（binding）［*laz*, lace（束带），来自拉丁语 *laqueus*］。30 最后，*lai* 这个词的古法语形式 *loi*、*lei*、*ley* 还用来指称习俗、惯例、司法或法律。

那只被网（*laz*）捕获后又被丢给妻子的死鸟造成了一处印记，"Sur la dame le cors geta, / Si que sun chainse ensanglanta / Un poi desur le piz devant"［"他把那具小小的尸体丢在自己妻子身上，它的血染红了她的短衫，就在略略高于她胸口的地方"（vv. 117–19）］。换句话说，那只夜莺的身体/尸体——遭到背叛/泄露的声音——呈现为在这个女人的身体上进行的一种书写，呈现为一则有待阅读的信息。实际上，这位女士托人把夜莺的身体/尸体带给了她的情人，犹如一封信件，向他告知自己的背叛/透露。

"Le laüstic li trametrai,

---

[1] 指 19 世纪末、20 世纪初出版的《九世纪到十五世纪古法语及其各方言词典》（*Dictionnaire de l'ancienne langue française et de tous ses dialectes du IXe au XVe siècle*）。——译者注

[2] 大意为"LA，或作 *lai*、*lay*，指某个特定的地点"。——译者注

> L'aventure li manderai."
>
> En une piece de samit
>
> A or brusdé et tut escrit
>
> Ad l'oiselet envolupé;
>
> Un suen vaslet ad apelé
>
> Sun message li ad chargié,
>
> A sun ami l'ad enveié.

"我要冒险把这只夜莺捎给他。"她把这只鸟儿包在一块丝绸里,丝绸绣以金线,写满文字。她叫来自己的仆人,让他带上自己要捎给情人的信息。(vv. 134–41)

那位情人则将这只死去的鸟儿珍藏在一只圣骨匣中,此后一生都带着它。就像在《兰瓦尔之歌》中一样,我们在《夜莺》中发现了关于充分性或在场的乌托邦式幻想——不过在这里,它显然呈现为令人愉悦的口头表达。[31] 因为这对情人之间的交流——两栋房屋的邻近使其成为可能("Kar pres esteient lur repere"["因为他们的住所相邻"(v. 35)]——被等同于愉悦,"Delit aveient al veier, / Quant plus ne poeient aveir"["当他们无法更进一步的时候,他们就感受两两相望的愉悦"(vv. 77–78)]。我们有必要对 delit(愉悦或愉快)一词稍加斟酌,因为它正是跟身体相联系的乌托邦式在场的关键所在。文本中提到愉快,但有人可能会问:是关于什么的愉快?当然不是关于在场的愉快,因为玛丽说得明明白白:"**当他们无法更进一步的时候,他们就感受两两相望的愉悦。**"(强调为引者所加。)想象中的身体愉悦是身体在场的替代品,是一种补充;它也就等同于两位情人在"现场通奸"(*flagrans delictum*)中所获得的 *délit*。因为在这首莱歌中,声音无不是作为其他事物的替代品而在场的。这对情人

234

第五章 古法语莱歌与男性的百般轻率

从未出现在彼此身边,夜莺也从未向这对情人歌唱。它本身不过是诡计或谎言的标志,用来打消那位嫉妒丈夫的怀疑,它是一个与莱歌本身异曲同工的发明。一旦无望成其好事,或者二人身体的在场已经无可想象,这只死去的鸟儿就被包在丝绸中——字面意思上的"被绣……被写"("A or brusdé et tut escrit")——像一首诗的尾声一样被送给了情人。其实,二人身体的在场从来就是无可想象的;因为在莱歌中这样的在场总会被延宕。这样一来,这种延宕就类似于我们在第四章中遇到的想象中的愉悦,约翰·克里索斯托先是问道:"谁能描述(看到'灵魂将自己剥离身体'的)那种愉悦?有没有什么表达能形容这给灵魂带来的快乐?"然后他自己回答道:"没有。"[32]

换句话说,无论是在《夜莺》中,还是在别的作品内,都没有任何在场的语言足以呈现身体的结合;就像玛丽在《基热马尔》("Guigemar")中明确指出的那样,这种结合是从不会进入语言的剩余(surplus):

> Des ore est Guigemar a aise:
> Ensemble gisent e parolent
> E sovent baisent e acolent.
> Bien lur covienge del surplus
> De ceo que li autre unt en us!
>
> 现在基热马尔心满意足。他们躺在一起,频频亲吻、拥抱。他们将要愉快地迎来余下的情人事宜。("Guigemar," vv. 530–34)

作为无法被说出的剩余(excess, *surplus*),身体的在场被排斥在文本之外。这并不表明诗人们没有一直在努力地尝试描画身体;这样的尝试恰恰是上述诗作的精髓所在。玛丽在《序言》中明确了这一点,她提出一种诗艺(*art poétique*),把文本的制作规定为一系列的重写,重写无论多么

235

完美，也总会留下"意义的剩余"。[33]

　　这表明，在中世纪的理解中，身体（和声音）总会为取代它的文本所延宕，它受到这个文本的违犯，就好像兰瓦尔背弃了那个虚构的仙子。因为背弃的主题不仅主导着《兰瓦尔之歌》和《夜莺》这两首莱歌，还主导着其他许多所谓的宫廷作品。在武功歌（chanson de geste）中，背叛/泄露表现为背誓、叛教和叛国等形式，而在宫廷文学中——从贝鲁尔（Béroul）的《特里斯坦》和克雷蒂安的《兰斯洛特》到13世纪的散文体传奇——则见于情人的身体被捉奸在床的主题。背叛/泄露是宫廷抒情诗的一个结构性原则，其人物列表包含搬弄是非者、撒谎者、传递假信息者和奉承者，还有包括奸情的告发者。事实上，背叛/泄露的主题涵盖甚广，兰瓦尔和《夜莺》中那位女士的轻率之举，就像《韦尔吉的女城主》中骑士、公爵和公爵夫人的轻率之举一样，似乎都是命中注定。与夸耀——无论夸耀的内容是最美丽的女人，还是世上最大的快乐——相关的宿命论因素，凸显了中世纪文本中诗与情欲彼此嵌合的程度。因为即使是 traire 这个词——就像 lai 这个词一样——也是一个多义的标志，它在语义上的丰富性违犯了语言符号具有内在充分性这一前提，因为耳朵能听到的永远不如眼睛能看到的多，耳朵所能做出的区分也永远不如眼睛所能做出的区分多。

　　《基热马尔》的主角不爱任何人，却又为一切人所爱，所以他就涉及关于充分性或自足性的幻想、关于"同自身相似的存在"的幻想。在故事的开头，他射杀了一头有角的母鹿，这个生物和他一样，在性方面都是不确定的，而且他自己也被一支偏转了方向的箭伤到，"Il tent sun arc, si trait a li, / En l'esclot la feri devaunt"［"他拿起自己的弓，向着自己拉动；他命中了那只母鹿的前蹄"（vv. 94–95）］。[34] 射出那支向他自己拉动（"trait a li"）的箭，用简单的话来讲，这一行动在主题层面构成了对于"什么是叙事营构（narrative elaboration）"这一问题的刻画。它跟玛丽对自己计划的描画（drawing）别无二致：

> Ki de bone mateire traite,
> Mult li peise si bien n'est faite.
> Oëz, seignurs, ke dit Marie,
> Ki en sun tens pas ne s'oblie.

对优质材料加以塑造（描画，处理）的人，倘若处置不当，就会非常痛苦。大人们，请听玛丽所言，她出手之时不会浪费自己的才华。（"Guigemar," vv. 1–4）

如果说 *traire*（中古法语 *tirer*）的意思是"射出"，那它的意思就还是"处理"（"to treat"）、"拉出"（"to draw out"），或者干脆是"描绘"（"to draw"）；故事中囚禁着女主角的那座塔墙上的维纳斯画像的"特质"（"traits"）就表现出了这一点：

> La chaumbre ert peinte tut entur;
> Venus, la deuesse d'amur,
> Fu tres bien mise en la peinture;
> Les traiz mustrout e la nature
> Cument hom deit amur tenir
> E lealment e bien servir.

这个房间满是图画。画中出色地再现了爱神维纳斯，展现出她的本性和特质，展现出应该如何维系爱情，如何事之以忠。（vv. 233–38）

此外，*traire* 还可以指"转译"（"to translate"）、"传递"（"to transmit"）或"转变"（"to transform"），还可以形容作者用一个文本

锻压或轧制（extruding or drawing）出另一个文本。在《序言》中，玛丽明确指出了写作在何种意义上是对先前文本的锻压，"Pur ceo comerçai a penser / D'aukune bone estoire faire / E de latin en romaunz traire"〔"出于这个原因，我开始想要制造一些精彩的故事，想要把它们从拉丁文转译为罗曼语"（"Prologue," vv. 28–30）〕。

作为转译，traire 意味着把同样的事物转变为别的事物；而如果说它有"射出"、"使……疏远"或者"造成差别"的意思，那是因为这些表示"疏离／间离／异化"（alienation）的词都是"欺骗"（"to deceive"）的同音异义词。其实，鉴于古法语——即便是其书面形态——最终也是用来听的（不论是背诵还是朗读），所以 traire 和 trahir 并不会有什么差别。在一个词的读音中，同音异义的差异是不存在的，而"拉（弓）或射（箭）"（"To draw or shoot"）与"背弃"（"to betray"）的分立，则证明这种无差异的状态遭到了背弃，而且这个词恰好还有"有差异"（"to differ"）的意思。

在基热马尔那支反伤主人的箭中，我们明显可以看出意义的偏转，这种偏转也见于《夜莺》中那位女士的背弃逻辑中：她背弃了自己的爱，只是为了保护它，仿佛这样的自我背弃是不可避免的——按照中世纪的诗学观念，这确实不可避免。因为诗人在写作时的所作所为，正是宫廷文学关于谨慎的基本规则所禁止的。诗人经由转写就传递了故事中的违犯之举，他或她自己就揭露了秘密的情事。所以从一开始就笼罩着《兰瓦尔之歌》和《夜莺》的那种宿命，也正是诗歌本身无法达成某种局面的宿命，诗歌不仅违反了情人们立下的所有保密誓言，还违背了安德烈亚斯对于暴露的禁令。正如被揭露的欲望会消失，被言说的在场会遭到背弃。

我们还可以在另一种意义上说莱歌是一个撒谎者，一个欺骗者，而且这种欺骗不能脱离我们开头提到的通奸主题。对此，最好的例证莫过于《埃

第五章　古法语莱歌与男性的百般轻率

利杜克》（"Eliduc"）的故事，故事有两个名字，故事中的男人也有两个妻子，吉拉东（Guilliadun）（情人）和吉德露（Guildelüec）（妻子），"D'eles deus ad li lais a nun / *Guildelüec ha Guilliadun. / Elidus* fu primes nomez, / Mes ore est li nuns remuez"〔"这首莱歌得名于这对女子，《吉德露和吉拉东》。它过去叫作《埃利杜克》，但现在换了名字"（vv. 21–24）〕。埃利杜克的重婚是一种含混，两个女人与他的关系所带有的矛盾纠结感就包含在她们的名字中，两人名字的发音部分相同，听到其中一人的名字就会让人部分地感知到另一人的存在：吉拉东"ne saveit pas que femme eüst"〔"不知道他有妻子"（v. 584）〕；而不知道吉拉东存在的吉德露，则不明白自己的丈夫为什么会变得沉默寡言，"Mut se cuntient sutivement. / Sa femme en ot le queor dolent, / Ne sot mie que ceo deveit; / A sei meïsmes se pleigneit"〔"他表现得十分沉默寡言。他的妻子心痛不已，不知如何是好；她只有空自哀叹"（vv. 717–20）〕。埃利杜克体现出撒谎者的悖论："当我告诉你我所说的是真话时，我是在撒谎；而当我告诉你撒了谎的时候，我是在讲真话。"究其根本，这与莱歌在谴责它所禁止的那种含混时的所作所为并无差别，"Kar n'est pas bien ne avenant / De deus espuses meintenir, / Ne la *lei* ne deit cunsentir"（vv. 1128–30）。这可以被读作："法律不允许重婚"；"莱歌不允许重婚"；"法律不允许含混"；"莱歌不允许含混"。莱歌的法律总是会——这一点是绝不含混的——涉及背弃，有对情人的背弃，也有对单一明确意义的背弃，对语言中的在场和充分性的背弃；这种在场和充分性总是会受到表达的侵犯，就像在《兰瓦尔之歌》这首莱歌的典范之作中那样。换句话说，诗歌若不侵犯它自身作为虚构的立场，就永远无法说出一个事实，即诗歌是虚构的。所以兰瓦尔所面对的考验，不单单是一名苦恼的骑士落入让人违背良心的困境时所面对的考验，还是关于虚构本身的考验。这就是说，要是他成功证明自己

239

所爱的那位女士为最佳，赢了这场官司，证明自己的虚构是真实的，那他就会失去她；而如果他恪守关于虚构的不成文法规（虚构永远不应该被揭晓真假），进而留住了那位仙子女士，那他就会输掉官司。究其本质，按照中世纪人的文学观念，这场法律上的官司是关于文学的官司，要解决这场官司，就只有靠玛丽本人那一锤定音的计策——把人们认为真实和不真实的东西混同起来，这样读者就分不清到底是梦中的女士成了真人，还是真实变成了一个梦。

Traire 一词还是 *trover* 的同义词；*trover* 可以指诗歌创作（poetic inventio）意义上的"创造"，也可以指与情人遭到背弃相关的"发现"。"Ce jur furent aperceü / Descovert, trové et vetü."〔"那一天他们被察觉、被发现、被找到、被看到。"（"Guigemar," vv. 577–78）〕玛丽用这个句子来写这对情人被捉到时的情形。去书写或处理（*traire*），就是去背弃（*traire*）。换句话说，去写事物的内在性，无论是呈现为身体还是声音，就是去背弃它，就像对待那只夜莺一样，去用网（*laz*）来诱捕和容纳它，去杀死它，最终把这个活生生的声音埋葬在文本那死去的文字中，让它沉默。

这就是为什么玛丽作品中会有如此之多的坟墓。无论是《夜莺》中收殓声音的圣骨匣，《尤尼克》（"Yonec"）中父亲的坟墓，《悲恸的骑士》（"Chaitivel"）结尾的下葬，《两位爱侣》（"Deus Amanz"）中两位恋人的葬礼，还是《埃利杜克》中精心构筑的墓所礼拜堂，作为遗存或遗产的莱歌都是声音的坟墓、欲望的纪念碑。所以，在《埃利杜克》中，女人得到安葬、男主角遁世隐修之时，也正是男主角成为抒情诗人之日，"Le jur que jeo vus enfuirai, / Ordre de moigne recevrai; / Sur vostre tumbe chescun jur / Ferai refreindre ma dolur."〔"在我埋葬你的那天，我将接受圣秩，在你墓旁的每一天，我都将重诉自己的悲伤"（vv. 947–501）〕。同样，作为遗产的莱歌还是一个悼念失去之物的处所，准确地说，这里失去的正是想象中的充分性。"Nes voil tuz perdre pur l'un prendre!"〔"我不想由于选择一个,而失去他们全部!"(v. 156)〕这是《悲恸的骑士》中女主人公的哀叹,她是女版的埃利杜克,她想要同时留住四个男人,但却只能选择一人。她的困境与诗人的困境十分相似,因为诗人在为这首莱歌确定题目的时候,只能够二选一。[35] "因为我太爱你们,"这个女人说道,"所以我想让人们记住我的悲痛。因此我要创作一首莱歌,题为《四哀》(*Quatre dols*)。"〔"Pur ceo que tant vus ai amez, / Voil que mis doels seit remembrez; / De vus quatre ferai un lai / E *Quatre dols* le numerai."(vv. 201–4)〕重复一遍,正是由于揭露了欲望而破坏了法律,由于进行选择而违背了充分性的幻想,这位诗人从而将声音的在场置于书写的坟墓之中。[36] 像撒谎者和兰瓦尔一样,她在书写秘密爱情的时候不可能不揭露它,在转写声音的在场时不可能不背弃它。她在"选择一个"的时候总会失去某些东西。只要对某一事物有所歌唱,有所夸耀,甚至有所谈论,就总会背弃它,甚至杀死它。

虽然这番断言表面上看来与第四章中讨论的贞洁主题无关,但在中世纪关于语言和性别问题的阐述中,二者有着深刻的联系。因为根据我们截至目前所了解的情况,在当时的观念中,任何写作、言语甚至思想所造成的丧失,无非就是想象中完整性的丧失,就类似于贞女在被看到或被怀疑后贞洁的丧失,或者用德尔图良的话来说,就是"贞女自打有可能让她变得不是贞女的那一刻起,便不再是贞女"。

男人们千万次地打破誓言,读者肯定早就察觉到了其中的反讽之处。因为尽管在中世纪的性别思想中,女性被描绘为言辞滥用——喋喋不休、争吵和轻率失检(第1章)——但是男性主角们在事先受到警告的情况下,却还是会不断辜负对方的绝对信任;像上文中的骑士和公爵一样,打破言之凿凿的承诺;或者像兰瓦尔一样,透露本应保守的秘密。这是厌女话语所固有的另一个起决定作用的矛盾。虽然厌女话语明摆着试图建立并维系性别差异，让女性来背负"轻率失检"的重担，同时认定男性是值得信任的，还把女性特质与各种具有欺骗性的表征形式（与文学关系密切）联系起来；但在莱歌中，清晰的性别区隔却前景渺茫，因为莱歌是言行相悖的，而这与厌女者们用言辞来谴责言辞的做法不无相似之处。我们先前看到，女人被认为卷入了中世纪观念中性别与文学间的那种联系，而古法语的叙事作品则再明确不过地说明，男人卷入这种联系的程度与女人一样深。这种卷入并不限于异教奇迹故事（*le merveilleux païen*）下属的世俗文类。因为，对于《兰瓦尔之歌》这首典型的莱歌中那种被打破的承诺，我们可以在另一种看似无关的短篇文类中找到结构上的类似物，该文类就是 13 和 14 世纪的奇迹叙事（miracle narratives），尤其是宽西的戈蒂埃（Gautier de Coinci）的《圣母的奇迹》。尽管《圣母的奇迹》在某些方面属于中世纪中期的宗教文学——尽管从传统上看，它们在俗语作品中的位置区别于更为世俗的文本——但它们与莱歌有很多重要的相似点，因此有助于将宫廷风度同"受侵犯的贞洁"的主题以及中世纪早期的反女性主义潮流联系起来。历史上的惯常看法低估了贞女马利亚与法兰西的玛丽的亲近关系，这种关系在最长的"奇迹"中表现得最为明显，这一"奇迹"即为戈蒂埃的版本的《提阿非罗悔过记》（"Comment Theophilus vint a penitance"）之名。

故事的主人公是一位正直的教士，他与兰瓦尔一样都遭受了不公。新上任的主教受了邪恶亲信的影响，有违公正地从提阿非罗手中收回了他所管理的教区（*vidame*）。[37] 想必是出于沮丧，提阿非罗言语之间亵渎了上帝。[38] 在一位热心犹太人的帮助下，他和魔鬼达成了一份协议，这魔鬼就像是《兰瓦尔之歌》中仙子的堕落版，他承诺会恢复提阿非罗失去的荣誉：

第五章 古法语莱歌与男性的百般轻率

> Li dyables respont atant:
> "Por ce que tu m'en prïez tant,
> S'il renoie sanz demorance
> Et son baptesme et sa creance,
> Dieu et sa mere, sainz et saintes,
> Encore li donrai honors maintes.

魔鬼答道:"既然你如此恳求我,如果他毫不迟疑地弃绝自己的洗礼与信仰,弃绝上帝和他的母亲,弃绝男男女女的圣徒,我就还能为他争取许多荣誉。"(vv. 373–78)

犹太人和魔鬼立即起草了一份契约让提阿非罗签署,"Bone chartre l'en a donnee / De son anel bien saelee"〔"他们给了他一纸协定,上面的封蜡留下了他戒指的印迹"(vv. 417–18)〕——这位亵渎之人在上面签了字。那犹太人规定,此事必须保密:

> Le gïux, qui assez savoit
> De la male malavanture,
> Priveement par nuit obscure
> Assez souvent aloit a lui.
> "Biauz tres doz sires, a nului
> Ne dire, fait il, nostre afaire.
> A mon signor te ferai faire
> Plus que n'oseras soushaidier.
> Encor t'i cuit je tant aidier,
> Se nostre affaire tres bien çoiles["].

那犹太人十分了解这桩铤而走险的恶行,他经常趁黑夜偷偷来见

243

他:"最亲爱的朋友,不要跟任何人讲起我们的买卖,我和我的主人为你所做的事情将会超出你的一切愿望。如果我们的交易可以安安静静地进行(被隐藏),那我就还能帮到你。"(vv. 460–69)

虽然提阿非罗与魔鬼的秘密协议所造成的直接后果,是改变了主教的心意,从而恢复了提阿非罗失去的荣誉,但这名叛教者就像一番夸耀过后的兰瓦尔一样,仍处在迷失和盲目的状态,"Dyable ont si sa lampe estainte / Qu'il ne seit mais quel part il torne, / S'il anuite ne s'il ajorne"["魔鬼由此熄灭了他的灯,让他不知自己会走向何方,不知当前是白天还是黑夜"(vv. 614–16)]。最后,满腔愁苦、一无所有、几近绝望的他,为圣母马利亚所拯救:

> Theophilus quarante jors
>
> En abstinences et en plors
>
> Dedens le temple demora.
>
> Adez gemi, adez ora
>
> A nus genolz et a nus coutes.
>
> Mais cele ou les douceurs sunt totes,
>
> Quant voit qu'il a tant travillié,
>
> Tant geüné et tant villié
>
> Et qu'en son cuer a tant d'anui,
>
> Vers mienuit s'apert a lui.
>
> Theophilus tranble et tressue
>
> Tot maintenant qu'il l'a veüe,
>
> La vision de Nostre Dame.

提阿非罗在礼拜堂中待了四十天,节欲克制,眼含泪水。他在那

第五章 古法语莱歌与男性的百般轻率

里叹息,在那里祈祷,赤裸着双膝双肘伏在地面。但是集一切和蔼亲切于一身的那位,看到他受苦良多,斋戒祈祷已久,而且心中如此痛苦,就在临近午夜的时候向他显现。看到圣母的形象,提阿非罗不禁颤抖起来。(vv. 921–33)

提阿非罗的悔过包含着字面意义上的对于那份魔鬼协定的重写,"Jamais nul jor n'iere asseür / Devant que je raie l'escrit / Qui ma mort devise et descrit"〔"在划掉(擦除)那规定并描述了我死亡的文字之前,我将永远无法感到安全"(vv. 1316–18)〕。那纸协定不仅是对那个魔鬼契约的一条记录——一种遗存,一道痕迹,一份遗产(legs),一首莱歌——而且还可以被看作戈蒂埃"奇迹"文本的基础。

《圣母的奇迹》和世俗莱歌《兰瓦尔之歌》在情节上同样都由最初的失约行为所推动。被忽略的封臣(兰瓦尔)和被解职的教士(提阿非罗)都达成了以保密为条件的魔鬼契约。骑士和叛教者都是先失去,然后对失去后知后觉,最后又失而复得。《提阿非罗悔过记》似乎构成了对于莱歌《兰瓦尔之歌》的一次重写。或者说得更确切些,二者是互为转译的关系。举例来说,如果说法兰西的玛丽提出要把自己听到的故事"从拉丁文转译为罗曼语"〔"Et[1] de latin en romaunz traire"("Prologue," v. 30)〕,需要进行从神学话语到世俗领域的转译,那么宽西的戈蒂埃的转译方向就刚好相反。马利亚让那位罪人转译/转移了他的协定,从而把他从魔鬼手中、从他自己的罪恶中拉了回来〔"La mere Dieu, la debonaire, / De pecheürs de pechié traire"(vv.1489–90)〕;她还以决定性的一击(trait)惩罚了那个犹太人,"Venez veoir le riche trait / Que la riche mere Dieu trait"〔"看

---

[1] 此处引文与前文中的相同引文存在差异,中古法语的连词 E 被写成了现代法语的连词 Et。——译者注

245

看上帝之母打出的有力一击"（vv. 1503-4）〕。更重要的是，贞女马利亚和兰瓦尔的仙子女王都被呈现为充裕的来源，二者以类似的方式展现了具有拯救作用的女性，或者说具有救赎作用的女性特质，她们是对立却又同构的。马利亚是救赎他人的转译者。作为上帝之母，她的出现是为了重写夏娃的罪恶，"Grans preus nos en vint, ce me sanble, / Quant nous delivra tous ensanble / Del grant outraige et del forfait / Qu'Eve en la pomme avoit forfait"〔"在我看来，她把我们所有人从夏娃以那果实所行的莽撞和罪恶中解救出来，这就是极大的明证"（vv. 131-34）〕，一如她重写了提阿非罗的协定，一如《新约》按照喻象表征的过程重写了犹太人的历史。

不过，正是由于我们先前所认定的、中世纪时期的贞洁悖论，宫廷文本与"奇迹"的相似之处就并不限于主题上的一致。《兰瓦尔之歌》，同《韦尔吉的女城主》和《伊格纳赫莱歌》一样，以被打破的承诺这一议题为基础，而这就主题化了诗人的困境："说出口来，便会毁掉。"它被转译为仙子的见解："透露出来，便会失去。"由于宫廷文学的通奸语境，对于所爱之人的过度赞美同样侵犯了相应的规则。兰瓦尔就夸耀说，"我所爱的她，以我为友的她，在我所知道的人中最为宝贵"。[39]也许有人会问，兰瓦尔的夸耀是否不过是宫廷文学中称赞之辞的必备要素——对那位卓荦超伦的女士进行过度赞美？这位轻率的骑士继续说道："即便是她最低微的女仆，也凭借她的身体、面庞、美丽、学识和良善而胜过王后。"[40]这名骑士的夸耀和游吟诗人塞尔卡蒙（Cercamon）的夸耀没有什么不同："跟我那位女士相比，人们所见过最美丽的女人在我眼中的价值还不如一只手套。"[41]

那么兰瓦尔的遭遇是否也不过是宫廷文学中不得所爱、失落颓丧、乞求怜悯、六神无主、寻死觅活的典型苦情人的遭遇呢？

En une chambre fu tuz suls;

第五章　古法语莱歌与男性的百般轻率

> Pensis esteit e anguissus.
>
> S'amie apele mut sovent
>
> Mes ceo ne li valut neent.
>
> Il se pleigneit e suspirot,
>
> D'ures en autres se pasmot;
>
> Puis li crie cent feiz merci,
>
> Qu'ele parolt a sun ami.
>
> Sun quor e sa buche maudit;
>
> C'est merveille k'il ne s'ocit!
>
> 他独守一室，垂头丧气，痛苦不堪。他频频呼唤自己的爱人，但根本无济于事。他每隔一小时就会唉声叹气、痛苦失落；他百般哭喊，求她怜悯，要她出现在她的爱人面前。他咒骂自己的心和口。他没有自戕就已经是奇迹了。（vv. 338–47）

在下一章中，我们将会探讨兰瓦尔与宫廷抒情诗中永远歌唱、永远痛苦的情人之间的唯一差别，即视野上的差别：抒情诗中的哀歌（planctus）是以第一人称"从内部"、从抒情的"我"的视角来呈现的，而叙事性的莱歌则是从第三方的视点来呈现的，仿佛要通过梳理抒情诗中溢美之词的前因后果，来提出对于抒情诗的一种解读。

注释

1. Chrysostom, "Homily 15," 441.
2. Andreas Capellanus, *The Art of Courtly Love*, 28.
3. 这个提法的灵感来自伊莱恩·帕格尔斯《亚当、夏娃与蛇》中的"乐

247

园政治"一章。

4. 有一种说法认为，在中世纪的诗学中，俗语文类具有特定的性别分化，莱歌具有女性特质，滑稽故事具有男性特质，"Les lais solent as dames plaire,/ de joie les oient de gré/ qu'il sunt sulun lur volenté. / Li rei, li prince, li comtur, cunte, barun e vavassur / aiment cuntes, chanceons e fables"（"莱歌通常会让自愿倾听的女人们感到愉快，因为莱歌符合她们的品位。国王、君主、伯爵、男爵和封臣则喜爱故事、歌曲和寓言"）（*La "Vie de seint Edmund le rei," poème anglo-normand du XIIe siècle*, ed. Hildung Kjellmann [Göteborg: Wettergren & Kreber, 1935], vv. 46–50）。

5. Leigh A. Arrathoon, "The *Châtelaine de Vergi*: A Structural Study of an Old French Artistic Short Narrative," *Language and Style* 7 (1974): 168.

6. *La Chastelaine de Vergi*, ed. Frederick Whitehead (Manchester: Manchester University Press, 1944), vv. 22-28.

7. 尽管骑士本人的地位可能低于女城主，但比起拿自己的社会地位作为诱惑手段的公爵夫人，骑士更偏爱女城主，vv. 60–98。

8. 这一点迟迟没有点明，直到女城主得知自己的情事已经泄露，她对公爵夫人说，"Je ne sai quel acointement / vous penssez, ma dame, por voir, / que talent n'ai d'ami avoir / qui ne soit del tout a l'onor / et de moi et de mon seignor"［"夫人，我不知道您心中所想的奸情究竟是什么样；因为我并不想拥有一个不尊重我和我主人的朋友"（vv. 710–14）］。

9. 参见 Paul Zumthor, "De la Chanson au récit: La Chastelaine de Vergi," *Vox Romanica* 27 (1968): 84。

10. "数学式的严谨"是怀特海德（Whitehead）在第二版中的说法（Manchester: Manchester University Press, 1951），xviii。

11. 参见 Jean Rychner, "La Présence et le point de vue du narrateur dans

deux récits courts: le *Lai de Lanval* et la *Châtelaine de Vergi*," *Vox Romanica* 39 (1980): 86–103。

12. 对于古法语文学中沉默问题的讨论，参见 Peggy McCracken, "The Poetics of Silence in the French Middle Ages" (Ph.D. diss., Yale University, 1989); John Reinhard, *The Survival of Geis in Mediaeval Romance* (Halle: Max Niemeyer Verlag, 1933), 148–59; Volker Roloff, *Reden und Schweigen: Zur Tradition und Gestaltung eines mittelalterlichen Themas in der französischen Literatur* (Munich: Fink, 1973); 以及拙文 "Silence and Holes: The *Roman de silence* and the Art of the Trouvère," *Yale French Studies* 70 (1986): 81–99。

13. Chrétien de Troyes, *Le Roman de Perceval*, ed. William Roach (Geneva: Droz, 1959), vv. 4669–74.

14. 让·里希纳（Jean Rychner）在著作中谈到视角、言语系统和自由意志之间的关系："另一方面，对他们（人物们）来说，自由意志是不存在的。我的意思是说，对于他们的分析（在涉及骑士所面临的困境时，分析的对象实际上就是人物的自由意志）并不会创造出可以摆脱人物创造者的人物，因为他们完全被困在他的网中，无法越出一步。"（"La présence et le point de vue," 87.）

15. "Quar, tan com l'amor est plus grant,/ sont plus mari li fin amant/ quant li uns d'aus de l'autre croit/ qu'il ait dit ce que celer doit;/ et sovent tel meschief en vient/ que l'amor faillir en covient /a grant dolor et a vergoingne;/ si comme il avint en Borgoingne/ d'un chevalier preu et hardi/ et la dame de Vergi...." (vv. 11–20)

16. Emilie Kostoroski, "Quest in Query and the *Cgastekaube de Vergi*," *Medievalia et Humanistica* 3 (1972): 182.

17. Renaut de Beaujeu, *Le Lai d'Ignauré ou lai du prisonnier*, ed. Rita

Lejeune (Brussels: Palais des Académies, 1938), vv. 45-51.

18. 我这里想到的当然是埃里希·科勒（Erich Koehler）的著作（参见下文，第 166—168 页）。

19. 以及 "La soris ki n'a c'un pertruis / Est molt tost prise et enganee" ["独洞之鼠，俄而受陷"（vv. 380–81）]。

20. "Ignaures, li prus, l'ensaignées/ C'est cil a cui je suis donnee" (vv. 114–15); "Il a non Ignaures Ii frans" (v. 136); "Nommer le puis, c'est li plus gens:/ Ignaure a non, [flours] de barnage" (vv. 154–55); "C'est Ignaures, flours de barnage" (v. 173).

21. "Ki Deus ad duné escïence /E de parler bone eloquence/ Ne s'en deit taisir ne celer,/ Ainz se deit voluntiers mustres"(Marie de France, *Lais*, vv.1-4; "Li vilains dit an son respit/que tel chose a l'an an despit/qui molt valt mialz que l'an ne cuide;"("Chrétien de Troyes, *Erec et Enide*, ed. Mario Roques [Paris:Champion, 1963], v.1.

22. 参见 Greg Stone, "The Death of the Grammatical Ego: Lyric Resistance to Individualism in Early Modern Narrative" (Ph.D. diss., Yale University, 1989)。

23. "Lanval," in Marie de France, *Lais*, vv. 13-20.

24. Fors de la sale aveient mis

Un grant perrun de marbre bis,

U Ii pesant humme muntoent,

Ki de la curt le rei aloent.

Lanval esteit muntez desus.

Quant la pucele ist fors a l'us,

Sur le palefrei, detriers li,

De plain eslais Lanval sailli!

他们在房间外面放了一块很大的深色大理石，是宫廷中分量较重的人要骑马外出时上马所用。兰瓦尔站上这块石头；当那位少女从门中走出，他就纵身一跃，从后面上了马！（vv. 633–40）

25. 参见拙著 *Etymologies and Genealogies*, 133–36; Alexandre Leupin, "Ecriture naturelle et écriture hermaphrodite," *Diagraphe* 9 (1976): 119–41; Eugene Vance, "Désir, rhétorique et texte," *Poétique* 42 (1980): 137–55; Jan Ziolkowski, *Alan de Lille's Grammar of Sex* (Boston: Medieval Academy of America, 1985), 40–43。

26. 参见拙文 "Dead Nightingale: Orality in the Tomb of Old French Literature," *Culture and History* 3 (1988): 63–78。

27. "Il nen ad joië en cest mund/Ki n'ot le laüstic chanter" ("Laüstic," in Marie de France, *Lais*, vv. 84–85）.

28. "Je ne sai clerc, ne *lai*, ne prestre, / Qui de fame puist consirrer."［"不论是在俗教士还是持戒教士，我不知道有谁能离得开女人。"（"Le Bien des fames," in Jubinal, *Jongleurs et trouvères*, 84.）］

29. "Un gros example an porroit metre / aux genz *lais* qui n'antandent letre."［"我可以为那些不会阅读的无知之人举出一个明显的例子。"（*Rose*, vv. 17, 363–65.）］

30. "Le *laz* en fu de soye azure,/ Et le seel de telle mesure/ Fut d'une pierre precieuse/ Resplandissant et gracieuse."［"束带用天蓝色的丝绸制成，而封印的大小与之相同，嵌有一颗珍贵的石头，光彩熠熠，典雅精致。"（Christine de Pisan, *Dit de la rose*, vv. 580–83.）］

31. 在这对情人各自房子相接之处，我们可以找到关于在场的幻想，"Kar pres esteient lur repere:/ Preceines furent lur maisuns/ E lur sales e lur

dunguns;/ N'i aveit bare ne devise/ Fors un haut mur de piere bise"〔"因为他们的住所相邻，房子也相近，他们的起居室和地窖也是一样。其间既无藩篱，也无屏障，只有一堵高高的深色石墙"（vv. 35–38）〕。既然如此接近，可以想象二人是能够交流的，"Des chambres u la dame jut,/ Quant a la fenestre s'estut,/ Poeit parler a sun ami/ De l'autre part, e il a li"〔"在女士躺卧休息的那间房里，她可以从窗户对自己所爱之人讲话；而他也可以从另一头对她讲话"（vv. 39–42）〕。

32. Chrysostom, "Letter to the Fallen Theodore," 104.

33. Custume fu as ancïens,

Ceo testimoine Precïens,

Es livres ke jadis feseient,

Assez oscurement diseient

Pur ceus ki a venir esteient

E ki aprendre les deveient,

K'i peüssent gloser la lettre

E de lur sen le surplus mettre.

如普利西安亲眼所见，在书中把话讲得模糊晦涩是古人的习惯，这是为了让不得不学习（或者教授）这些书的后人为这些文字加上注解、为他们的意思增添补充（"Prologue," in Marie de France, *Lais*, vv. 9–16）。

34. 参见拙文"Medieval Text—*Guigemar*—as a Provocation to the Discipline of Medieval Studies," *Romanic Review* 79 (1988): 63–73.

35. Talent me prist de remembrer

Un lai dunt jo oï parler.

L'aventure vus en dirai

E la cité vus numerai

第五章 古法语莱歌与男性的百般轻率

> U il fu nez e cum ot nun:
>
> *Le Chaitivel* l'apelet hum,
>
> E si i ad plusurs de ceus
>
> Ki l'apelent *Les Quatre Deuls*.

有一种冲动促使我记起我所听过的一首莱歌。我将讲述这出奇遇,我将说出故事来自哪个城市,并且给出故事的名字:有人称之为《悲恸的骑士》,但许多人还称之为《四哀》("Chaitivel," vv. 1–8)。

参见 Leo Spitzer, "Marie de France—Dichterin von Problem-Märchen," *Zeitschrift für romanische Philologie* 50 (1930): 37–39。

36. 这正是法兰西的玛丽在写作《莱歌集》时的所作所为,"D'un mut ancïen lai bretun/ Le cunte e tute la reisun/ vus dirai..."["我将向你们讲述这个故事,讲述这首古老的布列塔尼莱歌的意义……"("Eliduc," vv. 1–3)];"Une aventure vus dirai,/ Dunt li Bretun firent un lai"["我将告诉你们被布列塔尼人编成莱歌的这一出奇遇"("Laüstic," vv. 1–2)];另见 "Guigemar," vv. 19–24。

37. "现在,这名新主教听从枢机主教的命令,满怀欣喜地在那里住了下来。邪恶的亲信控制了他的想法,让他在嫉妒之心的鼓动下剥夺了提阿非罗的管辖权,任命了一位新的教区神父。"[Gautier de Coinci, *Les Miracles de Notre Dame*, ed. V. Frederic Koenig(Geneva: Droz, 1970), vol. 1, v. 115.]

38. "Hahi! maufés, car aquer ore/ Et se me di en quel maniere/ A m'oneur revenrai arriere./ Ahi! maufez, car acorez!/ S'a cest besoing me secorés,/ Vostre hom et vostre clers serai/ E toz jors mais vous servirai."["哈!魔鬼,快来告诉我怎么才能重获权力。啊!魔鬼,刺向我的心脏!如果你在我需要的时候助我,我就是你的下属、你的牧师,我将永远服务于你。"(vv.148–54)]

39. "Mes jo aim e si sui amis/ Cele ki deit aveir le pris/ Sur tutes celes que jeo sai" ("Lanval," vv. 293-95).

40. "Tute la plus povre meschine,/ Vaut mieuz de vus, dame reïne,/ De cors, de vis e de beauté,/ D'enseignement et de bunté!" (vv. 299-302)

41. "Tota la genser qu'anc hom vis/ Encontra liey no pretz un guan;" (*Les Poésies de Cercamon*, ed. Alfred Jeanroy [Paris: Champion, 1922], 2).

第六章　爱情抒情诗与完美悖论

在上一章中，我们讨论的重点从严格意义上的禁欲主义的问题转向了宫廷之爱的文学现象。更确切地说，如果把宫廷之爱界定为"某种与生俱来的痛苦，来自对异性之美的观看，以及对它的过度沉思"，我们所做的就是把中世纪对于贞洁的执迷（贞洁问题在中世纪反女性主义中居于核心地位）所包含的某种宿命论观点，与内在于这种宫廷之爱的、关于"看"的宿命论结合起来。此外，我们回顾了前几章节的内容，指出贞洁本身代表了一种普遍物或抽象物，会在具身化乃至感知的过程中丧失。最后，我们把贞洁在逻辑上的不可能性与古法语莱歌热衷的宫廷主题相比照，因为在这些莱歌中，仅仅是被人发现或稍有失检就会导致爱情的丧失。

旺塔杜尔的贝尔纳（Bernart de Ventadorn）

浪漫之爱、贞洁和禁欲冲动这三者间的联系，在中世纪抒情诗中甚至比在短篇叙事作品中还要明显。我们可以在12世纪末一首典型的康索（canso）中看到这一点，那便是旺塔杜尔的贝尔纳的《当我看到云雀振翅》（"Can vei la lauzeta mover"）。罗伯特·布里福（Robert Briffault）断言，在这位诗人"身上，'宫廷'格调一跃而至圆熟之境"：[1]

1. Can vei la lauzeta mover

de joi sas alas contral rai,

que s'oblid' e-s laissa chazer

per la doussor c'al cor li vai,

ai, tan grans enveya m'en ve

de cui qu'eu veya jauzion,

meravilhas ai, car desse

Lo cor de dezirer no-m fon.

1. 当我看到云雀振翅，欣然迎着阳光，待到纯粹的喜悦涌入他的心房，他就忘却飞翔，骤然而降，对于幸福美满者的莫大妒意继而来到我的身旁。我惊讶于自己的心没有瞬间因渴望而融化。

2. Ai, las, tan cuidava saber

d'amor, e tan petit en sai,

car eu d'amar no-m posc tener

celeis don ja pro non aurai.

Tout m'a mo cor e tout m'a me,

e se mezeis e tot lo mon,

e can se-m tolc, no-m laisset re

mas dezirer e cor volon.

2. 唉！我自以为很懂爱情，其实却知之甚少。我无法让自己不去爱她，尽管我永远无缘她的青睐。她从我这里偷走我的心，偷走我自己和她自己，也偷走整个世界。她将自己从我身边带走，只留下欲望和一颗焦渴的心。

3. Anc non agui de me poder

ni no fui meus de l'or' en sai

que-m laisset en sos olhs vezer

en un miralh que mout me plai.

Miralhs, pus me mirei en te,

m'an mort li sospir de preon,

c'aissi-m perdei com perdet se

lo bels Narcisus en la fon.

3. 我再也无法控制自己，甚至不再属于自己，自从她让我凝视她双眼的那时起：这面镜子给予我多少欢愉。镜子，自从我看到倒映在你身上的自己，深沉的叹息就每每置我于死地。我已然毁掉自己，犹如俊美的纳西索斯在泉水中毁掉自己。

4. De las domnas me dezesper.

Ja mais en lor no-m fiarai,

c'aissi com las solh chaptener,

enaissi las deschaptentrai.

Pois vei c'una pro no m'en te

Va leis que-m destrui e-m cofon,

totas las dopt'e las mescre,

car be sai c'atretals se son.

4. 我对女人绝望。我不再相信她们；我过去为她们辩护，现在则要谴责她们。我意识到没人帮我对付那个毁灭我、击溃我的女人，所以我害怕一切女人，对她们全不信任，因为我很清楚她们全都一样。

5. D'aisso's fa be femna parer

257

ma domna, per qu'e-lh o retrai,

car no vol so c'om deu voler

e so c'om li deveda, fai.

Chazutz sui en mala merce,

et ai be faih co-l fols en pon,

e no sai per que m'esdeve

mas car trop puyei contra mon.

5. 在这样的事上,我的那位女士与全天下女人一样,为此我要谴责她。她不愿去做自己该做的事,却做了不该做的事。我已失去恩宠,就像桥上的傻瓜;倘不是因为想要爬得更高,我不知自己何以落得这步田地。

6. Merces es perduda, per ver,

et eu non o saubi anc mai,

car cilh qui plus en degr'aver

no-n a ges, et on la querrai?

A, can mal sembla, qui la ve,

qued aquest chaitiu deziron

que ja ses leis non aura be

laisse morir, que no l'aon.

6. 怜悯不见踪影——尽管我从来都不曾得见它——因为最该拥有怜悯之心的她毫不怜悯。可我该到哪里去寻找它?对待这个悲惨而又满心渴望的造物,这个没有她就没有幸福的造物,她任其灭亡,置之不理;想想看这有多么可怜。

7. Pus ab midons no-m pot valer

precs ni merces ni-l dreihz qu'eu ai,

ni a leis no ven a plazer

qu'eu l'am, je mais no-lh o dirai.

Aissi-m part de leis e-m recre.

Mort m'a e per mort li respon,

e vau m'en pus ilh no-m rete,

chaitius, en issilh, no sai on.

7. 既然不论是祈祷和同情，还是我正当的行径，都无助于我与我那位女士的关系，既然我对她的爱不能给她带来欢愉，我就不会同她再说更多的话语。我离开她，弃绝她。她既已置我于死地，我也该以死亡来回应。她既不挽留，我也就惨然离去，踏上不知去向何处的流亡之路。

8. Tristans, ges no-n auretz de me,

qu'eu m'en vau, chaitius, no sai on.

De chantar me gic e-m recre,

e de joi et d'amor m'escon.

8. 特里斯坦，你再也不会从我这里获得什么，因为我会凄惨地离开，不知去向何方。我舍却歌唱，弃绝歌唱，去寻找那隔绝于欢乐和爱的藏身之所。[2]

《当我看到云雀振翅》中有许多要素都是我们此前在关于宫廷之爱和反女性主义的讨论中所见过的。首先，爱情实际上等同于一种剥夺，这跟那位被忽视的骑士兰瓦尔的情况不无相似之处："她从我这里偷走我的心，偷走我自己和她自己，也偷走整个世界。她将自己从我身边带走，只留下欲望和一颗焦渴的心。"（2）其次，"我"所经受的掠夺指的就是欲望，它在这首康索中，就像在宫廷文本和禁欲主义文本的语境中一样，被想象成是经由眼睛进入的，源自安德里亚斯·卡佩拉努斯所说的"源于对所爱之人[1]美貌的观看和过度沉思"，以及反女性主义者们所说的"通奸"或"双眼的傲慢"。贝尔纳肯定地说，"我再也无法控制自己，甚至不再属于自己，自从她让我凝视她双眼的那时起"（3）。更重要的是，《当我看到云雀振翅》是围绕一系列由欲望导致的矛盾来展开的，所以这首抒情诗也牵涉到关于"女性即悖论"——既是"魔鬼的门径"，又是"基督的新娘"——的厌女阐述所包含的整体性悖论，它在这一点上无异于早期教父和拉丁讽刺作者的任何一部立场鲜明的反女性主义著作。

爱情被构想为一个关于认知与无知的悖论：诗人哀叹道，"唉！我自以为很懂爱情，其实却知之甚少"（2）。爱情被表达为一个快乐与痛苦相伴的悖论：诗人分享着那只振翅云雀的快乐（1），而这种欣喜的情绪又总是伴随着他离去时的毁灭、苦难和凄惨（4–8）。贝尔纳在第6节赞美他的那位女士，说她是自己一切幸福的来源，又在第4节中谴责她毁灭、击溃了自己。他承认自己对女人爱恨交加：他在第2节中坦言，"我无法让自己不去爱她"；他在第4节中断言，"我对女人绝望"。《当我看到云雀振翅》包含着一出有关意志的深刻戏剧；或者说包含着一场认知与意志力的冲突，诗歌一开始就用意象传达了这个冲突，高飞的鸟儿满心喜悦，以至于忘记了飞翔，后来又在贝尔纳的疑虑（6）[2]中再次提及了这个意象，他怀疑自己是否"想要爬得更高"。简而言之，诗人无力取得自己渴望的东西，而这一困境则在那位女士身上得到了镜像式的呈现，她拒绝渴望自

---

[1] 第五章引述本句时，"所爱之人"作"异性"。——译者注
[2] 对应的引文"想要爬得更高"出自诗歌的第5节。——译者注

己可以取得的东西：这位游吟诗人哀叹道，"她不愿去做自己该做的事，却做了不该做的事"（5）；"怜悯不见踪影——尽管我从来都不曾得见它——因为最该拥有怜悯之心的她却毫不怜悯"（6）。[3]

在某种深层意义上，《当我看到云雀振翅》包含的诸多矛盾可以归纳为诗歌中的声音悖论——也就是说，可以认为这些矛盾表达了对于言说的惧怕，而这是康索中的一种常见母题。例如，塞尔卡蒙在《当甜蜜的氛围变得苦涩》（"Quant l'aura doussa s'amarzis"）中说自己"如此惊惶不定，不敢说出自己的欲望"，同时又声称自己最害怕的就是"到死也没有敢于求取"他那位女士的爱。[4]贝尔纳也是如此，他在抒情诗《当草叶初萌》（"Can l'erba fresch' e.l.h folha par"）中说自己极为惧怕那位女士，所以从不"敢于对她谈论自己"。[5]在《当我看到云雀振翅》中，贝尔纳以自己的声音弃绝了歌曲。"我舍却歌唱，弃绝歌唱"，这句话与明显在场的歌曲相矛盾，很难不让人注意到贝尔纳的情爱姿态实际上类似于厌女者的"我被禁止说话，我无法保持沉默"（第2章）。用歌曲来弃绝歌唱，这样带有悖论意味的做法也与诗人同自己欲望的不可调和的关系密不可分。对于那位女士的怨怼"我就不会同她再说更多的话语"（7）本质上无异于"我离开她，弃绝她"（7）这样的威胁，而这又跟一开始所坦言的"我无法让自己不去爱她"（2）相矛盾。

我们在这里遇到的不谐可以被视为宫廷风度的整体性悖论，这种不谐就在于诗人虽想保持沉默，却仍在继续歌唱，在于他尽管再怎么渴望都终归无望，却仍在继续渴望："我无法让自己不去爱她，尽管我永远无缘她的青睐。"（2）[6]其实，人们会想知道这首诗是否表达了它自身欲望的徒然，想知道欲望本身是不是并没有构成诗歌本身之徒然的条件。[7]这里的悖论与贞洁悖论也不无相似之处。用最简单的话说，欲望的必要条件——也即一个女人被爱的必要条件——在于她应该是完美的。虽然她的完美状态意味着她应该自足、自立、完整——或者说为人所渴望的她不应有所渴望。贝尔纳在别处说过，"我越是哀求她，她对我就越是残忍"。[8] 爱之对象的完美，排除了或阻止了她欲望的可能。按照宫廷式关系的逻辑，女人要为人所爱，就必须不为所动、不可企及、不受玷污——简而言之，必须是一个贞女。换句话说，没有哪种爱的方式可以免于《当我看到云雀振翅》中不绝如缕的怨怼歌唱所彰显出的那种不谐。

有关康索的各种理论预设实际上很像是对教父们贞洁学说的俗语阐发，按照这些预设，这位诗人的悖论是关于不可能之表述的悖论，或者说是关于言说者与声音的不可能关系的悖论。我们之前在《韦尔吉的女城主》《伊格纳赫莱歌》《夜莺》《兰瓦尔之歌》等莱歌中见到过这一悖论的叙事版本。秘密情事的揭露者恰恰是情人自己，哪怕存在与此相反的说法，哪怕总有人把揭露行径的过错不断推给散布宫廷流言和假意逢迎的人。贝尔纳发誓说，"女士，这些假情假意、心怀妒忌的人已然从我这里盗走了许多美好的日子，即便他们一直以来都在紧盯不放，想要弄清我们之间是怎么回事，你也绝不会由于流言蜚语、宵小匹夫而身陷窘境。因为别人不会从我这里知晓我的爱；这一点你大可放心"。[9] 而且，既然这位诗人像兰瓦尔一样，显露或吐露了自己的欲望，那么欲望也就随之消失，或者至少有所减损。贝尔纳认为，"人们四处夸耀的爱并不是爱，那不过是在装模作样，那些不尊重本该保密之事的人，是卑贱、恶劣、愚蠢的"。[10] 这里的语言困境在主题上类似于宫廷文学中关于谨言慎行的劝告，不过它远远超出了后者，关于不可能之贞洁的观念（观看、思想乃至怀疑都会摧毁它）在此以另一种形式重现，而这种形式由于难以觉察而更有力量。它意味着每首爱情歌曲都会摧折一位贞女。

诗人的行为构成了悖论，他以歌唱来弃绝歌曲，他渴求按理说不会回以渴求的事物；总之，这是关于爱恋贞女的悖论，它在以下方面有助于我们理解宫廷现象:首先,它可以说明抒情诗的内容为什么能够轻松往返于所谓的宫廷之爱与反女性主义要素之间——正是这些要素把这位宫廷诗人转变为厌女者的同路人。"我对女人绝望。我不再相信她们;我过去为她们辩护,现在则要谴责她们。我意识到没人帮我对付那个毁灭我、击溃我的女人,所以我害怕一切女人,对她们全不信任,因为我很清楚她们全都一样。"(4)事实上,如果回到我们对于厌女的界定,即厌女是一种言语行为,其中句子的主语是女人,而谓语部分则是一个意思更为宽泛的说法(参见本书导论),那么我们就会清楚地看到鲜明的呼应关系,否定的修饰语呼应着肯定的修饰语,宫廷抒情诗中除了"女士"(domna)之外就别无他名的抽象女人所承载的那种具有物化作用的理想化建构,呼应着对所有女人的谴责:"我对女人绝望……因为我很清楚她们全都一样。"(4)但也有一处不同:如果说反女性主义话语的特点表现为言语行为中的"所有女人都如何如何",那么纠缠着这位宫廷恋人话语的言语行为则是"这个女人如何如何"。不过,人们可能不禁要问,这个女人既然作为种种抽象品质(最美丽、最慷慨、最谦恭、最善良)的唯一来源,即作为一个"类",那么她是不是真就如此不同?

以上对于《当我看到云雀振翅》的解读尽管十分粗略,但足以表明在宫廷文学对于女性的理想化建构之下,潜藏着对女性特质的贬抑。这不是贝尔纳一个人的问题。根据马卡布鲁(Marcabru)的传记作者的说法,他"从未爱过任何女人,也从未为任何女人所爱",并且"以言语中伤女人和爱情";他也认识到两种看似相反的性别形象有着紧密的联系。[11]事实上,他的诗中充满了截至目前我们所遇到的几乎所有反女性主义的传统论题:他笔下的女人放荡不羁、善变、不忠、表里不一且富于诱惑。[12]他指出,"自从蛇压低那挂着果子的枝头以来,世上还不曾有过这么多诡计多端的女人"。[13]更重要的是,马卡布鲁是为数不多对受孕问题表现出关注的游吟诗人之一,他所描绘的家庭生活中总是会有不实的父子关系,父亲们自以为能够约束妻子,但却是在抚育和"培养"自己对手的孩子:

> D'autra manieira cogossos,
> Hi a rics homes e baros
> Qui las enserron dinz maios
> Qu'estrains non i posca intrar
> E tenon guirbautz als tisos
> Cui las commandon a gardar
> E segon que ditz Salamos,
> Non podon cill perfors lairos
> Acuillir d'aquels compaignos
> Qui fant la noirim cogular,
> Et aplanon los guirbaudos
> E cujon lor fills piadar

一些有权有势的男爵把妻子关在房子里,让外人无法进入,同时还招揽一批无赖,下令让他们去看守自己的妻子。但根据所罗门的智慧,这些大人们所款待的那帮贼人才是最坏的,他们会造出一个个野种;丈夫们爱抚着这些小小无赖,还以为是在关爱自己的儿子。[14]

奥朗日的兰博(Raimbaut d'Orange)甚至指出,只有厌女者而非宫廷恋人才有能力在爱情中取得成功。他做出保证:"我想再教给你们一些东西,让你们可以凭此征服最好的女士。无论何时都要用上鄙陋的言辞,伴以耸人听闻的歌唱和夸耀;要给最差的女人以尊荣。"[15]

其次,这首抒情诗似乎总体上与女性没太大关系——从宫廷文学对女性特质的抽象化中必然会推出该论点。相反,它所承载的主要是诗人与他自身的关系,而非他与别人的关系。[16] 在《当我看到云雀振翅》中,爱情是经由凝视产生的,这与禁欲主义话语中的情况一样;但凝视的对象与其说是女人,不如说是男人在她眼中的映像:"我再也无法控制自己,甚至不再属于自己,自从她让我凝视她双眼的那时起:这面镜子给予我多少欢愉。"(3)说到底,诗人的欲望表达了一种根深蒂固的悲观主义,映射着死亡愿望,而这同样与既有的反女性主义传统相应和。这也解释了诗中为何要提及特里斯坦的神话:"特里斯坦,你再也不会从我这里获得什么,因为我会凄惨地离开,不知去向何方。"(8)对自我的剥夺,对于抽象之物的爱所包含的身心剥离(disembodiment),一个理想,一个为诗歌的具身性所毁灭的理念,这些都具有自戕自伤的性质。正因为如此,从他人眼中看到自身这件事才会具有宿命般的吸引力,也正因为如此,纳西索斯的神话才具有吸引力:"镜子,自从我看到倒映在你身上的自己,深沉的叹息就每每置我于死地。我已然毁掉自己,犹如俊美的纳西索斯在泉水中毁掉自己。"(3)

宫廷之爱所包含的那种自伤自戕的自我毁灭,在香槟的蒂伯(Thibaut de Champagne)所作的《我如同那独角兽,因注视而恍惚》("Ausi conme unicorne sui")中表现得最为明显。这首诗和《当我看到云雀振翅》有许多相同的母题,但它甚至更为鲜明地呈现了欲望、死亡和贞洁之间的关联。所以香槟的蒂伯和旺塔杜尔的贝尔纳一样,也经历了身心剥离;他的心遭到了羁押:

  Mes cuers aloit si tressaillant

  Que il remest quant je m'en mui.

  Lors fu menez sanz raençon

  En la douce chartre en prison. [2]

（见到你时）我的心如此剧烈地颤抖，所以当我离开时，它便留在了你身边。它旋即被捕，无从赎回，被关在甜蜜的囚牢中。[2][17]

诗人被抓获——"Mult ont tost un honme saisi"["它们很快就捕获了一个人"（3）]——或者说被剥夺（dispossessed），其中 *saisi* 一词与 *saisine* 有关，后者相当于"据有"（possession）。与贝尔纳一样，蒂伯渴望遭受无止境的磨难，"Dame, je ne dout mes riens plus / Fors tant que faille a vous amer"["女士，我所惧怕的莫过于无法爱你"（5）]。此外，蒂伯认识到自己所遭受的囚禁一定程度上是由一位贞女导致，更确切地说，是由"看"所带来的宿命般的后果导致，这后果不仅影响到了贞女，还影响到了观看这位贞女的人自身：

Ausi conme unicorne sui

Qui s'esbahist en regardant,

Quant la pucele va mirant.

Tant est lïe de son ennui,

Pasmee chiet en son giron;

Lors l'ocit on en traïson.

Et moi ont mort d'autel senblant

Amors et ma dame por voir.

Mon cuer ont, n'en puis point ravoir. [1]

我如同那独角兽，因注视而恍惚，沉醉于那位贞女。它倒在她的膝头，对煎熬也感到欣喜；猎物落入背叛者之手，就任她屠戮。这便是我的处境：置我于死地的，是爱情和我的那位女士。她们夺走我的心，让我无从挽回。[1]

第六章　爱情抒情诗与完美悖论

纵观中世纪文学，《我如同那独角兽，因注视而恍惚》最为突出地表现了凝视贞女所带来的宿命。它作为一则关于贞洁的寓言，凸显了关于宫廷风度和宫廷抒情诗的整体性悖论。

简单地讲，这首抒情诗中的女人诱惑别人，但却从不被别人诱惑，这就代表她是一名贞女。她被人渴求，其先决条件在于她是完美的、理想的、自足的，没有缺陷和缺失，所以也就没有欲望；因此，爱的必要条件就在于爱人者不会为对方所爱。那位女士必须是一名贞女才会被爱；对于这位贞女的欲望代表了某种理想或理念，我们先前（在谈到具有厌女性质的贞洁概念时）就把这样的理想和理念认定为一种对于绝对的欲望，而该欲望在这里则表现为一种深层的愿望，想要与他者达成同一，想要达成自我同一。然而，在这首诗中，自我同一的概念就像把贞女具身化的可能性一样，每时每刻都在被掏空，因为根据中世纪的符号理论，在语言范围内，自我同一从来都是无法实现的。诗的第一行就是证据："我如同（*conme*）那独角兽，因注视而恍惚。""如同"独角兽不等于"是"独角兽，语言本身就是在把这种差异原则进行具身化，或者说，每当有人言说或书写之时，语言就会在自我内部打开一个空间。这实质上正是诗中去肉身化表述（disincarnations）的意义所在，"她们夺走我的心，让我无从挽回"（1）；"（见到你时）我的心如此剧烈地颤抖，所以当我离开时，它便留在了你身边"（2）。

诗歌开头的隐喻所开启的自我对自我的疏离，意味着是我却又非我、有生命却又无生命的东西；换句话说，意味着拟人化。"我如同那独角兽，因注视而恍惚"一句拉开的最大距离就在于此——拟人化的寓言，把自我呈现为抽象之物，又反过来把抽象之物呈现得仿佛具有生命。情人的囚牢，以欲望为支柱，以注视为大门，以希望为枷锁。["les piliers sont de désir, / les portes de contemplation, / et les chaînes, de bon espoir"（2）]：

267

> De la chartre a la clef Amors
>
> Et si a mis trois portiers:
>
> Biau Senblant a non li premiers,
>
> E Biauté ceus en fet seignors;
>
> Dangier a mis a l'uis devant,
>
> Qni mult est maus et Pautoniers.[3]

爱情握着囚牢的钥匙，在那里布下三名守卫：先是甜蜜的表象，再是施展威力的美貌。危险被安排在了前门，这个丑陋可憎的卑劣恶徒，包藏祸心，满腔怨恨。[3]

在阅读《我如同那独角兽，因注视而恍惚》这样的抒情诗时，我们难免会产生疑问：究竟该如何把握这个让诱惑原则（Biau Semblant）与禁绝原则（Dangier, Soufrir）相互较劲的寓言化戏剧？

这些带有心理学色彩的抽象物之间的冲突，是否正如 C.S. 刘易斯在谈论《玫瑰传奇》时所说，是属于女人的？还是说它是内在于男人的？如果由于歌声的在场，这首抒情诗的既有设定之一就是永远得不到满足的欲望，那么欲望的对象又是什么？是从未在场的女人吗？是上文所说的自我同一吗？那歌声是否也如上文所述，渴望着语言或歌曲本身呢？其他俗语作品中有相当充分的证据表明，应当把语言内部的空隙（法兰西的玛丽称之为语言的"朦胧晦涩之处"）跟对于意义、对于文本的欲望联系起来。诗人欲望的终极对象，是否正如德尼·德·鲁热蒙（Denis de Rougemont）所说，是欲望本身呢？蒂伯在最后一节诗中的断语"女士，我所惧怕的莫过于无法爱你"（5）当然是支持这种看法的。同《当我看到云雀振翅》一样，《我如同那独角兽，因注视而恍惚》表明对于受苦的欲望确实和对于歌曲的欲望相关，而正是这个带有受虐狂色彩的对子使得诗人的受苦与其说是同那个女人（她从未被点出姓名，尽管按理说她应该是诗歌的言说对象）的一种关系，不如说是同他自身的关系。由此，这首抒情诗的措辞也就同样属于我们所认定的贞洁诗学。这就是说，如果诗人就像是那个以宿命之"看"诱惑了自身的独角兽，如果用于描述这种诱惑的隐喻语句表征了诗人对他自身的疏离，那么伴随着贞洁的死亡愿望和这样的隐喻最终就是分不开的。诗人的囚牢，就其在中世纪抒情诗中的接受而言，是书写的"甜蜜的纸面囚室"（"sweet charterhouse [*chartre*[1]]"），"Lors fu menez sanz raençon / En la douce chartre en prison"〔"它旋即被捕，无从赎回，被关在甜蜜的记叙，甜蜜的囚牢中"（2）〕。

这其实变相说明了宫廷情歌（courtly love song）与唱给贞女的歌曲（songs to the virgin）的差异并没有人们通常所想的那么大，尽管前者通常会被纳入世俗的肉体领域，而后者会被认为是一种更富精神意涵的文类。与此相应，我们前面也发现了世俗莱歌《兰瓦尔之歌》与《圣母的奇迹》《提阿非罗悔过记》的相似之处。例如，在一首题为《我献身于爱已经太久》（"Tant ai amors servies longuement"）的贞女抒情诗中，蒂伯似乎弃绝了对自己那位女士的爱，而选择献身于上帝之母。不过他认识到，从根本上讲，爱总是指向得不到的东西。

> Mes bone amor ne let honme apenser
> Ne bien choisir ou mete sa pensee.
> Plus tost aime on en estrange contree,
> Ou on ne puet ne venir ne aler,
> Qu'on ne fet ce qu'on puet toz jorz trover,

---

[1] 中古法语中的 chartre 具有两个不同的拉丁词源，分别对应着两组不同的含义。其一是 chartula 或 charte，与之相对应的含义是书面的章程、协议、记录、书信等；其二是 carcer，与之对应的含义是囚牢、监狱。——译者注

269

Ici est bien la folie provee. [5]

真正的爱情不容许一个人自主选择他的所念所想。比起爱自己在家中即可获得的东西，一个人更情愿自己的所爱在无法通达的异域。这是广为人知的蠢行。[5][18]

在看似两相抵触的爱情抒情诗与唱给贞女的歌曲中，蒂伯强调了宫廷风度悖论与贞洁悖论的相近之处：一个人所爱的只能是完美之物，或者说贞女；爱一名贞女就是爱一个抽象之物；而爱抽象之物，从定义上讲就是爱非具身化的东西；而最后，他把爱的对象表述出来，从而毁掉了它。无论一个人所渴望的是不可企及的女士还是神圣的童贞女（the Holy Virgin），欲望的对象总是不在场的，这样欲望才能固定在这个对象上。这就是为什么抒情诗的若干亚文类十分仰赖于离别的母题——所谓的离歌（congé），破晓歌（即 alba），当然还有十字军歌（crusade song）——《我献身于爱已经太久》就是一首十字军军歌。[19] 塞尔卡蒙坦言："在这个世界重焕生机、田野重现绿色的季节，我想要吟唱一首新歌，歌唱我所爱恋和渴慕的一位女士；但她于我而言遥不可及，我的言语也无法取悦她。"[20]

游吟诗人著名的"远方之爱"（amor de lonh）的最深意蕴就在于此，这种爱远非宫廷之爱的一个孤立的子类别，用列奥·施皮策（Leo Spitzer）的话说，它"在一种悖论性的意义上与相聚的欲望（desire for union）同为一体"，用我们的话来说，它以最纯粹的方式表达了宫廷风度内部的贞洁逻辑。[21] 这方面的经典篇章当然要数若弗雷·吕德尔（Jaufré Rudel）的故事，记述他传奇经历的"生平小传"（vida）就非常贴合不在场情人的逻辑。

Jaufres Rudels de Blaia si fo mout gentils hom, princes de Blaia. Et enamoret se de la comtessa de Tripol, ses vezer, per lo ben qu'el n'auzi dire als pelerins que venguen d'Antiocha. E fez de leis mains vers ab bons sons, ab paubres motz. Et per voluntat de leis vezer, et se croset e se mes en mar, e pres lo malautia en la nau, e fo condug a Tripol, en un alberc, per mort. E fo fait saber a la comtessa et ella venc ad el, al son leit e pres lo antre sos bratz. E saup qu'ella era la comtessa, e mantenent recobret l'auzir e-l flairar, e lauzet Dieu, que l'avia la vida sostenguda tro qu'el l'agues vista; et enaissi el mori entre sos bratz. Et ella lo fez a gran honor sepellir en la maison del Temble; e pois, en aquel dia, ella se rendet morga, per la dolor qu'ella n'ac de la mort de lui.

布莱（Blaye）的若弗雷·吕德尔是该地区高贵的领主。他爱上了素未谋面的的黎波里伯爵夫人，只因听到来自安条克来的朝圣者对她的赞美；他创作了许多与她有关的歌曲（vers），这些歌曲的旋律优美，但疏于用韵。由于渴望见到她，他参加了十字军，并乘船出海。他在船上病倒，等到被人带进的黎波里的一家旅馆，他已经如同死人。伯爵夫人得知此事，便来到他的床前，把他抱在怀里。他得知那是伯爵夫人，就立即恢复了视觉和嗅觉；他赞美上帝让自己活到了与她相见的时刻。就这样，他死在了她的怀里。她把他体面地安葬在教堂内。就在同一天，出于对他死亡的悲痛，她成了一名修女。[22]

若弗雷的故事有时会被当作绝无仅有的特例；可它点出了宫廷歌曲中几个更具一般性的要素，只不过宫廷歌曲的逻辑在这里呈现为了叙事形式而已。第一，在许多爱情抒情诗中（在许多传奇中也是如此），点燃爱情火焰的是传闻，而非双方的当面接触。换句话说，欲望若不经由凝视入场，便会借助传闻来临。[23] 第二，这则"生平小传"清楚地表明了爱情抒情诗在何种程度上有赖于女士的不在场，在何种程度上以女士的不在场为诗人歌曲的先决条件。所以若弗雷前往她所在之处的那场航行最终是致命的。尽管她让他重获视觉和嗅觉，但与这位女士的会面不仅对应着歌曲的结束，也对应着生命本身的结束。要想让歌唱得以发生，这位女士就必须保持贞女身份；而她在他死后遁隐尘外，则症候式地体现了宫廷风度必然伴随着的贞洁美学。

这篇"生平小传"强调了康索《白日渐长，时值五月》（"Lanquan li jorn son lonc en may"）中的一处明显的讯息。在这篇或许是若弗雷最为著名的诗作中，不仅是不在场，就连关于不在场的记忆都足以产生歌曲：

> Lanquan li jorn son lonc en may
> M'es belhs dous chans d'auzelhs de lonh,
> E quan mi suy partitz de lay
> Remembra-m d'un' amor de lonh:
>
> 白日渐长，时值五月，鸟儿歌唱使我愉悦；从倾听中回过神来，我想起远方之爱。[24]

如果说不在场是歌曲的充分条件，那么歌曲的对象似乎就是欲望对象的在场——是看到那位女士，"Be tenc lo Senhor per veray / Per qu'ieu veirai l'amor de lonh"〔"我坚信上帝会保佑我看到我那远方之爱"（5）〕。此外还有被她看到，"Ai! car me fos lai pelegris, / Si que mos fustz e mos tapis / Fos pels sieus belhs huelhs remiratz"〔"哦，去那里做一个朝圣者，这样我的手杖、我那粗制的朝圣长袍，就会被她的双眼看见"（2）〕。不过，若弗雷说得十分清楚，让那位女士在场，就意味着让他自己不在场，"Iratz e gauzens m'en partray, / S'ieu je la vey, l'amor de lonh"〔"亦悲亦喜，我倘若看到这远方之爱，就会让自己离开她"（4）〕。诗人爱恋的条件在于他爱着对方而又不被对方所爱〔"Qu'ieu ames e no fos amatz"（7）〕，

第六章　爱情抒情诗与完美悖论

换句话说，那个女人必须始终是不可企及的。[25]

如果若弗雷渴望不在场的爱，却又在她在场的时候弃绝这份爱，那么他所爱的是什么呢？按照传统的解读，诗人爱的是远方的她，因为她是最困难因而也最有价值的对象。然而，我们截至目前所看到的一切都在把我们推向另一种解读，即若弗雷的欲望与这位女士关系不大，或者根本没有关系。相反，他渴望的是那一段将他同在场的可能性分隔开来的距离，因为在场的可能性会让"其价值如此纯粹且完美的那一位"〔"Tant es sos pretz verais e fis"（5）〕的纯洁受到玷污，[26] 这同样符合我们所界定的贞洁悖论。总而言之，若弗雷渴望让这位女士一直处在远方。

> Ver ditz qui m'appella lechay
> Ni deziron d'amor de lonh,
> Car nuls autres joys tam no-m play
> Cum jauzimens d'amor de lonh.
>
> 他说我是"一个渴望远方爱情的人"，他说得很对，因为没有什么快乐能比远方的爱情更让我愉悦。[7]

《白日渐长，时值五月》涉足了无处不在的贞洁诗学。根据贞洁诗学，诗人所爱的最终是一个抽象之物——是那位被置于远方的女士，是关于永远得不到满足的爱的位格化观念，甚至是他自己的声音——而非他所宣称的欲望对象的任何具身形态。[27] 若把这一逻辑推到极点，那么，就像游吟诗人蒙塔哈古尔的吉扬（Guilhem de Montanhagol）所认识到的那样，使人高贵的爱必然告终于对性的弃绝："情人们必须继续侍奉于爱（Love），因为爱不是一种罪孽，而是一种美德，它让恶人变好，让善人更进一步，让人们走上每日行善的道路。贞节本就来自爱，因为凡是真正理解爱的人，是不会起邪念的。"[28]

这表明，宫廷女士（她只有处在一定距离之外才可以被爱，换言之，她一直是抽象之物）的悖论不过就是某种版本的贞女悖论——贞女必须保持不曾被看、不曾被说乃至不曾被想的状态，才能保持贞女身份。在我们所知的西方情欲模式（eroticism）被发明之初，一种不可能性就已镌刻在它的核心，这解释了为什么诗人总会有受虐的倾向，也说明了笼罩在宫廷诗歌创作之上的宿命色彩。这并非简单地认为爱情和死亡是相伴而行的，也并非简单地认为，在某种关于"对超越性的欲望"的神学化观念中，通过让爱的个体对象等同于想要避开肉身化个体的欲望，爱情与死亡就绑定在了一起。相反，正如我们在分析莱歌时所见，情欲模式中爱情与死亡的亲近性关乎一个事实，那就是人只要起了欲望，就会杀死某个东西——若无其他，这东西就是贞洁的纯洁性，而贞洁的纯洁性恰恰被认为是爱的必要条件。这意味着所谓的宫廷之爱从来都不曾远离那包含着中世纪反女性主义话语的贞洁诗学。事实上，到目前为止，我们所看到的一切都表明，关于女性的两种主导文化话语——贬抑性话语和理想化话语——很难说是彼此对立的。因为二者就像人们所假定的女人一样，都是反应过度的。只有认识到二者的密切性乃至同一性，才能解释威廉九世从粗鲁的厌女者到第一位宫廷情人这一著名转变的奥秘，才能最终调和安德里亚斯·卡佩拉努斯《宫廷之爱的技艺》中两相对立的宫廷面向与厌女面向。

威廉九世与安德里亚斯·卡佩拉努斯

关于西方浪漫之爱的起源，存在许多经久不衰的问题，其中一个问题关注的是阿基坦公爵（duke of Aquitaine）威廉九世（1071—1127）以及所谓的他对待女性态度的变化。在人们看来，他早先创作的粗犷歌曲以所谓的"骑士之爱"为特点，而他后来的歌曲则为宫廷之爱提供了奠基性的表达。

我们之所以会觉得他经历过这番"人生中的重大转折",主要是因为对这第一位游吟诗人的行为做了脱离作品文本的解释。[29] 例如,根据马姆斯伯里的威廉(William of Malmesbury)(d. 1143)在《盎格鲁国王史》(*Gesta regum anglorum*)中的记述,这位公爵从第一次十字军东征归来的时候,正值一个世风日下的时代,而这就意味着耽于享乐的做派:

> 那里当时住着普瓦图公爵威廉,这个愚蠢而多变的人在离开耶稣撒冷后……就倒卧于充斥着种种恶习的泥淖中……此外,他给自己那些零碎支离的胡言乱语包裹上一层徒有其表的艳丽(字面含义:虚假的美),用它们来冒充智慧,以阵阵轻笑让听众解颐……他还点出了几个出身知名妓院的姑娘的名字,狂妄地宣称要让她们担任自己的女修道院院长、小女修道院院长等职位。[30]

一出通奸事件所带来的恶名进一步丰富了关于威廉放荡背德的传说,尽管他试图以乱伦为由宣布自己的婚姻无效(这很常见),但此事还是为他招致了教会的咒逐。马姆斯伯里的威廉写道:"另外,他在赶走了自己的合法妻子后,又拐走了某位子爵的妻子;他对她的色欲十分强烈,发誓要把这个荡妇的形象刻在自己的盾牌上,并一再表示他将在战斗中支持她,就像她在床上支持他一样。"[31] 威廉素有好色风流之名,维茹瓦的杰弗里(Geoffrey of Vigeois)说他是一个对女性怀有激烈爱意的人(*vehemens amator feminarum*),并把他在十字军征战中的失败归咎于他的性欲。[32]

威廉九世的反女性主义诗歌要素见于第一歌、第二歌和第五歌。第一歌是关于诗人的两匹马的故事,而这两匹马其实是对两个女人的隐喻:

> Dos cavals ai a ma seilla ben e gen;
> Bon son ez ardit per armas e valen,

> Mas no-ls puesc tener amdos que l'uns l'autre no consen.
> 我的两匹马与我的马具十分相配。
> 它们都是骏马，善战勇敢，价值不菲。
> 但二马不可得兼，因为其中一匹不能容忍另一匹的存在。[33]

第二首歌描绘了一个女人善变、贪婪、自私自利的画面：

> Qu'eu anc non vi nulla domn'ab tan gran fei
> Qui no vol prendre son plait on sap mercei,
> S'om la loigna de proessa, que ab malvastatz non plaidei.
> E si-l tenez a cartat lo bon conrei,
> Adoba-s d'aqueul que troba viron sei:
> Si non pot aver caval, ela compra palafrei.[5-6]
> 因为我从未见过哪位女士如此忠贞：
> 就算知道自己可以得到宽恕，也绝不会放任自流。
> 所以一旦她离开高贵之士，就会跟卑劣之徒签订协议。
> 如果高昂的价格让她无从购得优秀的装备，
> 她就会用在自己身边找到的随便什么东西来装备自己：
> 如果她无法拥有一匹战马，她就会购买一匹驯马[1]。[5-6]

第五歌是那首著名的"红猫诗"，至少有一位批评家曾认定它是第一个古法语喜剧故事（comic tale）或滑稽故事。这首诗讲的是诗人与两位领主妻子会面的场景，他装作哑巴，而她们就用一只猫的爪子去抓他的背部，以此检验真假，等到她们确信他不会说话后，她们就拿他当作自己的性对象：

---

[1] 驯马（palfrey）指体重较轻、跑动平稳的马，被认为适合女性骑乘。——译者注

第六章　爱情抒情诗与完美悖论

Tant las fotei com auziretz:

Cen e qatre vint et ueit vetz!

Qe a pauc no-i rompet mos conretz

E mos arnes,

E no-us pues dir lo malaveig

Tan gran m'en pres. [14]

你且听听我弄了她们多少次：

一百八十八次！

我的装备都快坏掉了

我的马具也一样

我都跟你讲不清楚，

这一切让我有多难受。[14]

这三首诗[1]确实与——比如说——第九歌形成了极为鲜明的对比。在第九歌中，色胆包天的骑士被羞怯的宫廷情人取代，前者以猥亵戏谑的方式对待爱情，把女人们看作用来玩弄和驾驭的马匹，厌倦了就再换一个，而后者则在远处尊重、服从乃至崇拜着那位女性。《我快乐地步入爱情》（"Mout jauzens me prenc en amar"）中所包含的许多要素，后来都将跟宫廷风度的场景和情绪形成关联。与前述例子不同，诗人在这里并没有夸耀吹嘘，而是凸显了自身的谦卑，当然也称赞了那位女士的美德：

Totz joys li deu humiliar

E tota ricors obezir,

Midons, per son belh aculhir

E per son belh, plazent esguar;

---

[1] 作者在这里混用"诗歌"和"歌曲"来指称这组作品。——译者注

277

E deu hom mais cent ans durar

Qui-l joy de s'amor pot sazir. [4]

在她面前,一切快乐都该谦卑

一切财富都该恭顺,

那尊贵的女士,因她亲切的善意

也因她美丽而又令人愉悦的脸庞;

而他需要再守候一个百年

才能博取她的爱所带来的快乐。[4]

威廉九世的第九歌听起来最像是《宫廷之爱的技艺》的第一、第二卷。安德里亚斯·卡佩拉努斯在这两卷中指出,爱情"让人闪耀着多种美德的光辉",这与骑士歌曲(vers)中的粗鲁情人截然相反:[34]

Per son joy pot malautz sanar,

E per sa ira sas morir

E savis hom enfolezir

E belhs hom sa beutat mudar

E-l plus cortes vilaneiar

E-l totz vilas encortezir. [5]

她快乐时,患病的男人也会康复,

她生气时,健康的男人也会死去

智慧的男人也会变成傻瓜

英俊的男人也会顿失神采

最有教养的人也会变得粗鄙

最粗鄙的人也会变得有教养。[5]

第六章　爱情抒情诗与完美悖论

威廉九世创作中这种明显可见的割裂，再加上"生平小传"把他描述为"世上最具宫廷风度的人之一，最能诱惑女性的人之一"，就使得19世纪以来的学者们把他看作一个拥有雅努斯面孔的诗人。[35] 卡尔·浮士勒（Karl Vössler[1]）主张他的创作轨迹明显存在一个"从淫秽到崇高的进步过程"。皮奥·拉赫纳（Pio Rajna）和阿尔弗雷德·让罗瓦（Alfred Jeanroy）说他拥有两副面孔。更重要的是，在人们看来，这位普瓦图伯爵（count of Poitou）的演进不仅表现为道德上的进步，而且还明显表现为风格上的演化，从他被认定的最早期作品中的所谓离奇、笨拙、非宫廷式的诗体，演进为更细致的风格。让罗瓦发现，文笔粗犷的淫秽诗句为优雅、细腻、精致的诗行所取代。[36] 罗伯特·布里福延续了加斯东·帕里斯（Gaston Paris）开创的传统，想象这第一位游吟诗人"突然就完全改变了自己的风格"。[37] 勒内·奈利（René Nelli）也有样学样："鉴于在风格和诗体方面最差的粗糙篇什往往也是最古老的，那么显然，它们的作者从粗犷的情欲模式有效转向了更理想化的情欲模式。"[38]

批评家们由此断定，两种相反的诗歌风格表达了两种不同的道德倾向，而这一观点也符合这第一位游吟诗人的生平历程。然而，关于威廉九世情歌创作顺序的证据完全以让罗瓦版本中的顺序为基础，把骑士作品置于宫廷作品之前；但是近来有些编者和批评家已经指出，这些诗歌的创作时间是无法确定的。[39] 而且，正是这些诗歌最终构造出了宫廷之爱的出生证明，也就是说，构造出了西方浪漫之爱的出生证明，可这些诗歌的顺序并不来自历史信息，而是由一个虚构的道德顺序强加的，有赖于19世纪对于传记内容的预设，即当事人必定会从青涩的愚昧转向成熟的智慧。用雷托·贝佐拉（Reto Bezzola）的话说，这是一场"内在危机"（crise

---

[1]　一般作"Karl Vossler"。——译者注

279

intérieure）。可我们所能确定的只是他尽管愚昧，也懂得智慧。我们不能先认定威廉九世的道德轨迹与所谓的诗歌创作顺序是相吻合的，然后再以所谓的诗歌创作顺序为基础来得出传记方面的结论。让—查尔斯·于歇（Jean-Charles Huchet）在《失礼之爱》（*L'Amour discourtois*）一书中写道，"很不幸，这些诗歌的顺序——对应人生的三个阶段——得不到任何抄本方面的支持，甚至没有哪份手稿包含诗集中的全部诗作。只有抄本 N 是以第 11 首诗歌结束的；抄本 C（这是迄今最好、最完整的抄本）把它抄写在第 1、4、6、7、8 首之前，抄本 D 则把它放在第 6 首之前"。于歇的结论是，"由此可见，抄本传统保留了混乱的局面，把令人愉快的宫廷诗歌与淫秽诗歌混杂在一起，而现代编者所做的则是努力对它们进行整理排序，把那些让人浮想联翩的粗犷之作、轻浮任性的青涩产物单拎出来，以便把注意力集中在被认为是'宫廷之爱'（*fin'amors*）的真正起源的那些诗歌上"。[40]

这就意味着，人们眼中威廉九世那孕育了宫廷之爱的著名转向，由于缺乏文本依据，其实根本就不能算是转向。相反，现有文献还不足以得出定论，而只能说明这第一位游吟诗人的两副面孔之间的关系主要是逻辑上的，而非时间顺序或生平方面的，所以对于厌女歌曲和宫廷歌曲的并存，更好的解释应该是：中世纪关于女性的两种话语不是对立的，而是对于性别的同一种概念化理解中相互交融的两个部分。反女性主义和对女性的理想化互为镜像——二者作为同时都反应过度的观念，都把女性看作是反应过度的。[41]

人们有时会认为，威廉九世的情况由于是首例，所以也是绝无仅有的特例；但他其实与马卡布鲁、旺塔杜尔的贝尔纳、香槟的蒂伯等人并没有多大差别，如我们所见，在所有这些诗人的作品中，彼此冲突的态度相距很近，往往出现在同一首诗乃至同一个诗节中，这就使得彼此对立的

第六章　爱情抒情诗与完美悖论

矛盾要素无法在生平层面被划分到不同的时期。相反，在涉及女人的问题时，宫廷风度从一开始就带有一种基本的二重性，第一位游吟诗人的"两副面孔"以隐晦的方式为一组具有决定性意义的对立做了奠基性表达，而这组对立会在此后的作品中得到更显明的表达，比如我们起初提到的《玫瑰传奇》中的两个部分，以及《蒙彼利埃香颂集》（Chansonnier de Montpellier）中那两首不同寻常的经文歌（motets），这两首经文歌都在一首抒情诗的不同诗节中交替呈现出厌女倾向和宫廷风度。第126首经文歌在第1节中贬低了所有女人（"想要考验女人的人，不会发现一丝忠贞，因为她时刻都在准备不忠"），又在第2节中称赞了诗人的所爱之人（"我会耐心等待她的青睐，因为她有美丽高贵的身体，从此地到根特，找不出如此标致的女人"）。[42] 同样，一种假说只有讲明白看似相互矛盾的女性表述之间的相近性，才能解释安德里亚斯·卡佩拉努斯《宫廷之爱的技艺》中为什么会有两个明显不同的部分，而这一问题给学者造成的困惑，并不逊于威廉那表面上的道德反转。

我们在前几章中已经明确，依照反女性主义话语中那支配性的、无可化约的不融贯性，女人在何种程度上被那些连自己都无法保持安静的作者描绘为天生言语过多，也明确了女人在何种程度上被那些在作品中自我矛盾到无以复加的作者们想象为天生具有矛盾性（参见第二章）。安德里亚斯·卡佩拉努斯的矛盾之处有过之而无不及。《宫廷之爱的技艺》的第一、第二卷似乎是在称赞爱情是一种使人高尚的力量，是被它捕获之人的美德源泉：

> 爱情让粗野无礼的人变得潇洒出众；它为哪怕是出身最卑微的人赋予高贵的品格；它给傲慢之人赐予谦逊的态度；恋爱中的人会习惯于慷慨地为每一个人奔走效劳。哦！爱情是件多么美妙的事，它让人闪

耀着多种美德的光辉,一视同仁地教给每个人许许多多优良的品格![43]

可安德里亚斯却在第三卷中抨击爱情,其措辞让人联想到早期教父谴责肉体和女人是恶行的普遍来源:

> 贞节和对肉体欲望的克制被列为美德,所以它们的反面,色欲和肉体的欢愉就必定被列为罪恶……我们还出于另一个原因指责爱情;如果你思路正确,认认真真地究其始末,就会发现没有什么罪恶的逾越之举不是由这同一种爱所引发的。现在,人们承认杀人和通奸往往就来自于爱情;发伪誓也来自于爱情,因为当有人在爱情上背叛一个女人,他所立下的誓言,根据神圣教父们的规则,就不应被视为誓言,而应被视为伪誓。盗窃也来自爱情,这一点在我们为拒绝爱情而给出的第七条理由中说明过了。虚假的证言也来自爱情;在爱情势必带来的催迫下,情人们什么样的谎言都能说出口。愤怒和憎恨也来自爱情,对此大家都很清楚。还有一点是大家所公认的,乱伦往往来自爱情……偶像崇拜明显也来自爱情……此外,爱情常常把人们引向致命的、不可避免的战争,从而废除掉永久和平的条约。[44]

我们该如何理解安德里亚斯的"双重见解"(*duplex sententia*),理解他对爱情的爱恨交织,理解他表面上从痴迷于征服异性到保守贞节的转向?

一种传统解释是将《宫廷之爱的技艺》第三卷当成一部翻案之作(palinode),也就是说,作者急于让自己免担宣淫之责,遂以神职人员的口吻来表达对于性欲的弃绝。当然,这还是在臆测作者的生平,跟上文中威廉九世的情况差不多。不过,就这位宫廷之爱的"理论家"的生平而言,并没有马姆斯伯里的威廉或维茹瓦的杰弗里这样的人以文学文本之外

第六章　爱情抒情诗与完美悖论

的所见所闻来提供他生平的种种确凿细节,我们也就无从对他的个人危机和改换论调做出合理推测。不仅作为历史现象的宫廷之爱缺乏文献依据,就连安德里亚斯本人的身份都是个谜,他时而被认为是香槟的玛丽（Marie de Champagne）在特鲁瓦地区的被保护人,时而被认为是巴黎王廷的专职牧师。[45] 对于这位拉丁语讽刺作家,他的译者总结道:"除了他的书,我们几乎一无所知。"所有这些都意味着,关于这种转向的证据纯粹都是些旁证,而我们可以确定得出的结论无非是,或许有这么一个位居神职的人（安德里亚斯的名号[1]暗示了这一点）想要纠补那些可能被视作淫逸放荡的著作（《宫廷之爱的记忆》的前两卷显然就是如此）,尽管现存的历史记录中并没有提到教会方面曾对此有过谴责。[46]

这一论点还有个更强的版本。所谓的罗伯逊派（Robertsonians）把第三卷看作对先前两卷的讽刺,还把这种拉开距离的反讽原则普遍拓展到了所有宫廷作品中。[47] 这样一来,安德里亚斯作品中的两个部分之间的关系,就可以看作阿威罗伊主义的双重真理（当然它早于这种说法）的又一个例证,或者可以看作一个精心设计的文学游戏,它发出挑战,要读者从两个明显不可调和的对立面中做出选择,以审美距离唤起读者的意识,将其引向更高的道德境界。[48] 若将这一思路推到极点,则可以说安德里亚斯文本中的种种失谐（其中蕴含着语言阐释的无尽可能）,经由心理分析,为一场解释学挑战奠定了基础,变成了自给自持的语言快感和语言欲望的来源,而语言在这里最接近（而且似乎是再生产出了）教父论述中女人和语言作为物质的不完满性的两个相辅相成的面向而彼此缠绕的状态。[49]

《宫廷之爱的技艺》一书尽管充满谜团,但仍属于"反映一个伟大时代之思想、解释一个文明之秘密的重要作品之一";要弄清该书第三卷与

---

[1]　卡佩拉努斯（Capellanus）意即专职牧师（chaplain）。——译者注

283

前两卷的关系，关键并不在于作者的生平。[50] 相反，以道德重构为基础对威廉九世生平所做的揣测，以及以神职人员纠补之举为基础对安德里亚斯生平所做的更加缺少依据的猜想，二者尽管或可容纳那些相互对立的宫廷要素和厌女要素，但它们对于要素的排序却是相反的。即便我们认可转向的原则，但该原则为宫廷之爱的这位缔造者赋予的方向，正好与那第一位游吟诗人的方向相反。对于一方而言，我们是从粗粝的诗句转向细致、遥远而微妙的欲望；对于另一方而言，我们是从富于美德的宫廷风度转向对于女性的偏激斥责。所以威廉九世的两副面孔或许就与安德里亚斯的两副面孔一样，只是朝向反了过来。[51]

最终，我们可以在威廉九世和安德里亚斯·卡佩拉努斯的事例中看到一种冲动，想要把反女性主义与宫廷风度的关系叙事化，要把它圆成一个故事，其中一个要素出现在先，作为初始要素。对于第一位游吟诗人而言，厌女出现在理想化之前；而就安德里亚斯而言，理想化则早于厌女。不过，就像教父们对女性既推崇又贬低一样，这些对于女性特质的不同描述之间的矛盾，是永远无法通过指出其先后次序来解决的，因而也永远无法通过指出存在着吸引和排斥这两种反向等量、相互抵消的力量来解决。在一首诗中"女性被当作说明男性实力和社会地位的托词和载体"，而在另一首诗中，女性则被理想化，二者间的这种镜像关系不仅存在于威廉九世的歌曲中，存在于安德里亚斯的《宫廷之爱的技艺》中，还存在于我们起初讨论的《玫瑰传奇》的两"半"中，而这种镜像关系必须用更有逻辑的方式来加以想象。[52]

确实，问题被悬置了，用以描述这组对立的种种措辞共同作用，形成了一种使人麻痹的性范型，这是因为它们之间那如此完美的平衡状态保留了性别的悖论——作为悖论的性别。问题不只在于同精神分析家们一道，搬出每个男性孩童与母亲的关系中那永恒的、俄狄浦斯式的矛盾心理；[53]

不只在于同简·伯恩斯（Jane Burns）一道，断言游吟诗人们"对于女性抱有一种基本的矛盾心理"；[54] 不只在于中世纪时期反女性主义传统与宫廷传统之间那司空见惯的矛盾；[55] 不只在于同 C.S. 刘易斯一道，服膺于一种把问题自然化的"真理"，即"对于女性的'犬儒主义'和'理想主义'态度是同一根枝条上的双生果实……在有关浪漫之爱的文献中随处可见"。[56] 我这里不过是要再次指出，对女性的谴责和对女性的理想化同时存在，它们并非同一个现象呈现出的对立面貌，并非同一个硬币的正反两面。二者根本不构成一组对立。不如说，反女性主义与宫廷风度处在一种辩证的融洽关系中，正如我们在分析早期教父论述中"魔鬼的门径"和"基督的新娘"这两种并存的形象时所看到的那样，这种关系预设了一个逻辑上的必然，女性据此被置于反应过度的、两极化的位置上，她并非二者居一，而是二者皆是，因而陷入了一种意识形态上的纠缠状态，这最终使她从历史中被抽象了出来。宫廷之爱的确有其历史，但它的历史遭到了篡改，因为这段历史被简化到了一张简单年表的水平，而这就削弱了关于性别之含混、关于性别即含混的预设（该预设自基督教时代的头一个世纪起就居于主导地位）。所以如果我们要将宫廷之爱的出现与广泛存在的反女性主义话语（它规定着从中世纪早期直到当今时代的性别思想）放在一起进行历史定位，那我们必须去关注 12 世纪法国的法律、经济和社会体制。

注释

1. Robert Briffault, *The Troubadours* (Bloomington: Indiana University Press, 1965), 83.

2. *The Songs of Bernart de Ventadorn*, ed. and trans. Stephen G. Nichols (Chapel Hill: University of North Carolina Press, 1962), 166.

3. 真正的爱以女方的冷漠为前提，这一点同样清楚地体现在《当我看到花朵、青草与枝叶》（"Can vei la flor, l'erba vert e la folha"）中：

Eu sec cela que plus vas me s'ergolha

e cela fuih que.m fo de bel estatge,

c'anc pois no vi ne me ni mo messatge,

per qu'es mal sal que ja domna m'acolha,

mas dreih l'en fatz** qu'eu m'en fatz fol parer,

car per cela que.m torn'en nonchaler

我跟随对我最为傲慢的女人，躲开那位对我满怀善意的女士。自从她对我和善相待，她就再没有见到过我，没有见到过我的信使——因此善待我对于任何女人而言都是个错误。但我也对她做了补偿，我让自己像个傻瓜一样待在看不到她的地方；这全是因为另一个对我冷漠的女人。（Ibid., 164.）

编者注写道："***mas dreih l'en fatz* 等句。代词的指代不明让这段内容的意思变得难解。"指示词 *cela*（1.27）肯定是指 1.22 中提到的那个女士（从句 *que.m torn'en non-chaler* 表明了这一点）。至于 1.28 中的 *leis* 是指对诗人冷漠的那个女人，还是指受他冷落的那个女人，我们则不甚清楚。不过，表示因果关系的连词 *car*（1.27）会让人觉得这节诗的最后两行可能是对 1.26 的解释。果真如此，诗人就是在说，他装疯卖傻、远离那个会接受他的女人，是为了取悦那个对他不屑一顾的女士。"（ibid., 187.）

4. "Quan suy ab lieys si m'esbahis / Quieu no. ill sai dire mon talan, ... Tai paor ai qu'ieu mesfalhis / No m'aus pessar cum la deman" (Cercamon, *Les Poésies*, 2).

5. Tan am midons e la tenh car

e tan la dopt'e la reblan

第六章 爱情抒情诗与完美悖论

c'anc de me no.lh quer ni re no.lh man.
Pero ilh sap mo mal e ma dolor,
e can li plai, mi fai ben et onor,
e can li plai, eu m'en sofert ab mens,
per so c'a lais no.n avenha blastens.

我如此深爱和珍视我的那位女士,我怀着强烈的情感惧怕她、侍奉她,以至于我从未敢于对她谈论自己。我也从不敢对她有所企图、有所要求。可她却知晓我的痛苦和忧伤,要是她心情舒畅,就会待我以和颜悦色;而只要她心情舒畅,我就别无所求,更不会对她有任何怨言。(Bernart de Ventadorn, *Songs*, 152.)

另见《在忧思与沮丧中》("En Cossirer et en esmai"):
E doncs pois atressi.m morrai
dirai li l'afan que m'en ve?
Vers es c'ades lo li dirai—
no farai a la mia fe
si sabia c'a un tenen
en fos tot' Espanha mia;
mais volh morir de feunia
car anc me venc en pessamen.

那么,既然我终究要死,该不该告诉她我所受过的煎熬?没错,我应该马上告诉她。不,我的信念告诉我不该这么做,哪怕这会让我立即得到整个西班牙。事实上,单是让这个想法闪过脑海就会使我懊恼而死。(Ibid., 86.)

6. 或见《时光来去流转》("Lo tems vai e ven e vire")的第一节:
Lo tems vai e ven e vire

287

per jorns, per mes e per ans,

et eu, las, no.n sai que dire,

c'ades es us mos talans.

Ades es us e no.s muda,

c'una.n volh e.n ai volguda

don anc non aic jauzimen.

时光来去流转,日复一日,月复一月,年复一年;唉,我不知该说些什么,因为我所渴慕的永远只有一人。永远只有一人,未曾改变,因为无论现在还是过去,我都只渴求那一个女人,那个我从未在她那儿得到过快乐的女人。(Ibid., 129.)

另见《不要惊异,如果我歌唱》("Non es meravilha s'eu chan"),"Ja Domnedeus no.m azir tan/ qu'eu ja pois viva jorn ni mes/ pois que d'enoi serai mespres/ ni d'amor non aurai talan"["要是我变得讨人厌烦,还失去了对爱的一切渴望,愿上帝永远不要太厌弃我,让我多活上一天或一月"(ibid., 132)]。

7. 我当然知道,在贝尔纳的诗学观念中,欲望也可以是对它自身的奖赏,比如在《我此时看不到太阳的光芒》("Ara no vei luzir solelh")中:

Noih e jorn pes, cossir e velh,

planh e sospir; e pois m'apai.

On melhs m'estai, et eu peihz trai.

mas us bos respeihz m'esvelha

don mos cossirers s'apaya.

Fols, per que dic que mal traya,

car aitan rich'amor envei,

pro n'ai de sola l'enveya.

日日夜夜，我思量忧愁，无法入眠，流泪叹息；然后又平复下来。我的处境越好，就越是感到难过。但一个希望抚慰了我的忧愁，使我醒悟。我真傻，为什么要说自己在受苦呢？既然我所渴望的是这样丰富的爱，那这份渴求本身就是一种奖赏。（Ibid., 60.）

8. "On plus la prec, plus m'es dura" (ibid., 130).

9. Domna si'st fals enveyos

que mainh bo jorn m'an estraih

s'i metion en agaih

per saber com es de nos,

per dih d'avol gen tafura

non estetz ges esperduda;

ja per me non er saubuda

l'amors, be.n siatz segura.

("A, tantas bonas chansos" [ibid., 64].)

诗人是秘密情事的揭露人，这一点在《当我看到云雀振翅》所附的"原委"（*razo*）部分中也表现得十分明显，因为诗人很显然是将自己置于搬弄是非之人的位置上，而他对这类人又是谴责的态度：

…E apelava la B[ernart]

"Alauzeta", per amor d'un

cavalier que l'amava, e ella apelet

lui "Rai". E un jorn venc lo

cavaliers a la dugessa e entret en

la cambra. La dona, que.l vi, leva

adonc lo pan del mantel e mes li

sobra.l col, e laisse si cazer e[1]

浪漫爱情与厌女：源自中世纪的悖论

lieg. E B[ernart]vi tot, car una

donzela de la domna li ac

mostrat cubertamen; e per

aquesta razo fes adonc la canso

que dis:"Quan vei l'alauzeta mover..."

而贝尔纳把她唤作"云雀"，是因为她把一位爱她的骑士唤作"阳光"（"Ray"）。那名骑士有一天进入了公爵夫人的房间。那女人一见到他，就提起自己外套的下摆，置于他的脖颈上；然后她就自己倒在了床上。贝尔纳目睹了这一切，因为这位女士的仆从们悄悄带他去看了；所以他就写了这么一首歌，开头便是："当我看到云雀振翅……"（Jean Boutière and Alexander H. Schutz, *Biographies des troubadours* [Paris: Nizet, 1964], 29.）

10. "c'amors, pois om per tot s'en vana/ non es amors mas es ufana/ et es enois, vilani' e foudatz/ qui no gara cui deu esser privatz" (ibid., 100).

11. "Que anc non amet neguna, / Ne d'autra no fo amatz. / Trobaire fo dels premiers c'om se recort. De caitivetz serventes fez e dis mal de las femnas e d'amor."〔"他从未爱过任何女人，/也从未为任何女人所爱。/他是最早的知名游吟诗人之一，写作不值一提的讽刺诗，以言语中伤女人和爱情。"（*Poésies complètes du troubadour Marcabru*, ed. J.-M.-L. Dejeanne [Toulouse: Privat, 1909], 1.）〕

12. "Non puosc dompnas trobar gaire / Que blanch' amistatz no.i vaire."〔"就我所见，女人总会把洁白的友谊变成斑驳杂沓的颜色。"（Marcabru, *Poésies completes*, 20.）〕

13. "Q'anc pos la serps baisset lo ram/ No foron tant enganairiz" (ibid., 24). "E non puesc mudar non gronda/ Del vostre dan moillerzin."〔"我不禁要抱怨/女人们给你们造成的伤害。"（ibid., 50.）〕

14. Ibid., 135. "Eyssamens son domnas trichans / E sabon trichar e mentir, / Per que fan los autrus enfans/ Als maritz tener e noyrir."［"女人很会耍花招，她们懂得如何欺骗和撒谎；她们就是这样愚弄自己的丈夫，让他们抚养别人的孩子。"（ibid., 166.）］另见 50、173。参见拙著 *Etymologies and Genealogies*, 109–13。

15. "Ancar vos vuelh mais ensenhar/ Ab que conquerretz las melhors./ Ab mals digz et ab lag chanter/ Que fassatz tut, et ab vanar;/ E que honretz las sordeyors./ Per lor anctas las levetz pars" (Raimbaut d'Orange, *The Life and Works of the Troubadour Raimbaut d'Orange*, ed. Walter T. Pattison [Minneapolis: University of Minnesota Press, 1952], 135).

16. 简·伯恩斯在论及贝尔纳的《我的歌不再是我的荣耀》（"Ja mos chantars no m'er onors"）时写道："从这番描述可以清楚地看出，'女士'（the Lady）身上'真实的'（或者说属于女人的）一面指的就是她关于性的一面。但这个'女人'并不比她在理想化、精纯化层面的对应物更为真实——后者是给人以支持的、无关于性的爱慕对象。的确，自恋化的男性欲望所产生的幻想……也许比目前人们所认为的还要普遍。事实上，我们在康索中所见到的对'女士'事迹的呈现，都是在促成一种关于女性性身份的神话，促成一种从男性角度对女性的误读。"（"The Man Behind the Lady in Troubadour Lyric," *Romance Notes* 25 [1985]: 263.）

17. Thibaut de Champagne, *Poèmes d'amour des XIIe et XIIIe siècles*, ed. Emmanuèle Baumgartner (Paris: Union Générale d'Editions, 1983), 98.

18. Ibid., 198.

19. 参见 Barbara Johnson, "The Lady in the Lake," in *A New History of French Literature* (Cambridge, Mass.: Harvard University Press, 1989), 627–32.

20. Ab lo temps qe fai refreschar/ Lo segle [els pratz] reverdezir? Vueil un

novel chant comenzarl D'un amor cui am e dezir;/ Mas tan s'es de mi loignada/ Q'ieu non la puesc aconseguir,/ Ni de mos digz no s'agrada" ("Ab lo temps qe fai refreschar," in Cercamon, *Les Poésies*, 4).

21. Leo Spitzer, *L'amour lointain de Jaufré Rudel et le sens de la poésie des troubadours*, University of North Carolina Studies in the Romance Languages and Literature (Chapel Hill: University of North Carolina Press, 1944), 21. 这句话把若弗雷·吕德尔的"远方之爱"作为游吟诗人情欲模式的一个原型，其完整内容为"不单单是若弗雷·吕德尔，他们所有人都在有爱之人和被爱之人之间置入了神秘主义者们熟悉的那种'障碍'：此一障碍让我们之间无法达成神秘的结合——距离在一种悖论性的意义上与结合的欲望同为一体"。

22. Boutière and Schutz, *Biographies*, 16.

23. 事实上，生于传闻的爱情大概算是个传统论题，在奥朗日的兰博的"生平小传"中也可以看到："他后来爱上了善良的乌赫尔伯爵夫人，她是伦巴第人，是布斯卡侯爵的女儿。她非常受人尊崇，胜过乌赫尔的所有贵族女士；兰博在没有见过她的情况下，由于相信所有那些关于她的美好传言，所以就钟情于她，而这位女士也钟情于他。正如他在一首歌曲中提到的那样，他后来创作了一些关于她的歌曲，并且托一位名叫罗西尼奥尔（Rossignol）的游吟歌手将这些歌曲传达给她。"（Boutière and Schutz, *Biographies*, 441.）

24. *Les Chansons de Jaufré Rudel*, ed. Alfred Jeanroy (Paris: Champion, 1924), 12.

25. 另见塞尔卡蒙《当甜蜜的氛围变得苦涩》, "Las! qu'ieu d'Amor non ai conquis/ Mas cant lo trebalh e l'afan,/ Ni res tant greu no.s covertis/ com fai so qu'ieu vau deziran;/ Ni tal enveja no.m fai res/ Cum fai so qu'ieu non

posc aver"〔"唉，我在爱情中得到的只有苦恼与伤痛，因为再没有什么比我最渴望的东西更难取得，也没有什么比我得不到的东西更能激起我的渴望。"（*Les Poésies*, 1.）〕

26. 施皮策问道："'远方之爱'难道不是出自若弗雷·吕德尔吗？不是出自那相较于绝对的幸福而总是欠缺的'某物'、出自那'不完满的忧愁'吗？不是出自那需要距离来实现的、自愿为之的自我设限吗？"（*L'amour lointain de Jaufré Rudel*, 16.）

27. "Bien sai c'anc de lei no.m jauzi, / Ni jade mi no.s jauzira,/ Ni per son amic no.m tenra/ Ni coven no.m fara de si;/ Anc no.m dis ver ni no.m menti/ E no sai si ja s'o fara, a a."〔"我很清楚，自己从未拥有过她，她永远不会对我心动，不会让我做她的情人，也不会心甘情愿地向我许下任何承诺；无论真相还是谎言，她都从未对我讲过，我不知道她今后是否会讲。"（"No Sap chantar qui so non di," *Chansons*, 17.）〕关于考察性欲望和抽象的问题，且给予弗雷·吕德尔特别关注的精彩讨论，可参见 Jean-Charles Huchet, *L'Amour discourtois* (Toulouse: Privat, 1987), 125–45；或者 Henri Rey-Flaud, *La Névrose courtoise* (Paris: Navarin, 1983)，其中写道，"在这里，游吟诗人的欲望被置于永恒状态，那个女人既不作为欲望的肇因，也不作为欲望的对象，而是作为欲望不可企及的极点。若可企及，就有潜在的危险。以'垂涎'为名的欲望实现后，结果并不像人们有时说的那样是欲望的消除，而是那个女人的消逝。若弗雷·吕德尔的宫廷之爱展现出的是无望的选择：要么是处在延宕中的主体，要么是无可企及的对象。主体要么固守虚构的对象而陷入困境，要么渴望着一个只要出现就会毁灭的对象"（27）。

28. "Ben devon li amador/de bon cor servir amor,/quar amor non es peccatz,/anz es vertutz qe.ls malvatz/fai bons, e.ll bo.n son meillor,/e met hom'en via/de ben far tot dia;/e d'amor mou castitaz,/quar qi.n amor ben s'enten/

no pot far qe pueis mal renh"(*Les Poésies de Guilhem de Montanhagol*, ed.Peter Ricketts[Toronto: Pontifical Institute of Medieval Studies, 1964], 122).

29. 参见 René Nelli, *L'Erotique des troubadours* (Toulouse: Privat, 1963); Leo Pollman, *Die Liebe in der hochmittelalterlichen Literatur Frankreichs* (Frankfurt: Klostermann, 1966)。

30. *The Poetry of William VII, Count of Poitiers, IX Duke of Aquitaine,* ed. and trans. Gerald A. Bond (New York: Garland Publishing, 1982), 120.

31. Ibid., 128.

32. Cited ibid., xlvii.

33. Ibid., 2. All subsequent references are to the Bond edition and translation.

34. Andreas Capellanus, *The Art of Courtly Love*, 31.

35. "Lo coms de Peitieus si fo uns dels majors cortes del mon e dels majors trichadors de dompnas...." (Boutière and Schutz, *Biographies*, 7.)

36. Alfred Jeanroy, *Les Origines de la poésie lyrique en France au moyen âge* (Paris: Hachette, 1889), vol. 2, 7.

37. Briffault, *Troubadours*, 54.

38. "Etant donné que les pièces les plus 'gauloises' sont souvent les plus archaïques quant au style et à la versification, que leur auteur est effectivement passé d'une érotique grossière à une autre plus idéalisée" (Nelli, *L'Erotique des troubadours*, vol. 1, 156).

39. 杰拉尔德·邦德（Gerald Bond）的编辑整理工作为我们提供了这些诗歌迄今为止最为可靠的版本，他写道："对于（除了第十一歌的）其余所有歌曲来说，我们还无法确定它们在1106年到1119年间的确切创作时间。有关它们创作次序的证据全都来自歌曲的形式和内容。在'挚友'

（companho）歌（从第一歌到第三歌）中（这三首都以'挚友们'一语开头。——译者注），就用词和形式上的相似性而言，可以把第一首和第二、三首区别开来。后两首使用了非常相似的单韵（ei/es），共用了许多具有重要主题意义的韵词（conrei/conres; castei/casteis; lei/leis），还都在长诗行中引入了以 -a 结尾的、带有史诗感的句中停顿。类似的情况也见于那几首回旋体歌曲（rondeau songs）（从第四歌到第七歌）。如前所述，大量形式和语法方面的因素表明第五歌的完成度最低。第四歌和第七歌有着同样的韵式和韵律；另外，二者在韵脚上使用同样的短语（4.36 和 7.37），还都用同一动词的一个罕见形式来押韵（4.41 和 7.17）。既然这位伯爵在第七歌中煞费苦心地称赞自己遣词制乐的精到，仿佛它们都是新作，那么也许可以假设这首歌就为另一首提供了范例，在构思上促成了后者的诞生……从逻辑上似乎可以认为，一种给定形式越是精细复杂，相应的作品就越是晚出，如果真是如此，那就可以据此排出这七首歌曲的相对顺序。第一歌和第五歌最早完成……第二歌和第三歌在形式上的进步则表明它们出现得多少要晚些。第六歌是最晚完成的，因为它的形式以第四歌和第七歌的形式为基础……不单是第五歌和第十一歌，确定其中任何一首歌曲的绝对创作时间都会有所助益，但是目前还没有人能给出确切的时间。"
(William of Aquitaine, *Poetry*, lii-liii.)

乔治·比奇（George Beech）则走得更远，他基于相关的抄本，对那些被算在威廉九世名下的歌曲的作者归属问题提出了疑问。参见"L'Attribution des poèmes du comte de Poitiers à Guillaume IX d'Aquitaine," *Cahiers de civilisation médiévale* 31 (1988): 3–15。

40. Huchet, *L'Amour discourtois*, 63; 另见 Danielle Jacquart and Claude Thomasset, *Sexuality and Medicine in the Middle Ages* (Princeton: Princeton University Press, 1985), 96。

41. 据我所知，只有一位批评家明确指出了这层关系，仍旧是于歇："厌女和爱情一样，都以女性的'存在'为目标，试图将其还原为一种关于她缺陷与恶习的、密不透风的范型。"（*L'Amour discourtois*, 79.）

42. "Qui voudroit feme esprouver/ N'i porroit trover loiauté,/ Car tot adès est preste de fauser"; "Deboinerement/ Atendrai merci;/ Cors a bel et gent,/ N'a si avenant/ De Paris dusqu'a Gant" (*Recueil de motets français des XIIe et XIIIe siècles*, ed. Gaston Raynaud [Hildesheim: Georg Olms Verlag, 1972], 22)；另见 no. 126, pp. 151–52。十分感谢西尔维娅·于奥（Sylvia Huot）让我注意到了这些内容。

43. Andreas Capellanus, *The Art of Courtly Love*, 31.

44. Ibid., 192, 193, 196.

45. John Benton, "Clio and Venus. An Historical View of Medieval Love," in *The Meaning of Courtly Love*, ed. Francis X. Newman (Albany: State University of New York Press, 1968), 19-42; Introduction *to Andreas Capellanus on Love,* ed. and trans. Patrick G. Walsh (London: Duckworth, 1982), esp. 17; Alfred *Kanein, De Amore in volkssprachlicher Literatur, Untersuchungen zur Andrens-Capellanus-Rezeption im Mittelalter und Renaissance, Germanisch-romanische Monatsschrift* (Heidelberg: Carl Winter, 1985), 23.

46. 参见 Roger Boase, *The Origin and Meaning of Courtly Love* (Manchester: Manchester University Press, 1977), 111–14。

47. D. W. Robertson, *A Preface to Chaucer*, (Princeton: Princeton University Press, 1962), 391–503.

48. "就这里的问题而言，我认为唯一有效的做法就是把《论爱》（*De amore*）（即《宫廷之爱的技艺》。——译者注）的前两卷看作文学虚构，看作不是反道德的而是非道德的修辞建构，并且承认安德里亚斯既是这么创作它们的，也是这么接受它们的。这种阐释认识到了该文本并不意在提供实践方案，从而让安德里亚斯躲过了本该面临的困难境地。安德里亚斯本人在第三卷中就指出，不从经验中获得教益，任谁都无法完全了解爱和爱的痛苦（3.23, p. 294）。换句话说，该文本并不真的旨在教学。毋宁说，读者恰恰有责任知晓应该如何运用该文本（或者就这里的情况来说，读者有责任知晓不应该如何运用该文本）。"（Peter Allen, "*Assidua lectio* and the *duplex sententia*: Andreas Capellanus and the Rhetoric of Love" [unpublished paper].）另见 Jacquart and Thomasset, *Sexuality and Medicine*, 96–110。

49. 例如，可参见 Toril Moi, "Desire in Language: Andreas Capellanus and the Controversy of Courtly Love," in *Medieval Literature: Criticism, Ideology, and History*, ed. David Aers (New York: Saint Martin's Press, 1986), 11–33。在这篇文章中，莫伊（Moi）确认了我们一直在谈论的中世纪对语言的不信任与对女性的不信任之间的关系："如果撒谎女人的语言与诚实女人的语言是无法分清的，那么她的情人就永远不知道他听到的是真话还是谎言。他因而发现自己同样落入了心怀妒意的情人落入的那种陷阱：摆在他们面前的情况是，任何细致的阐释都无法揭示那位女士的意图。嫉妒正是爱情的要义所在；安德里亚斯给沃尔特的建议其实等于在说，既然不可能对女人们加以分辨，他就应该避开所有女人。安德里亚斯淡化了一个事实，那就是他先是揭示了一个具有普遍意义的语言和认识论难题，又转而把它完全归咎于女人的狡诈。"（29）

50. Robert Bossuat, *Drouart la Vache, traducteur d'André le Chapelain* (Paris: Champion, 1926), 31.

51. 要解决"翻案之作"的悖论，关键也不在于通过诉诸精神分析的方式来重新刻画语言的"他性"（Otherness）和女性的"他性"在神学层面的类似性："听众（不难想象其构成）是围绕着女主人、女城主结构起来的，因此可以想见每个吟诵者都是在对一位女性谈论"他者—女性"（l'Autre-femme），是在对一位女性谈论'那位女性'（La Femme），这与其说是为了接近其奥秘，毋宁说是为了把她自身交付给欲望，因为这样一来'我'对'她'的这场欲望纠葛就形成了传播过程中的引诱手段。然而，我们感兴趣的仅仅是'她'，是他者，也就是这首歌曲的对象，而这恰恰是文本丧失了口头性质的后果。"(*L'Amour discourtois*, 35)。同样地，这种解释要么过于一般化，忽视了个体案例的特定历史性，要么特别依赖于似是而非的传记预设，因而流于纯粹的臆测。

52. William of Aquitaine, *Poetry*, lviii.

53. 参见 Melvin Askew, "Courtly Love: Neurosis as Institution," *Psychoanalytic Review* 52 (1965): 19–29; Richard Koenigsberg, "Culture as Unconscious Fantasy: Observations on Courtly Love," *Psychoanalytic Review* 54 (1967): 36–50。

54. Burns, "The Man Behind the Lady," 254.

55. "因此，这部似乎'呈现出两种观点'的作品就是一个12世纪的重要例证，它集合了我所描述的两种相互矛盾的传统。安德里亚斯既是'宫廷之爱的大师'，也是哲罗姆式反女性主义的大师。二者不过是同一枚硬币的两面而已。"（Robert Miller, "The Wounded Heart: Courtly Love and the Medieval Antifeminist Tradition," *Women's Studies* 2 [1974]: 344）

56. Lewis, *The Allegory of Love*, 145.

第七章　女继承人与遗孀贵妇：
妇女的处置权

在上一章中，我们把先前阐述的贞洁诗学，与我们所讨论的反女性主义，还有宫廷之爱的诞生联系了起来；其中宫廷之爱始于12世纪，并最终衍生出了我们关于浪漫深情的观念。具体而言，我们集中关注了几个奠基性人物，他们身上的反女性主义和宫廷风度似乎是相互交织的：旺塔杜尔的贝尔纳、若弗雷·吕德尔，以及尤为关键的第一位游吟诗人威廉九世。人们通常认为威廉九世经历过一次转向，从青年时期所作的粗俗歌曲转向了颂扬远方之爱乃至精神之爱的诗歌。从反女性主义到细腻情感的这番"道德"演进，与安德里亚斯·卡佩拉努斯《宫廷之爱的技艺》中的演进方向相反。该书第三卷题为"拒绝爱情"，似乎否定了前两卷中对于爱情作用的理想化描绘。结合威廉从厌女倾向到宫廷风度的变化轨迹，以及安德里亚斯从宫廷风度到厌女倾向的变化轨迹，我们得出结论：中世纪反女性主义和对宫廷女性的理想化之间的关系不是作者生平层面的关系，也就是说，不是道德上的前后变化，而是一种具有逻辑必然性的关系。中世纪关于女性的这两种主导文化话语并不像它们看上去那样彼此对立。相反，二者都认为女性是反应过度的，而它们自身也同样是由基督教最初几个世纪确立的反应过度的性别模式所决定的。

这时我们会发现，我们的思路潜藏着一个危险的悖论：女性既是绝对的恶,也是绝对的善,这两种本质化的认识有如一对双生子;如果我们仅仅满足于裁定二者是相似相类乃至相辅相成的,那么我们的分析就有落入陷阱的危险,它有可能再次将女性特质本质化,而对于女性特质的本质化从一开始就是我们关于厌女的暂用定义的内容。有个办法或可抵御这一危险倾向,那就是进行历史化的理解,在社会实践的层面对性别的建构和使用加以语境化。

作为束缚的婚姻

为了着手将宫廷之爱的诞生(和延续)历史化,我们需要回到法兰西的玛丽所作的莱歌,尤其是《兰瓦尔之歌》这首莱歌的典型之作上。在这部作品的奇幻氛围之下,潜藏着更为严酷的物质现实(参见第5章)。兰瓦尔不仅是一名远离家乡的骑士,还是一名一贫如洗的骑士。他的确是花光了自己的钱财,"Tut sun aveir ad despendu" [1] (v. 30)。[1]更严重的是,兰瓦尔虽然参加了国王对苏格兰人和皮克特人的战争,但在分配赏赐的时候却被遗忘了。亚瑟"给所有圆桌骑士都分配了女人和土地,唯独忽略了那个侍奉他的人:他的名字正是兰瓦尔"["A ceus de la Table Roünde— / .... Femmes e teres departi, / Fors a un sul ki l'ot servi: Ceo fu Lanval...."(vv. 15–18)]。兰瓦尔的处境是国王的忽略所致,这就让他显得像是一个孤例,但他遭受的忽略可以看作整个骑士阶级(包括那些受赏的骑士)所遭受的忽略的缩影,因为所有骑士都要仰赖于那些手握分配大权的人,仰赖于他们的慷慨。就此而言,这首莱歌就是一面映照社会现实的镜子。

在马克·布洛赫(Marc Bloch)20世纪30年代著作的启发下,以乔治·杜比(Georges Duby)为代表的历史学家和以埃里希·科勒(Erich

---

[1] "他花光了自己的财富。"——译者注

Koehler）为代表的文学史家在 20 世纪 50 和 60 年代指明了一个事实，那就是在 12 世纪中叶前后，法兰西的骑士—武士阶层内部发生了一次分裂。大地主和军阀开始区别于小贵族，其中前者有实力拓展自己的领地，可以负担得起私人军队和石制城堡，从而形成具有战略意义的军事优势，后者则日益贫困，被迫转让自己的财产，而这反过来又扩大了高级贵族的领地，致使当时许多实力强大的高级贵族在行事做派上与国王本人无异。[2]因此，大地主掌握了军事防卫手段和物质资源供给，而小地主则在经济上依附于他们的领主，越来越多地生活在自己领主的领地内，大小地主之间的等级界限越发清晰。这些变化之所以如此剧烈，是因为失去财产的骑士阶级同时还受到来自更下层的威胁，即崛起的城市资产阶级———一个由识字的簿记员、经贸商、制造商、经理人和律师组成的阶级，他们联合的对象往往不是贵族，而是逐渐崭露锋芒的君主。从菲利普一世掌权开始，君主阶层就不断扩大自己的特权和财产；这一过程会在 13 世纪达到顶峰，王权和神权在圣路易身上实现了前所未有的结合。

按照埃里希·科勒的说法，"不幸福的爱情令人变得高尚"这样的信条甫一出现，就在把下层贵族每况愈下的处境加以理想化的同时，也给阶级内部可能导致暴力的紧张关系提供了一个协商解决的场所。骑士阶级内的这两个群体皆在险境，整个阶级陷入危机，双方通过掩盖彼此之间的紧张关系，或者将其理想化，形成了一种对于他们共同阶级利益的意识，从而防止这种紧张关系转变为公开的冲突。[3]对于下层贵族，即小乡绅（the *hobereaux* or *squireens*）来说，宫廷风度为他们提供了一种可能，让他们可以借助一种灵魂重于出身的贵族性神话，来重新获得一些已经丧失的声望；它还通过将传统的封建契约（封臣许诺以忠心和谏言来换取领主的物质支持和庇护）转变为道德价值，转变为不容推托的慷慨（obligatory generosity or *largesse*），从而让失去财产的骑士在物质生活方面得到更多的保障。[4]对于上层贵族来说,它给出了封建王的理想形象,大批被剥夺权利的骑士对他忠心不改,甚至到了可以幻想自己爱恋那些实际上触不可及的上层贵族女性的地步;而且正如若弗雷·吕德尔和游吟诗人们的情况所示,它把情人与女士之间的距离(远方之爱)转变为一种理想(参见第六章)。

从下层贵族的物质条件的角度来看,兰瓦尔漫游至乡间,与那位仙子女士相遇,这代表了一个关于"拥有"的梦想。那位女士拥有兰瓦尔所没有的一切。他流落于宫廷之外,而她则离开自己的国度去寻找他。他受到亚瑟王的忽视,她则钟爱他胜过其他一切骑士。他穷困落魄,她则富到连"女王塞米勒米斯和皇帝屋大维加在一起都买不起她帐篷右面上的那块布料"〔"La reïne Semiramis, / Quant ele ot unkes plus aveir / E plus pussaunce e plus saveir / Ne l'emperere Octavïan, / N'esligasent le destre pan"[1] (vv. 82–86)〕。仙子女士的处境与兰瓦尔截然相反,其实二人的关系几乎可以被解读为是在戏仿英勇骑士拯救落难女子这一传统论题,她不仅对他许以不渝的忠贞(与亚瑟王对他的忽略形成鲜明对比),更重要的是,她还对他许以他想要的一切财富,无论多少:

> Ore est Lanval en dreite veie!
>
> Un dun li ad duné aprés:
>
> Ja cele rien ne vudra mes
>
> Que il nen ait a sun talent;
>
> Doinst e despende largement,
>
> Ele li trovertat asez.

---

[1] 原文更准确的译法是:"女王塞米勒米斯/在她最为富有、最为强大、最为智慧的时候,/或是皇帝屋大维,/都买不起右边的布料。"——译者注

第七章 女继承人与遗孀贵妇：妇女的处置权

> Mut est Lanval bien assenez:
> Cum plus despendra richement,
> E plus avra or e argent!

现在兰瓦尔可走对了路子！因为她给了他一份终极礼物：从此刻开始，但凡他想要什么东西，都会一点不少地得到满足。不论他给付多少、花费多少，她都会管够。他现在富得流油：他花出去的越多，得到的金银也就越多！（vv. 134–42）

仙子女士是财富的无尽源泉，但前提是兰瓦尔不能透露她的存在，这条禁令不仅明显呼应了宫廷式审慎，还仿佛是一条意识形态式、规定式的先决条件：阶级团结的白日梦只要不被谈论，就可以一直延续下去。未曾婚娶、无人资助、四处游荡的年轻人（*jeunes*）面临着物质上的危机，而她则是一种幻想性解决方案的文学化身——这位女继承人的财富乃是一则提醒，告诉人们 "tout mariage est un heritage"（"每桩婚姻都是一份遗产"），而在一套本质上同女性和非长子的利益背道而驰的婚姻制度中，事实就是如此。[5]

尽管《兰瓦尔之歌》所包含的只是从较为严酷的物质现实中脱身的幻想，但它还是指向了中世纪家族结构和婚姻习俗这一颇为深奥的领域；在我看来，要进一步理解反女性主义与宫廷之爱的关系这个棘手议题，该领域正是关键所在。它至少有助于我们解释二者在概念上的相近之处——有助于我们解答宫廷风度如何在这一时期产生，又为何延续了这么长的时间。因为研究后封建时代的历史学家们普遍认为，从11世纪中叶开始，贵族家族的形态和概念出现了重大转变，而这对我们所要讨论的主题来说事关重大。具体来说，所谓的"横向"氏族范围更广，他们有共同的祖先，是宗亲系脉和血亲系脉的松散混合，但没有固定的住所、宗姓，也不将自

303

身看作一个世袭权力集团；而在这一时期，"横向"氏族开始收缩，并按照血缘关系而非姻亲关系来重新进行自我界定。在人们的意识中，区别于婚姻关系的血脉关系愈发重要，与此同时，封地的状况也发生了转变，封地本来至少理论上可以在封臣死后收回，而这时却成了可以继承的遗产（patrimoines）。在空间上延伸的氏族亲缘集团为以历时进程为标志的血缘集团所取代，因为封建君主的权力一旦在地理上得到确立，就会促使人们产生相应的家族感，把家族看作在时间上前后相继的线性序列——简而言之，就是世系意识。从杜比所说的 11 世纪"分水岭"开始，"身为贵族"的意思就变成了"名列宗谱"。[6] 正如我先前在别处所指出的，在自我表征方面，在人力资源和经济资源管理方面，贵族阶级以"直系"为标的进行了十分激进的"再定向"，而对于这种激进主义所蕴含的问题，我们只能称之为一种世系的"生命政治"。[7]

宗谱型家族首先意味着对婚姻加以管制，把联姻次数约束在维持家族延续所必需的最低水平。正如杜比关于马孔（Mâcon）和西北地区的论述所示，贵族家族只允许每一代人建立一两个家庭，其余未能婚娶的儿子会被安置在修道院和礼拜堂，或者干脆如我们所见，一直保持单身、失去权利。[8] 贵族家族会在节制生殖资源，在产生出足够的后代以确保世袭延续的同时，又不会因为儿子过多而导致财富在分割家产的过程中消耗殆尽。皮埃尔·博纳西（Pierre Bonnassie）则证实了杜比关于马孔奈（Mâconnais）的结论也适用于加泰罗尼亚地区；根据罗伯特·哈伊杜（Robert Hajdu）的计算，在 12 世纪的普瓦图，也就是威廉九世的领地，已婚长子的数量是已婚非长子数量的两倍。[9] 然而，单凭长子继承制是无法确保世系的稳固和延续的，还需要一种婚姻模式的配合，它既要适于封地的单线传承，也要适于以一系列基于相互义务的地主联盟为组织形式的封建社会。

婚姻本质上是双方家族商定的一份条约（pactum conjugale）。在后封

第七章 女继承人与遗孀贵妇：妇女的处置权

建时代，对婚姻纽带的严密监管决定了不同世系之间的复杂亲属网络。这具体表现为一套婚姻制度（它可能来自日耳曼传统），包含早订婚（往往是在 7 岁或 10 岁）、早成婚（往往是在青春期）以及最为重要的一点——由家族长或封建领主来选定婚姻对象。[10] 在正常情况下，一桩婚姻要由一家之主（caput mansi）或者世系内的长者们（seniores）来敲定，而在家主和长者都缺席的情况下，婚事则取决于亲戚（amis charnels），即母亲、兄弟、姐妹或叔舅；当潜在的配偶是孤儿时，婚事则由行使监护权的领主安排。[11] 对于这种"世俗的贵族婚姻模式"（杜比语），最为重要的一点在于，男女双方的同意无关紧要，而父母和监护人的同意才是合法联姻的必要条件。谁可以和谁结婚，既要顾及一些公认的不利因素，也要注意根据一系列相互牵连的军事、政治和社会纽带来尽可能多地留住父系的封地。

此类婚姻实践在 12 世纪的圣徒传记和传奇中有着大量的例证，构成了一个广泛存在的主题。在《圣亚列克西斯传》（"La Vie de Saint Alexis"）中，父亲为儿子阿列克西斯选定了新娘；正是阿列克西斯在新房中对新娘的注视将他推向了成圣之路（参见第 4 章）。当伊索尔特（Iseult）[1] 从媚药的效力中清醒过来，她首先想到的是自己应当投身社会，"致力于把女士们嫁给高贵的骑士"（我曾在别处指出，这一想法对应着社会良知的觉醒）。[12] 我们还可以在法兰西的玛丽笔下看到其他例子，她的莱歌以高度浓缩的形式呈现出一幅中世纪婚姻的纷繁图景，与历史学家们从所谓的非文学材料中推断出的图景有着惊人的相似性。诚然，在《兰瓦尔之歌》中，正是因为亚瑟王没有赐给兰瓦尔土地与妻子，这名骑士才会离开宫廷，才有了弥补缺失的白日梦。在《弗伦》（"Fresne"）中，有一位多尔（Dol）（意指悲痛？）地区的骑士，名为居兰（Gurun），他由于听

---

[1] 该角色的另一常见名为伊索尔德（Isolde）。——译者注

305

闻了弗伦的情况而爱上了她 ["De la pucele oï parler, / Si la comença a amer"（vv. 247-48）]，可他的封臣们却逼迫他另娶他人：

> Lungement ot od li esté,
>
> Tant que li chevalier fiufé
>
> A mut grant mal li aturnerent.
>
> Soventefeiz a lui parlerent
>
> Qu'une gentil femme espusast
>
> E de cele se delivrast;
>
> Lié sereient s'il eüst heir
>
> Ki aprés lui peüst aveir
>
> Sa terë e sun heritage.
>
> Trop i avreient grant damage,
>
> Si il laissast pur sa suinant
>
> Que d'espuse n'eüst enfant.
>
> Jamés pur seinur nel tendrunt
>
> Ne volentiers nel servirunt,
>
> Si il ne fait lur volenté.

她与他共处的时间太长，他的封臣们已觉不妥。他们频频要求他去娶一个贵族女子，好让他摆脱掉这个女人。倘若他生下一位继承人来承袭他的土地，他们便会欣喜。倘若他为了与情妇在一起而放弃与一名合法妻子生下后代，他们便会心痛不已。倘若他在这件事上不满足他们的意愿，他们就不再奉他为主，不再心甘情愿地为他效力。（vv. 313-27）

《两位爱侣》（"Les Deus Amanz"）的故事围绕着一位拒绝将女儿

嫁人的好妒父亲展开；[13]《米隆》的故事则涉及父亲强行指定的不幸福婚姻 ["Sis peres li duna barun, / Un mut riche humme del païs"（"她的父亲把她许给了一位男爵，一位当地十分富有的人"（vv. 124–25）] ——而她在婚前生下的儿子则纠正了这门婚事。[14] 在《尤内克》（"Yonec"）中，凯尔文特（Carwent[1]）的女士被她的亲戚许给了当地领主，她因为这些亲戚"让她嫁给这个衰朽的老男人"而咒骂他们。[15] 最后，与《兰瓦尔之歌》一样，《埃利杜克》的故事讲的也是领主忽略了杰出的骑士（"Qu'amur de seignur n'est pas fiez"["一位领主的爱是不值得信任的"（v. 64）]），这名骑士四处漫游，寻找奇遇，他虽已经结婚，却爱上了另一位领主的女儿，而这位领主也正想把女儿嫁出去，"Vieuz hum e auncïens esteit; / Karnel heir madle nen aveit. / Une fille ot a marïer"["他垂垂老矣，没有男继承人，却有一个待嫁的女儿"（vv. 93–85）]。

《莱歌集》中被包办的世俗贵族婚姻都不幸福。所以就有了"所嫁非人"（mal mariée）的主题，这主题其实很像玛丽（Marie）本人的名字，讲的是女人受到束缚，或者直接被囚禁。玛丽在描述《吉日马尔》（"Guigemar"）中的丈夫时指出，"他年纪很老，而且还有妻子"。"她十分高贵、诚实、谦恭、美丽、聪慧。他则嫉妒心太强。按照自然的安排，所有老男人都善妒，因为没有人喜欢戴绿帽子；年迈之人都是这样！他对她的监管并非儿戏：在一处果园中，在城堡的主塔下，四周都是围墙。围墙由绿色大理石建成，极厚极高！入口只有一个，日夜有人把守……一个衰朽的白胡子神父保管着门钥匙。他的下半身已经不听使唤；不然也不会受到信任。"[16]《夜莺》中的妻子受到丈夫的严密监管，如我们所见，丈夫的怀疑导致了鸟儿的死亡，导致它最终被装进圣骨匣；在这里，鸟儿象

---

[1] 一般作"Caerwent"。——译者注

征着妻子的欲望,而鸟儿被装进匣中则象征着欲望受到了遏制(参见第 5 章)。《尤内克》中的丈夫同样心怀妒意,他的所作所为与《吉日马尔》中那位丈夫类似:"因为她(他的妻子)美丽而高贵,他就下了很大功夫来看住她。他把她关在自己塔中一间铺有砖石的大房间里。他有一个姊妹,年老寡居,没有主人。他把她与自己的妻子置于一处,以便更好地看管妻子。"17

就《莱歌集》中的情况而言,我们很难说清女人受到的束缚究竟是她不幸的原因,还是仅仅是她不幸的体现,不过这二者差不多是一个意思。我们在上文讲过,《弗伦》发生在多尔,这个名字可能就像特里斯坦的名字一样,包含着关于悲伤的讯息。同样,《约奈克》的故事发生在不列颠的凯尔文特城,位于多拉斯(Duëlas)河畔,河的名字与 dueil 谐音,后者意为"悲痛"。从作品中妻子的角度来看,婚姻就等于痛苦:

> "Lasse, fait ele, mar fui nee!
> Mut est dure ma destinee!
> En ceste tur sui en prisun,
> Ja n'en istrai si par mort nun.
> Cist vielz gelus, de quei se crient,
> Que en si grant prisun me tient?
> Mut par est fous e esbaïz!"

"唉,"她叹息道,"我生在被诅咒的时辰!我的命运如此严酷!我被囚禁在这座塔中,只有死亡才能逃离。这个善妒的老男人究竟在害怕什么,竟把我置于如此严密的监禁中?他当真是丧心病狂!"(vv. 68–74)

《莱歌集》中没有幸福的爱情故事。不幸是女人共同的命数,尽管她

第七章 女继承人与遗孀贵妇：妇女的处置权

们的不幸各有不同：《埃吉唐》（"Equitan"）、《金银花》（"Chievrefoil"）中婚姻不幸的妻子；《夜莺》和《米隆》中被监禁的妻子；《吉日马尔》和《尤内克》中嫁非所愿的妻子；《两位爱侣》中婚姻受阻的女儿；《弗伦》中遭人轻视的女主人；《比斯克拉弗雷》（"Bisclavret"）、《弗伦》、《埃吉唐》和《兰瓦尔之歌》中心怀恶意的妻子；《苦命人》中无法下定决心的女人；以及《埃利杜克》中受同一个男人愚弄的女人们。

在沉重的束缚下，《莱歌集》中不幸的女人们就与兰瓦尔有了几分相似。被忽视的骑士幻想遇到一位慷慨大方的女性，这样的幻想可以被看作一味解药，旨在疗愈后封建时代法兰西下层贵族物质权利丧失的苦闷；与此类似，我们也可以认为女人们的不满孕育出了一种逃离贵族婚姻现实的幻觉。关于救难骑士的白日梦意味着要在幻想中摆脱"所嫁非人"的命数。正因如此，才会有吉日马尔神秘地闯入戒备森严、只有一处入口的塔楼，开启为期一年的爱情牧歌，才会有《尤内克》中被囚禁的妻子乞灵于"奇遇"，好让自己稍稍抽离于备受束缚的生活：

> Mut ai sovent oï cunter
>
> Que l'em suleit jadis trover
>
> Aventures en cest païs
>
> Ki rehaitouent les pensis.
>
> Chevalier trovoent puceles
>
> A lur talent, gentes e beles,
>
> E dames truvoent amanz
>
> Beaus e curteis, pruz e vaillanz,
>
> Si que blasmees n'en esteient
>
> Ne nul fors eles nes veeient.

我听说这个国家发生过许多奇事 [奇遇]，曾让愁苦者再度展颜。骑士们找到自己心爱的少女，她们高贵而又美丽；女士们寻得英俊有礼的情人，他们是如此果敢骁勇，所以她们的行为也就无可厚非，而其实也只有她们才能看见他们。（vv. 91–100）

如果说《尤内克》中那位被囚女士的心愿正是兰瓦尔之心愿的女性版本，那么这一心愿的实现就带来了一个幻想，即扭转她（同那位失去财产的骑士一样）感受到的忽视，"Quant ele ot fait sa pleinte issi, / L'umbre d'un grant oisel choisi / Par mi une estreite fenestre."〔"正当她这般哀叹时，一只大鸟的影子落入了狭小的窗口"（vv. 105–07）〕。这一幻想同样包含了禁止泄密的要求，我们在别处已经指出该禁令正是莱歌的贞洁诗学的特点所在：

"Dame, fet il, n'eiez poür:

Gentil oisel ad en ostur!

Si li segrei vus sunt oscur,

Gardez ke seiez a seür,

Si fetes de mei vostre ami! ["]

"女士，"他说道，"不要害怕：这雀鹰是高贵的鸟儿！如果这秘密对你而言是神秘的，就请确保我们关系的安稳[1]，让我成为你的情人！"（vv. 122–26）

这位被囚女士的秘密其实与兰瓦尔的秘密一样："说出口来，便会消失。"变形为骑士的鸟，以及变成鸟的骑士，正如他本人明确指出的那样，是一个虚假的表象——"La semblance de vus prendrai"〔"我会呈现出你

---

[1] 作者对这句话的英译较为特殊，更常见的理解为："即便（我变身）的秘密对你来说神秘难解，也请放心（你是安全的）。"——译者注

的模样"（v. 161）］，而此类形象在中世纪思维中则十分接近文学本身。虚构作为虚构的秘密只要不被人揭露，那它就会安然无恙，如果幻想经由这样的虚构来逃离现实，那这幻想也就属于一种文学幻想，更确切地说，是关于宫廷风度的幻想——传统上认为宫廷风度表达了一场集体性的文学白日梦，其主题是逃离中世纪的婚姻现实。

无论如何，以上解释已然成为重要的传统，但就历史而言，宫廷式的、通奸的、秘密的爱情是纯粹的文学现象，没有形成相应的历史文献记录。相关研究的经典之作当然要数《爱情的寓言》（*The Allegory of Love*, 1936），作者 C. S. 刘易斯［借助维奥莱特·佩吉特（Violet Paget）的观点］指出宫廷之爱是包办婚姻制度的直接逻辑结果：

> 婚姻与爱情无关，也容不得任何"废话"。所有的般配都是利益的般配，更糟的是，这利益还是不断变化的。当曾经旗鼓相当的联姻不复往昔，丈夫的目标就是尽快摆脱那位女士。解除婚姻是常事。同样一位女士，对她的封臣们而言是尊贵的女士，是"至亲至近，可敬可畏"之人，可对她的丈夫来说，她却往往比一份财产好不到哪里去。他才是自己家中的主人。婚姻远不能自然地通向这种新型的爱，它不如说是单调的背景，衬托出爱情那份新的温柔和精致。个中情况其实非常简单，并非中世纪所独有。在婚姻是纯粹功利行为的社会中，任何对性爱的理想化都必须始于对通奸的理想化。[18]

对刘易斯的这番解释还可以再加打磨：说到底，宫廷之爱的发明代表了放荡的日耳曼贵族阶级所采取的精明对策，旨在把婚姻当作只有在破裂时才值得尊崇的桎梏。这些贵族感受到了日益强硬的教会带来的压力，后者急于扩展自己在婚姻问题上的特权，这一趋势始于 11 世纪的格列高利改革，造极于 12 世纪婚姻纽带向圣事的转变。根据刘易斯的看法，宫廷之爱意识形态的发明是为了让那些掌握权力的人免遭教会的谴责,延续他们过往的行为方式。所以,对这位伟大的剑桥中世纪学者来说,宫廷风度"是作为现实中宗教的对手,或者说对于现实中宗教的戏仿而出现的,它强调了两种理想的敌对关系"。[19]

C. S. 刘易斯将宫廷之爱视为一种辩护学(apologetics),这一论点催生了一批在二战期间颇有影响的书。罗伯特·布里福在《游吟诗人》(*The Troubadours*, 1945)中认为,"爱情自诩高贵,以免被宣布为可耻";德尼·德·鲁热蒙在他的《西方世界的爱情》(*Love in the Western World*, 1940)中几乎逐字逐句地重复了"对策说":"在欧洲,激情之爱的营造始于在精神上仍属异教——无论是出于本性还是来自传承——的人们对基督教(尤其是基督教关于婚姻的教义)的回应。"[20] 不过,在鲁热蒙的论述中,刘易斯的"必然存在的通奸"和"对宗教的戏仿"这两个观点本身也遭到了戏仿——也就是说,二者被激进化,被推向它们的逻辑极限。鲁热蒙明确阐发了《爱情的寓言》中隐而未发的内容,这内容削弱了刘易斯主张的历史根基,因为要假设宫廷之爱是对日益严格的基督教婚姻观念(婚姻是圣事,因而不可解除)的反应,就要先把欲望理解为遏制的产物,或者说把欲望理解为抵抗。这就等于把欲望置于自然层面,因为人多多少少总会受到律法的约束,哪怕对其构成约束的只有乱伦禁忌;这样一来就会引出不可能之爱的概念,把问题再度神学化,因为不可能之爱的概念同样表达了那种无所不涉的隐蔽愿望,那就是想要避免事情的实现,对此我们已经很熟悉了。的确,鲁热蒙集中关注特里斯坦的神话,将其作为西方爱情的典型,试图回答为什么这对情人偏偏要给自己的爱情寻找障碍,而不是趁机直接在莫洛伊斯森林(Morrois Forest)定居成家,从此幸福地生活在一起。[21] 他的结论是,"他们所需要的不是彼此的在场,而是彼此的不在场";"他们所爱的是爱情本身,是爱的状态";最终,他们真正寻觅的既非彼此，也非爱情，而是死亡与超越，"在他们内心的最深处，他们所服从的一直都是死亡愿望，任由它摆布命运；他们一直以来经受的痛楚来自**那份主动追逐黑暗的激情**（*the active passion of Darkness*）。"[22]

鲁热蒙把浪漫之爱与死亡联系起来，从而带我们完成了闭环，即从厌女出发，经由贞洁，最后抵达宫廷之爱——从在我们看来与早期基督教对身体的弃绝紧密相关的死亡愿望，到被我们等同于一种似乎是无性的禁欲主义的情欲模式。的确，鲁热蒙和乔治·巴塔耶（Georges Bataille）在描述情欲与死亡的联系时，超出了自我心理学中爱与恨之间相对世俗化的关联，[23] 认识到了爱与恨的"根本性"和"决定性"关系。[24] 而且，这种关系之所以具有历史性，就在于情欲出现的时刻也正是人类的死亡意识演化而生的时刻，因为正是这种死亡意识标明了人类世界与非人世界的人类学差异。[25] 对巴塔耶来说，关键的这一步，情欲和死亡的这一根本联系，其前提并不是婚姻制度的历史，而是二者共同的神学基础。例如，宫廷式审慎的必然性无法像刘易斯所论述的那样，被还原为一出平庸的资产阶级戏剧，上演着不被社会接受、因而需要保密的激情；相反，情欲的秘密性发端于宗教禁令的神圣性。[26] 1939 年 7 月 4 日，"社会学学院"团体（Collège de Sociologie）召开了一次会议，鲁热蒙也参加了，巴塔耶在会上提出了他关于爱情的见解，即爱情是一种"毁灭性付出"，与宗教牺牲脱不开干系。[27] 而他的《情欲》（*L'Erotisme*, 1957）的英译本以"死亡与感官性"为副标题，在人类学的意义上把情欲、对超越的希冀、诗歌这三者的交错叠沓——鲁热蒙把特里斯坦和伊索尔特的神话作为该结构的历史起点——扩展到了几乎整个文化领域。巴塔耶对于诸如吉尔·德·莱斯（Gilles de Rais）的审判等中世纪"快乐付出"的案例只是偶有兴趣，因为他认为情欲包含着更具一般性的欲望表达，即对战胜个人偶然性的欲望，以及对延续的欲望，而这最终则接近死亡与诗歌。"如果一对情人的结合是激情的结果，那么这就是在呼唤死亡……情欲展开于死亡之上。死亡进而否定个体的延续……诗歌所引出的结果与一切情欲形式一样，它引出无区分的状态，引出不同对象的混一。它把我们引向永恒，它把我们引向死亡，又经由死亡引向延续：诗歌即**永恒**。"[28] 说到底，情欲是神圣的一个实例。[29]

鲁热蒙和巴塔耶通过对尼采的人类学进行解读，再度把情欲神学化，这种做法最近在朱莉娅·克里斯蒂娃（Julia Kristeva）的写作中重新焕发出活力。克里斯蒂娃认为宫廷式情欲以最激进的方式表达了教父们所阐述的弃绝神学，后者格外关注童贞女马利亚的形象。克里斯蒂娃同鲁热蒙、巴塔耶看法一致，认为爱情本质上是恋尸癖——是"使我存在的死刑判决"。但是，鲁热蒙和巴塔耶把对超越的渴望归结为可以形成并维系文化的一种社会学机制，而克里斯蒂娃则把它推向世俗世界之外。不夸张地说，她让爱情回归到了基督教神秘主义的领域，即通过念诵宫廷歌曲的咒语，不是像巴塔耶"不同对象的混一"那样将修辞转化为神圣的一个实例，而是将其转化为一种宗教：

> 事实上，宫廷歌曲既不描写也不讲述。它们本质上是关于自身的讯息，是表示爱情强度的符号。它们没有对象——歌曲很少会给出那位女士的确切信息，她在有限的在场与不在场之间滑动不定，她只是一个虚造的信息接收者，是施放咒语的借口……人们应该对它且读且听，并且将它阐释为一场大型活动：它把单一的意义转移到其限度之外，通达两个不同的边界，一边是无意义（nonmeaning），另一边是大写的意义（Meaning）那神秘的形而上学总体性。咒语的后一个要点很快就使得宫廷修辞转入宗教，把那位女士变为童贞女马利亚。[30]

在克里斯蒂娃看来，宫廷女士不过是另一个版本的童贞女马利亚，而后者代表了西方"爱情关系的原型"以及"男性欲望与愿望的焦点"。[31]

宫廷女士是基督之母的化身，这当然不是什么新观点。自19世纪以来，学者们就在宫廷风度中看到了中世纪圣母学（Mariology）的显灵，指出它以怀旧的态度呈现爱慕远方理想之人（amor de lonh）的情人，指出它试图沿着熙笃会神秘主义的脉络将身体的物质性加以精神化，指出它崇尚受苦蒙难，指出情人狂喜极乐的状态，指出作为救赎之源的女人，指出宫廷式崇高的语义范围融合有宗教语汇。[32]可克里斯蒂娃不满足于单纯的相似性，不满足于世俗贞女与基督教化的贞女之间可能的相辅相成关系，也不满足于关于两种话语两相对峙的看法。在《爱情故事》（Tales of Love）中，她把女人——说得更准确些，是母亲——呈现为一个无可言表的生物学原则，该原则以不同的方式显现于各不相同的文化场域（宗教、心理分析以及诗歌），正如在巴塔耶那里，语言为沉默所围绕，而情欲则位于语言"之外"。[33]"未经言说的东西无疑首先重压在母性的身体上：没有任何能指可以把它举起而又不留有剩余，因为能指总是意义、交流或结构，而一个作为母亲的女人却是一处奇怪的褶皱，把文化变为自然，把言说行为变为生物学过程。"[34]

我在教父们的禁欲主义厌女与作为弃绝的宫廷之爱之间建立起相似性，而克里斯蒂娃则指出，对童贞女马利亚的崇拜与宫廷之爱作为"原初自恋的无意识需求"（即对母亲的依附）而具有相似性。那么这两种相似性有何差别？[35]只有一点差别：克里斯蒂娃把宫廷女士和圣童贞女看作同一个生物学化的母性原则的不同面向，而该原则本身就其性质而言无论如何都不会改变；我则始终认为，二者是若干更深层文化思潮的不同意识形态表征，而决定这些思潮的则是各种物质力量和利益（家族结构、继承模式、遗产管控），不能把它们与自然相混淆。把文化层面的特定性别建构错认为生物学现象，把这种建构还原为生育问题乃至"母性在生命符号层面的潜在要素"，最终就会落入"永恒的女性"（Eternal Feminine）之类的陷阱，

315

落入我们一开始所采用的、关于厌女的暂用定义。克里斯蒂娃本人也认识到了这一思路的危险,[36] 而我们则可以在二战前夕关于情欲与爱情的写作热潮中看到其历史后果。[37]

在刘易斯和布里福那里,爱情被视为一种抵抗(对律法的抵抗、对教会的抵抗),而在鲁热蒙、巴塔耶和克里斯蒂娃的思想中,我们可以看到这一见解最终在何种程度上不仅导致了对浪漫激情的理想化——"爱情自诩高贵,以免被宣布为可耻"——而且导致了把爱情,进而是女人,当作一种拯救手段加以推崇的普遍做法。我们还可以看出在何种程度上,不论是被封圣的贞女还是实现救赎的母亲,对女人的尊崇都表现为宫廷文学中女性特质抽象化的一个版本,表现为这种抽象化的最终遗产;更为重要的是,我们可以看出这种抽象化在何种程度上看似拔擢了女性的地位,而实际上非但没有赋予她权力,反倒让她远离了历史与世界。对爱情的推崇,对女性特质、母性特质的升华与拔擢,与教父们那十分强调贞洁的厌女观念一样,有效地将女性与历史割裂开来;要恢复二者的联系,我们就必须更仔细地考察12世纪普罗旺斯地区那非同寻常的文化网络与社会网络。

阿布里瑟尔的罗贝尔(Robert d'Arbrissel)与丰特夫罗(Fontevrault)

要理解宫廷风度与教父时期以来主导性的反女性主义霸权话语的关系,关键是要考察产生宫廷风度的文化氛围。事实上,到威廉九世的时候,法兰西南部已经先后有两代人生活在较为和平、宽裕的社会环境中。该地区的世俗贵族对北方克吕尼派和熙笃会的禁欲精神所知甚少,而且比起北方贵族,他们也更善于使自己摆脱一意改革的神职人员的监管(根据关于宫廷风度起源问题的"抵抗说",这种情况从理论上讲就排除了采取对策的需要)。人们往往认为该地区的文化十分发达,就连历史学家们也习惯谈论南部地区在"习俗"方面的文雅精致，他们会提到该地区在与加泰罗尼亚、阿拉贡的接触中受到阿拉伯文化的教化，提到跨地中海贸易（特别是奢侈品贸易）的复兴，提到宫廷中社会生活的组织方式（女性在其中发挥了很大作用），提到游吟诗人抒情诗的出现——按理说是当时文雅精致的文化氛围孕育了这些抒情诗，可这些抒情诗却反过来被用于证明文化环境的优雅精致，这未免有些不合逻辑。[38]

我们权且假设，研究地中海沿岸地区的历史学家们所说的就是原原本本的习俗，也就是说还包括了法律习俗。基于这一假设，"文雅精致"就有两个最为突出的基本要素，一是比起北部女性，南部女性具有的较高社会和法律地位；二是女性在制度层面捍卫自身权利、抵抗权利剥夺的努力，这堪称封建时代第二阶段的第一场女性主义运动。对这场运动的考察，需要结合卡洛琳·拜纳姆在时段上更晚、空间上更偏北方的语境中对女隐修院和神秘主义的精彩讨论。[39] 这场运动成形于 12 世纪初，主导运动的是阿布里瑟尔的罗贝尔的追随者们，以及他在 1100 或 1101 年建立的丰特夫罗（Fontevrault）修道院。该修道院最终在普瓦图、利穆赞（Limousin）、佩里戈尔（Périgourd）、高布吕耶尔（Haute-Bruyère）、曼恩（Maine）、贝里（Berry）、奥尔良、图卢兹（Toulouse）、布列塔尼（Brittany）都建立了分部。据估算，丰特夫罗修道院本身有三百名修女和六七十名僧侣，而按照圣但尼修道院院长叙热（Sugar, abbot of Saint-Denis）的估计，它在 12 世纪 40 年代就拥有多达五千人。[40] 罗贝尔（Robert）于 1060 年前后生于布列塔尼地区，是他那个时代最具实力和魅力的巡回传道者，被教宗乌尔班二世授予"宗座布道士"（apostolic preacher）的头衔。在建立丰特夫罗修道院之前，他的漫游之旅有着一众追随者，其中绝大多数是女性，囊括了所有社会阶层。罗贝尔的传记作者、多尔地区主教布尔格伊的博德里（Baudri de Bourgueil）著有第一篇也是最完整的一篇生平小传，其中写道:"贵族女士离开城堡,农妇离开村庄,年轻姑娘离开父母,就连高等妓女也告别自己可耻的欢愉,她们都追随这位'神圣的言词播种者'。"[41]据马姆斯伯里的威廉所说,罗贝尔"是那个时代最负盛名、最为雄辩的布道士:他所擅长的并非夸夸其谈,而是甜蜜悦耳的措辞,人们因而争相对他施以馈赠,他则用这些赠礼在丰特夫罗建立了那所杰出的修女修道院。那里根除了一切世俗的欢愉,再没有什么地方拥有如此众多虔诚的妇女,她们都以满腔热忱服从于上帝。"[42]

米什莱最早认为罗贝尔是伟大的中世纪女性解放者,他关于"女性地位的恢复主要发生在12世纪"的判断,最终聚焦于罗贝尔个人对解放活动所起到的催化作用。这位浪漫派历史学家写道,"他让基督的胸怀再次向女性敞开"(Il rouvrit aux femmes le sein du Christ),而这句话则回响在他此后的一切历史书写中。让·佩蒂尼(Jean Pétigny)是19世纪研究阿布里瑟尔的罗贝尔用力最勤的学者,他认为罗贝尔"对女性有着无可抵御的影响"。雷托·贝佐拉(Reto Bezzola)对宫廷文学的研究最为全面,他提到罗贝尔"将女性提升"到"当时闻所未闻的高位"。对于雷吉娜·佩尔努(Régine Pernoud)来说,罗贝尔构成了"11到12世纪新兴女性权力扩张的最完美、最令人信服的注解"。[43]

事实上,罗贝尔作为女性解放者的传说事迹包含两个独立的阶段。第一阶段是他四处漫游和隐居克朗森林的时期,这些活动属于12世纪隐修运动的一部分,有论者认为该运动是在效法4世纪的沙漠教父,而且它与我们讨论过的早期基督教禁欲主义也不无关系。按照博德里的记述,这一时期的事迹以他在鲁昂一所妓院的著名经历为高潮:据说罗贝尔为了暖脚而进入了一处下流场所,最后经过他的一番布道,娼妓们纷纷跟随他离开城镇、投身村野。"于是他带领她们离开城镇,把满怀喜悦的她们领向沙漠,在那里听取她们的忏悔,帮助她们从魔鬼走向基督",米什莱在写下这段话时，显然是想把罗贝尔与叙利亚、埃及的教父们归为同道。[44] 第二个阶段则对应着他停止巡回布道、建立丰特夫罗修道院的时期。

丰特夫罗修道院本身代表着旨在献身于童贞女马利亚的一系列隐修院。按照早期基督教的混修运动传统（也许还有凯尔特的双院传统），丰特夫罗修道院是男女共住的，彼此平等，由一位女性进行管理。罗贝尔明确规定，由于执掌宗教机构需要一定的俗世知识，所以担任女院长之职的不应当是一位贞女，而应当是一位寡妇：

> 彼得罗尼拉（Petronilla），由导师罗贝尔推选，顺应公意以及众修女和众虔信弟兄的殷切要求，出任女院长。她将有权支配丰特夫罗教会及其一切下辖场所，众人要服从于她。众人要尊她为自己属灵的母亲；教会的一切事务，不论属灵的还是世俗的，都要由她执掌，或者遵照她的决定，交托于由她指定之人。[45]

在丰特夫罗，一位女性所拥有的权力既凌驾于女人们，也凌驾于男人们；在这里，一种特定的虔信观念强调女人是上帝之母的化身。更重要的是，丰特夫罗发挥着一项重要的社会功能，即充当妇女们的一处避难所、一幢"安全屋"，那些想要逃离婚姻（不论是在婚前还是婚后）的女人可以在这里找到栖身之所。离开丈夫或父亲、加入丰特夫罗的那些女性俨然构成了一部《名人录》，涵盖了南部地区、香槟和安茹的贵族群体：安茹的彼得罗尼拉、克朗的阿涅丝（Agnès de Craon）、香槟的埃尔桑德（Hersende de Champagne）、艾克斯的阿涅丝（Agnès d'Aïs）、蒙特勒伊的阿涅丝（Agnès de Montreuil）、安茹的玛蒂尔德（Mathilde d'Anjou）。然而其中最有名的或许要数安茹的贝特蕾德（Bertrade d'Anjou），她是蒙福尔的西蒙（Simon de Montfort）之女，"好斗者"富尔克（Foulques le Réchin）[1]

---

[1] 即安茹伯爵富尔克四世。——译者注

之妻，法兰西国王腓力一世的情妇。她在腓力一世死后来到了丰特夫罗。腓力一世因为与贝特蕾德的情事而受到绝罚；我们之后将会看到，威廉九世在普瓦捷大公会议上为腓力一世辩护，而他自己的妻子和后人也与丰特夫罗关系密切。威廉的妻子中有两位——埃芒加德（Ermengarde）和菲利帕（Philippa）——都终老于丰特夫罗修道院，他的女儿也是如此。他的孙女阿基坦的埃莉诺（Eleanor of Aquitaine）在英格兰国王亨利二世死后进入丰特夫罗，而埃莉诺的女儿香槟的玛丽（Marie de Champagne）也在法兰西国王路易七世死后进入丰特夫罗。[46]

当然，我们不能对浪漫之爱一直追溯到丰特夫罗修道院，不能为这个涉及多重因素的文学历史现象规定一个单一的来源，但我们可以说，在到访过这所双重修院（double convent）[1]的人，以及在这里度过余生的人中，很多也正是我们在考察浪漫之爱的发明及其在法兰西地区的传播时会遇到的人物。不仅威廉九世的两个妻子、女儿、孙女和曾外孙女都在这里度过余生，而且据说他的孙女阿基坦的埃莉诺在北上与路易七世成婚时是由旺塔杜尔的贝尔纳陪同前往的。至于埃莉诺的女儿玛丽，她在1164年与"慷慨者"亨利（Henry the Liberal）成婚后，在很大程度上塑造了香槟宫廷的文化生活。事实上，人们一般认为安德里亚斯·卡佩拉努斯的《宫廷之爱的技艺》就是在12世纪的最后二十多年间成书于香槟地区的。

虽然不能说宫廷之爱就是在丰特夫罗被"创造"出来的，但我们可以假设它的出现正是受了阿布里瑟尔的罗贝尔的影响，特别是涉及女性在双重修院中的管理角色，进而涉及女性在一般意义上的社会角色的那些观念。我由此猜测，由于执掌大权的修女们本就出身贵族，所以她们代表了一股有教养的对抗力量，可以倒转中世纪早期特有的反女性主义表述，将它转

---

[1] 指同时驻有僧侣和修女的隐修院，其中的僧侣和修女分属相对独立的群体，共用教堂等设施。——译者注

化为它在观念层面的双生子,也就是宫廷风度。[47]当时的法兰西贵族群体充斥着粗蛮的大男子气,他们像"黑伯爵"富尔克(Foulque Nera)[1]、威廉之妻埃芒加德的父亲"好斗者"富尔克以及威廉本人一样,习惯于我行我素,在婚姻、通奸和休妻等方面几无顾忌。所以,迥然独立于他们的丰特夫罗修道院俨然构成了某种威胁。[48]用雅克·达拉伦(Jacques Dalarun)的话说,阿布里瑟尔的罗贝尔"终其一生都在挑战他的时代"。[49]

世俗贵族与隐修院的关系是厌女秩序与恋女秩序的对立关系。就连佩蒂尼都把握住了这一点,尽管他的措辞带有(或许是无意识的)厌女色彩。他对比了阿布里瑟尔的罗贝尔与旺多姆的杰弗里(Geoffrey of Vendôme,旺多姆修道院院长,1093—1132):"对于弱势性别,罗贝尔怀揣着虔敬的怜悯和孺慕的柔情。相反,旺多姆的杰弗里似乎对全体异性抱有一种无可平抑的憎恨,骂她们是魔鬼的工具、世上一切罪恶的源头。"[50]丰特夫罗成了一场角逐的焦点,敌对双方各自结成政治阵营,要在女性问题上一较高下。这所修道院的吸引力之大让普瓦图的贵族们为之震动(因为他们都与女性权力的问题切身相关),甚至引发了持戒修士们的忧虑。[51]用贝佐拉的话来说,这是"一场打击不速之客的有组织战争",而这位不速之客则受到威廉九世的多位对手的保护,其中就包括普瓦捷主教皮埃尔二世以及教宗本人。然而,罗贝尔越是遭到反对,他就越是受到一个群体的礼遇,那就是安茹和佩里戈尔的妇女们,她们出于虔信而为他慷慨解囊(这就牵涉到妇女的财产处置权问题,我们下文会继续讨论)。丰特夫罗是一个反抗之地,在这里,妇女问题成为社会斗争和政治斗争的激烈战场,成为"竞逐的赌注",而这场斗争同时也是个人的斗争。[52]

尽管有证据表明,丰特夫罗修道院的建立也有威廉九世的一份功劳,

---

[1] 即安茹伯爵富尔克三世。他脾性粗野,对敌残暴,故有此称号。——译者注

尤其是在普瓦捷附近选址这件事上,[53]但威廉九世和阿布里瑟尔的罗贝尔仍是彼此的敌人。当威廉在 1098 年离开封地、协助英格兰国王对抗法兰西国王腓力一世的时候,他的时任妻子菲利帕女伯爵则留下来掌管图卢兹的城镇;她在阿布里瑟尔的罗贝尔的敦促下,向圣塞尔南教堂(Saint-Sernin)的僧侣们做出了巨大让步。[54]在威廉与教宗争执期间,图卢兹地区的男爵们在阿布里瑟尔的罗贝尔的见证下,宣誓向菲利帕效忠,表示认可她的统治权。[55]在普瓦捷大公会议上,威廉和罗贝尔当面对质,结果是腓力一世因为与贝特蕾德的苟合而受到绝罚。威廉由于害怕自己也受到判罚,就站出来为腓力一世辩护;他怒不可遏,对神职人员大加斥责,有一种说法是,大公会议的教父们被他吓得四散奔逃;只有罗贝尔等少数几人可以勇敢地面对他的谩骂。[56]事实证明,威廉的担忧是正确的,他与沙泰勒罗(Châtellerault)子爵夫人的情事让菲利帕大为光火(罗贝尔的敦促可能也起到了作用),[57]菲利帕遁入丰特夫罗修道院,从而逃离了本就没有温情和关爱的家庭生活;她在丰特夫罗见到了威廉的第一任妻子埃芒加德和她的女儿奥德加德(Audéarde)[1],可以与埃芒加德促膝长谈也许是她所得到的唯一补偿。

但这些跟宫廷之爱又有什么关系?

首先,我们清楚地看到了两个历史现象的并存:一方面是 12 世纪初相对平静的军事局面,比起前一个时期富于父权色彩的封建军事风气,一种对女性更为有利的新兴社会理想得以彰显;另一方面则是出现了最早的一批宫廷诗歌。这种并存进一步表明,西方浪漫之爱的框架格局以一种

---

[1] 一般认为,埃芒加德只有一个女儿,即她与第二任丈夫布列塔尼公爵阿朗四世所生的布列塔尼的阿涅丝(Agnès de Bretagne)。而作为母女的"埃芒加德"和"奥德加德"则符合威廉九世的外祖母和母亲的情况,又由于威廉九世的外祖母和第一任妻子都可以称作"安茹的埃芒加德",所以作者可能在这里混淆了二人。另外,威廉九世第一任妻子埃芒加德的母亲的名称之一是"博让西的奥德加德"(Audéarded Beaugency),所以混淆外祖母与外孙女是导致错误的另一种可能。——译者注

第七章　女继承人与遗孀贵妇：妇女的处置权

辩证的方式生发于威廉九世与罗贝尔的敌对关系中，二者一个是"整个封建社会愿望的总发言人"，另一个则是丰特夫罗修道院的"神圣言词的播种者"[1]，"奇迹就发生在那一刻"（c'est à ce moment-là que le miracle se produit）。[58] 这个奇迹肖似童贞女马利亚本人的那些奇迹，它巧妙地化用了这位童贞女的主题，将其转变为西方最为持久的世俗神秘主义形式——对一位理想女士的崇拜，对作为理想的女性的崇拜。[59] 它是圣事的反面，它是一场亵渎的变体仪式，把"禁欲主义运动必定在威廉九世和他的贵族同侪当中激起的对亲密关系的厌恶"转变为对作为"女主人"（domna）[2]的女士的爱慕。[60] 当然，此番论断不过是把刘易斯、布里福和鲁热蒙的论点加以提炼，然后再将其呈现在个别人物身上而已，它仍认为宫廷风度是一个有意为之的计策。有一位放荡不羁的、反女性主义的、父权的威廉九世，他受到了另一种文化模式的挑战与威胁。这种与他对立的意识形态重视女性，甚至崇拜女性，还在丰特夫罗修道院得到了制度层面的表达。而威廉九世则挪用、转化，进而侵夺了这种意识形态，为它赋予了世俗的面貌，让受到尊崇的女性既是童贞女马利亚的化身，又是一切尘世价值的集合。但有一点关键的差异：在刘易斯、布里福和鲁热蒙那里，彼此冲突的两种性别形象所展现或传达的是一种对立关系，但是在我看来，神圣化的表征与世俗化的表征（具体而言，就是对童贞女马利亚的崇拜与对宫廷女士的爱慕）根本不是相互对立的。与此相反，它们是共谋关系，是对于女性的同一种物化抽象的不同表现；而要解释这一现象的独特目的，最好是关注当时当地的情况，关注女性经济处境的变化，尤其是关注女性与财产之关系的变动。

---

[1]　此处讹误，应为"神圣的言词播种者"，与前文说法一致。——译者注
[2]　奥西坦语中的 domna 来自晚期拉丁语的 domna，为 domina 的简写，是"主人"的阴性形式，可用来表示贵妇和女性领主，而阳性的 domnus（或者更传统的说法 dominus）除了表示男性领主，还表示作为"主"的上帝。——译者注

婚姻与同意

读者们应该早已注意到，我有意避开了一个极具风险的问题，没有试图确定宫廷之爱在信条或学说层面的特定起源，没有去谈凯尔特民间仪式、东方宗教、阿比尔派异端、柏拉图哲学、阿拉伯或西班牙诗歌，甚至没有谈到圣母崇拜。表述宫廷理想的第一人是普瓦捷伯爵，而丰特夫罗双重修院恰好位于普瓦捷附近，其创始人和伯爵本人向来针锋相对；这说明宫廷理想不能归结于任何单一因素。它是社会上两种秩序在女性问题上彼此敌对的结果：一边是世俗贵族，他们的权力以军事力量为基础，其财富则主要仰仗土地，他们所实践的是由父母、领主或监护人来选定配偶的婚姻模式，其目的在于避免遗产的流失；另一边是一种教会文化，它更同情女性，或者说至少更同情已婚之人，而且自 12 世纪初开始，它自己形成了对于婚姻的若干看法。阿布里瑟尔的罗贝尔与威廉九世的争执可以被视为表现了两种对立的中世纪婚姻模式之间的冲突。一种婚姻模式以父母包办为基础，在世俗贵族内部进行，如我们先前所见，该模式对于女性和非长子是不利的。[61] 另一种婚姻模式则更有利于已婚之人，具体来说是更有利于在封建婚姻制度下受苦最深的女性。

以沙特尔的伊沃（Yves de Chartres）在 11 世纪 90 年代的论述为起点，诸多证据表明一种属于教会的婚姻模式已然存在，它的重心不再是父母之命，而是两位当事人的同意。实际上，对"同意"的看重可以追溯至古罗马的规定，即"Nuptias non concubitus sed consensus facit"〔"构成一桩婚姻的乃是同意之心，而非床笫之实"（*Digest* 35, 1, 15）〕，这是查士丁尼时期（同时也是基督教化时期）的典型看法。不过，直到 12 世纪，教会的管辖权覆盖到有关婚姻的所有议题，并使婚姻成为一件圣事，它才最终完成对当事人择偶权的认定；相关过程包括两个方面。[62]

第七章　女继承人与遗孀贵妇：妇女的处置权

在神学话语方面，巴黎等地区出现了对于"纯粹合意主义"（pure consensualism）信条的明显偏好，也就是说，人们倾向于相信双方的同意才是有效婚姻的唯一必要条件。彼得·伦巴德（Peter Lombard）指出，"有效的婚姻理由乃是同意"（Efficiens autem causa matrimonii est consensus），他明确规定表示同意的言词必须要用现在时说出（nec futuro sed de praesenti）[1]，因为婚姻首先是一项"言词的义务"。[63] 无论订婚还是结婚，都无须父母同意。随着神学上对于同意的强调得到巩固，博洛尼亚（Bologna）地区以格拉提安为代表的教会法学家在著作中发展出一种学说，认为同意和圆房共同构成了婚姻关系的前提要求。[64] 这里援用了圣事的模式：基督与教会的结合，若没有自由的选择和有形的"肉体的结合"（unitas carnis），那就不算完成，而这一点被应用到了婚事方面。实际上，格拉提安的意思并不是说同意不能成就一桩婚姻，因为他明确指出"依照律法，只要婚姻双方同意就足矣"，不过婚姻的纽带只有在经过"圆房"（commixtio sexuum）后才会牢不可破。[65] 对格拉提安来说，有效的关系与完全合规合法的关系是有差异的，这个差异就在于婚礼（conjugium initiatum）与婚礼经由 conjugium consummatum 或 conjugium ratum[2] 而得到确认的区别。只有在肉体的交合中，契约才会转化为一种纽带，而该纽带作为圣事的地位是不可撤销的。

除了彼得·伦巴德和格拉提安，我们还会注意到人们所说的伟大的1163年亚历山大综合论。[66] 依照教宗亚历山大三世的说法，只要以现在时（per verba de prasenti）或将来时（per verba de futuro）念出誓言，并随后圆房，那就是有法律约束力的婚姻关系。有了亚历山大的这一裁断，将

---

[1] 意为"不是以将来时，而是以现在时"。——译者注
[2] 本句三处拉丁文的含义分别为"起步的婚事"、"完满的婚事"和"有效的婚事"。——译者注

325

所有的公共典仪——父母的准许、家族间的正式请求与协商、订婚、结婚公告、陪嫁和彩礼、教会的批准——都置于一类事物之下，波洛克（Pollock）和梅特兰（Maitland）给它找了个十分优雅的称呼，那就是"无关体统的言辞交换"。[67]这就意味着，不能按照刘易斯、布里福和鲁热蒙的论点，用关于"束缚"的那一套说法来解释宫廷之爱，或者把它解释为包办婚姻的结果。与此相反，宫廷之爱恰恰形成于父母的处置权受到子女的选择权挑战的历史节点。正是在所谓"威廉九世的宫廷风度转向"的前一个十年，乌尔班二世阐明了有关"同意"的学说；我们之后还会提到，乌尔班二世在1096年面见了阿布里瑟尔的罗贝尔。[68]也正是在亚历山大综合论形成的那十年间，我们看到了那些经典的古法语传奇——法兰西的玛丽以及特鲁瓦的克雷蒂安的作品，它们读起来往往就像是子女意志违抗父母规矩的教科书式案例［尤其是克雷蒂安的《克利杰斯》（*Cligès*）］，还有写特里斯坦故事的诗人们的作品，以及13世纪众多诗体传奇作者的作品，其中的主人公都是因为自己封臣的压力才结婚的。

说女性能够接受有违自己父母意愿的求婚，这当然不符合社会实践的实际情况。[69]但这种看法即便只是作为一种意识形态上的立场，也显示出一种威胁，其不仅指向了贵族的传统行事方式，也指向了贵族的财产，因为择偶问题同遗产、家族财富和家族领地的未来息息相关。[70]进一步来说，择偶权在南部地区造成的威胁尤为突出，因为南部在封建化程度上不如北部——这就是说，当地贵族往往可以自由保有独立封地或者说自主地产（*allods*[1]），严格说来，这就使得他们不必承担向大领主提供军事支持的义务。这一点值得反复强调，我们之后还会再提及，因为随着土地占有与严格的兵役要求相分离（这就等于说封地已经不一定要由一名男性来持

---

[1] allod 一般指中世纪时期当事人具有完全所有权的土地，这样的土地不涉及封建义务，如向上级领主纳税和提供军事支持。——译者注

第七章　女继承人与遗孀贵妇：妇女的处置权

有），一种极为不同的妇女—土地关系至少已经成为可能。

母名、继承与陪嫁

在中世纪的欧洲各地，妇女与土地的关系并不令人愉快，而且这一关系在不同的地区、时期和社会阶级内还存在巨大的差异。尽管如此，从加洛林帝国崩溃，到（比如说）阿尔比十字军征伐的这段时间，南部地区女性的处境相对而言还是要好于别处，这表现在（1）母名、（2）继承、（3）陪嫁三个方面。

母名

比起现今属于法国的其他地区，南部地区的历史文献中保留了更多妇女的名字。皮埃尔·博纳西（Pierre Bonnassie）指出，对于邻近的加泰罗尼亚地区来说，传奇中出现最早、流传最迅速的都是女性的名字；他还指出，公元 10 世纪的文献记载有一种偏好母系胜过父系的倾向。[71] 大卫·赫利希（David Herlihy）则指出，在 11 世纪法兰西南部的文献中，土地署有的母名数量是北部文献中的两倍[1]。德意志地区为 2%，法兰西其余地区为 6%（西班牙地区相同），而在法兰西南部地区则为 12%，这表明了女性拥有土地的相对可能性。例如，在第七任阿基坦公爵威廉五世（Guillaume V, 1039—1058）治下，有一份普瓦图地区的凭状就写道："伯爵威廉大人，伯爵夫人阿涅丝之子，统辖此地。"[72] 毋庸置疑，较之其他地区，南部地区由妇女来处置财产的可能性更大。赫利希认为，"凭借各种法律资源，有事业心的女性只要愿意，就可以让（她男性亲属的）监护权更加有名无

---

[1] 原文如此。但据下文和尾注内容所示，所谓的"两倍"指的是"占比"而非"数量"。后文中的类似问题将直接在译文中加以纠改，不再一一注明。——译者注

327

实,即便是身处父权之下的女性,最终也能掌握并管理自己的财产"。[73]

不仅是母名在南部地区的事务中出现得更为频繁,而且在涉及财产转让的文书中,出现妇女名字(不论她在此过程中扮演何种角色)的比例也是南方比北方更大。[74] 此外,罗伯特·哈伊杜、皮埃尔·乌利亚克(Pierre Ourliac)以及佩妮·戈尔德(Penny Gold)观察到,就在宫廷风度开始产生影响的那段时期,女性主动参与土地转让(有别于简单地表示同意)的人数也有所增加。从1100年到1300年间,仅仅是简单地表示同意转让行为的贵族妇女数量占比就从22.3%跌落到4.4%,与男性共同参与转让事务的人数占比则变为了最初的3倍,从5.1%增长到了17.5%,而撇开男性独立参与转让事务的妇女人数占比则变为了最初的4倍,从3.2%增长到了12.0%。对于再低一级的阶层,即单纯的城堡所有者,或者说普瓦图的城主们,同一时期内"同意者"的女性人数占比从30.2%骤降到1.2%,而作为"共同参与者"的女性人数占比从0上升到了12.3%,而"独立参与者"的女性人数占比从2.3%上升到了16.0%。[75] 1100年到1149年间,安茹地区以各种角色参与转让事务的妇女总人数占比达到了55.1%,在丰特夫罗更是达到了65.3%的峰值;在丰特夫罗,作为"同意者"参与转让事务的女性占比也同样高于安茹地区的其他修道院。[76] 相对于如今属于法国的其他地区,在最早出现宫廷风度的这一地区,以上这些占比数据意义重大。[77] 拿皮卡第地区做个对比,我们会发现1141年到1300年间,皮卡第地区贵族妇女作为"同意者"而署名的人数占比降低了一半,从31.9%减少至15.9%;作为"共同参与者"的人数占比扩大为最初的3倍有余,从5.3%增长到16.4%;作为独立的土地转让者或购买者的人数占比则略有下降,从6.4%减少至5.8%。相比之下,在南部地区的对应阶层中,最后一类的人数占比从3.2%上升到了12.0%。在同一时期的北方城主中,女性"同意者"的人数占比从26.0%骤降到6.0%,而作为"共同参与者"

的人数占比则从 0 上升到了 12.0%。在皮卡第的城主当中，作为"独立参与者"的人数占比从 7.8% 稍稍下降至 6.0%，相比之下，南部地区的该占比则增长为最初的 7 倍，从 2.3% 增长到了 16.0%。1100 年到 1150 年间，皮卡第地区女性以各种角色参与转让事务的总人数占比为 21.0%，而该占比在安茹地区则为 55.1%。[78]

当然，这些数字是很成问题的。考虑到不同时期、不同地区，甚至同一地区的不同可比单位之间的差异，在进行归纳概括的时候务必要慎重。[79] 此外，要分离出可能导致这些数字的诸多社会经济因素就已经很困难了，而要完全敲定充分有效的分析范畴更是难上加难。众多的变量进一步加深了问题的复杂程度：婚姻安排、继承模式、男女人口比例，以及在涉及财产转移问题时群体行为与个体行为在总体上的不同接受程度，这些方面都在发生变化。以上数据也并不意味着普瓦图和安茹的女性的处境就比其他地区的女性的处境更好。妇女之所以更少地作为土地转让和土地获取事务的"简单同意者"，而更多地成为"共同参与者"，可能主要是因为在争夺"家族事务的第二把交椅"的过程中，妻子取代了丈夫的男性亲属，这也符合后封建时期家族开始以世系脉络（相对于更为"横向"的血缘群体）为导向的情况。所以，在谈到涉及妇女的财产转让问题时，我们一定不能忘记，我们所谈的主要是遗孀而非女儿。

从这样一组原始文献数据中复原有关"妇女经验"乃至"贵族妇女经验"的某些状况，要求我们在归纳概括时必须慎之又慎，但是这些数据似乎确实表明：其一，妇女与财产的关系，也就是说与男性财产的关系，在南部地区与北部地区之间似乎存在重大差异；其二，虽然有关财产的大多数决定都没有得到妻子的准许，但该地区妇女对"属于她或将会属于她的东西或多或少享有更大的决策权重"。[80]

继承

在继承问题上,法兰西南部的情况同样比较特殊。地中海沿岸地区——"穿罗马式长袍的高卢"(*Gallia togata*)或"成文法之地"(land of written law)——较之北部的"习惯之地"(land of custom)更多地保留了罗马的残存影响;例如,在北部地区,《萨利克法》(第 62 条)就算没有完全禁止妇女继承萨利克的土地,至少也不让她们完整地占有土地。[81] 而且,南部地区保留下来的法律影响并非来自罗马共和国时期。共和国时期的法律同封建习惯一致,保留了父母给自家女儿选定丈夫的权利〔"共食婚"(*confarreatio*)以及更晚一些的"买卖婚"(*coemptio*)〕,以及丈夫处置妻子财产的权利。南部地区保留下来的法律影响来自基督教时期。查士丁尼法典将丈夫对妻子陪嫁财产的权利限制为用益物权(*usufructus*);他不能宣称陪嫁为自己所有。更重要的是,尽管罗马女性可能在公共领域内无权无势,但她们确实能够拥有财富和积累财富,而且也会与自己的兄弟一道继承财产。例如,《新法典》第 118 条就明确规定,在当事人死亡且未立遗嘱的情况下,其所有后代均享有同等的继承权。由 6 世纪入侵的西哥特人带到法兰西南部的《狄奥多西法典》规定儿子和女儿应平等地享有父亲的遗产;600 多年后,这样的平等安排尽管显然没有[82]见诸实践,但却仍在地方习俗中留有痕迹。[83] 例如,蒙彼利埃地区的习惯法就明确规定,"当有父亲在未立遗嘱(*ses gazi*)的情况下去世,他的财产应该平分给他的儿子以及未出嫁或未得到陪嫁的女儿"。[84] 西哥特人的习俗保留了那些最为罗马化的规定:"如果母亲或父亲在未立遗嘱的情况下去世,那么就算另有阻碍,家族地位完备的姐妹和兄弟也应该继承等额的遗产。"[85] 同一时期遗嘱中所能见到的行文惯例也证明了男女继承人之间的些许平等倾向:例如,在 1010 年的遗嘱中可以看到,"本人韦尔蒙(Vermundus)

及妻子儿女给予……""本人给予……雷蒙德（Raimondus）、其兄弟戈德弗雷（Godefridus）以及二人的众儿女……""本人贝娅特丽克丝（Beatrix）和儿子们……以及女儿同意……"[86]《普瓦图旧习惯法》（*Vieux Coutumier de Poictou*）也谈及不动产或者说 *propres* 的问题："所提到的父母或他人，不准通过赠予——不论是生前交接还是遗嘱安排——在合乎法律与习俗的范围之外偏袒多个继承人中的一位。"[87]

尽管法律规定与社会实践的偏差总会给继承问题的研究带来困扰，而且相关地区的档案材料也尚未得到充分的开掘，不过我们还是可以从手头的证据明确看出，在法兰西北部十分突出的长子继承制在南部地区则较为薄弱，[88] 而且就算南部有些地方实行了长子继承制，当地也会在没有儿子的情况下延展该制度，将长女也包括在内。[89] 长子继承制在该区域的地位实属罕见，这同样是加洛林统治崩溃后该区域的相对独立性使然：南部地区的封建化程度较低，妇女自 9 世纪后半叶以来持续扮演着重要的政治乃至军事角色。[90] 在南部，由于广泛存在着自主地产，即较少附带严格封建服役要求的、可以自由保有的土地，所以妇女可以继承她们在北部和西部（即诺曼底地区）无法继承的领地。[91] 用波洛克和梅特兰的话说，"封建制度破坏了夫妻间的平等"，而这使得一个事实具有了重大意义，那就是妇女被排斥在封建财产继承权之外的情况起码在 13 世纪之前就已经在南部地区消失；这样一来，女继承人的丈夫就在履行兵役义务的问题上充当了她的替身。[92] 有别于罗马传统的另一点是，遗孀可以继承并管理丈夫的地产。[93]

到了 10 世纪，大量重要的南部封地都被掌握在妇女手中：奥弗涅（Auvergne）、贝济耶（Béziers）、卡尔卡松（Carcassonne）、利穆赞（Limousin）、蒙彼利埃、尼姆（Nîmes）、佩里戈尔、图卢兹。[94] 的确，11 世纪中叶其实是个权力真空期，几位普瓦图伯爵要么年幼、要么势弱，支配他们的是才干过人的阿涅丝，她先是"伟大者"威廉的妻子，后来又是（仿佛"伟大者"威廉还不够伟大）"铁锤"若弗鲁瓦的妻子。1039年，"伟大者"威廉的儿子"雄鹰"威廉年仅16岁，就成为第五任图卢兹伯爵和第七任阿基坦公爵。在他成年之前，实际上统治普瓦图的是阿涅丝，圣马克桑（Saint-Maxent）地区的凭证中反复出现的惯用表述就印证了这一点，"彼时普瓦图的首脑是伯爵夫人阿涅丝，以及她的儿子威廉和若弗鲁瓦，她尽己所能，十分勤勉地治理公国"；"伯爵威廉，他的兄弟居伊，以及他们的母亲、尊贵的伯爵夫人阿涅丝统治着普瓦图"。[95] 居伊—若弗鲁瓦承袭威廉的爵位后，同样受到自己母亲的支配，直到她于1068年去世。所以我们可以说，当威廉九世承袭爵位时，再度由一位女性进行统治的前景如幽灵般漂浮在公国上空。居伊—若弗鲁瓦于1086年去世时并未指定后继者，这就意味着倘若该地区的男爵们没有在威廉九世这个第一位游吟诗人15岁时就宣布他成年（按照习俗，21岁为成年），那么普瓦图和阿基坦就会落入威廉的母亲奥德加德手中差不多5年之久，尽管她远非阿涅丝那样的专横跋扈之人。[96]

12世纪后半叶的政治军事史始终围绕着以下问题展开：阿基坦的埃莉诺，威廉九世长子与威廉前情妇莫贝热纳（Maubergeonne）的女儿[1]，在与路易七世离婚以便嫁给亨利二世的时候，是否同时也带走了属于她的遗产。但这是毫无疑问的——法兰西南部的大部分土地确实被交给了埃莉诺。虽然她的经历不过是女性继承土地的典型状况，即继承了土地却又不完全享有土地的所有权，因为实质上土地仍由男性控制，但这丝毫不会

---

[1] 莫贝热纳指人称利勒布沙尔的"危险者"（Dangereuse de l'Île-Bouchard）的沙泰勒罗子爵夫人（Viscountess of Châtellerault），她是威廉九世的情人，由于被威廉九世安置在名为"莫贝热纳"的塔楼中而得此绰号。她与沙泰勒罗子爵艾梅里一世（Aimery Ⅰ, Viscount of Châtellerault）的女儿沙泰勒罗的艾诺（Aénor de Châtellerault）嫁给了威廉九世的长子，即后来的威廉十世，一般认为这二人才是阿基坦的埃莉诺的父母。——译者注

妨碍一个事实，那就是女性对土地的继承极大地威胁到了"武力即土地，土地即权力"的封建等式。对于封建制度来说，阿基坦的埃莉诺，或者说 Aliénor d'Aquitaine[1]，是一位伟大的让渡者／离间者。

妇女的财产继承或许根本不是女性独立或女性社会权力的证明，而可能只是一个标志，反映了自 11 世纪开始，从"横向"的氏族向更偏"纵向"的血缘亲族团体的转变，前者是囊括宗亲兄弟和血亲兄弟的大联合，后者在理论上同时允许男性和女性继承世系内的遗产，并按照"父系的归父系，母系的归母系"（paterna paternis, materna maternis）这一原则继续将其在世系中传承下去。[97] 在这一法律下，个人就与一份特定的财产有了更为密切的关联。反过来讲，每一份财产依照其所属的世系，依照其自身的承袭过程，也都有其自身的宗谱。[98] 但其中还存在一个巨大的差异，那就是男女所得财产的形式不同。经由男性传递的不动产，即 immobilier，它作为 propres 既意味着继承，也意味着完整的所有权；与此相对，经由女性传递的是英格兰法中所说的"动产"（chattel），实际上就是作为陪嫁的可动财产。女性的财产包括衣物、餐具、家具（即现代法语中的 meubles[2]），以及最为重要的——金钱。这是因为，我们谈到的经济演进过程与金钱在 12 世纪的重新引入密切相关，与之相伴的还有集市、长途贸易和城镇在欧洲经济交流圈内的兴起。分享财富的前提是有财可分。

陪嫁

我们已经提到与女性继承相关的财富模式变化，谈到在允许女性独立

---

[1] 此为"阿基坦的埃莉诺"的法文拼写。作者之所以又给出了她名字的法文形式，一方面是因为 Aliénor 与 alienator（让渡者／离间者）谐音，另一方面或许还意在强调作为法兰西封臣的她，通过与英王的婚姻，将自己继承的法兰西土地的实际掌控权"让渡"给了英王。——译者注

[2] 源自形容词 meuble，相当于英文中的 moveables 或 movable goods，即"可动物件"。——译者注

拥有财富、允许女性继承遗产的制度下,女性更多地参与了对财产的实际掌控,而现在我们可以为我们的等式加上最后一个因子:大约从11世纪开始,围绕婚姻而进行的交换发生了一次模式上的变化。我们可以分辨出该过程的三个阶段。

第一阶段。在罗马,对一桩婚事的同意几乎总是伴随着财物的交换,其中来自新郎的彩礼分量极小,而相较之下新娘的陪嫁(实际上是这桩婚姻得到法律认可的条件)则十分丰厚。[99]而古日耳曼文化则实行另一种婚姻交换模式(*Kaufehe*),妻子实际上是丈夫的家族从她的家族买来的,夫家会交付"晨金"(*morgengabe*),即在"次日早晨"奉上的礼金。[100]然而,在基督教传入和屡遭入侵后的几个世纪中,以上两种制度都发生了转变。大约从公元200年开始,罗马人之间"财富的流动"变化了方向,交付财物的重担,即"聘金"(*sponsalia largitas*)或"婚前礼"(*donatio ante nuptias*),从新娘家族一边落到了新郎家族一边。与此相应,日耳曼人也不再向新娘的父母或监护人支付新娘的价码(*withrum*),而是直接将其支付给新娘本人。地中海地区交换模式的倒转,以及入侵部落交换模式的式微,这些转变不论是两种文明接触的产物,还是像有些人所认为的那样是适婚男女比例变化的结果,都无碍于一个事实,那就是像大卫·赫利希所观察到的那样,"在中世纪早期,从蛮族的屡次迁移到12世纪,在西欧的占主导地位的婚姻财产输送形式是逆向嫁妆"。[101]

第二阶段。在日耳曼人入侵和罗马陷落之后的几个世纪中,逐渐形成了一种制度:妻子会从自己的丈夫那里得到某种婚姻馈赠(即*maritagium*),这份馈赠在她有生之年由丈夫掌管,可如果丈夫先于她去世,那么这份馈赠就归她所有。黛安·欧文·休斯(Diane Owen Hughes)写道:"总的来说,在中世纪早期,凡是地中海西岸的人口,无论其源于哪个族群,都采取同一种婚姻分配制度,其中最主要的那笔财物既不是古代的陪嫁,

第七章　女继承人与遗孀贵妇：妇女的处置权

也不是古日耳曼人的新娘价码，而是脱胎于'晨金'的一笔款项，最初是给予妻子的，是用于支付她贞洁的价码。"[102]

第三阶段。最终，在 11 世纪，古典意义上的陪嫁（dos），即新娘家族为新娘提供的财物，作为主要的婚姻馈赠重新出现在了意大利、加泰罗尼亚和法兰西南部。中世纪第一篇专论嫁妆的文章可以追溯至 1140 年，它重复了查士丁尼的规定，即新郎和新娘之间的赠礼必须对等，或者妻子对家庭资金的贡献必须与丈夫的赠金（donatio）对等。[103]陪嫁的重现有时被看作是教会改革措施的结果，这些措施旨在让婚姻成为公共事宜，或者旨在保护妻子的权利，因为习惯法很难保障妻子的权利不受侵犯；如近来的人口研究所示，陪嫁的重现有时也被视为婚姻市场中适婚男性供应受限造成的市场压力的结果；最后，陪嫁的重现有时甚至还被看作是后封建时代"纵向"家族或世系成形的表现。尽管如此，在一个有陪嫁的世界中，女性对于其丈夫的依赖（在次日早晨）还是要小于对她自己亲族的依赖。

女儿的陪嫁不同于儿子得到的土地，它越来越多地由动产构成，尤其是金钱。尽管在特殊情况下普罗旺斯地区的陪嫁也会包含一些不动产，比如当父亲膝下只有一个女儿的时候（女儿的丈夫会采用她的名字，并且采用自己岳父的家族纹章），但是用黛安·欧文·休斯的话说，陪嫁仍然"以金钱形式为基础"。[104]陪嫁实质上构成了一种"死亡之前的继承"，构成了女儿对父亲财产的主要声索方式。在这里，我们遇到了一个复杂的议题，自 1966 年让·伊韦（Jean Yver）的不朽之作《平等的继承人与被排斥的受资后代》（*Egalité entre héritiers et exclusion des enfants dôtés*）出版以来，它就一直受到研究中世纪史的学者们的关注：得到过陪嫁的女儿被排斥在外，不许再索要家族财产，在我们关注的地区尤其如此。福卡尔基耶伯爵威廉二世（Guillaume Forcalquier）关于有陪嫁的女儿的著名规定（1162）明确表示："女儿或姐妹不能在事后继承父亲的财产、母亲的财产、兄弟

335

的财产或姐妹的财产。"[105] 虽然排斥女儿的做法从表面上看是在剥夺继承权,但其效果却正好相反。通过分析历史文献可知,该做法在安茹和普瓦图的盛行,可能是为了进一步隐瞒已经占据明显比例的女性财产继承,因为比起其他地区的妇女,该地区的妇女本就更有权利取得一部分父亲的领地;换句话说,这是为了把确属正当继承的那份父亲财产藏在陪嫁凭据中,而不是让其展现在遗嘱中。因为排斥有陪嫁的女儿继承遗产的做法必须在陪嫁(dos)的语境中加以阐释,而这无非是意味着,当父母去世,她的兄弟姐妹们要分财产的时候,她的那份嫁妆不会被"带回去"、不会被计入要分配的财产。女儿既被排斥在继承父亲遗产的范围外,又事先通过陪嫁被纳入遗产继承的范围,二者的关系在《图卢兹习俗》(The Custom of Toulouse)(第66条)中得到了正确的描述:"如果父亲向女儿提供了土地或金钱作为陪嫁,那么女儿就不应再和自己的兄弟们一道分得父亲的资财,也不应对合法继承人的那部分额外财产提出要求,除非父亲另有安排。"[106]

对于南部地区的这种"排斥规则",学者们做出了不同的阐释,有人认为它是在应对同一时期教会方面防止教会财产被转让给平民的措施,有人认为它是在应对罗马"继承人彼此平等"原则对遗产造成的割裂,也有人认为它只是以一种隐秘的方式实现了封建化程度更深的北部地区的那种典型的长子继承制——完全是"用于保有并增益资财的策略"。[107] 不过有一点可以肯定:排斥有陪嫁的女儿并不一定会让妇女失去土地。相反,它让妇女在父母生前就分得一份自己更能掌控的财产,因而预先保障了她们的继承权。

第七章　女继承人与遗孀贵妇：妇女的处置权

理想化与占有

我们似乎已经离开厌女和宫廷之爱的话题很远了。不过，当我们考虑到我们所知的浪漫之爱概念出现在特定的时间和地点——12世纪的最初二十几年和普瓦图地区；当我们明白它涉及特定的人物——在这些人之前，既使人高尚又让人受苦的情爱在观念上是无处可寻的；当我们去考量阿布里瑟尔的罗贝尔这位拥女主义者与威廉九世这位成为游吟诗人的反女性主义者（他至少是个玩弄女性的人）之间的关系；当我们衡量法国南部相比北部对女性更友好的经济社会环境；最后，当我们虑及一种具有潜在颠覆性的婚姻和继承模式的出现——它让儿女可能自主选择婚姻伴侣，尤其是让得到了财产的妇女可能依照自己喜好处理来自父亲的领土。当我们把以上种种结合在一起，我们走过的路途实际上构成了一个闭环。这样一来，问题就不再是反女性主义与宫廷风度之间的相似性，也不是二者在概念上的同一性，而是如何阐明世俗场域中对女性特质的诋毁与理想化之间的辩证关系，这种关系始自中世纪中期，一直延续至今。

我并不是第一个提出妇女与财产之关系的改善为宫廷之爱所表现出的那种理想化提供了温床的人，也不是第一个提出这种理想化恰与妇女政治地位的上升处在同一历史时期的人。从19世纪维奥莱特·佩吉特（Violet Paget）[1]对中世纪爱情的研究开始，具有明确社会意识的研究者们在考察宫廷之爱的时候，就把对高高在上的女士的爱慕，视为众多被剥夺权利的小贵族效力于大领主妻子（并且全凭她们垂怜）的结果。[108]乔治·杜比把骑士传奇中的流浪骑士主题等同于下层贵族从富有的孀居贵妇那里寻求物质支持，如我们所见，这一点在莱歌《兰瓦尔之歌》中得到了有力的呈现。黛安·欧文·休斯指出，地中海周边那些"陪嫁已成为最有力的进项"、

---

[1] 中文读者或许更熟悉她的笔名"浮龙·李"（Vernon Lee）。——译者注

"丈夫之于妻子的权力或已减弱"的地区,同时也是"崇尚英勇胆识、盛产绿帽丈夫、萌生爱情之诗"的地区。[109] 同样,11 和 12 世纪法国南部的标志性文明成果清单总会或详或略地记述游吟诗人抒情诗的出现,以及总体经济条件的改善;这意味着时人品位上对于装饰性奢华的偏好,也意味着妇女在社会文化生活中的更大作用。以上述观点为代表的各种阐释把宫廷风度视为一种理想化,认为它是现实中妇女财产权扩大的组成部分,是对这种进步的纯粹反映;说到底,这些阐释认为宫廷风度具有解放作用,有别于先前时代的反女性主义。这些阐释参与塑造了一个神话,那就是浪漫之爱的出现是一种文化进步,是疗愈千年厌女倾向的一剂解药;这一迷思至少可以追溯至 19 世纪的实证主义信念。米什莱坚信,正是许多像阿布里瑟尔的罗贝尔这样的人让历史呈现为"自由一步步取得胜利的过程"。他认为在自己所考察的这个时期,"上帝可以说是改变了性……;女人既已君临天堂,并且开始支配尘世"。[110] 当浪漫之爱作为 19 世纪浪漫主义的一部分而被重新发现的时候,它仍与米什莱的奠基性表述相去不远。在当代,保罗·伊姆布斯(Paul Imbs)写道:"就心理和道德方面而言,这里的现象关乎解放人的精神,关乎承认人们有权通过自由处置自己的身体而获得幸福,该现象的首批受益者是南部地区的妇女,她们更加独立于自己的丈夫。"罗伯特·米勒(Robert Miller)谈到了宫廷之爱的"教化影响":"以这种古雅的方式,西方世界被从黑暗时代中解救了出来。"夏尔·康普鲁(Charles Camproux)深信有一种"追求女性解放的意愿"(volonté d'émancipation féminine)。宫廷之爱"把女性颂扬为一股使人高尚的精神与道德力量,从而表达了一种新的女性主义,与教会建制中的反女性主义以及教会所认可的性态度针锋相对",黛安·伯恩斯坦(Diane Bornstein)如是写道,她在《中世纪辞典》(*The Dictionary of the Middle Ages*)中强化了人们对西方浪漫之爱的主流看法,即西方浪漫之爱的发明是一个文本

第七章 女继承人与遗孀贵妇：妇女的处置权

层面的性解放（sexual textual liberation）过程。[111]

现在应该已经很清楚了：把宫廷风度设想为疗愈反女性主义的药方，这一看法的危险之处首先在于它混淆了宫廷风度所包含的理想化与爱情本身，其次在于它没有看到，对于女性特质的不同抽象化理解看似相反敌对，实则极为相似，二者有着深刻的同一性——所以这是一种虚假的意识形态认识，不利于将人类的性观念理解为超个体的、历史的现象。此外，另一种看法同样需要加以修正，那就是刘易斯、布里福、鲁热蒙和贝佐拉的论点，他们虽未把游吟诗人们的发明看作药方，但却将其视为一种对策。我们至此所看到的一切都表明，浪漫之爱的观念与其说是教会迫使放荡的贵族遵守婚姻制度而造成的结果，不如说是具有明确婚姻意识的贵族针对妇女日益增长的经济力量而做出的反应；而这又恰恰出现在南部地区，那里教会的掌控力减弱，而女继承人和遗孀贵妇的力量又因为我们先前提到的那些原因而构成了最大的威胁。这就是唯一可能的结论，只有这样才能避免把宫廷风度必定带来的理想化解释为女性物质条件改善的直接反映，因为宫廷风度并不是这种直接反映，事实是，宫廷式的爱情观念至今已经存在了八百多年，而妇女自11世纪最后二十多年起开始取得的经济权益到了12世纪的最后二十多年实际上就丧失殆尽了。

西方浪漫之爱的发明首先代表了一次篡夺，一次重新占有：在女性开始能够占有构成男性财富模式的传统要素时，重新占有女性本身。这自然就引出了一个问题：宫廷风度是法国南部妇女物质处境不断改善的结果，可如果这种更好的物质处境从12世纪后半叶起就已经开始快速瓦解，那么宫廷之爱的意识形态还会持续那么久吗？

答案很简单：宫廷风度并没有被如其所是地接受，在克里斯蒂娃所说的"两性的无尽战争"中，在充当占有和重新占有女性的工具时，宫廷风度甚至远比厌女还要有效。用尽可能简单的话说，一种对于宫廷之爱的辩证解读会认为对女性的理想化是一面颠倒的镜子,而非简单地认为它是物质基础的直接反映,这种解读认为:只要女性还是待人处置的财产,那她就会受到贬斥,而根据广为接受的、关于女性特质的那些厌女看法,她会被斥为万恶之源;可一旦女性有了处置权——更准确地讲,是对财产的处置权——她就会被理想化,被置于宫廷之爱的那套说辞中。

宫廷风度的话语把女性捧上神坛,把她崇奉为掌控局面的"女主人",这样的话语看似赋予了妇女富于权能的女性特质,可这不过是又一条旨在篡夺女性的计策,与教父们在我们所研究时段的头几个世纪中开发出的计策别无二致。在把女性简化为一个范畴这一点上,宫廷之爱的话语丝毫不亚于厌女话语;而在把救赎的重担压在女性肩上这一点上,它又丝毫不亚于有关贞洁带来拯救的话语,因为女性在这里就一如身处基督教奠基性的性别阐述所包含的双重困境之中,她发现自己处在两极化的位置上,既是引诱者,又是救赎者——永远焦虑不安,永远背负罪孽,永远无所适从,处在脆弱易伤的境地。厌女与宫廷之爱这两种对女性特质的抽象化是共谋关系,二者的功能从古到今一直都是使女性偏移出历史,在对于谨慎的要求和"女主人"的无名无姓背后,它们消灭了个体妇女的身份,从而把女性转变为一种理想。说到底,宫廷风度是一种有力的强制模式,它将继续在厌女的协助下把自己剥夺女性权利的实际效果藏匿在殷勤礼貌的诱惑背后,从而主导西方关于情人的话语。

宫廷之爱的例子或许最能说明吉塞勒·阿利米(Gisèle Halimi)在题为《法国新女性主义》(*New French Feminisms*)的文选中所提到的"门垫—神坛"策略,这种策略旨在通过抬高女性来贬低女性。为了表明自己的观点,阿利米引用了萨卡·圭特瑞(Sacha Guitry)的话,"我愿意承认女性优于男性,只要她们不为自己寻求平等就行",而这又让人想起巴尔扎克的格言:"严格来说,女人只是男人的附属品。她是一个你必须知道该如何把她捧上王座的奴隶。"[112] 这些话可能看起来不过是轻浮的言论，但它们包含的历史真相可不止一点：对于妇女进入公共领域的惧怕——也就是说，惧怕她们在历史中发挥作用——在历史上就一直与抬高女性、让女性高居时间之上的做法联系在一起，而这种做法就正好等于宫廷风度所表现出的那种对于女性特质的理想化。[113] 让—玛丽·奥贝尔（Jean-Marie Aubert）写道："要想把女性置于一切公共生活之外，不让她享有男人所垄断的权利，方法有二：其一是认为她弱智低能，把她直接置于监护之下……其二则是抬高她，把她升华到与一切尘世事务都不相称的地步。"[114] 这里的可能性——一切版本的永恒女性（Eternal Woman）——几乎是无限的，从精神分析在俄狄浦斯故事中为母亲投注的全能之力，到精神分析把她摆上阿尼玛的位子，到拉康版本中作为大他者的大写女性，到尼采笔下作为大写真理的哲学概念之女性，抑或在德里达笔下作为大写的反真理的哲学概念之女性，再到她摇身一变，在神学话语中化身为神圣的童贞女，抑或在爱情诗人的语言中化身为受人尊敬的"女主人"。

注释

1. 本章引用的《莱歌集》内容都出自让·里希纳的版本。

2. 下文的一小段讨论所依据的材料见于我的《中世纪法国文学与法律》（*Medieval French Literature and Law*）（Berkeley: University of California Press, 1973), 98–100, 220–21。另见 Marc Bloch, *Feudal Society* (Chicago: University of Chicago Press, 1964), vol. 2, 301; Georges Duby, *Medieval Marriage* (Baltimore: Johns Hopkins University Press, 1982); Duby, *Le Chevalier, la femme et le prêtre: Le mariage dans la France féodale* (Paris: Hachette, 1981); Duby, "Les 'Jeunes' dans la société aristocratique dans la

France du Nord-Ouest du XIIe siècle," in *Hommes et structures du moyen âge* (The Hague: Mouton, 1973), 213–24; Erich Koehler, *Ideal und Wirklichkeit in der höfischen Epik* (Tübingen: Max Niemeyer, 1956); Koehler, *Trobadorlyrik und höfischen Roman* (Berlin: Rütten & Loenning, 1962); Koehler, "Observations historiques et sociologiques sur la poésie des troubadours," *Cahiers de civilisation médiévale* 7 (1964): 27–47.

3. "亚瑟王的王国及其君主制其实是封建宫廷世界在诗歌中升华而成的理想,这些理想能够调和各个贵族阶层的不同利益。" (Koehler, *Ideal*, 38.)

4. See ibid., 23–35.

5. 可以从马克思主义寓言的角度来解读《兰瓦尔之歌》,把它看作一个具有明确历史指向的传说故事,其中借由过于慷慨的仙子之手,被剥夺的财产失而复得。不过,由女人来充当拯救者这件事并非无关紧要。因为,正如杜比特地指出的那样,对于没有土地的骑士来说,实现经济独立的可靠手段之一就是与有陪嫁的女人结婚,因为陪嫁正是潜在的收入来源。事实上,杜比所采取的立场颇为极端,他认为中世纪文学中的流浪骑士主题不过是以诗歌的方式表达了被剥夺权利的下层贵族谋求"安顿"的历史事实(尤可参见 Duby, "Les 'Jeunes'")。

6. Georges Duby, "Structures de parenté et noblesse dans la France du Nord aux XIe et XIIe siècles," in *Hommes et structures*, 283.

7. 下文的论述详细说明了拙著 *Etymologies and Genealogies*, 68–70, 161–63 所涉及的作品。

8. 参见 Georges Duby, *La Société aux XIe et XIIe siècles dans la région mâconnaise* (Paris: Armand Colin, 1953), 418; Duby, *Medieval Marriage*, 10–12; Duby, "Les 'Jeunes'," 213–24。

9. Pierre Bonnassie, *La Catalogne du milieu du Xe à la fin du XIe siècle* (Toulouse: Publications de l'Université de Toulouse, 1975), vol. 1, 281; Robert Hajdu, "Family and Feudal Ties in Poitou, 1100–1300," *Journal of Interdisciplinary History* 8 (1977): 123.

10. "按照日耳曼人的法律，订婚是未婚夫与年轻女子所属氏族或女子的监护人（*Vormund*）之间订立的一种购买契约；这类似于东方所熟悉的订婚抵押。年轻男子交付一定量的金钱（*wadia*）和其他结婚礼物作为抵押；他由此背负起迎娶这位女子为妻的责任，并且将自己的部分财产给她作为彩礼（*wittum*）。作为女子"监护人"的"担保人"（*sponsor*）承诺让年轻男子娶走该女子，并且向他交付象征性的抵押物（*wadia*）。未婚夫必须将其归还：凭借这一举动，他就把自己未来的妻子托付给监护权（*mundium*）的持有者，直到婚礼那天……婚礼第一个环节就是起草结婚凭证，其中会确定陪嫁的数额（*wittum*）和转交监护权（*mundium*）的价格。" (Edward Schillebeeckx, *Le Mariage* [Paris: Cerf, 1966], 229.)

11. 参见 Duby, *Medieval Marriage*, chap.1; and Duby, *La Société*, 436; Charles Donahue, "The Policy of Alexander III's Consent Theory of Marriage," in *Proceedings from the Fourth International Congress of Medieval Canon Law* (Vatican: Biblioteca Apostolica Vaticana, 1976), 256, 257; Michael M. Sheehan, "Choice of Marriage Partner in the Middle Ages: Development and Application of a Theory of Marriage," *Studies in Medieval and Renaissance History* 1 (1978): 1–33; Juliette Turlan, "Recherches sur le mariage dans la pratique coutumière (XIIe–XIVe siècle)," *Revue historique du droit français et étranger* 35 (1957): 477–528。

12. "Tristan, the Myth of the State, and the Language of the Self," *Yale French Studies* 51 (1975): 61–81.

13. Li reis ot une fille bele

E mut curteise dameisele.

Fiz ne fille fors li n'aveit;

Forment l'amot e chierisseit.

De riches hommes fu requise,

Ki volentiers l'eüsse prise;

Mes li reis ne la volt doner,

Kar ne s'en poeit consirrer.

国王有个美丽的女儿，她是位彬彬有礼的少女。国王没有别的儿女，所以对她十分疼爱。有不少富有的男人提出请求，愿意娶她为妻。但国王却不想把她交给别人，因为自己没了她就活不下去。（vv. 21–28）

14. Milun ad a sun fiz cunté

De sa mere cum il l'ama,

E cum sis peres la duna

A un barun de sa cuntree,

E cument il l'ad puis amee

E ele lui de bon curage,

E cum del cigne fist message:

Ses lettres li feseit porter,

Ne s'osot en nulliu fier.

面对自己的儿子，米隆讲述了自己如何爱上他的母亲，她的父亲先前如何把她许给一位那里的男爵，他后来如何爱上她，她又如何以真爱待他，以及天鹅如何充当两个人的信使：他谁也信不过，就让那只鸟儿来为他送信。（vv. 488–96）

15. "De haute gent fu la pucele,/ Sage, curteise e forment bele,/ Ki al

riche hume fu donee."［"这位少女出身于一个十分高贵的家族，她冰雪聪明、彬彬有礼、容貌出众，被许给了一个富有的男人。"（vv. 22–24）］"Maleeit seient mi parent/ E li autre communalment/ Ki a cest gelus me donerent/ E de sun cors me marīerent!"［我的父母和他们的同伙都该受诅咒，竟把我许给了这个善妒的老男人，让我嫁给这个衰朽不堪的家伙！"（vv. 81–84）］

16. Mult fu vielz hum, e femme aveit

Une dame de haut parage,

Franche, curteise, bele e sage.

Gelus esteit a desmesure,

Kar ceo purporte la nature

Ke tuit li vieil seient gelus—

Mult het chascuns ke il seit cous—:

Tels est d'eage le trespas!

Il ne la guardat mie a gas:

En un vergier, suz le dongun,

La out un clos tut envirun;

De vert marbre fu li muralz,

Mult par esteit espés e halz!

N'i out fors une sule entree:

Cele fu noit e jur guardee...

Uns vielz prestres blancs e floriz

Guardout la clef de cel postiz;

Les plus bas membres out perduz,

Autrement ne fust pas creüz.

(vv. 210-24, 255-58)

17. De ceo ke ele iert bele e gente,

En li garder mist mut s'entente;

Dedenz sa tur l'ad enserreie

En une grant chambre pavee.

Il ot une sue serur,

Veille ert e vedve, sanz seignur;

Ensemble od la dame I'ad mise

Pur li tenir mieuz en justise. (vv. 25-32)

18. Lewis, *The Allegory of Love*, 13. Violet Paget, "Mediaeval Love," in *Euphorion, Being Studies of the Antique and the Mediaeval in the Renaissance* (London: T. Fisher Unwin, 1884), vol. 2, 123–217.

19. Lewis, *The Allegory of Love*, 18.

20. Briffault, *Troubadours*, 96; Denis De Rougemont, *Love in the Western World* (New York: Fawcett, 1958), 77. "根据主流理论，宫廷之爱的出现是要应对封建规矩的无法无情。众所周知，12世纪的贵族仅仅把婚姻当作一种致富手段，要么是想要对方带来的陪嫁，要么是指望对方将来继承遗产。当一笔'交易'收益不佳的时候，结果便是休妻……这样的胡作非为导致了许多争端和战争，为了对冲此类做法，宫廷之爱就建立起一种独立于合法婚姻的忠贞（*feality*），它唯一的基础便是爱情。"（De Rougemont, *Love in the Western World*, 35.）事实上，布里福早在1927年就提出了这个论点："浪漫之爱的观念转变，两性关系的理想化，见于文学演进的过程之中，从欧洲民间的原始萨迦开始，从抒情诗歌在南欧的初次集中涌现到文艺复兴的黎明，它们并非公众情感的变化所致，而是基督教会的影响与压力的结果。"（Briffault, *The Mothers*, vol. 3, 505.）

21. 鲁热蒙这本书的写作笼罩在法西斯的黑暗和战争的风云下,其中或许只有一刻的轻松幽默,他在那里敦促我们:"想想看吧,要是伊索尔德成了特里斯坦夫人会是什么样!"(*Love in the Western World*, 46.)

22. Ibid., 48.

23. "就与对象的关系而言,恨要早于爱。它源于自恋性自我对外部世界的否弃,而外部世界正是各种刺激之流的来处……它总与自我保护的本能保持密切的关系,所以,性本能和自我本能可以轻易复刻爱与恨的对立。"(Sigmund Freud, "Instincts and Their Vicissitudes," in *A General Selection from the Works of Sigmund Freud*, ed. John Rickman [Garden City, N.Y.: Doubleday, 1957], 85.)

24. "难道不是在对死亡和情欲的模糊——直接——的反应中,我们有可能把握到某种决定性的价值,某种根本性的价值吗?"(Georges Bataille, *Les Larmes d'éros*, in *Oeuvres complètes* [Paris: Gallimard, 1970], vol. 10, 586.)

25. "我们已经知道,很可能是多毛人种的尼安德特人就有对于死亡的认识。爱欲机制正是出自该认识,这就使得人的性生活与动物的性生活形成了对立。"(*Les Larmes d'éros*, 584.)所以巴塔耶把爱欲机制的形成置于真正的历史之外,而我们知道,恩格斯也采取了同样的做法,他把父权制的形成置于历史之外。爱欲机制和父权制作为不容争辩的史前史,实际上都被自然化了。

26. "情欲必定涉及秘密,而这不仅仅是传统方面的影响所致……情欲经验是外在于平常生活的。在我们的全部经验中,它本质上是与正常的情感交流相割裂的。它是一个禁忌的主题。"(Georges Bataille, *L'Erotisme*, in *Oeuvres Complètes*, vol. 10, 246.)

27. "在彼此相拥之时,他们(情人们)在寻求满足常见需求之外,还寻求以剧烈的付出实现无尽的毁灭；拥有一个新对象，一个新的男人或女人，不过是实现毁灭性付出的借口而已。同理，那些对宗教更为虔诚的人不再狭隘地关心人们为之做出牺牲的共同体。他们不再为共同体而活，而是只为牺牲而活。这样一来，他们就渐渐为一种欲望所掌控，那就是想要以耳濡目染的方式来传播他们对于牺牲的狂热。与此相同，情欲很容易陷入狂滥，牺牲本身成为目的，它要求超越共同体的狭隘性，主张自己具有普遍的价值。" (*The College of Sociology*, ed. Denis Hollier, trans. Betsy Wing [Minneapolis: University of Minnesota Press, 1988], 339.)

28. "Si l'union des deux amants est l'effet de la passion, elle appelle la mort .... L'érotisme ouvre à la mort. La mort ouvre à la négation de la durée individuelle"; "La poésie mène au même point que chaque forme de l'érotisme, à l'indistinction, à la confusion des objets distincts. Elle nous mène à l'éternité, elle nous mène à la mort, et par la mort, à la continuité: la poésie est *l'éternité*" (*L'Erotisme*, 26, 29–30).

29. "所谓神圣，正是在肃穆的仪式中，当人们一心关注一个不可延续的存在者的死亡时，所得见的存在者的那种延续性。" (ibid., 27.)

30. Julia Kristeva, *Tales of Love* (New York: Columbia University Press, 1987), 287.

31. Ibid., 238, 245.

32. 参见 Henry Adams, *Mont-Saint-Michel and Chartres* (London: Constable, 1950); Boase, *Origin and Meaning of Courtly Love*, 84–86; Myrrha Lot-Borodine, "Sur les Origines et les fins du *service d'amour*," in *Mélanges Alfred Jeanroy* (Paris: Droz, 1928), 223-42; Leo Spitzer, *L'amour lointain de Jaufré Rudel*。

33. "没什么东西是绝对被禁止的，"巴塔耶写道，"总是会有逾越之举。

但禁绝还是起到了足够大的作用,所以可以说情欲也许是最为强烈的情感,因为我们的存在对我们自己来说还可以呈现为语言(话语)的形式,而情欲对我们来说好像就不行……原则上,情欲经验注定让我们陷入沉默。"(Bataille, *L'Erotisme*, 246–47.)

34. Kristeva, *Tales of Love*, 259.

35. Ibid.

36. "女性的倒错(*père-version*)作为对繁殖和延续的欲望而盘绕在对法规的欲望中,它推进了女性的受虐倾向,使其成为结构的稳定器(防止结构出现偏差);它向母亲保证,会让她进入超出人类期望的秩序,从而赏给她愉悦。这种经过编码的倒错,这种母性受虐倾向与法规之间的缠斗,一切时代的集权势力都曾加以利用,好把女性拉到他们一边,而且他们显然轻易就做到了。不过,单单'痛陈'母亲们服务于'男性支配权'时所扮演的反动角色是不够的。我们需要考察这一角色在什么程度上对应着母性在生命符号层面的潜在要素。"(Kristeva, *Tales of Love*, 260.)

37. 鲁热蒙和巴塔耶对情欲与死亡的着迷,造极于克里斯蒂娃对于女性作为拯救者、作为超越死亡之手段的不懈坚持,其逻辑又终结于或许是我在研究厌女和浪漫之爱问题时所遇到的最奇异、最令人不安的现代著作,即格特鲁德·冯·勒·福尔(Gertrude von le Fort)的《永恒的女性:时间中的女性:非时间的女性》(*The Eternal Woman: The Woman in Time: Timeless Woman*),该书问世于 1934 年,是一本护教之作(尽管这一点未曾明言),这位贵族诗人一定是察觉到了战争的迫近,所以谈到了每一位有儿子的母亲会不得不做的牺牲:"或早或晚,或隐或显,那位悲伤母亲的情形,圣母怜子的情形,将会出现在每一位母亲的生命当中。"(Gertrude von le Fort, *The Eternal Woman: The Woman in Time: Timeless Woman*, trans. Marie Cecilia Buehrle [Milwaukee: Bruce Publishing, 1954], 100.)

38. 其实，皮埃尔·博纳西（Pierre Bonnassie）就遵循一种由来已久的传统观点，认为南部地区由于临近如今的西班牙，所以"某种女性色彩"就在社会中占据主导："我们甚至可以说，某种女性色彩构成了当时社会的标志。" (*La Catalogne*, vol. 1, 277.) 另见 Charles Camproux, *Joy d'Amor* (Montpellier: Causse & Castelnau, 1965), 29–32; Alfred Jeanroy, *La Poésie lyrique des troubadours* (Paris: Privat, 1934), 88; Moshe Lazar, *Amour courtois et 'fin' amors' dans la littérature du XIIe siècle* (Paris: Klincksieck, 1964), introduction.

39. 参见 Bynum, *Jesus as Mother*; Bynum, *Holy Feast and Holy Fast*; Bynum, "'…. And Woman His Humanity'," 257–88。

40. Régine, Pernoud, *La Femme au temps des cathédrales* (Paris: Stock, 1980), 131.

41. 转引自 Jean de Pétigny, "Robert d'Arbrissel et Geoffroy de Vendôme," *Bibliothèque de l'Ecole des Chartes* 5 (1854): 6。

42. 转引自 Penny Gold, *The Lady and the Virgin: Image, Attitude, and Experience in Twelfth-Century France* (Chicago: University of Chicago Press, 1985), 103。

43. Jules Michelet, *Le Moyen âge*, in *Histoire de la France* (Paris: Laffont, 1981), 284; Jean de Pétigny, "Lettre inédite de Robert d'Arbrissel à la Comtesse Ermengarde," *Bibliothèque de l'Ecole des Chartes* 5 (1854): 221; Reto Bezzola, *Les Origines et la formation de la littérature courtoise en Occident (500–1200)* (Paris: Champion, 1966), vol. 2, 286; Pernoud, *La Femme*, 129.

44. "A l'instant, il les fit sortir de la ville, il les conduisit plein de joie au désert et là, leur ayant fait faire pénitence, il les fit passer du démon au Christ" (Michelet, *Le Moyen âge*, 285). 另见 Jacques Delarun, *L'Impossible sainteté: La*

vie retrouvée de Robert d'Arbrissel (vv. 1045–1116), fondateur de Fontevraud (Paris: Editions du Cerf, 1985), 15, 121; Dalarun, "Robert d'Arbrissel et les femmes," *Annales E.S.C.* 39 (1984): 1142.

45. *PL*, vol. 162, 1083–84; translation Gold, *The Lady and the Virgin*, 99.

46. 参见 Duby, *Le Chevalier*, 170; Pernoud, *La Femme*, 130–69; Ernst Werner, "Zur Frauenfrage und zum Frauenkult im Mittelalter: Robert v. Arbrissel und Fontevrault," *Forschungen und Fortschritte* 29 (1955): 274。

47. 关于作为社会变革者的罗贝尔，参见 Ernst Werner, *Pauperes Christi: Studien zu sozial-religiösen: Bewegungen im Zeit-alter des Reformpapsttums* (Leipzig: Koehler & Amelang, 1956); Tadeusz Manteuffel, *Naissance d'une hérésie: Les adeptes de la pauvreté volontaire au moyen âge*, trans. Anna Posner (The Hague: Mouton, 1970)。

48. "妇女如果要摆脱封建父权统治的桎梏，就必须与社会决裂，聚焦自身，团结女性同胞，把她们自身从男性的传统家长作风下解放出来。这一解放运动在宗教社群的框架内部，表现为宗教社群中的男女平等。"（Werner, "Zur Frauenfrage," 274.）哲学家洛色林（Roscelin）在写给自己学生阿伯拉尔（Abelard）的信中就指责过罗贝尔，说他拒绝把这些顽强的妻子交还给来要人的丈夫（Jean-Marc Bienvenu, *L'Etonnant fondateur de Fontevraud Robert d'Arbrissel* [Paris: Nouvelles Editions Latines, 1981], 89）。另见 Duby, *Le Chevalier*, 171–72。

49. Dalarun, *L'Impossible sainteté*, 15.

50. Pétigny, "Robert d'Arbrissel et Geoffroy de Vendôme," 14. 另见 Dalarun, "Robert d'Arbrissel et les femmes," 1154。

51. 阿尔弗雷德·里夏尔（Alfred Richard）写道："在这些事件发生后，阿基坦公爵所统治的地区出现了相对平和的局面，但如果说此刻战争及其惨痛后果都已平息，那么就还有一个大麻烦仍在扰动人们的心绪，对于上层阶级来说尤其如此。这份不安尤其体现在一场务求塑造新的社会观念的女性解放运动中，而它和所有改革一样，超出了自己最初的目标。认为女性与男性平等还不够，一些人想让女性优于男性。这一危险理论的信徒，阿布里瑟尔的罗贝尔，不曾停下脚步，他以自己炽热的言辞和大胆的行为搅动着社会；他从1099年起就常住在丰特夫罗修道院，那里每天都有成群结队的信徒踏上征程。我们想知道威廉是否其实无意跟随这项事业的发展，因为女性是这项事业中的关键角色，但威廉在本性上就具有一种细腻的猎奇心态，所以他宣称的对女性的感情可能不如改革者罗贝尔的布道所讲的那样纯洁高尚。"（Alfred Richard, *Histoire des comtes de Poitou, 778–1204* [Paris: Alphonse Picard, 1903], 446–47.）另见 Jeanroy, *La Poésie lyrique des troubadours*, vol., 1, 80–88。

52. Bezzola, *Les Origines*, vol. 2, 312, 311.

53. Bienvenu, *L'Etonnant fandateur de Fontevraud*, 73–74.

54. "女伯爵在图卢兹地区的持续留守造成了最好的结果；她成了统治该地区的绝对首脑，因而可以任意处置这片属于祖先的领地……为她出谋划策的人有圣塞尔南教堂的教长穆尼昂（Munion）和阿布里瑟尔的罗贝尔，后者刚开始宣扬自己的学说，并且已经把穆尼昂变成了自己热情的追随者。"（Richard, *Histoire des comtes de Poitou*, 421.）另见 Bezzola, *Les Origines*, vol. 2, 278。关于阿基坦的埃莉诺对丰特夫罗进行捐赠的情况，参见 Pernoud, *La Femme*, 162–65。

55. "虽然这些事件发生在普瓦图，另外一些极为重要的事件则发生在图卢兹。当地的大领主们一个接一个地把女伯爵菲利帕认作自己的主公，向她宣誓效忠。这些附庸当中最重要的当然是贝济耶子爵贝尔纳—阿东（Bernard-Aton）。这位权势极大的要人直接或间接掌控着图卢兹三分之一的地区，尤其是卡尔卡松（Carcassonne）、拉泽（Razès）、贝济耶、阿尔比（Albi）、阿格德（Agde）和尼姆这六块子爵领地。"（Richard, *Histoire des comtes de Poitou*, 469.）

56. Pétigny, "Robert d'Arbrissel et Geoffroy de Vendôme," 7. 另见 Dalarun, "Robert d'Arbrissel et les femmes," 1145; Duby, *Le Chevalier*, 7–26, 135。

57. 这是里夏尔的看法，*Histoire des comtes de Poitou*, 472。

58. Bezzola, *Les Origines*, vol. 2, 311, 312. 雅克·达拉伦看到了丰特夫罗修道院与宫廷之爱在观念上的某种相似性，后者就蕴藏在前者所处的环境中，随时可能绽放："姊妹们想在这里得到什么呢？莫过于兄弟们的服从。可如果认为这些妇女远离俗世、忍受艰苦的生活条件，就是为了释放自己无端的权力嗜好，那也未免荒谬。在罗贝尔这里，她们得到了效劳和殷勤。同一时期，在她们出身的环境中，也兴起了'宫廷之爱'，从而证明不论是在宫廷还是在这所修院，都蕴藏着这样一种情感方式，它随时可能绽放。"（Dalarun, "Robert d'Arbrissel et les femmes," 1150.）另见他的 *L'Impossible sainteté*, 143–46。

59. "他在女性身上看到了人类得救的象征，看到了上帝之母化身为人，那条蛇被她踏在脚下。"（Werner, "Zur Frauenfrage," 269.）

60. Bezzola, *Les Origines*, vol. 2, 311. 贝佐拉还用"伟人论"来解释对于女性的赞美："（关于童贞女马利亚的）这一'意象'（imago）在1100年前后出现在法兰西西南部，出自一位大领主天才般的直觉，他的天赋让他能够在诗歌中表达社会上最先进的那批人隐约感受到的东西，他在诗歌中对此所作的颂扬总是表现为另一种形式，即马利亚，最高的'女主人'。对童贞女马利亚本身的崇拜，从此再也无法摆脱由她间接创造的这种亵渎之诗所造成的影响。"（ibid., vol. 2, 314.）

61. 达拉伦写道："罗贝尔是腓力一世的同时代人。乔治·杜比选定了一套以他为核心人物的情节,来对一场婚姻危机的高潮阶段定年和做出说明,而造成这场危机的则是两种婚姻观念的冲突。罗贝尔所召集的那些妇女有一个共同点:都是这场危机的受害者。""她们起初都是一种婚姻的受害者,即由君主、男爵或骑士所谋划的那种婚姻:在冷落中受厌弃,由于没有生育而遭离弃,由于丈夫另结新欢而被抛弃。但是她们在这里醒悟,找到了新的志向:她们逃离过于野蛮粗暴、见异思迁的丈夫;她们一心渴求神秘主义,她们为那些令人敬慕的信徒燃烧自我。她们效仿彼得罗尼拉,追求各种新的志向,不再过那种在父亲的掌控和丈夫的掌控之间来回打转的生活。"(Dalarun, "Robert d'Arbrissel et les femmes," 1144–45.)

62. 参见 Brundage, *Law, Sex, and Christian Society*, 137, 183–99; Pierre Daudet, *Les Origines carolingiennes de la compétence exclusive de l'église en France et en Germanie en matière de juridiction matrimoniale* (Paris: Sirey, 1933)。

63. *Petri Lombardi, Libri IV Sententiarum* (New York: Saint Bonaventure, 1916), vol. 2, 917. 另见 Jean Dauvillier, *Le Mariage dans le droit classique de l'église depuis le décret de Gratien (1140) jusqu'à la mort de Clément V (1314)* (Paris: Sirey, 1933), 12-17; Duby, *Medieval Marriage*, 16–25; Adhémar Esmein, *Le Mariage en droit canonique* (Paris: Sirey, 1929), vol. 1, 131; Schillebeeckx, *Le Mariage*, 256。

64. 参见 Dauvillier, *Le Mariage*, 23–29; Esmein, *Le Mariage*, vol. 1, 103; George E. Howard, *A History of Matrimonial Institutions* (Chicago: University of Chicago Press, 1904), vol. 1, 336; Schillebeeckx, *Le Mariage*, 258。

65. "... sufficiat secundum leges solus eorum consensus, de quorum conjunctionibus agitur..." (*PL*, vol. 187, 1392.)

66. 参见 Donahue, "The Policy of Alexander Ⅲ's Consent Theory of

Marriage," 251–81。

67. Frederick Pollock and Frederic Maitland, *The History of English Law* (Cambridge: Cambridge University Press, 1923), vol. 2, 372.

68. 根据约翰·努南（John Noonan）的观点，格拉提安在1140年前后回答"可以为女儿安排一桩有违她意愿的婚姻吗"这一问题时，就提到了乌尔班对于相关问题的裁决。对于此类问题的第一例裁决处理的是加埃塔（Gaeta）公爵雷诺·里德尔（Renaud Ridel）与卡普亚（Capua）君主茹尔丹一世（Jourdain Ⅰ）之女的婚事，教宗乌尔班由于热衷于参与南意大利地区有关诺曼征服者的事宜，所以急于向茹尔丹一世示好。第二例裁决则涉及阿拉贡—纳瓦拉（Aragon-Navarre）国王桑乔·拉米雷斯（Sancho Ramirez），这位国王先前与人承诺了自己侄女的婚事，但这婚事却有违侄女的意愿，教宗在裁决中免除了他的义务，让他不必强迫侄女去遵守这一承诺；这一裁断的根据有二：其一是婚姻双方应当一体一心，其二是违背这一诫命会招致通奸的风险，"Quorum enim unum corpus est, unus debet esse et animus, ne forte, cum virgo fuerit alicui invita copulata, contra Domini Apostolique preceptum aut reatum discidii, aut crimen fornicationis incurrat"（"身体为一的双方也必须灵魂为一，所以当一位贞女不情不愿地与某人结合，她就有可能违背主和使徒们的诫命，要么招致可能的争端，要么犯下通奸的罪责"）。参见 John Noonan, "Power to Choose," *Viator* 4 (1973): 420–21。

69. 例如，关于宗教法规在社会实践中的反响，勒内·梅斯（Réne Metz）的看法就未免有些天真："首先，教会法经由逐步的努力确保了妇女在'同意'方面的完全自由。其结果是，到了12世纪中叶，女性不再受制于父亲的同意，而在罗马法和日耳曼法中，父亲的同意此前一直都是有效婚姻的必要条件……女儿从父亲的权威下被解放了出来；即便父母反对，她仍可以有效地缔结婚姻。"[René Metz, "Le Statut de la femme en droit canonique médiéval," in *La Femme*, Recueils de la Société Jean Bodin 12 (Brussels, 1962), 86–87.]

70. "在这一时期，外婚制和不准离婚俨然成为天主教婚姻的标志，教皇和教会法庭都在不懈地贯彻这些理想。其结果是，平信徒（甚至是处在社会顶层的平信徒）失去了此前对于家族成员婚事的控制。到了12世纪20和30年代，家族迅速丧失了安排其成员的结婚、离婚和再婚的旧有权能。"（Brundage, *Law, Sex, and Christian Society*, 225；另见333。）

71. Bonnassie, *La Catalogne*, vol. 1, 277.

72. 转引自David Herlihy, "Land, Family and Women in Continental Europe," *Traditio* 18 (1962): 99。"950年之后，妇女作为土地拥有者的频率上升，这似乎与同时期后代从母姓的情况增多相对应。就区域情况而言，无论是属于妇女的土地面积，还是凭据上当事人从母姓的频率，法国南部都是非常突出的。"（ibid., 108.）

73. Ibid., 89.

74. Pierre, Ourliac, "L'Esprit du droit méridional," in *Droit privé et institutions régionales* (Paris: Presses Universitaires de France, 1976), 589.

75. Robert Hajdu, "The Position of Noblewomen in the Pays des Coutumes, 1100–1300," *Journal of Family History* 5 (1980): 126.

76. Gold, *The Lady and the Virgin*, 135. 另见ibid., 137, "例如，在安茹，在这段长达250年的时期内，妇女在文书中作为同意者的比例在30.8%到49.5%之间。但1100年到1149年所达到的49.5%这一峰值是以下三所修道院的数据综合而成的：

昂热的隆塞雷修道院（Le Ronceray d'Angers） 137份文书中的29.2%

昂热的圣阿尔邦修道院（Saint-Aubin d'Angers） 41 份文书中的 48.8%

丰特夫罗修道院 242 份文书中的 61.2%"。

77. 博纳西在研究过 600 份 10 世纪的买卖合约后指出，在加泰罗尼亚有近半（49.3%）合约是由已婚夫妇签署的。在余下的合约中，117 份由独自参与买卖的男性签署，1 份由男性在其后辈的陪同下签署，这些占总数的 19.7%；83 份由独自参与买卖的女性签署，32 份由与后代一起参与买卖的女性签署，这些占总数的 19.2%。（*La Catalogne*, vol. 1, 266.）

78. 以上数据所属的表格见于 p. 135 of Gold, *The Lady and the Virgin* 以及 p. 126 of Hajdu, "The Position of Noblewomen"。

79. 佩妮·戈尔德在分析中强调，涨落波动的现象本身就是女性经验的一个要素（*The Lady and the Virgin*, 141）。

80. Hajdu, "The Position of Noblewomen," 127. 关于加泰罗尼亚的情况，博纳西写道："关于加泰罗尼亚妇女的处境，最引人注目的便是她们在物质方面的独立。她会从父母那里得到一份遗产，其数额通常与她的兄弟们所得到的一般无二，有时还会更多，因为女儿可以像儿子一样适用于优待（*melioratio*）条款。她在婚后仍旧保有对于个人财产的专享权：可以买卖、赠送、抵押，不必交给丈夫。此外，女性事实上可以在不受监护乃至不受婚姻影响的情况下进行交易，此类交易的占比与男性从事交易的占比大致相当。"（*La Catalogne*, vol. 1, 274.）

81. 按照弗朗索瓦—L. 冈绍夫（François-L. Ganshof）的说法："萨利克法在其最古老的文本中就指出女性是完全不能继承不动产的，并且以一种绝对的方式将女性排除在外……'至于土地，不能由女性继承，所有土地都属于互为兄弟的男性'。"（"Le Statut de la femme dans la monarchie franque," in *La Femme*, Recueils de la Société Jean Bodin 12 [Brussels, 1962],

34–35.）另见 Roger Aubenas, *Anciens pays de droit ecrit: XIII–XVI siècle* (Aix-en-Provence: Librairie de l'Université, 1952); Lehman, *Le Rôle de la femme*, 47–48; Jo Ann McNamara and Suzanne Wemple, "The Power of Women Through the Family in Medieval Europe: 500–1100," *Feminist Studies* 1 (1973): 131; Naïté-Albistur, *Histoire du féminisme français*, 21。

82. 参见 Roger Aubenas, "La Famille dans l'ancienne Provence," *Annales d'histoire économique et sociale* 42 (1936): 523; *Le Testament en Provence dans l'ancien droit* (Aixen-Provence: Editions Paul Roubaud, 1927), 123; Jean Gaudemet, "Le Statut de la femme dans l'empire romain," in *La Femme*, Receuils de la Société Jean Bodin 11 (Brussels, 1962), 215; McNamara and Wemple, "The Power of Women," 127, 131。

83. "长子权消失，女性可以继承封地，以及（至少在一开始）儿女应当均分财产，这些原则的实施导致了典型封建制度在13世纪初所特有的那种弱化和动摇。"（Aubenas, "La Famille dans l'ancienne Provence," 524.）博纳西证明了加泰罗尼亚在西哥特的影响下也有类似的平等："法律对于兄弟和姐妹平等视之，甚至强调不应当区别对待。就实际做法而言，父母的行为似乎也符合以上规定：按照法律的要求，在没有订立遗嘱的情况下，应当平均分配遗产，而许多订立遗嘱者甚至会以做出声明的方式来确保均分遗产，其中有些人竟然还会设法保障遗腹子也能得到属于自己的那份遗产。因为，所有儿女平均分配遗产的规则既具有法律效力，也合乎公平观念。"（*La Catalogne*, vol. 1, 264.）

84. 转引自 Meg Bogin, *The Women Troubadours*, (New York: W. W. Norton, 1976), 22。

85. "Si pater vel mater intestati decesserint, tunc sorores cum fratribus in omni parentum facultate, absque alio objectu, aequali divisione succedent" [Noël

Didier, "Les Dispositions du statut de Guillaume II Forcalquier sur les filles dotées (1162)": 255]. 另见 Ganshof, "Le Statut de la femme," 40. "罗马法规定女儿和儿子享有对家族财产的平等继承权,与此相反,勃艮第、阿勒曼尼(Alemannic)、巴伐利亚和里普利安(Ripuarian)的法律所坚持的一般原则是,只有在当事人没有儿子的情况下,女儿才能继承遗产。伦巴第法律也做出了类似的规定,尽管它允许父亲将其财产的三分之一给予女儿。只有罗马化程度最深的日耳曼法律,即西哥特法,才允许女儿享有平等继承权。"(McNamara and Wemple, "The Power of Women," 131.) 米什莱用一种难免夸大的口吻指出,或许只有卡佩王朝才不承认妇女的相关权利。

86. "Ego Vermundus et uxor mea et filii mei et filias meas donamus..."; "dono... Raimondo et Godefrido, fratri suo, et filiis et filiabus quos habent"; "ego Beatrix et filii mei... et filia mea... consentiamus" (Didier, "Les Dispositions," 255).

87. "... les dites père ou mère, ou aultres, ne pouvent faire par donaccion, soit entre vifz, pour cause de testament ou légat, l'un des héritiers meilleur que l'aultre oultre la part en porcion légitime et coustumière" (转引自 Jean Yver, *Egalité entre héritiers et exclusion des enfants dotés* [Paris: Sirey, 1966], 127).

88. "在普罗旺斯,不论封地的政治地位有多高,它在经济制度方面都要遵循普通法。法律不会对其有所保留;没有长子权;在没有订立遗嘱的情况下,贵族子女享有平等份额,就像在涉及他们的自由农时那样,其后代都均分财产;不存在男性的特权,女儿享有与儿子平等的继承权。" (Charles De Ribbe, *La Société provençale à la fin du moyen âge* [Paris: Perrin, 1898], 393.) 另见 Aubenas, "La Famille dans l'ancienne Provence," 524; 以及 Aubenas, *Le Testament en Provence*, 123。让·伊韦认为,长子继承制在普瓦图尤为薄弱。参见 "Les Caractères originaux du groupe de coutumes de

l'Ouest de la France," *Revue historique du droit français et etranger* 30 (1952): 23。另见 Marcel Garaud, *Les Châtelains de Poitou et l'avenèment du régime féodal: XIe et XIIe siècles* (Poitiers: Mémoires de la Société des Antiquitaires de l'Ouest, 1964), 75。

89. "当订立遗嘱者身后只有女儿时，长女会分得主庄园和五分之一的封地。她受到的优待略逊于长男，长男还会根据先取权（préciput）再得到总封地的五分之一……在没有长男的时候，长女有权得到主庄园及其附属产业，这一点与长男相同，但她无权取得三分之二的领地这种优待。" (Paulette Portejoie, *Le Régime des fiefs d'après la coutume de Poitou* [Poitiers: Mémoires de la Société des Antiquitaires de l'Ouest, 1958], 134, 135.) 另见 Yver, "Les Caractères originaux," 43。

90. 参见 Lehman, *Le Rôle de la femme*, 136; Archibald Lewis, *The Development of Southern French and Catalan Society* (Austin: University of Texas Press, 1956), 170–73。

91. 例如，伊韦拿普瓦图与诺曼底相比较；参见 "Les Caractères originaux," 24–25, 48–49。多姆·韦塞特（Dom Vaissete）的不朽之作《朗格多克通史》（*Histoire générale de Languedoc*）就载有下述规定："在11、12世纪，女儿不仅可以继承一般封地，还可以继承荣誉封地：该省就有许多例子，其中包括鲁埃格（Rouergue）女伯爵兼哥特亚（Gothie）女侯爵贝尔特（Berthe）、贝济耶的加尔塞德（Garseinde）以及卡尔卡索的埃芒加德。"（*Histoire générale de Languedoc, par dom Cl. Devie et dom J. Vaissete* [Toulouse: Privat, 1874–92], vol. 3, 401.）马克纳马拉（McNamara）和温普尔（Wemple）把土地的自由保有与妇女继承土地的资格联系起来："除了在处置封地方面日益增长的自由外，9、10世纪的贵族家族还以武力、购买和开荒等手段扩展着自己所控制的自主地产——自由保有的土地。家族按照自己认为合适的方式来分配此类土地的权力不受任何严格的限制。很少会有家族想要取消自己女儿继承自主地产的资格。此类土地一到女性手中，就会一直是她的财产，不会被转给她的丈夫或她丈夫的家族，除非她本人愿意这么做。"（McNamara and Wemple, "The Power of Women," 134.）

92. Pollock and Maitland, *The History of English Law*, vol. 1, 429; Hajdu, "The Position of Noblewomen," 133. 赫利希写道："很明显，这些凭证表明，从 10 世纪开始，妇女对封地遗产的继承权在加泰罗尼亚和法兰西南部就得到广泛的承认了。"（David Herlihy, "Land, Family and Women in Continental Europe," *Traditio* 18 [1962]: 100.）

93. "所以他们真正容许了父权向遗孀的转移，这定会让罗马人感到震惊：遗孀往往会应丈夫的意愿来继任一家之长，执掌家族事务，受托管理家族财产，拥有最大的支配权。这与罗马人的观念何其不同！遗孀要扮演的角色绝非监护人，而是'夫人兼管理者'，她掌握一切权威，甚至有权把'叛逆的'的后辈赶出家门。"(Aubenas, "La Famille dans l'ancienne Provence," 534.)

94. 参见 Herlihy, "Land, Family and Women," 100。在 10 世纪的凭证中，就妇女作为女继承人或连片土地持有者而被提及的情况而言，在法兰西南部为 10%，相比之下北部则为 5%；在 11 世纪，南部为 11%，法兰西其余地区则为 6%（ibid., 105）。

95. "Au temps où la comtesse Agnès était à la tête du pays de Poitou avec ses fils Guillaume et Geoffroy et administrait vigoureusement le duché, autant qu'il était en son pouvoir"; "alors que régnaient en Poitou le comte Guillaume, son frère Guy et la vénérable comtesse Agnès, leur mère" (Alfred Richard, ed., *Chartes et documents pour servir à l'histoire de l'abbaye de Saint-Maixent,*

Archives Historiques de Poitou 16&18 [Poitiers, 1886], vol. 1, 123, 126). 威廉九世的遗产同样遵循了马尔什的阿尔莫蒂（Almodis de la Marche）的先例，她是图卢兹伯爵夫人，也是威廉之妻菲利帕的祖母。阿尔莫蒂下令编纂了《巴塞罗那习惯法》（Customs of Barcelona）。参见 Bonnassie, *La Catalogne*, vol. 1, 509–11。

96. Richard, *Histoire des comtes de Poitou*, vol. 1, 382.

97. "家庭自身似乎不受制于一位家主的绝对权威。最古老的文献显示，双亲似乎平等地参与其中，各阶层的女性享有不见于传统国家的自由。作为贵族，她们是卡尔卡松、纳博讷（Narbonne）、阿基坦等特大封地的早期所有者；作为继承人，她们在贝阿恩（Béarn）可以赋丈夫和子女以己姓；她们监督事务，管理自己的财产，并以生前赠礼或身后遗产的形式处置这些财产。婚姻体制本身诚然旨在维持夫妻间的平等，但更重要的功能是确保遗孀的待遇。也许习俗的野蛮性压倒了宫廷爱情的神秘感，但女性的确享有一种别的地方没有的自由，而且不同于伊韦先生给诺曼底下的判断，南部律法的精神是让家庭胜过世系。" (Ourliac, "L'Esprit du droit méridional," 589.)

98. 参见拙著 *Etymologies and Genealogies*, 73。

99. 参见 Brundage, *Law, Sex, and Christian Society*, 37, 88; Diane Owen Hughes, "From Brideprice to Dowry in Mediterranean Europe," *Journal of Family History* 3 (1978): 264。

100. Brundage, *Law, Sex, and Christian Society*, 128; Goody, *Development of the Family*, 250-51.

101. Herlihy, *Medieval Households*, 77; 另见 15, 21, 73-74; and Herlihy, "The Medieval Marriage Market," in *Medieval and Renaissance Studies*, ed. Dale B. J. Randall (Durham, N.C.: Duke University Press, 1974), 3-27。

102. Hughes, "From Brideprice to Dowry," 274.

103. 参见 Herlihy, *Medieval Households*, 98; Hughes, "From Brideprice to Dowry," 276。

104. Hughes, "From Brideprice to Dowry," 282; 另见 Aubenas, "La Famille dans l'ancienne Provence," 526; Aubenas, *Le Testament en Provence,* 125; Didier, "Les Dispositions," 258。说句题外话,或许在后新教时代的人们看来,金钱是肮脏的,但是在我们所考察的时代,嫁妆则与对于女性美德的看法形成了奇怪的联系。我们发现"嫁妆与贞节的关联不断加强";而没有嫁妆则被认为可能导致卖淫。此外,即使是在婚后,对嫁妆的控制也是婚内的一种胁迫手段,按照这种"耻辱经济学",如果一个女人出轨或不忠,那么她的嫁妆就会归丈夫所有(Hughes, "From Brideprice to Dowry," 284–85)。

105. "... filia vel soror non possit postea venire vel succedere in bonis patris, vel matris, vel fratris, vel sororis" (Didier, "Les Dispositions," 252). 另见 Yver, "Les Caractères originaux," 25–26, 55; Yver, *Egalité entre héritiers*, 127–72。罗贝尔·卡耶梅(Robert Caillemer)则较为谨慎:"与此类似,家族组织模式所造成的另一个结果是,自12世纪开始,在普罗旺斯的许多地方,拥有嫁妆的女儿受到排斥,不能继承父亲的遗产。在12世纪中期,阿尔勒执事特许状就明确指出了这一点,M. 菲廷(M. Fitting)则把这些特许状与我们的《概述》联系起来。《查士丁尼法典概述》(*Lo Codi*)不仅没有这种排斥,而且还以一种奇怪的方式确保了女儿对父母遗产的继承权,哪怕女儿已经得到过嫁妆;她们只需要向世袭贵族群体公开自己得到的遗产就行。" (VI, 101; VI, 26, 2) ("Le Codi et le droit provençal au XIIe siècle," *Annales du Midi* 18 [1906]: 504–5.)

106. "Si le père a baillé dot à sa fille en terre et argent, icelle fille ne

viendra pas en partage des biens paternels avec ses frères, ni au supplément de légitime, sinon que le père en ordonnast autrement" (J. Maillet, "De l'Exclusion coutumière des filles dotées à la renonciation à succession future dans les coutumes de Toulouse et Bordeaux," *Revue historique de droit français et etranger* 30 [1952]: 518). 另见 Didier, "Les Dispositions," 254; Hughes, "From Brideprice to Dowry," 279。

107. Herlihy, *Medieval Households*, 87.

108. 参见 Paget, "Mediaeval Love"; Koehler, *Ideal*; Koehler, *Trobadorlyrik und höfischer Roman*。

109. "该过程早在12世纪地中海北部地区游吟诗人的诗作中就可得见，而其发展则与彩礼习俗的衰落处在同一时期。"("From Brideprice to Dowry," 291.)

110. *Le Moyen âge*, 285.

111. "Psychologiquement et moralement, il s'agit d'un phénomène de libération de l'esprit et de la reconnaissance du droit au bonheur par la libre disposition de son corps, phénomène dont les premières bénéficiaires furent les femmes du Midi, plus indépandantes à l'égard de leurs maris" (Paul Imbs, "De la fin'amor," *Cahiers de civilisation médiévale* 12 [1969]: 266). Miller, "The Wounded Heart," 335, 336; Camproux, *Joy d'amor*, 101; *The Dictionary of the Middle Ages*, ed. Joseph R. Strayer (New York: Scribners, 1983), vol. 3, 669.

112. 转引自 Marks and de Courtivron, *New French Feminisms*, 222。马克斯（Marks）和德·库蒂夫龙（de Courtivron）进而对这一姿态进行了分析，但他们没有像上述分析那样，把这一姿态描述为"门垫—神坛策略，或者是以'踢上'宝座的方式来摆脱某人"。巴尔扎克的这句话转引自 Aubert, *La Femme*, 6, "La femme n'est à proprement parler qu'une annexe de l'homme.

C'est un esclave qu'il faut savoir mettre sur un trône".

113. 在舒斯勒·费奥伦萨看来，这是从一开始就有的现象，她在保罗关于不许女人在教堂讲话的告诫中看出，罗马人害怕出现在公共场所的女人，而这还见于李维的告诫："哪一天她们跟你平起平坐了，她们就会成为你的主人。"(Fiorenza, *In Memory of Her*, 232.)

114. Aubert, *La Femme*, 110. 另见 Johansson, "'Herstory' as History," 400。

参考文献

Adams, Henry. *Mont-Saint-Michel and Chartres*. London: Constable, 1950.
Allen, Peter. "*Assidua lectio* and the *duplex sententia*: Andreas Capellanus and the Rhetoric of Love." French Department, Pomona College. N.d.
Alter, Robert. *The Art of Biblical Narrative*. New York: Basic Books, 1981.
d'Alverny, Marie-Thérèse. "Comment les Théologiens et les philosophes voient la femme." *Cahiers de civilisation médiévale* 20 (1977): 105–29.
Ambrose. "Concerning Virgins" and "Concerning Widows." In *Nicene and Post-Nicene Fathers*, ed. Philip Schaff and Henry Wace, vol. 10, 363–407. New York: Christian Literature Publishing Co., 1896.
The Ancren Riwle: A Treatise on the Rules and Duties of Monastic Life. Ed. James Morton. New York: AMS Press, 1968.
Andreas Capellanus. *The Art of Courtly Love*. Ed. John Jay Parry. New York: W. W. Norton, 1969.
Anselm. "Cur Deus Homo." In *Anselm de Canterbury, Pourquoui Dieu s'est fait homme*, ed. and trans. René Roques. Paris: Editions du Cerf, 1963.
Anson, John. "The Female Transvestite in Early Monasticism: Origin and Development of a Motif." *Viator* 5 (1974): 1–32.
Aquinas, Thomas. *Liber de veritate catholicae fidei contra errores infidelium seu summa contra gentiles*. Vol. 3. Rome: Marietti, 1961.
———. *Summa theologiae*, vol. 13. New York: McGraw-Hill, 1963.
Ariès, Philippe. "Saint Paul and the Flesh." In *Western Sexuality: Practice and Precept in Past and Present Times*, ed. Philippe Ariès and André Béjin, trans. Anthony Forster, 36–39. Oxford: Blackwell, 1985.
Aristotle, *De la génération des animaux*. Trans. Pierre Louis. Paris: Société d'Edition "Les Belles Lettres," 1961.
Arrathoon, Leigh A. "The *Châtelaine de Vergi*: A Structural Study of an Old French Artistic Short Narrative." *Language and Style* 7 (1974): 151–80.
Athanasius. *Life of Saint Anthony*. In *Early Christian Biographies*, ed. Roy J. Deferrari, 133–224. Vol. 15 of *Fathers of the Church*. Washington, D.C.: Catholic University of America Press.
Askew, Melvin. "Courtly Love: Neurosis as Institution." *Psychoanalytic Review* 52 (1965): 19–29.
Aubenas, Roger. *Anciens pays de droit ecrit: XIII–XVI siècle*. Aix-en-Provence: Librairie de l'Université, 1952.

―――. "La Famille dans l'ancienne Provence." *Annales d'histoire économique et sociale* 42 (1936): 523–40.

―――. *Le Testament en Provence dans l'ancien droit.* Aix-en-Provence: Editions Paul Roubaud, 1927.

Aubert, Jean-Marie. *La Femme: Antiféminisme et Christianisme.* Paris: Cerf/Desclée, 1975.

Augustine. *Confessions.* Ed. J. K. Ryan. New York: Doubleday, 1960.

―――. *De Genesi ad litteram.* Ed. P. Agaësse and A. Solignac. Paris: Desclée de Brouwer, 1972.

―――. *De libero arbitro.* Ed. J. H. S. Burleigh. London: SCM Press, 1953.

―――. *De magistro.* Ed. F. J. Thonnard. Paris: Desclée de Brouwer, 1941.

―――. *De ordine.* Ed. Jean Jolivet. Paris: Desclée de Brouwer, 1948.

―――. *The Trinity.* Washington, D.C.: Catholic University of America Press, 1963.

Aurell, Marc. *Une Famille de la noblesse provençale au moyen âge: Les Porcelet.* Avignon: Aubanel, 1986.

Baer, Richard. *Philo's Use of the Categories Male and Female.* Leiden: E. J. Brill, 1970.

Bailey, Derrick. *Sexual Relations in Christian Thought.* New York: Harper, 1959.

Baker, Derek. *Medieval Women.* Oxford: Blackwell, 1978.

Barbey d'Aurevilly, Jules. *Les Bas-bleus.* Geneva: Slatkine Reprints, 1968.

Bal, Mieke. *Lethal Love: Feminist Literary Readings of Biblical Love Stories.* Bloomington: Indiana University Press, 1987.

Barnes, Timothy David. *Tertullian: A Historical and Literary Study.* Oxford: Clarendon Press, 1971.

Barthes, Roland. *Michelet.* New York: Hill & Wang, 1987.

Bataille, Georges. *L'Erotisme.* In *Oeuvres complètes,* vol. 10, 7–265. Paris: Gallimard, 1987.

―――. *Les Larmes d'éros.* In *Oeuvres complètes,* vol. 10, 575–657. Paris: Gallimard, 1987.

Batany, Jean. *Approches du "Roman de la rose."* Paris: Bordas, 1973.

Baudelaire, Charles. *Curiosités esthétiques.* Paris: Garnier, 1962.

―――. *Oeuvres complètes.* Paris: Gallimard, 1975.

Baumgartner, Emmanuèle. "A propos du Mantel Mautaillié. *Romania* 96 (1975): 315–32.

Bédier, Joseph. *Les Fabliaux.* Paris: Champion, 1925.

Beech, George. "L'Attribution des poèmes du comte de Poitiers à Guillaume IX d'Aquitaine." *Cahiers de civilisation médiévale* 31 (1988): 3–15.

Bell, Susan G. *Women from the Greeks to the French Revolution.* Belmont, Calif.: Wadsworth, 1973.

Bennett, Philip, ed. *Mantel et Cor: Deux lais du xiie siècle.* Exeter: University of Exeter Press, 1975.

Benton, John. "Clio and Venus: An Historical View of Medieval Love." In *The Meaning of Courtly Love,* ed. Francis X. Newman, 19–42. Albany: State University of New York Press, 1968.

Bernart de Ventadorn. *Songs of Bernart de Ventadorn.* Ed. and trans. Stephen G. Nichols. Chapel Hill: University of North Carolina Press, 1962.

Bezzola, Reto. *Les Origines et la formation de la littérature courtoise en Occident (500–1200).* 3 vols. Paris. Champion, 1966.

Bienvenu, Jean-Marc. *L'Etonnant fondateur de Fontevraud Robert d'Arbrissel.* Paris: Nouvelles Editions Latines, 1981.

Bloch, Marc. *Feudal Society.* 2 vols. Chicago: University of Chicago Press, 1964.

Bloch, R. Howard. "The Dead Nightingale: Orality in the Tomb of Old French Literature." *Culture and History* 3 (1988): 63–78.

———. *Etymologies and Genealogies: A Literary Anthropology of the French Middle Ages.* Chicago: University of Chicago Press, 1983.

———. *Medieval French Literature and Law.* Berkeley: University of California Press, 1973.

———. "Medieval Misogyny." *Representations* 20 (1987): 1–24.

———. "The Medieval Text—*Guigemar*—as a Provocation to the Discipline of Medieval Studies." *Romanic Review* 79 (1988): 63–73.

———. *The Scandal of the Fabliaux.* Chicago: University of Chicago Press, 1986.

———. "Silence and Holes: The *Roman de silence* and the Art of the Trouvère." *Yale French Studies* 70 (1986): 81–99.

———. "Tristan, the Myth of the State, and the Language of the Self." *Yale French Studies* 51 (1975): 61–81.

Bloch, R. Howard, and Frances Ferguson, eds. *Misogyny, Misandry, Misanthropy.* Berkeley: University of California Press, 1988.

Blumenfeld-Kosinski, Renate. "Christine de Pizan and the Misogynistic Tradition." *Romanic Review* 81 (1990): 279–92.

Boase, Roger. *The Origin and Meaning of Courtly Love.* Manchester: Manchester University Press, 1977.

Bogin, Meg. *The Women Troubadours.* New York: W. W. Norton, 1976.

Boileau-Despréaux, Nicolas. *Oeuvres complètes.* Ed. Antoine Adam. Paris: Gallimard, 1966.

Bonnassie, Pierre. *La Catalogne du milieu du Xe à la fin du XIe siècle.* 2 vols. Toulouse: Publications de l'Université de Toulouse, 1975.

Boorstein, Diane. "Antifeminism." In *Dictionary of the Middle Ages,* ed. Joseph R. Strayer, vol. 1, 322–25. New York: Scribners, 1982.

———. "Courtly Love." In *Dictionary of the Middle Ages,* ed. Joseph R. Strayer, vol. 3, 667–74. New York: Scribners, 1983.

Børresen, Kari Elisabeth. *Subordination and Equivalence: The Nature and Role of Women in Augustine and Thomas Aquinas.* Washington, D.C.: University Press of America, 1981.

Bossuat, Robert. *Drouart la Vache, traducteur d'André le Chapelain.* Paris: Champion, 1926.

Boswell, John. *Christianity, Social Tolerance, and Homosexuality.* Chicago: University of Chicago Press, 1980.

Boutière, Jean, and Alexander H. Schutz. *Biographies des troubadours.* Paris: Nizet, 1964.

Briffault, Robert. *The Mothers: A Study of the Origins of Sentiments and Institutions.* 3 vols. New York: Macmillan, 1969. Vol. 3.

———. *The Troubadours.* Bloomington: University of Indiana Press, 1965.

Brown, Emerson. "What Is Chaucer Doing with the Physician and His Tale?" *Philological Quarterly* 60 (1981): 129–49.

Brown, Peter. *The Body and Society: Men, Women, and Sexual Renunciation in Early Christianity.* New York: Columbia University Press, 1988.

———. "The Notion of Virginity in the Early Church." In *Christian Spirituality: Origins to the Twelfth Century,* ed. Bernard McGinn and John Meyendorff, 427–43. New York: Crossroad, 1985.

Brown, Robert D. *Lucretius on Love and Sex.* Leiden: E. J. Brill, 1987.

Brundage, James A. "Carnal Delight: Canonistic Theories of Sexuality." In *Proceedings of the Fifth International Congress of Medieval Canon Law,* ed. Stephen Kuttner and Kenneth Pennington, 361–85. Vatican City: Biblioteca Apostolica Vaticana, 1980.

———. *Law, Sex, and Christian Society in Medieval Europe.* Chicago: University of Chicago Press, 1987.

———. "Let Me Count the Ways: Canonists and Theologians Contemplate Coital Positions." *Journal of Medieval History* 10 (1984): 81–93.

Brunetière, Ferdinand. "L'Erudition contemporaine et la littérature française du moyen âge." In *Etudes critiques sur l'histoire de la littérature française,* 35–58. Paris: Hachette, 1888.

Buckley, Jorunn Jacobson. *Female Fault and Fulfillment in Gnosticism*. Chapel Hill: University of North Carolina Press, 1986.

Bugge, John. *Virginitas: An Essay in the History of a Medieval Ideal*. The Hague: Martinus Nijhoff, 1975.

Bullough, Vern L. "Medieval Medical and Scientific Views of Women." *Viator* 4 (1973): 485–501.

———. *The Subordinate Sex: A History of Attitudes Towards Women*. Urbana: University of Illinois Press, 1973.

———. "Transvestites in the Middle Ages." *American Journal of Sociology* 6 (1974): 1381–94.

Bullough, Vern L., and James A. Brundage. *Sexual Practices and the Medieval Church*. Buffalo, N.Y.: Prometheus, 1982.

Bultot, Robert. *La Doctrine du mépris du monde*. Louvain: Nauwelaerts, 1964. Vol. 4.

Burns, Jane. "The Man Behind the Lady in Troubadour Lyric." *Romance Notes* 25 (1985): 254–70.

Butler, Judith. *Gender Trouble*. London: Routledge, 1990.

Bynum, Caroline. *Holy Feast and Holy Fast: The Religious Significance of Food to Medieval Women*. Berkeley: University of California Press, 1987.

———. *Jesus as Mother: Studies in the Spirituality of the High Middle Ages*. Berkeley: University of California Press, 1982.

———. "'. . . And Woman His Humanity': Female Imagery in the Religious Writing of the Later Middle Ages." In *Gender and Religion: On the Complexity of Symbols*, ed. Carolyn Bynum, Steven Harrell, and Paula Richman, 257–88. Boston: Beacon Press, 1986.

Caillemer, Robert. "Le Codi et le droit provençal au XIIe siècle." *Annales du Midi* 18 (1906): 494–507.

Camproux, Charles. *Joy d'amor*. Montpellier: Causse & Castelnau, 1965.

Castelli, Elizabeth. "Virginity and Its Meaning for Women's Sexuality in Early Christianity." *Journal of Feminist Studies in Religion* 2 (1986): 61–88.

Cercamon. *Les Poésies de Cercamon*. Ed. Alfred Jeanroy. Paris: Champion, 1922.

La Chastelaine de Vergi. Ed. Frederick Whitehead. Manchester: Manchester University Press, 1944.

Chaucer. "The Wife of Bath's Prologue." "The Physician's Tale," "The Legend of Good Women." In *The Works of Geoffrey Chaucer*, ed. F. N. Robinson, 76–88, 145–47, 480–518. Boston: Houghton Mifflin, 1961.

Chodorow, Nancy. *The Reproduction of Mothering*. Berkeley: University of California Press, 1978.

Chrétien de Troyes. *Erec et Enide*. Ed. Mario Roques. Paris: Champion, 1963.

———. *Le Roman de Perceval*. Ed. William Roach. Geneva: Droz, 1959.

Christine De Pizan. *The Book of the City of Ladies*. Trans. Earl J. Richards. New York: Persea Books, 1982.

———. *Le Dit de la rose*. In *Oeuvres poétiques,* ed. Maurice Roy, vol. 2. Paris: Firmin Didot, 1891.

Chrysostom, John. *Les Cohabitations suspectes, comment observer la virginité*. Ed. and trans. Jean Dumortier. Paris: Les Belles Lettres, 1955.

———. *Homilies on Genesis 1–17*. In *Fathers of the Church,* trans. Robert C. Hill, Vol. 74. Washington, D.C.: Catholic University of America Press, 1986.

———. "Letter to the Fallen Theodore," "Homily 3," "Homily 13," "Homily 15," "Homily 17." In *A Select Library of the Nicene and Post-Nicene Fathers,* ed. Philip Schaff, vol. 9, 91–111, 191–97, and 438–445; vol. 10. 115–23. Grand Rapids, Mich.: Eerdmans, 1956.

———. *On Virginity, Against Remarriage*. Trans. Sally Rieger Shore. Lewiston, N.Y.: Edwin Mellen Press, 1983.

Clark, Elizabeth. "Ascetic Renunciation and Feminine Advancement: A Paradox of Late Ancient Christianity." *Anglican Theological Review* 43 (1981): 240–57.

———. "Devil's Gateway and the Brides of Christ: Women in the Early Christian World." In *Ascetic Piety & Women's Faith: Essays on Late Ancient Christianity. Studies in Women & Religion.* 20: 23–60.

———. "Jerome, Chrysostom, and Friends." *Studies in Women and Religion* 2 (1979): 1–106.

———, trans. *The Life of Melania the Younger*. Lewiston, N.Y.; Edwin Mellen Press, 1984.

Clement of Alexandria. "On Marriage." In *Alexandrian Christianity,* ed. and trans. J. E. L. Oulton and Henry Chadwick, 40–92. Philadelphia: Westminster, 1954.

Clement of Rome. "Two Epistles Concerning Virginity." In the *Ante-Nicene Fathers,* ed. Alexander Roberts and James Donaldson, vol. 8, 53–66. Buffalo: The Christian Literature Publishing Co., 1886.

Colish, Marcia. "Cosmetic Theology: The Transformation of a Stoic Theme." *Assays* 1 (1981): 3–14.

———. *The Mirror of Language: A Study in the Medieval Theory of Knowledge*. New Haven: Yale University Press, 1968.

———. *The Stoic Tradition from Antiquity to the Early Middle Ages*. 2 vols. Leiden: E. J. Brill, 1985.

Crouzel, Henri. *Virginité et mariage selon Origène*. Paris: Desclée de Brouwer, 1962,

Culler, Jonathan. *On Deconstruction: Theory and Criticism After Structuralism.* Ithaca: Cornell University Press, 1982.

Cyprian. "The Dress of Virgins." In *Treatises,* ed. and trans. Roy J. Deferrari, 31–52. New York: Fathers of the Church, 1958.

Dalarun, Jacques. *L'Impossible sainteté: La vie retrouvée de Robert d'Arbrissel (v. 1045–1116), fondateur de Fontevraud.* Paris: Editions du Cerf, 1985.

———. "Robert d'Arbrissel et les femmes." *Annales E.S.C* 39 (1984): 1140–60.

Daniélou, Jean. *Philon d'Alexandrie.* Paris: Fayard, 1958.

Darmon, Pierre. *Mythologie de la femme dans l'ancienne France.* Paris: Seuil, 1983.

Daudet, Pierre. *Les Origines carolingiennes de la compétence exclusive de l'eglise en France et en Germanie en matière de juridiction matrimoniale.* Paris: Sirey, 1933.

Dauvillier, Jean. *Le Mariage dans le droit classique de l'église depuis le décret de Gratien (1140) jusqu'à la mort de Clément V (1314).* Paris: Sirey, 1933.

De Bruyne, Edgar. *Etudes d'esthétique médiévale.* Bruges: De Temple, 1946.

Delany, Sheila. "Politics and the Paralysis of Poetic Imagination in *The Physician's Tale.*" *Studies in the Age of Chaucer* 3 (1981): 47–60.

Delcourt, Marie. "Female Saints in Masculine Clothing." In *Hermaphrodite: Myths and Rites of the Bisexual Figure in Classical Antiquity,* trans. Jennifer Nicholson, 84–102. London: Studio Books, 1961.

Delhaye, Philippe. "Le Dossier anti-matrimonial de l'*Adversus Jovinianum* et son influence sur quelques écrits latins du XIIe siècle." *Medieval Studies* 13 (1951): 65–86.

De Ribbe, Charles. *La Société provençale à la fin du moyen âge.* Paris: Perrin, 1898.

De Rougemont, Denis. *Love in the Western World.* Trans. Montgomery Belgion. New York: Fawcett, 1958.

Derrida, Jacques. *Spurs/Eperons.* Trans. Barbara Harlow. Chicago: University of Chicago Press, 1979.

Didascalia apostolorum. Trans. Margaret Dunlop Gibson. London: C. J. Clay & Sons, 1903.

Didier, Noël. "Les Dispositions du statut de Guillaume II Forcalquier sur les filles dotées (1162)." *Le Moyen âge* 56 (1950): 247–78.

Donahue, Charles. "The Policy of Alexander III's Consent Theory of Marriage." In *Proceedings from the Fourth International Congress of Medieval Canon Law,* 251–81. Vatican City: Biblioteca Apostolica Vaticana, 1976.

Dow, Blanche. *The Varying Attitude Toward Women in French Literature of the Fifteenth Century: The Opening Years.* New York: Institute of French Studies, 1936.

Du Bois, Page. "'The Devil's Gateway': Women's Bodies and the Earthly Paradise." *Women's Studies* 7 (1980): 43–58.

Dubuis, Robert. *Les Cent nouvelles nouvelles et la tradition de la nouvelle en France au moyen âge.* Grenoble: Presses Universitaires de Grenoble, 1973.

Duby, Georges. *Le Chevalier, la femme et le prêtre: Le mariage dans la France féodale.* Paris: Hachette, 1981.

———. "Les 'Jeunes' dans la société aristocratique dans la France du nord-ouest du XIIe siècle." In *Hommes et structures du moyen âge,* 213–24. The Hague: Mouton, 1973.

———. *Medieval Marriage.* Baltimore: Johns Hopkins University Press, 1982.

———. *La Société aux XIe et XIIe siècles dans la région mâconnaise.* Paris: Armand Colin, 1953.

———. "Structures de parenté et noblesse dans la France du nord aux XIe et XIIe siècles." In *Hommes et structures du moyen âge,* 267–86. The Hague: Mouton, 1973.

Du Méril, Edelestand. *Poésies populaires latines du moyen âge.* Paris: Firmin Didot, 1847.

Duval, Yves-Marie. "L'Originalité du *De uirginibus* dans le mouvement ascétique occidental: Ambroise, Cyprien, Athanase." In *Ambroise de Milan: XVIe centenaire de son élection épiscopale,* ed. Yves-Marie Duval, 9–66. Paris: Etudes Augustiniennes, 1974.

Engels, Friedrich. *The Origin of the Family, Private Property and the State.* New York: International Publishers, 1972.

Erickson, Carolly. *The Medieval Vision: Essays in History and Perception.* New York: Oxford University Press, 1976.

Esmein, Adhémar. *Le Mariage en droit canonique.* 2 vols. Paris: Sirey, 1929.

Ewert, Alfred, ed. and trans. *French.* London: Faber & Faber, 1933.

Farmer, Sharon. "Softening the Hearts of Men: Women, Embodiment, and Persuasion in the Thirteenth Century." In *Embodied Love: Sensuality and Relationship as Feminist Values,* ed. Paula Cooly, Sharon Farmer, and Mary Ellen Ross, 115–33. New York: Harper & Row, 1987.

Ferrante, Joan M. "*Cortes'Amor* in Medieval Texts." *Speculum* 55 (1980): 686–95.

———. *Woman as Image in Medieval Literature from the Twelfth Century to Dante.* New York: Columbia University Press, 1975.

Fineman, Joel. "Shakespeare's *Will:* The Temporality of Rape." *Representations* 20 (1987): 25–76.

Fiorenza, Elizabeth Schüssler. *In Memory of Her: A Feminist Theological Reconstruction of Christian Origins.* New York: Crossroads, 1983.

Flandrin, Jean-Louis. *Familles: Parenté, maison, sexualité dans l'ancienne société.* Paris: Hachette, 1976.

Foucault, Michel. "Le Combat de la chasteté. *Communications* 35 (1982): 15–21.

———. *The History of Sexuality*. 3 vols. Trans. Robert Hurley. New York: Vintage, 1988.

Fyler, John. "Man, Men, and Women in Chaucer's Poetry." In *The Olde Daunce: Love, Friendship, and Desire in the Medieval World*, ed. Robert Edwards and Stephen Spector, 154–76. Albany: SUNY Press, 1990.

Gager, John G. *Kingdom and Community: The Social World of Early Christianity*. Englewood Cliffs, N.J.: Prentice-Hall, 1975.

Ganshof, François-L. "Le Statut de la femme dans la monarchie franque." In *La Femme*, 5–58. Recueils de Société Jean Bodin 12. Brussels: Société Jean Bodin, 1962.

Garaud, Marcel. *Les Châtelains de Poitou et l'avènement du régime féodal: XIe et XIIe siècles*. Poitiers: Mémoires de la Société des Antiquaires de l'Ouest, 1964.

———. "Le Viage ou le retour du vieux 'Coustumier de Poictou.'" *Bulletin de la Société des Antiquaires de l'Ouest* (1921): 747–88.

Gaudemet, Jean. "Le Statut de la femme dans l'empire romain." In *La Femme*, 191–222. Recuils de la Société Jean Bodin 11. Brussels: Société Jean Bodin, 1962.

Gautier de Coinci. *Les Miracles de Notre Dame*. 4 vols. Ed. V. Frederic Koenig. Geneva: Droz, 1970.

Gies, Frances, and Joseph Gies. *Women in the Middle Ages*. New York: Crowell, 1978.

Gold, Penny. *The Lady and the Virgin: Image, Attitude, and Experience in Twelfth-Century France*. Chicago: University of Chicago Press, 1985.

Goody, Jack. *The Development of the Family and Marriage in Europe*. Cambridge: Cambridge University Press, 1983.

Goody, Jack, Joan Thrisk, and E. P. Thompson. *Family and Inheritance, Rural Society in Western Europe 1200–1800*. Cambridge: Cambridge University Press, 1976.

Graham, John. "The Poetics of Interpretation: The Courtly Lyric as a Socially Symbolic Act." Ph.D. diss., Yale University, 1989.

Gregory of Nyssa. *On Virginity*. In *Ascetical Works*, trans. Virginia Callahan, 3–75. Washington, D.C.: Catholic University of America Press, 1967.

Guilhem de Montanhagol. *Les poésies de Guilhem de Montanhagol*. Ed. Peter Ricketts. Toronto: Pontifical Institute of Medieval Studies, 1964.

Hajdu, Robert. "Family and Feudal Ties in Poitou, 1100–1300." *Journal of Interdisciplinary History* 8 (1977): 117–39.

———. "The Position of Noblewomen in the Pays des Coutumes, 1100–1300." *Journal of Family History* 5 (1980): 122–44.

Hays, H. R. *The Dangerous Sex: The Myth of Feminine Evil*. New York: G. P. Putnam's Sons, 1964.

Hayter, Mary. *The New Eve in Christ*. Grand Rapids, Mich.: Eerdmans, 1987.

Hentsch, Alice. *De la littérature didactique du moyen âge s'adressant spécialement aux femmes*. Geneva: Slatkine Reprints, 1975.

Herlihy, David. "Land, Family and Women in Continental Europe." *Traditio* 18 (1962): 89–120.

———. *Medieval Households*. Cambridge, Mass.: Harvard University Press, 1985.

———. "The Medieval Marriage Market." In *Medieval and Renaissance Studies*, ed. Dale B. J. Randall, 3–27. Durham, N.C.: Duke University Press, 1974.

———. *Women in Medieval Society*. Houston: University of Saint Thomas, 1971.

Hesiod. *Works and Days*. Ed. and trans. Dorothea Wender. London: Penguin, 1973.

Hicks, Erik. ed. *Le Débat sur le Roman de la rose*. Paris: Champion, 1977.

Hollier, Denis, ed. *The College of Sociology*. Trans. Betsy Wing. Minneapolis: University of Minnesota Press, 1988.

Horowitz, Mary Cline. "The Image of God in Man—Is Woman Included?" *Harvard Theological Review* 72 (1979): 175–206.

Howard, George E. *A History of Matrimonial Institutions*. 3 vols. Chicago: University of Chicago Press, 1904.

Huchet, Jean-Charles. *L'Amour discourtois*. Toulouse: Privat, 1987.

Hughes, Diane Owen. "From Brideprice to Dowry in Mediterranean Europe." *Journal of Family History* 3 (1978): 262–96.

Imbs, Paul. "De la fin'amor." *Cahiers de civilisation médiévale* 12 (1969): 265–85.

Innocent III. *On the Misery of the Human Condition (De miseria humane conditionis)*. Trans. Margaret M. Dietz. New York: Bobbs-Merrill, 1969.

Irigaray, Luce. *Speculum of the Other Woman*. Trans. Gillian C. Gill. Ithaca, N.Y.: Cornell University Press, 1985.

Isidore of Seville. *Etymologiarum sive originum*. Ed. W. M. Lindsay. Oxford: Oxford University Press, 1911, 2 vols.

Jacquart, Danielle, and Claude Thomasset. *Sexuality and Medicine in the Middle Ages*. Princeton: Princeton University Press, 1985.

Jaufré Rudel. *Chansons*. Ed. Alfred Jeanroy. Paris: Champion, 1924.

Jean de Meun. *Le Roman de la rose*. Ed. Félix Lecoy. 3 vols. Paris: Champion, 1966.

Jeanroy, Alfred. *Les Origines de la poésie lyrique en France au moyen âge*. 2 vols. Paris: Hachette, 1889.

———. *La Poésie lyrique des troubadours*. Paris: Privat, 1934.

Jehan Le Fèvre. *Les Lamentations de Matheolus*. Ed. A.-G. Van Hamel. Paris: Emile Bouillon, 1892.

Jerome. *Adversus Jovinianum*. In *A Select Library of the Nicene and Post-Nicene Fathers*,

2d ser., ed. Philip Schaff and Henry Wace, vol. 6, 364–416. Grand Rapids, Mich.: Eerdmans, 1952.

———. *Letters*. In *A Select Library of the Nicene and Post-Nicene Fathers*, 2d ser., ed. Philip Schaff and Henry Wace, Vol. 6. Grand Rapids, Mich.: Eerdmans, 1952.

———. *Select Letters*. Ed. F. A. Wright. Cambridge, Mass.: Harvard University Press, 1953.

Johansson, Sheila Ryan. "'Herstory' as History: A New Field or Another Fad?" In *Liberating Women's History: Theoretical and Critical Essays*, ed. Berenice A. Carroll, 400–430. Urbana: University of Illinois Press, 1976.

John of Salisbury. *Frivolities of Courtiers and Footprints of Philosophers*. Ed. Joseph B. Pike. Minneapolis: University of Minnesota Press, 1938.

———. *Metalogicon*. Ed. Daniel D. McGarry. Berkeley: University of California Press, 1962.

———. *The Statesman's Book*. Ed. John Dickinson. New York: Russell & Russell, 1927.

Johnson, Barbara. "The Lady in the Lake." In *A New History of French Literature*, 627–32. Cambridge, Mass.: Harvard University Press, 1989.

Johnson, Lesley. "Women on Top: Antifeminism in the Fabliaux." *Modern Language Review* 78 (1983): 298–307.

Jubinal, Achille. *Jongleurs et trouvères*. Paris: Librairie de J. Albert Merklein, 1835.

———. *Nouveau recueil de contes, dits et fabliaux et autres pièces inédites des XIIIe, XIVe, et XVe siècles*. Paris: E. Pannier, 1842.

Juvenal. *The Sixteen Satires*. Trans. Peter Green. Harmondsworth: Penguin, 1974.

Karnein, Alfred. *De Amore in volkssprachlicher Literatur, Untersuchungen zur Andreas-Capellanus-Rezeption im Mittelalter und Renaissance, Germanisch-romanische Monatsschrift*. Heidelberg: Carl Winter, 1985.

Kean, Patricia. *Chaucer and the Meaning of English Poetry*. London: Routledge & Kegan Paul, 1972.

Kelly, Joan. "Early Feminist Theory and the *Querelle des Femmes*, 1400–1789." *Signs* 8 (1982): 4–28.

Klein, Melanie. "Early Stages of the Oedipus Conflict." *The International Journal of Psychoanalysis* 9 (1928): 167–80.

Koehler, Erich. *Ideal und Wirklichkeit in der höfischen Epik*. Tübingen: Max Niemeyer, 1956.

———. "Observations historiques et sociologiques sur la poésie des troubadours." *Cahiers de civilisation médiévale* 7 (1964): 27–47.

———. *Trobadorlyrik und höfischer Roman: Aufsätze zur französischen und provenzalischen Literatur des Mittelalters*. Berlin: Rütten & Loenning, 1962.

Koenigsberg, Richard. "Culture as Unconscious Fantasy: Observations on Courtly Love." *Psychoanalytic Review* 54 (1967): 36–50.

Kofman, Sarah. *Nietzsche et la scène philosophique*. Paris: Union Générale d'Editions, 1979.

Kostoroski, Emilie. "Quest in Query and the *Chastelaine de Vergi*." *Medievalia et Humanistica* 3 (1972): 179–98.

Kraemer, R. "The Conversion of Women to Ascetic Forms of Christianity." *Signs* 6 (1980/81): 298–307.

Kristeva, Julia. *Tales of Love*. New York: Columbia University Press, 1987.

Lacan, Jacques. "L'Amour courtois en anamorphose." In *Séminaire VII: L'éthique de la psychanalyse*, ed. Jacques-Alain Miller, 167–84. Paris: Seuil, 1986.

Lazar, Moshe. *Amour courtois et 'fin'amors' dans la littérature du XIIe siècle*. Paris: Klincksieck, 1964.

Le Clerc, Victor. *Les Fabliaux*. In *Histoire littéraire de la France*, vol. 23. Paris: H. Welter, 1895.

Leclercq, Dom Jean. *La Femme et les femmes dans l'oeuvre de Saint Bernard*. Paris: Téqui, 1982.

Lee, Brian. "The Position and Purpose of *The Physician's Tale*." *The Chaucer Review* 22 (1987): 141–60.

Lefkowitz, Mary. *Heroines and Hysterics*. London: Duckworth, 1981.

Legrand, Lucien. *La Virginité dans la Bible*. Paris: Editions du Cerf, 1964.

Lehman, Andrée. *Le Rôle de la femme dans l'histoire de France au moyen âge*. Paris: Editions Berger-Levrault, 1952.

Lejeune, Rita. "La Femme dans les littératures française et occitane du XIe au XIIIe siècle," *Cahiers de civilisation médiévale* 20 (1977): 201–17.

Lemay, Helen Rodnite. "Some Thirteenth and Fourteenth Century Lectures on Female Sexuality." *International Journal of Women's Studies* 1 (1978): 391–400.

Le Saint, William P. *Tertullian: Treatises on Marriage and Remarriage*. Westminster, Md.: The Newman Press, 1951.

Leupin, Alexandre. "Ecriture naturelle et écriture hermaphrodite." *Diagraphe* 9 (1976): 119–41.

Lewis, C. S. *The Allegory of Love*. Oxford: Oxford University Press, 1965.

Lichtenstein, Jacqueline. *La Couleur éloquente*. Paris: Flammarion, 1989.

Lombroso, Cesare. *La Femme criminelle et la prostituée*. Paris: Félix Alcan, 1896.

Lot-Borodine, Myrrha. "Sur les Origines et les fins du *service d'amour*." In *Mélanges Alfred Jeanroy*, 223–42. Paris: Droz, 1928.

Lowes, John Livingston. "The Loveres Maladye of Heroes." *Modern Philology* 11 (1914): 491–546.
MacDonald, Dennis. *There Is No Male or Female*. Philadelphia: Fortress Press, 1987.
Maillet, J. "De l'exclusion coutumière des filles dotées à la renonciation à succession future dans les coutumes de Toulouse et Bordeaux." *Revue historique de droit français et étranger* 30 (1952): 514–45.
Mallarmé, Stéphane. *Oeuvres complètes*. Paris: Gallimard, 1979.
Manteuffel, Tadeusz. *Naissance d'une hérésie: Les adeptes de la pauvreté volontaire au moyen âge*. Trans. Anna Posner. The Hague: Mouton, 1970.
Map, Walter. *De nugis curialium*. Trans. Montague James. London: Cymmrodorion Society, 1923.
———. *De nugis curialium*. Ed. Thomas Wright. London: Nichols & Son, 1850.
Marcabru. *Poésies complètes du troubadour Marcabru*. Ed. J.-M.-L. Dejeanne. Toulouse: Privat, 1909.
Marchalonis, Shirley. "Above Rubies: Popular Views of Medieval Women." *Journal of Popular Culture* 14 (1980): 87–93.
Marie de France, *Fables*. Trans. Mary Lou Martin. Birmingham, Ala.: Summa Publications, 1984.
———. *Lais*. Ed. Jean Rychner. Paris: Champion, 1983.
Marks, Elaine, and Isabelle de Courtivron. *New French Feminisms*. New York: Schocken, 1981.
McCracken, Peggy. "The Poetics of Silence in the French Middle Ages." Ph.D. diss., Yale University, 1989.
McLaughlin, Eleanor. "Equality of Souls, Inequality of Sexes: Women in Medieval Theology." In *Religion and Sexism*, ed. Rosemary Ruether, 213–66. New York: Simon & Schuster, 1974.
McLaughlin, Eleanor, and Rosemary Ruether, eds. *Women of Spirit: Female Leadership in the Jewish and Christian Traditions*. New York: Simon & Schuster, 1979.
McLeod, Enid. *The Order of the Rose: The Life and Ideas of Christine de Pizan*. Totowa, N.J.: Rowman & Littlefield, 1976.
McNamara, Jo Ann. "Sexual Equality and the Cult of Virginity in Early Christian Thought." *Feminist Studies* 3 (1976): 145–58.
McNamara, Jo Ann, and Suzanne Wemple. "The Power of Women Through the Family in Medieval Europe: 500–1100." *Feminist Studies* 1 (1973): 126–41.
Ménard, Philippe. *Les Fabliaux*. Paris: Presses Universitaires de France, 1983.
Mendieta, David Amandde. "La Virginité chez Eusèbe et l'ascéticisme familial dans la première moitié du IVe siècle," *Revue d'histoire ecclésiastique* 50 (1955): 777–820.

Methodius. *The Symposium: A Treatise on Chastity*. Trans. Herbert Musurillo. Westminster, Md.: The Newman Press, 1958.

Metz, René. "Le Statut de la femme en droit canonique médiéval." In *La Femme*, 59–113. Recueils de la Société Jean Bodin 12. Brussels: Société Jean Bodin, 1962.

Meyer, Marvin W. "Making Mary Male: The Categories 'Male' and 'Female' in the Gospel of Thomas." *New Testament Studies* 31 (1985): 554–70.

Michelet, Jules. *Le Moyen âge*. In *Histoire de la France*, books 1–17. Rpt. Paris: Laffont, 1981.

———. *La Sorcière*. Paris: E. Denton, 1862.

———. *Woman*. Trans. John W. Palmer. New York: Carleton, 1866.

Middleton, Anne. "The *Physician's Tale* and Love's Martyrs: 'Ensamples Mo than Ten' as a Method in the *Canterbury Tales*." *Chaucer Review* 8 (1973): 9–32.

Migne, J.-P., ed. *Patrologia graeca*. 160 vols. Paris, 1857–87.

———, ed. *Patrologia latina*. 222 vols. Paris, 1844–55.

Miles, Margaret. *Carnal Knowing*. Boston: Beacon Press, 1989.

Miller, Robert. "The Wounded Heart: Courtly Love and the Medieval Antifeminist Tradition." *Women's Studies* 2 (1974): 335–50.

Moi, Toril. "Desire in Language: Andreas Capellanus and the Controversy of Courtly Love." In *Medieval Literature: Criticism, Ideology, and History*, ed. David Aers, 11–33. New York: Saint Martin's Press, 1986.

Montaiglon, Anatole de. *Recueil général et complet des fabliaux*. 6 vols. Paris: Librairie des Bibliophiles, 1872.

Morewedge, Rosemarie. *The Role of Woman in the Middle Ages*. Albany: State University of New York Press, 1975.

Murphy, Francis X. "Melania the Elder: A Biographical Note." *Traditio* 5 (1947): 59–77.

Muscatine, Charles. *Poetry and Crisis in the Age of Chaucer*. Notre Dame, Ind.: University of Notre Dame Press, 1972.

Naïté-Albistur, Daniel Armogathe. *Histoire du féminisme français du moyen âge à nos jours*. Paris: Edition des Femmes, 1977.

Neff, Theodore Lee. *La Satire des femmes dans la poésie lyrique française du moyen âge*. Paris: V. Giard & E. Brière, 1900.

Nelli, René. *L'Erotique des troubadours*. 2 vols. Toulouse: Privat, 1963.

Newman, Barbara. *Sister of Wisdom: St. Hildegard's Theology of the Feminine*. Berkeley: University of California Press, 1987.

Nietzsche, Friedrich. *Beyond Good and Evil*. Trans. Walter Kaufmann. New York: Random House, 1966.

———. *Ecce Homo.* Trans. Walter Kaufmann. New York: Vintage, 1969.

———. *Twilight of the Idols.* Ed. Oscar Levy. London: T. N. Foulis, 1911.

Nisbet, Robert. *The Social Philosophers: Community and Conflict in Western Thought.* New York: Thomas Y. Crowell, 1973.

Noonan, John. "Marital Affection in the Canonists." *Studia Gratiana* 12 (1967): 479–509.

———. "Power to Choose." *Viator* 4 (1973): 419–34.

Novatian. "The Spectacles" and "In Praise of Purity." In *Fathers of the Church,* trans. Russell De Simone, vol. 67, 123–33, 165–76. Washington: Catholic University of America Press, 1974.

Nykrog, Per. *Les Fabliaux.* Copenhagen: Munksgaard, 1957.

Nyquist, Mary. "Gynesis, Genesis, Exegesis, and Milton's Eve." In *Selected Papers from the English Institute, 1985,* ed. Marjorie Garber, 147–208. Baltimore: Johns Hopkins University Press, 1987.

O'Faolain, Julia, and Lauro Martines. *Not in God's Image.* New York: Harper & Row, 1973.

Ourliac, Pierre. "L'Esprit du droit méridional." In *Droit privé et institutions régionales,* 577–94. Paris: Presses Universitaires de France, 1976.

———. "Le Retrait lignager dans le sud-ouest de la France." *Revue historique de droit français et étranger* 30 (1952): 328–55.

Pagels, Elaine. *Adam, Eve, and the Serpent.* New York: Random House, 1988.

———. *The Gnostic Gospels.* New York: Random House, 1979.

Paget, Violet. "Mediaeval Love." In *Euphorion, being Studies of the Antique and the Mediaeval in the Renaissance,* vol. 2, 123–217. London: T. Fisher Unwin, 1884.

Parvey, Constance. "The Theology and Leadership of Women in the New Testament." In *Religion and Sexism,* ed. Rosemary Ruether, 117–49. New York: Simon & Schuster, 1974.

Passio sanctarum Perpetuae et Felicitatis. Trans. Herbert Musurillo. In *The Acts of the Christian Martyrs,* 106–31. Oxford: Clarendon Press, 1972.

Patlagean, Evelyne. "L'Histoire de la femme déguisée en moine et l'évolution de la sainteté féminine à Byzance." *Studi medievali* 17 (1976): 597–623.

Payer, Pierre J. *Sex and the Penitentials: The Development of a Sexual Code: 550–1150.* Toronto: University of Toronto Press, 1984.

Pernoud, Régine. *La Femme au temps des cathédrales.* (Paris: Stock, 1980).

Peter Lombard. *Petri Lombardi, Libri IV Sententiarum.* 2 vols. New York: Saint Bonaventure, 1916.

Pétigny, Jean de. "Lettre inédite de Robert d'Arbrissel à la Comtesse Ermengarde." *Bibliothèque de l'Ecole des Chartes* 5 (1854): 209–35.

―――. "Robert d'Arbrissel et Geoffroy de Vendôme." *Bibliothèque de l'Ecole des Chartes* 5 (1854): 1–30.
Petot, Pierre. "Le Statut de la femme dans les pays coutumiers français du XIIIe au XVIIe siècle." In *La Femme,* 243–54. Recueils de la Société Jean Bodin 12. Brussels: Société Jean Bodin, 1962.
Philo Judaeus. *On the Creation.* Ed. F. H. Colson. London: Heinemann, 1929.
Pollman, Leo. *Die Liebe in der hochmittelalterlichen Literatur Frankreichs.* Frankfurt: Klostermann, 1966.
Pollock, Frederick, and Frederic Maitland. *The History of English Law.* 2. vols. Cambridge: Cambridge University Press, 1923.
Pomeroy, Sarah. *Goddesses, Whores, Wives, and Slaves: Women in Classical Antiquity.* New York: Schocken, 1975.
Portejoie, Paulette. *Le Régime des fiefs d'après la coutume de Poitou.* Poitiers: Mémoires de la Société des Antiquaires de l'Ouest, 1958.
Power, Eileen. *Medieval Women.* Cambridge: Cambridge University Press, 1975.
Pratt, Robert A. "Jankyn's Book of Wikked Wyves: Medieval Antimatrimonial Propaganda in the Universities." *Annuale mediaevale* 3 (1962): 5–27.
Preisker, Herbert. *Christentum und Ehe in den ersten drei Jahrhunderten: Eine Studie zur Kulturgeschichte der alten Welt.* Berlin: Trowitsch, 1927.
Proudhon, P.-J. *De la justice dans la Révolution et dans l'église.* 3 vols. Paris: Garnier Frères, 1858.
Prusak, Bernard. "Woman: Seductive Siren and Source of Sin? Pseudepigraphical Myth and Christian Origins." In *Religion and Sexism,* ed. Rosemary Ruether, 89–116. New York: Simon & Schuster, 1974.
Quéré-Jaulmes, France. *La Femme: Les grands textes des pères de l'église.* Paris: Editions du Centurion, 1968.
Les XV. joies de mariage. Ed. Jean Rychner. Geneva: Droz, 1963.
Raimbaut d'Orange. *The Life and Works of the Troubadour Raimbaut d'Orange.* Ed. Walter T. Pattison. Minneapolis: University of Minnesota Press, 1952.
Rambaux, Claude. *Tertullien face aux morales des trois premiers siècles.* Paris: Société des Belles Lettres, 1979.
Recueil de motets français des XIIe et XIIIe siécles. Ed. Gaston Raynaud. Hildesheim: Georg Olms Verlag, 1972.
Reinhard, John. *The Survival of Geis in Mediaeval Romance.* Halle: Max Niemeyer, 1933.
Renaut de Beaujeu. *Le Lai d'Ignauré ou lai du prisonnier.* Ed. Rita Lejeune. Brussels: Palais des Académies, 1938.
Rey-Flaud, Henri. *La Névrose courtoise.* Paris: Navarin, 1983.

Richard, Alfred. *Histoire des comtes de Poitou, 778–1204.* Paris: Alphonse Picard, 1903.

———, ed. *Chartes et documents pour servir à l'histoire de l'abbaye de Saint-Maixent.* 2 vols. Archives Historiques de Poitou 16 & 18. Poitiers, 1886.

Robertson, D. W. *A Preface to Chaucer.* Princeton: Princeton University Press, 1962.

Robinson, James M., ed. *Nag Hammadi Library.* San Francisco: Harper & Row, 1977.

Rogers, Katharine M. *The Troublesome Helpmate: A History of Misogyny in Literature.* Seattle: University of Washington Press, 1966.

Roloff, Volker. *Reden und Schweigen: Zur Tradition und Gestaltung eines mittelalterlichen Themas in der französischen Literatur.* Munich: Fink, 1973.

Rose, Mary Beth. *Women in the Middle Ages and the Renaissance: Literary and Historical Perspectives.* Syracuse, N.Y.: Syracuse University Press, 1986.

Rousselle, Aline. *Porneia: De la maîtrise du corps à la privation sensorielle, IIe–IVe siècles de l'ère chrétienne.* Paris: Presses Universitaires de France, 1983.

Rubin, Gayle. "The Traffic in Women: Notes on the Political Economy of Sex." In *Towards an Anthropology of Women,* ed. Rayna R. Reiter, 157–210. New York: Monthly Review Press, 1975.

Ruether, Rosemary. "Misogynism and Virginal Feminism in the Fathers of the Church." In *Religion and Sexism,* ed. Rosemary Ruether, 150–83. New York: Simon & Schuster, 1974.

———. "Mothers of the Church: Ascetic Women in the Late Patristic Age." In *Women of Spirit: Female Leadership in the Jewish and Christian Traditions,* ed. Eleanor McLaughlin and Rosemary Ruether, 71–98. New York: Simon & Schuster, 1979.

Rychner, Jean. "La Présence et le point de vue du narrateur dans deux récits courts: le *Lai de Lanval* et la *Châtelaine de Vergi.*" *Vox Romanica* 39 (1980): 86–103.

Schillebeeckx, Edward. *Le Mariage.* Paris: Cerf, 1966.

Schmitt, Charles B. "Theophrastus in the Middle Ages." *Viator* 2 (1971): 251–70.

Schopenhauer, Arthur. *Essays and Aphorisms.* Trans. R. J. Hollingdale. Rpt. Harmondsworth: Penguin, 1970.

Schor, Naomi. *Reading in Detail: Aesthetics and the Feminine.* New York: Methuen, 1987.

Schulenberg, Jane Tibbetts. "The Heroics of Virginity: Brides of Christ and Sacrificial Mutilation." In *Women in the Middle Ages and the Renaissance,* ed. Mary Beth Rose, 29–72. Syracuse, N.Y.: Syracuse University Press, 1986.

———. "Word, Spirit and Power: Women in Early Christian Communities." In *Women of Spirit: Female Leadership in the Jewish and Christian Traditions,* ed. Eleanor McLaughlin and Rosemary Ruether, 29–70. New York: Simon & Schuster, 1979.

Scroggs, Robin. "The Earliest Christian Communities as Sectarian Movement." In *Christianity, Judaism and Other Greco-Roman Cults,* ed. Jacob Neusner, vol. 1, 1–23. Leiden: E. J. Brill, 1975.

Shahar, Shulamith. *The Fourth Estate: A History of Women in the Middle Ages.* London: Methuen, 1983.

Sheehan, Michael M. "Choice of Marriage Partner in the Middle Ages: Development and Application of a Theory of Marriage." *Studies in Medieval and Renaissance History* 1 (1978): 1–33.

Singer, Irving. *The Nature of Love.* Chicago: University of Chicago Press, 1984, vol. 2.

Smith, Jonathan Z. *Map Is Not Territory: Studies in the History of Religion.* Leiden: E. J. Brill, 1978.

Soranus. *Gynecology.* Ed. Owsei Temkin. Baltimore: Johns Hopkins University Press, 1956.

Spelman, Elizabeth V. "Woman as Body: Ancient and Contemporary Views." *Feminist Studies* 8 (1982): 109–31.

Spitzer, Leo. *L'Amour lointain de Jaufré Rudel et le sens de la poésie des troubadours.* University of North Carolina Studies in the Romance Languages and Literature. Chapel Hill: University of North Carolina Press, 1944.

———. "Marie de France—Dichterin von Problem-Märchen." *Zeitschrift für romanische Philologie* 50 (1930): 29–67.

Stanton, Theodore. *The Woman Question in Europe.* New York: Putnam, 1884.

Stock, Brian. *The Implications of Literacy.* Princeton: Princeton University Press, 1983.

Stone, Greg. "The Death of the Grammatical Ego: Lyric Resistance to Individualism in Early Modern Narrative." Ph.D. diss., Yale University, 1989.

Stuard, Susan M. *Women in Medieval Society.* Philadelphia: University of Pennsylvania Press, 1976.

Tavard, George. *Women in Christian Tradition.* Notre Dame, Ind.: University of Notre Dame Press, 1973.

Tertullian. "On the Pallium," "On the Apparel of Women," "On the Veiling of Virgins," and "On Exhortation to Chastity." In *The Ante-Nicene Fathers,* vol 4. Ed. Alexander Roberts and James Donaldson. Buffalo: The Christian Literature Publishing Co., 1885.

Thibaut de Champagne. In *Poèmes d'amour des XIIe et XIIIe siècles.* Ed. Emmanuèle Baumgartner. Paris: Union Générale d'Editions, 1983.

Thiessen, Gerd. "Itinerant Radicalism: The Tradition of Jesus Sayings from the Perspective of the Sociology of Literature." In *Radical Religion: The Bible and Liberation,* 84–93. Berkeley, Calif.: Community for Religious Research and Education, 1976.

Tobin, Thomas H. *The Creation of Man: Philo and the History of Interpretation.* Washington, D.C.: Catholic Biblical Association of America, 1983.

Todd, Janet. *Feminist Literary History.* New York: Routledge, 1988.

Topsfield, Leslie T. *Troubadours and Love.* Cambridge: Cambridge University Press, 1975.

Trible, Phyllis. "Depatriarchalizing in Biblical Interpretation." *Journal of the American Academy of Religion* 41 (1973): 30–48.

———. *God and the Rhetoric of Sexuality.* Philadelphia: Fortress Press, 1978.

Turlan, Juliette. "Recherches sur le mariage dans la pratique coutumière (XIIe–XIVe siècle)." *Revue historique de droit français et étranger* 35 (1957): 477–528.

Vaissete, Dom Joseph. *Histoire générale de Languedoc, par dom Cl. Devie et dom J. Vaissete.* 3 vols. Toulouse: Privat, 1874–92.

Vance, Eugene. "Désir, rhétorique et texte." *Poétique* 42 (1980): 137–55.

Van Hoecke, Willy, and Andries Welkenhuysen. *Love and Marriage in the Twelfth Century.* Louvain: Leuven University Press, 1981.

Verbeke, Gerard. *The Presence of Stoicism in Medieval Thought.* Washington, D.C.: Catholic University of America Press, 1983.

Veyne, Paul. "La Famille et l'amour sous le haut-empire romain." *Annales* 33 (1978): 35–63.

———. *A History of Family Life, I: From Pagan Rome to Byzantium.* Cambridge, Mass.: Harvard University Press, 1987.

———. "Homosexuality in Ancient Rome." In *Western Sexuality: Practice and Precept in Past and Present Times,* ed. Philippe Ariès and A. Béjin, trans. A. Forster, 26–35. Oxford, 1985.

La "Vie de seint Edmund le rei," poème anglo-normand du XIIe siècle. Ed. Hildung Kjellmann. Göteborg, 1935.

Virey, J. J. *De l'influence des femmes sur le goût dans la littérature et les beaux-arts.* Paris: Deterville, 1810.

Von le Fort, Gertrude. *The Eternal Woman: The Woman in Time: Timeless Woman.* Trans. Marie Cecilia Buehrle. Milwaukee: Bruce Publishing, 1954.

Wack, Mary. "Imagination, Medicine, and Rhetoric in Andreas Capellanus' 'De Amore.'" In *Magister Regis: Studies in Honor of Robert Earl Kaske,* ed. Arthur Groos, 101–15. New York: Fordham University Press, 1986.

Walsh, Patrick G., ed. and trans. *Andreas Capellanus on Love.* London: Duckworth, 1982.

Walther, Johannes von. *Die ersten Wanderprediger Frankreichs: Studien zur Geschichte des Mönchtums, I: Robert von Arbrissel.* Leipzig: T. Weicher, 1903.

Warner, Marina. *Alone of All Her Sex.* New York: Knopf, 1976.

Werner, Ernst. *Pauperes Christi: Studien zu sozial-religiösen: Bewegungen im Zeit-alter des Reformpapsttums.* Leipzig: Koehler & Amelang, 1956.

———. "Zur Frauenfrage und zum Frauenkult im Mittelalter: Robert v. Arbrissel und Fontevrault." *Forschungen und Fortschritte* 29 (1955): 269–76.

Westermarck, Edward. *The History of Human Marriage.* London: Macmillan, 1925.

William IX of Aquitaine. *The Poetry of William VII, Count of Poitiers, IX Duke of Aquitaine.* Ed. and trans. Gerald A. Bond. New York: Garland Publishing, 1982.

Winston, David, trans. and introd. *Philo of Alexandria: The Contemplative Life, The Giants, and Selections.* New York: Paulist Press, 1981.

Wulff, August. *Die Frauenfeindlichen Dichtungen in den romanischen Literaturen des Mittelalters bis zum Ende des XIII Jahrhunderts.* Halle: Max Niemeyer, 1914.

Yarbrough, Anne. "Christianization in the Fourth Century: The Example of Roman Women." *Church History* 45 (1976): 149–65.

Yver, Jean. "Les Caractères originaux du groupe de coutumes de l'Ouest de la France," *Revue historique du droit français et étranger* 30 (1952): 18–79.

———. *Egalité entre héritiers et exclusion des enfants dotés.* Paris: Sirey, 1966.

Ziolkowski, Jan. *Alan de Lille's Grammar of Sex.* Boston: Medieval Academy of America, 1985.

Zumthor, Paul. "De la Chanson au récit: La Chastelaine de Vergi." *Vox romanica* 27 (1968): 77–95.